ROTE KAPELLE

W. F. Flicke

ROTE KAPELLE

Spionage und Widerstand

Die Geschichte der größten Spionage- und Sabotageorganisation im II. Weltkrieg

Weltbild Verlag

Lizenzausgabe für
Weltbild Verlag GmbH, Augsburg 1990

Gesamtherstellung: Ueberreuter, Korneuburg
Printed in Austria
ISBN 3-89350-076-6

Vorwort

Dieses Buch ist kein Lehrbuch für Spione. Es stellt weder einen Angriff auf die Widerstandsgruppen des zweiten Weltkrieges dar, noch will es den Versuch unternehmen, all ihr Tun zu rechtfertigen. Es erzählt lediglich die Geschichte eines wahren Geschehens, die Geschichte einer gigantischen Spionageorganisation, die von Moskau organisiert und gesteuert wurde. Es ist die Geschichte der «Roten Kapelle» und ihres Zusammenspiels mit der Schwestergruppe der «Roten Drei» (Gruppe Schweiz, geschildert in «Agenten funken nach Moskau», der Fortsetzung dieses Buches). Beide Organisationen wurden zerschlagen, und doch leben und wirken ihre unaufgedeckten Verzweigungen bis auf den heutigen Tag.

In der Zeit zwischen beiden Weltkriegen entwickelte sich die funktelegraphische Übermittlung politischer, wirtschaftlicher und militärischer Nachrichten in unerhörtem Maße. Sie wurde gleichsam zum Zünglein an der Waage strategischer Entscheidung. Das hat der Krieg von 1939–1945 schlagend bewiesen.

Heute haben wir gegenüber den Geschehnissen des letzten Krieges Abstand gewonnen. Die Völker haben Gelegenheit, sich durch eingehende Beschäftigung mit der Materie der Nachrichtenzubringung samt allen Auswertungsmöglichkeiten ein Bild von den Zusammenhängen hinter den Kulissen unserer politischen Bühne zu machen. Darüber hinaus zeigt sich, welch überaus gefährliche Waffe der Funk in der Hand einer durchorganisierten, straff geführten und entschlossenen Spionage- und Konspirationsgruppe darstellt.

Mit dem Autor des nachfolgenden, authentischen Tatsachenberichtes, Wilhelm F. Flicke, wendet sich ein Mann an das Auditorium der Welt, welcher in sonst kaum möglichem Maße für die objektive Schilderung, die kritische Auswertung und die künftige Deutung gerade dieses Fragenkomplexes prädestiniert ist. Vom Jahre 1915–1945 war er im Aufbau und in der Leitung des deutschen Abhördienstes tätig. Für den von ihm organisierten Dienst wählte er eine Gruppe ausgesuchter Spezialisten. Er exerzierte erste praktische Übungen in den Grenzschutzkämpfen der zwanziger Jahre, in der polnisch-russischen Auseinandersetzung, im ewig brodelnden Hexenkessel der Balkanvölker und in den Schicksalswirren der marokkanischen Landschaft. Er erlebte alle Asse, die in der Abwehr oder im Agentenwesen tätig gewesen waren.

Der Fall der Spionage- und Sabotagegruppe «Rote Kapelle» war einer der entscheidenden im zweiten Weltkriege. Die ungeheure Bedeutung dieses von Moskau aus gesteuerten Agentenapparates ist selbst heute nur einem ganz kleinen Kreis bekannt. Seine Zerschlagung in den Jahren 1941 bis 1942 führte nicht zu seinem Ende. *Noch heute überwuchern die Nachfolgeorganisationen der «Roten Kapelle» ganz Westeuropa.*

Der Verfasser hat es vermieden, die richtigen Namen der beteiligt gewesenen Personen zu nennen. Er wählte Pseudonyme, die jedoch größtenteils den verwendeten Decknamen entsprechen. *Die Schilderung des Geschehens entspricht jedoch in vollem Umfange der Wahrheit.* Für interessierte Leser ist im Anhang eine Schlüsseltafel beigegeben.

Der Verlag

Erster Teil

«PTX»

Ort: Cranz

Funker Paul Hasemann saß an seinem Telefunkenempfänger und drehte an der Welleneinstellung. Es war zwölf Minuten vor vier Uhr morgens, und um 03.55 Uhr pflegte gewöhnlich eine der Stationen zu kommen, von der man wußte, daß sie sich irgendwo in Norwegen befand. Aber der Versuch, ihren genauen Standort festzustellen, war bisher immer wieder mißglückt, da man in dieser gebirgigen Gegend eine sichere Ortsbestimmung durch Peilung nicht vornehmen konnte.

Einmal hatte man geglaubt, den Standort genauer ausfindig machen zu können; man hatte zu den Verkehrszeiten der Station einen Fieseler «Storch» über der verdächtigen Gegend fliegen lassen, von dem aus mit Hilfe eines eingebauten Kurzwellenpeilers die Feststellung des Aufbaupunktes der Station durchgeführt werden sollte. Aber kaum war das Flugzeug über dem Fjord erschienen, als die Station die Sendung abbrach und somit ein Peilen unmöglich machte.

Diesen Versuch hatte man dreimal wiederholt, und jedesmal war der Erfolg der gleiche. Es war augenscheinlich, daß die Station während ihrer Arbeit durch Aufpasser gesichert wurde, die den Funker sofort alarmierten, wenn der verdächtig niedrig und langsam fliegende «Storch» erschien.

Das waren die Gedanken, die dem Funker Hasemann durch den Kopf gingen, während er an der kleinen Kurbel drehte und dabei ab und zu einen Blick aus dem Fenster warf. Es war schon hell geworden, drüben im Osten hinter dem Waldsaum mußte bald die Sonne aufgehen. Die Amseln begannen ihr Morgenlied, und die Nachtigall, die in dem kleinen Park zu Hause war, der die Station umgab, flatterte einigemale um das Gebäude, ließ sich dann auf der Antenne nieder und erhöhte dadurch deren Kapazität. In den Kopfhörern des Funkers Hasemann begann es zu pfeifen, und er mußte erneut die Einstellung regulieren. Zehntausenddreihundertdreiundsechzig Kilohertz war die Frequenz, auf der jene Station kommen mußte. Heute würde sie das Rufzeichen SEK führen, wie ein Blick auf die vor ihm liegende Tabelle zeigte.

Mittlerweile war es 03.55 Uhr mitteleuropäischer Sommerzeit geworden, und bald mußte der Sender zu hören sein. Aber halt! Wie war das doch? Vorgestern um die gleiche Zeit war ein lästiger Störer hineingekommen, der das Abhören fast undurchführbar gemacht hatte; hoffentlich wiederholte sich das nicht!

Funker Hasemann lehnte sich in seinen Stuhl zurück, reckte die etwas steif gewordenen Arme und gähnte. Er war müde, denn gestern abend hatte er – statt zu schlafen – mit einigen Kameraden in seiner Stube gesessen, und man war eifrig damit beschäftigt gewesen, die neue Kriegslage zu besprechen. Drei Tage zuvor war der Krieg gegen Rußland entbrannt – das war ein Thema für Diskussionen. Man hatte eifrig darüber gestritten, wie lange der Feldzug wohl dauern würde.

Während die deutschen Truppen vorwärtsstürmten, saß man hier in Cranz in Ostpreußen und hörte die albernen englischen Funkagenten ab, die doch gar nicht mehr aktuell waren. England war ein gebrochener Gegner – was wollten denn die Leute noch?! Mochte der SEK seine Schiffsmeldungen ruhig nach Bristol geben! Viel wichtiger war jetzt der Krieg im – – –

Halt, da war er ja, der alte Freund! Gerade flog die Nachtigall wieder davon; er mußte die Einstellung ändern.

Aber was war denn das? Da meldete sich schon wieder dieser verdammte Störer! Hasemann drehte am Apparat, der fremde Sender war nicht herauszubekommen. Ganz deutlich schlug er durch:

KLK - KLK - KLK de PTX - PTX - PTX

Die Station SEK war zwar auch zu hören, aber nicht aufnehmbar. Wer war dieser störende Sender? Hasemann beschloß, den neuentdeckten Verkehr aufzunehmen: KLK de PTX 2606. 03.30. 32 wds. Nr. 14 qbv. Dann folgten zweiunddreißig chiffrierte Gruppen, bestehend aus je fünf Zahlen. Zum Schluß: ... AR 50385 KLK de PTX. –

«So, den hätten wir!» dachte Funker Hasemann, indem er den Bleistift beiseite legte und die Eintragung noch einmal durchsah. Wieder eine unbekannte Station? Seit der Krieg im Osten ausgebrochen war, hatte sich der Äther neu belebt. Deutsche und russische Heeresfunkstellen waren hörbar geworden, der Verkehr der großen Sender für den zwischenstaatlichen Funkverkehr war ins Riesenhafte angewachsen, aber die soeben aufgenommene Station gehörte zu keiner jener Gruppen.

Hasemann holte ein dickes Rufnamenverzeichnis aus der Tischschublade und blätterte darin. Er fand kein KLK und kein PTX. Sollte das wieder ein neuer Agentensender sein? Er nahm die Liste der bisher gehörten Agentenfunkstellen zur Hand und begann zu rechnen. Konnte etwa eine dieser Stationen heute einen der soeben gehörten Rufnamen führen?

Er suchte in den Längs- und Querspalten. Nein, es war unmöglich. Bei keiner der Stationen kam weder ein KLK noch ein PTX in Frage. Folglich handelte es sich um einen neuen verdächtigen Verkehr, und alle derartigen Funksendungen mußten befehlsgemäß beobachtet werden.

Er nahm die Brille ab und sah zum Fenster hinaus. Im Osten ging die Sonne auf. Links drüben glitt der Blick über spärlich bewachsene Sanddünen, hinter denen sich die Weite der Ostsee dehnte. Die Sonnenstrahlen begannen auf den kleinen Wellen zu glitzern. Zwei Fischerbarken steuerten der Küste zu. Sie brachten wohl Ladungen Flundern heim. –

Hasemann sah nach der Uhr. Es war 04.30. Noch zweieinhalb Stunden bis zur Ablösung! Eine lange Zeit, wenn man müde ist. Bis um sechs Uhr war bestimmt nichts zu hören. Eine langweilige Wache!

Drüben sangen die Amseln und plätscherten die Wellen der Ostsee. Möven flogen über den Strand und ließen ihr kreischendes Schreien hören; es klang wie PTX - PTX - PTX – – – Wer war doch nur dieser verdammte Sender –?!

«Hallo, Paul! Ich glaube fast, du schläfst! Guten Morgen!»

«Guten Morgen, Fritz! Unsinn, schlafen! Ich wache und warte auf meine Ablösung!»

«Erika ist hier, sie läßt dich grüßen!»

«Danke. Hoffentlich macht mir der Chef keinen Strich durch die Rechnung. Seitdem der Krieg im Osten losgegangen ist, spielt er den wilden Mann und glaubt, mit frischgeputzten Stiefeln und poliertem Leibriemen den Krieg gewinnen zu können.»

«Nur Ruhe, alter Junge! Strohfeuer brennt nicht lange. In Potsdam kannte ich einen Kompaniechef, der ließ die Messinghülsen der Gewehrpatronen jede Woche mit Sidol putzen, damit sie schön glänzten. Er fiel in Frankreich, weil er seinen Stahlhelm täglich frisch mit Öl einreiben ließ;

das gab eine erstklassige Zielscheibe und wurde ihm zum Verderben. – So, nun zeig' mal her! Gibt es etwas Neues?»

«Nein. Doch, da ist um vier Uhr so ein komischer Sender aufgetaucht. Habe keine Ahnung, wer das sein kann.»

«Frequenz?»

«Zehntausenddreihundertdreiundsechzig. Fast genau auf der Welle von SEK. Kommt so stark, daß SEK nicht aufzunehmen ist.»

«Nanu! Zeig' doch mal, was gibt er denn?»

«Fünfstellige Zahlengruppen.»

«Da ist eine Nummer im Spruchkopf. Vierzehn. Hat also schon dreizehn Sprüche vorher abgesetzt. Hast du ihn zum erstenmal gehört?»

«Ja – das heißt – vorgestern um die gleiche Zeit hörte ich einen Sender, der den SEK stark störte. Ich glaube nun, es wird wohl der gleiche gewesen sein.»

«Schon möglich. PTX! Wollen mal aufpassen; vielleicht kommt er auch zu anderen Zeiten.»

«Ja, Fritz, gib mal acht. Und sage es der Ablösung.»

Fritz Sommer setzte die Kopfhörer auf, drehte am Kondensator des Empfängers und machte die vorgeschriebenen Eintragungen in das Stationsbuch. Bis acht Uhr war unter Garantie nichts zu hören, also konnte er einen Blick in die Zeitung werfen, die er soeben am Bahnhof gekauft hatte. Aber wenn Fritz Sommer im Glauben gewesen war, er werde jetzt interessante Einzelheiten über den Verlauf des Krieges im Osten erfahren, dann sah er sich enttäuscht. Es war sonderbar und unverständlich. Seit fünf Tagen waren die Kampfhandlungen an der neuen gewaltigen Front im Gange, und bisher hatten weder Rundfunk noch eine Zeitung irgend etwas an Einzelheiten gebracht. Der gestrige Bericht des Oberkommandos der Wehrmacht meldete lediglich, daß die Operationen im Osten ihren planmäßigen Verlauf nähmen.

Langsam verrann die Zeit. Sommer blickte nach der Uhr.

Es war kurz vor acht. Man konnte mit der Arbeit beginnen. Als erste Station war Nr. 179 fällig, ein polnischer Agentensender, irgendwo auf dem Balkan. Dann mußte um 08.35 die Station Nr. 81 kommen, ein Sender der polnischen Widerstandsbewegung, der in Warschau arbeitete und bisher noch nicht hatte ausgehoben werden können, weil er unablässig seinen Standort wechselte. Und um 09.00 Uhr kam — — Halt! Da war ja der Sender, der heute nacht durch einen anderen so stark gestört worden war! Wie hieß doch der Störer? PTX!

PTX kam ungefähr auf derselben Welle wie SEK. PTX stand bereits seit Tagen oder noch länger im Verkehr. Sollte er zufälligerweise nur um vier Uhr morgens mit SEK kollidieren? Oder war dies auch zu anderen Zeiten der Fall?

Sommer nahm das Stationsbuch zur Hand und begann darin zu blättern. Gestern um neun Uhr hatte der diensthabende Funker den Vermerk gemacht: FS. Das bedeutete, daß ein fremder Störer um die gleiche Zeit auf etwa der gleichen Welle aufgetreten war. Und vorgestern früh um vier Uhr stand die Eintragung: Nicht aufzunehmen wegen FS. An den Tagen zuvor waren keine derartigen Notizen gemacht worden. Aus all dem konnte man schließen, daß der neue Sender seit drei Tagen in Betrieb war und wahrscheinlich seine Sendezeiten auf vier Uhr morgens und neun Uhr vormittags gelegt hatte. Möglicherweise kam er auch zu anderen Zeiten.

Funker Sommer bekam sportlichen Ehrgeiz. Er konnte es kaum erwarten, bis die neunte Stunde heranrückte, und stellte die Frequenz des Senders SEK ein. Vorher las er noch einmal durch, was sein Vorgänger um vier Uhr morgens als Ergebnis der Aufnahme der neuen Funkstelle eingetragen hatte.

Aber Sommer wurde enttäuscht. Die Station SEK kam heute so klar und deutlich wie je zuvor, und kein fremder Störer trat in Erscheinung. Das war einerseits erfreulich, anderseits aber bedauerlich, denn damit fiel die erste schöne theoretische Konstruktion zur Auffindung einer weiteren Verkehrszeit des neuen Senders in sich zusammen; anscheinend hatte es sich in jedem Falle um einen anderen Störsender gehandelt.

Er begann zu überlegen. PTX hatte bisher vierzehn Funksprüche abgesetzt, befand sich also erst kurze Zeit im Verkehr. Allerdings gab er jedesmal anscheinend nur einen oder höchstens zwei Funksprüche durch. Demnach mußte er außer der Verkehrszeit um vier Uhr in der Frühe noch eine andere haben und diese wahrscheinlich am — —

Oho! Sommer wurde plötzlich lebendig. Selbstverständlich! Daß er nicht schon vorher darauf gekommen war! Wenn PTX außer der Verkehrszeit in der Nacht noch eine andere am Tage hatte, dann benutzte er in diesem Falle die Tageswelle, und diese lag erfahrungsgemäß meist etwa bei der doppelten Frequenz der Nachtwelle. Allerdings schwankte dies zuweilen, und die Zahl der in Frage kommenden Frequenzen war groß. Es gehörte schon ein glücklicher Zufall dazu, zur rechten Zeit auf die richtige Frequenz zu stoßen. Wichtig war aber, daß man schon heute eine weitere Spur fand, denn heute kannte man das Rufzeichen der Station. Wer weiß, wie es morgen lautete!

Fritz Sommer blickte auf die Uhr: wenige Minuten vor halb zehn. Bis dreiviertel zehn war in seinem Wellenbereich nichts zu erwarten. Er lief zum Stationsleiter hinüber und berichtete diesem. Es folgte eine kurze Beratung der beiden Männer; dann gab der Stationschef an alle sechs Empfängergruppen den Befehl:

«SUCHDIENST NACH VERKEHRSZEIT VON PTX.
FREQUENZ NACHTS 10363.
TAGESFREQUENZ UNBEKANNT.
DRINGLICHKEITSSTUFE I A»

Kurz vor zehn Uhr vormittags begannen am 26. Juni des Jahres 1941 sechs Horchfunker der deutschen Funküberwachungsstelle Cranz in Ostpreußen die Suche nach einer eventuellen Tagesverkehrszeit der geheimen Station PTX.

Die Aussicht, den Sender in kurzer Zeit wiederzufinden, war gering, denn man hatte keinen Anhaltspunkt für die am Tage benutzte Frequenz. Auch war es gänzlich unsicher, zu welcher Tageszeit die Station zu arbeiten pflegte. Und dennoch geschah das Überraschende: Zehn Minuten nach elf Uhr meldete einer der Funker, er habe soeben die drei letzten Gruppen eines Telegramms gehört, worauf der Sender das Schlußzeichen AR, die Kenngruppe 50385 und KLK de PTX gegeben habe. Die Frequenz sei achtzehntausendsiebenhundertfünfzig Kilohertz. Der Verkehr habe anscheinend fünf Minuten nach elf begonnen.

Damit war der Anschluß gefunden. Die Funküberwachungsstelle Cranz meldete am gleichen Nachmittag nach Berlin, daß man anscheinend einem neuen Agentenfunkverkehr auf die Spur gekommen sei. Eine unbekannte Station gebe täglich um etwa vier Uhr morgens und elf Uhr vormittags, vielleicht auch zu anderen Zeiten, chiffrierte Funksprüche durch. Bisher seien etwa fünfzehn Telegramme abgesetzt worden. Ausführlicher Bericht folge ...

Berlin

«Wissen Sie, lieber Reger, ich finde, wir sind doch rechte Trottel. Da ist nun der Krieg im Osten losgegangen, und es ist festgestellt worden, daß die Russen seit Jahr und Tag alles getan haben, diesen Krieg gegen das Abendland vorzubereiten. Das OKW hat eine ganze Serie von Beweisen hierfür veröffentlicht. Und was haben wir, die deutsche

Funkabwehr, hierüber bisher in Erfahrung gebracht? Herzlich wenig! Kümmerlich wenig, lieber Reger!»

«Nun, Herr Hauptmann, das ist wohl sehr skeptisch ausgedrückt. So ganz ahnungslos sind wir ja nicht. Seit fast zehn Jahren beobachten wir Funkverkehre, die von Moskau gesteuert werden. Ungefähr zwei Dutzend Funkstellen verteilen sich auf ganz Mittel- und Westeuropa. Und aus unseren Beobachtungen der letzteren Zeit scheint immerhin hervorzugehen, daß dieses Netz sich erweitert hat.»

«Sie meinen das WNA-Netz?»

«Ganz recht.»

«Woher stammt eigentlich diese Bezeichnung?»

«In der ersten Zeit des Auftretens dieses Funknetzes führte die Moskauer Leitfunkstelle das Rufzeichen WNA. Wir haben damals diesem Netz den Namen WNA-Netz gegeben. Ich habe das den Akten entnommen, die ich erst gestern wieder eingehend durchgesehen habe.»

«Schön! Da der Verkehr von Moskau aus geleitet wurde, bekam das Netz außerdem den Namen „Kominternnetz". Man nahm an, es sei ein Funkernetz der Kommunistischen Internationale für ihre Wühlarbeit in Westeuropa. Das war zum mindesten reine Theorie, und Theorien stehen oft auf sehr schwachen Füßen. Was aber wissen wir bisher über den Inhalt der vielen tausend Funksprüche, die in der Zwischenzeit ausgetauscht wurden? – Nichts! Absolut nichts! Und mir scheint, daß dies etwas wenig ist.»

«Das ist richtig. Aus unseren Beobachtungen der letzten Zeit scheint aber hervorzugehen, als ob dieses Netz sich erheblich ausgebaut hat.»

«Ja, aber welcher Art dieses Funknetz ist, wissen wir noch nicht. Kein einziger Funkspruch konnte bisher entziffert werden.»

«Vielleicht hat man sich zu wenig Mühe gegeben.»

«Bestimmt sogar! Bei uns gibt man sich immer erst dann Mühe, wenn es zu spät ist. Und nun passen Sie einmal auf:

Wenn es stimmt, daß die Russen seit langem den Krieg gegen uns vorbereitet haben, dann müßten sie schon seit geraumer Zeit ein ausgedehntes Netz von Agentensendern über ganz Deutschland und die von uns besetzten Westgebiete gezogen haben. Davon ist aber von unserer Seite noch sehr wenig festgestellt worden. Was folgt daraus?»

«Daraus kann sehr viel folgen. Möglicherweise haben die Russen kein solches Netz errichtet, weil sie an keinen Krieg glaubten. Das ist aber unwahrscheinlich, denn, daß es zu einer Auseinandersetzung mit den Sowjets kommen würde, weiß in Deutschland jedes Schulkind schon seit Jahren. Vielleicht haben wir rein zufällig nichts von einem derartigen Netz gehört, weil es sich gut tarnte. Möglich ist schließlich, daß jenes seit zehn Jahren beobachtete Netz das von uns vermißte Agentennetz ist. Oder aber – und das erscheint mir als das Wahrscheinlichste – das Agentenfunknetz ist längstens aufgebaut, hat aber bisher geschwiegen und müßte jetzt in Erscheinung treten.»

«Stimmt ganz genau, mein Lieber! Und daher warte ich seit sieben Tagen darauf, daß nun endlich etwas derartiges sich bemerkbar macht. Aber bis heute habe ich noch nichts zu Gesicht bekommen.»

«Nun, es ist denkbar, daß wir bereits einer solchen Station auf die Spur gekommen sind. Gestern meldete Cranz das Auftreten eines verdächtigen neuen Funkverkehrs. Ich habe sofort Anweisung gegeben, weiter zu beobachten.»

«Und was ist das für ein Verkehr?»

«Die Station trat unter dem Rufnamen PTX auf und gab fünfstellige Zahlentelegramme an KLK. Mehr wissen wir noch nicht.»

Hauptmann Schuster seufzte. «Wir haben schon eine stattliche Anzahl von Agentensendern des fremden Nachrichtendienstes festgestellt. Wenn das so weitergeht, dann wird in einem Jahre ganz Europa mit einem Riesennetz solcher Stationen überzogen sein, gegen das jeder Kampf unsererseits aussichtslos ist. Es geht zuviel Zeit verloren. Und das, was jetzt versäumt wird, läßt sich nicht mehr einbringen.»

«Demgegenüber möchte ich einwenden, daß in einem Jahre der Krieg längst beendet sein dürfte. Dann können uns diese Funkagenten, selbst wenn sie sich wie die Mücken vermehren sollten, nicht mehr schaden.»

«Vielleicht! Vielleicht auch nicht! Das können wir heute nicht wissen. Wir müssen von der Voraussetzung ausgehen, daß diese Art der Spionage die größte Gefahr für uns bedeutet, die man sich überhaupt denken kann. Tag und Nacht werden Meldungen nach dem feindlichen Auslande durchgegeben, und wir haben keine Möglichkeit, dem rasch und wirksam Einhalt zu gebieten. Jetzt haben wir noch Zeit. Aber vergessen Sie nicht, daß die Zeit immer knapper wird. Wir müssen intensiver sein. Der Krieg im Osten ist keine Kleinigkeit, und es sollte mich wundern, wenn die Russen nicht in großem Umfange von dem Mittel der Funkagentenspionage Gebrauch machen werden. – So, mein Lieber, damit wären wir wieder bei dem mysteriösen Sender angekommen. Wie war doch das Rufzeichen?»

«Der Sender meldete sich mit PTX. Er funkte an KLK.»

«Verlieren Sie die Sache nicht aus Ihrem Blickfeld; bleiben Sie in Fühlung mit Cranz und teilen Sie es mir sofort mit, wenn sich etwas Neues in der Angelegenheit zeigt. Lassen Sie vor allem die Gegenstation suchen. Wenn wir deren Standort kennen, ist viel erreicht. Danke!»

«Guten Morgen, lieber Schuster. Nehmen Sie Platz! Wieder ein herrlicher Tag heute. Unsere Soldaten im Osten haben ein prachtvolles Wetter für ihren Siegeszug. Kinder, ist das ein Spaß! Es muß ein Vergnügen sein, die Sowjets drüben so zusammenzuhauen! Statt dessen sitzt man hier und macht Jagd auf diese lächerlichen Funkagenten! Es ist zum Auswachsen! Als alter Spanienkämpfer möchte man dabei sein, dort, wo es am heißesten ist! Haben Sie heute früh die Sondermeldung gehört? Die größte Umfassungsschlacht abgeschlossen. Doppelschlacht bei Bialystok und Minsk beendet. Über 323 000 Gefangene! Gewaltige Materialverluste der Sowjets. Größte Material- und Umfassungsschlacht der Weltgeschichte beendet. Mein Lieber, das ist ein Sieg! Dagegen verblassen Sedan, Tannenberg und Dünkirchen. Es ist der Endsieg! Es ist das Ende der Sowjets!» Oberstleutnant Bollmann schnappte nach Luft; seine begeisterte Rede hatte ihn etwas außer Atem gebracht. Mit seinen zusammengekniffenen Äuglein blinzelte er den Eingetretenen an. «Aber, lieber Schuster, Sie machen ja ein Gesicht wie vierzehn Tage Regenwetter! Was ist denn los mit Ihnen?»

«Herr Oberstleutnant, ich habe die Sondermeldung gehört und freue mich darüber genau so wie jeder andere deutsche Soldat. Was mich jedoch ernst stimmt, das ist unser ureigenstes Arbeitsgebiet.»

«Ach was, lieber Schuster, da gibt es gar nichts, was uns ernst stimmen könnte. Mit den Siegen im Osten zerbricht auch das System der Funkagenten!»

«Bisher war es aber so, daß zugleich mit den Siegen im Osten die Zahl der Agentensender sich gewaltig vermehrte.»

«Das ist eine vorübergehende Erscheinung. Wenn unsere Truppen in Moskau einziehen, fällt das ganze Netz der russischen Agentensender flach ins Wasser.»

«Mag sein. Vorläufig sind sie aber lebhaft tätig und richten vielleicht größeren Schaden an.»

«Sagen wir: einen gewissen Schaden! Mehr nicht!»

«Herr Oberstleutnant, das sogenannte WNA-Netz, das ich als ein russisches Agentenfunknetz ansehe, ist in der Zeit vom 15. Juni bis vorgestern, also bis zum 8. Juli, von 20 Funkstellen auf 78 angewachsen.»

«Donnerwetter!»

«Daneben sind eine Reihe von Stationen aufgetreten, die

mit hoher Wahrscheinlichkeit ebenfalls zur Gruppe der russischen Funkagenten zu zählen sind. Wir stehen vor einem Arbeitsgebiet, das sich im Laufe eines knappen Monats vervierfacht hat und schon vorher so groß war, daß es mit den vorhandenen Kräften kaum bewältigt werden konnte.»

«Viel Feind', viel Ehr'!»

«Bei uns müßte es heißen: Viel Feind', viel Arbeit! Zuviel Arbeit, zu wenig Erfolg!»

«Unsinn, alter Schwarzseher! Der Herr General ist mit unserer Arbeit ganz zufrieden und hat sich erst gestern wieder sehr anerkennend geäußert.»

«Verzeihung, der Herr General urteilt nach den erzielten Erfolgen. Seine Zufriedenheit würde sinken, wenn er vor Augen geführt bekäme, in welch geringem Maße unsere Erfolge zum Gesamtkomplex der Arbeit und damit zum bisherigen Mißerfolg stehen.»

«Wollen Sie damit zum Ausdruck bringen, daß ich den General ungenügend informiere?»

«Keineswegs, Herr Oberstleutnant. Ich möchte nur ganz dringend darauf hinweisen, daß unsere Kräfte für den derzeitigen Stand unserer Aufgabe bei weitem nicht mehr ausreichen. Wir müssen ganz erhebliche Verstärkungen an Personal und Material bekommen.»

«Ausgeschlossen! Jetzt, wo jeder Mann an der Ostfront benötigt wird!»

«Unser Arbeitsgebiet gehört ebenfalls zum Begriff der Ostfront.»

«Gewiß! Aber dennoch, mein Lieber, es geht nicht!»

«Es muß! Seit einem Jahr verspricht man uns die Mitbenutzung des Fernpeilnetzes der deutschen Luftwaffe; es verfügt über sehr gute Fernpeiler in Kobbelbude bei Königsberg in Ostpreußen, in Striegau in Schlesien und jetzt auch in Budapest und in Konstanza in Rumänien. Was ist praktisch geschehen? Nichts! Genügen würde ein einziger Befehl des OKW, und wir wären in der Lage, in denjenigen Stunden, in denen die Luftwaffe die Peiler nicht benötigt, mit ihnen für unsere Zwecke zu arbeiten. Seit einem Jahr ist uns die Mitbenutzung des Fernpeilnetzes der Kriegsmarine zugesagt; es verfügt über Peilanlagen in Langenargen am Bodensee, in Hachenei bei Soest, in Wilhelmshaven, in Swinemünde und in Pillau. Auch hier – bis auf gelegentliche Ausnahmen – das gleiche Bild. Es sind uns für den eigenen Bedarf vier Fernpeiler versprochen worden; wir haben noch nicht einen bekommen. Für den Westen hat man uns zwei fahrbare Kurzwellenpeiler zugesichert. Erhalten haben wir noch keinen. Das sind Fehler in der Organisation. Wir haben wohl einige Peiler des Heeres mitbenutzen können, aber das geschah lediglich auf dem Wege persönlicher Vereinbarungen, und auch da in nur ungenügendem Ausmaße. Was wir brauchen, ist ein Netz von Peilstationen, die von einer Zentrale aus durch ein drahtloses Signal ferngesteuert werden und sofort in Aktion treten, wenn ein Agentensender bei uns hörbar wird. Nur dann können wir rasch und sicher den Standort ermitteln.»

«Nun, mein Guter, das klingt reichlich nach Jules Verne oder Hans Dominik.»

«Jules Verne hat schließlich recht behalten. Aber dies nur nebenbei. Was ich vorschlage, sind keine Phantasien oder Utopien, sondern reale Möglichkeiten. Die Funkagenten können es sich heute erlauben, ganz dreist Tag und Nacht zu arbeiten, weil sie in der Überzeugung leben, daß eine exakt arbeitende Peilorganisation, die ihnen gefährlich werden könnte, gar nicht besteht. Bevor wir nicht in der Lage sind, in kurzer Frist die Standorte der Sender zu ermitteln, ist unsere ganze Arbeit zwecklos.»

«Nicht ganz so. Denn allein schon das Bestehen unserer Funkabwehr wirkt rein moralisch bremsend auf die Arbeit der Funkagenten.»

«Davon war bislang eigentlich nicht viel zu bemerken.

Unser bestes Abwehrmittel ist eine zuverlässige Peilarbeit. Wir müssen neben den Fernpeilern ein Peilgerät entwickeln, das uns gestattet, in dem durch Fernpeilung ermittelten Raum den genauen Standort des Senders zu erkennen. Das Gerät muß klein sein und zuverlässig arbeiten.»

«Viele Wünsche, mein Lieber!»

«Nein, viel Gefahr und viel Notwendigkeiten, Herr Oberstleutnant!»

«Und was schlagen Sie außerdem noch vor?»

«Etwas sehr Wichtiges! Wir müssen eine eigene Entzifferungsgruppe schaffen. Augenblicklich ist die Situation derart, daß wir gezwungen sind, mit unseren Wünschen an andere Stellen bittend heranzutreten. Wenn man dort will und kann, dann hilft man uns gelegentlich. Will oder kann man im Augenblick gerade nicht, dann stehen wir wie der Bettelmann vor der Tür. Wenn das ein normaler Zustand für die Arbeit einer derartigen Dienststelle ist, wie es die unsrige sein soll, dann erlischt bei mir jedes Verständnis für ihren Sinn.»

«Herr Hauptmann Schuster, ich muß doch sehr bitten!»

«Ich bitte um Entschuldigung, wenn ich meine Gedanken in nicht ganz passender Form zum Ausdruck brachte. Aber ich sehe nur eine Riesenaufgabe vor mir, die unmöglich in der Weise gelöst werden kann, wie es bislang geschehen ist. Wenn es nicht gelingt, in Kürze einen Wandel zu schaffen, dann werde ich bitten müssen, mich von meinem Posten abzulösen. Ich gehe dann lieber an die Front, als daß ich an einer Aufgabe arbeite, von der ich mir bewußt bin, daß die Mittel zu ihrer Lösung völlig unzureichend sind. Ich bitte daher mit aller Dringlichkeit, daß unsererseits nunmehr mit größtem Nachdruck auf das Ausmaß der drohenden und akut gewordenen Gefahr hingewiesen wird, und daß mit aller Entschiedenheit die Forderung an die maßgebenden Stellen herangetragen wird, uns die Mittel für unsere Aufgabe an die Hand zu geben.»

«Also gut. Ich werde mir Ihre Ausführungen durch den Kopf gehen lassen. Dachte mir schon gleich, als Sie zur Tür hereinkamen, daß Sie wie ein Unglücksrabe mir allerlei Düsteres vorerzählen werden. So skeptisch wie Sie bin ich natürlich bei weitem nicht. Bei uns in Spanien galt die Losung: Mit wenig Mitteln viel erreichen! Und im gleichen Sinne müssen wir auch hier arbeiten. Aber – ich will mit dem General sprechen und ihm Ihre Gedanken vortragen. Vielleicht läßt er Sie dann einmal selbst zum Vortrag kommen. Ich danke Ihnen!»

Hauptmann Schuster kehrte in sein Arbeitszimmer zurück. Er war nicht einmal enttäuscht. Genau so hatte er sich das Ergebnis seiner Besprechung mit dem Chef vorgestellt. Er wußte auch im voraus, wie der Vortrag beim General ausfallen würde. «Wasch' mir das Fell und mache mich um Himmels willen nicht naß dabei!» Das war ein feines Rezept für Vorgesetzte, aber ein schlechtes Arbeitsinstrument für Untergebene.

Er nahm den Telephonhörer von der Gabel und wählte eine Nummer. «Hier Schuster! Lieber Reger, kommen Sie doch mal herüber und bringen Sie Ihre Unterlagen über den Osten mit!»

Cranz

Leutnant Reger hatte alle bisher festgestellten Agentensender in eine große Übersichtskarte eingetragen. Er fluchte wie ein Berliner Kutscher über die unsicheren Peilergebnisse, die jede Arbeit erschweren. «Solange wir kein sicher funktionierendes Netz von Fernpeilern haben, über das wir frei verfügen können, spielt sich unsere ganze Beobachtung im Nebel ab», bemerkte er zu dem eintretenden Hauptmann

Schuster, der gerade von einer Dienstreise zurückgekehrt war. «Wir haben mit Sicherheit bereits 41 Agentenstationen ermittelt, aber die Zahl der unsicher gepeilten ist bedeutend größer. Und bei alledem habe ich das Gefühl, als stünden wir mit unserer Arbeit trotz zweijähriger Kriegsdauer erst am Anfang.»

«Dieses Gefühl habe ich schon lange. Aber erzählen Sie weiter.»

«Seit dem 25. Juni beobachten wir drei Stationen, die sehr rasch und geschickt arbeiten. Sie scheinen nach jedem Verkehr ihr Rufzeichen zu wechseln. Ich habe zweimal den Versuch gemacht, sie zu peilen; das eine Mal von Cranz aus und das zweite Mal von Breslau.»

«Nun, und das Ergebnis?»

«Ja, das Ergebnis ist so, daß ich mich eigentlich gar nicht getraue, es zu nennen.»

«Los, los, erzählen Sie!»

«Also: in beiden Fällen ging der Peilstrahl genau über Berlin.»

«Was sagen Sie? Über Berlin?»

«Ja, ganz genau. Es wurde mit Minimum und Maximum gepeilt, und zwar von alten, geübten Peilfunkern. Aber das Resultat genügt natürlich noch nicht, daß man mit Sicherheit sagen könnte, die Stationen stünden in Berlin.»

«Übrigens, da fällt mir etwas ein: Sie erwähnten doch vor einiger Zeit – so etwa eine Woche nach Ausbruch des Krieges im Osten – einen neu aufgetretenen Sender. Ich glaube, Cranz hatte ihn gehört. Wie hieß er doch?»

«Ach, Sie meinen den PTX?»

«Ja, PTX. Was ist daraus geworden? War das eine jener Berliner Stationen?»

«Nein. Aber die Sache ist ganz merkwürdig. Der PTX hat natürlich längst sein Rufzeichen gewechselt und heißt jeden Tag anders. Wir haben seine Gegenstation bisher noch nicht erkannt. Und doch bin ich überzeugt, daß er zu der gleichen

Gruppe gehört wie die drei in Berlin vermuteten Sender; das Verkehrsverfahren und die gesamte Betriebsabwicklung sind im Prinzip identisch. So werden zum Beispiel in einem ähnlichen Rhythmus die Rufzeichen, Frequenzen und Verkehrszeiten gewechselt.»

«Das ist ja interessant. Haben Sie bei den drei Berliner Sendern die Gegenstation schon gehört?»

«Nein, leider noch nicht. Ich habe aber seit gestern zwei Empfängergruppen mit dem Auftrag eingesetzt, nach dieser Gegenstation zu suchen.»

«Woraus schließen Sie, daß all diese Stationen zum Netz der russischen Funkagenten gehören?»

«Erstens aus dem Umstand, daß sie sämtlich erst nach dem 22. Juni mit ihrer Arbeit begonnen haben. Zweitens behauptet der Sachverständige für russische Chiffren beim OKW, daß es sich um russische Geheimschriften handeln müsse. Und drittens beobachten wir seit zwei Wochen eine Station, die ebenfalls mit den gleichen Merkmalen arbeitet; und zu dieser Station haben wir den Partner gefunden, es ist Moskau!»

«Wo steht diese Station, die mit Moskau arbeitet?»

«Wir haben sie einmal peilen können; der Peilstrahl ging von München über Paris, oder richtiger gesagt, südwestlich an Paris vorbei, ich nehme an, daß diese Station in Frankreich steht.»

«Und wo steht der PTX, wie wir ihn ruhig weiter nennen wollen?»

«Das ist schwer zu sagen. Der Peilstrahl ging von Cranz in westsüdwestlicher Richtung und hat starke seitliche Deklinationen. Die Station kann ebensogut in Norddeutschland wie in Holland, Belgien oder Nordfrankreich stehen. Mehr läßt sich im Augenblick nicht erkennen.»

Es mochte gegen halb neun Uhr abends sein, als eine elegante Limousine am Roseneck des Berliner Grunewaldes neben der Endhaltestelle der Straßenbahn hielt. Einer der hier wartenden Herren stieg allein ein. Im nächsten Augenblick setzte sich der Wagen wieder in Bewegung und war bald verschwunden. Fünf Minuten später hielt er am Rande einer kleinen Lichtung des Grunewaldes. Zwei Männer entstiegen dem Fahrzeug.

«So, lieber Hans, da wären wir. Laß uns einen kleinen Spaziergang machen; nach der Hitze des Tages ist das eine Wohltat. Wie war der Verkehr um 18.10 ?»

«Wieder nur einseitig. Ich habe den Funkspruch von heute blind durchgegeben und keine Antwort bekommen.»

«Stimmt dein Wellenmesser?»

«Ganz genau. Ich habe ihn kurz zuvor an Hand dreier bekannter Stationen kontrolliert.»

«Merkwürdig! Die letzten durchgegebenen Funksprüche waren so wichtig, daß eine Rückäußerung unter allen Umständen hätte erfolgen müssen. Wann hast du die Zentrale zum letztenmal gehört?»

«Vorvorgestern um 22.20 Uhr. Es war die Bestätigung für Spruch Nr. 114.»

«Weiter nichts?»

«Nein. Ich blieb noch fünf Minuten auf Empfang stehen, es kam aber nichts mehr.»

«Gut! Jetzt gib acht! Hier sind drei Sprüche. Du gibst sie heute abend um 22.10 durch. Es sind die Nummern 121 bis 123. Der letzte Spruch enthält die Mitteilung, daß wir die Zentrale seit drei Tagen nicht mehr hören; es wird der Vorschlag gemacht, daß die Zentrale morgen früh um 06.20 Uhr auf der Welle 19,8 Meter Antwort gibt. Unsere Wellen waren doch bisher 73,2 Meter nachts und 19,5 Meter am Tage?»

«Ja, ganz genau.»

«Also du stehst morgen früh 15 Minuten auf Welle 19,8 auf Empfang. Um neun Uhr rufst du mich im Büro an, meldest dich mit „Doktor Bork" und sagst nur kurz „Es ging alles in Ordnung" oder „Es ging nicht in Ordnung".»

«Ist klar!»

«Sonst noch etwas?»

«Ja, Harro. Ich möchte mich noch über die Frage der Peilarbeit unserer Kurzwellenstationen mit dir unterhalten. Ich habe nämlich vor ein paar Tagen mit einem Ingenieur der Firma Radio-Wolf gesprochen — — —»

«Radio-Wolf? — Ich wußte gar nicht, daß du dorthin Beziehungen hast. Wer ist es?»

«Diplomingenieur Hasselbach.»

«So, so. Und was hat er dir erzählt?»

«Er hat mir ganz klar gesagt, daß Kurzwellen bis 10 Meter herunter peilbar sind und daß für die Wehrmacht und die Polizei bereits derartige Peiler gebaut werden; darunter befinden sich sogar fahrbare Apparaturen, mit deren Hilfe man bis dicht an die Sender heranfahren und ihren Aufbauplatz feststellen kann. Du wirst begreifen, daß diese Aussicht mich etwas beunruhigt, zumal sich meine Station am Rande der Stadt in ziemlich freiem Gelände befindet. Wenn die Bande erst einmal Verdacht schöpft, kann es leicht zu spät werden.»

«Lieber Hans, wir wollen dieses Thema kurz durchsprechen; es mir recht lieb, daß du davon anfängst. Für die nächste Zeit besteht keine Gefahr. Ich bin über diese Dinge sehr gut orientiert. Es kommen als Gegner in Frage die sogenannte Funkabwehr und die Funkmeßstellen der Polizei. Die letzteren beginnen erst jetzt mit ihrer Arbeit, haben daher noch keinerlei Erfahrung. Die Funkabwehr mit ihren Stationen arbeitet zwar schon seit anderthalb Jahren, besitzt aber noch keine eigenen Peiler. Das beste System von Peilstellen haben wir bei der Luftwaffe. Die Funkabwehr hat schon verschiedentlich den Versuch gemacht, unsere Peilstationen für ihre Zwecke zur Mitbenutzung zu bekommen, ich habe das aber bislang verhindern können. Immerhin muß man damit rechnen, daß die Funkabwehr eines Tages ein Netz von Peilstationen haben wird und daß eine Zusammenarbeit mit den Organen der Polizei zustande kommt. Dem gilt es schon jetzt Rechnung zu tragen, zumal es tatsächlich gelungen ist, Geräte für das Anpeilen von Kurzwellensendern zu entwickeln.»

«Also stimmt es doch!»

«Ja, es stimmt. Aber es gibt keine Gefahr, gegen die es keinen Schutz gäbe. Wir müssen den Sender auflockern.»

«Auflockern?»

«Ja. Das bedeutet, daß wir an Stelle des einen Gerätes deren drei oder vier setzen. Du hast einen Reserveapparat und ferner genügend Material, um an den Bau von zwei weiteren Sendern herangehen zu können.»

«Ich habe sogar schon einen für alle Fälle gebaut.»

«Das ist fein. Nun paß auf, wie ich mir die Sache denke. Ich werde mehrere Quartiere in Berlin aussuchen, die als Wechselquartiere in Frage kommen. Auch du suchst nun im Raume von Groß-Berlin an günstig zu erreichenden Stellen drei weit auseinandergelegene Quartiere aus. Später besorgst du noch ein viertes. Möglichst im obersten Stockwerk. Hier baust du die drei Sender ein. Die alte Wohnung gibst du auf. Wenn dies geschehen ist, arbeitest du von den drei – und später von vier oder mehr – verschiedenen Punkten aus, und zwar ganz willkürlich in der Reihenfolge. Versucht dann jemand, deine Station anzupeilen, dann bekommt er jedesmal einen anderen Peilstrahl. Wenn wir noch die Welle ab und zu ändern, dann sind wir sicher. Falls sich andere Schutzmaßnahmen als notwendig erweisen, bekommst du von mir rechtzeitig einen Hinweis. Mache dir keinerlei Sorgen und arbeite wie bisher. Im Augenblick ist für uns das Wichtigste die Wiederherstellung der Verbindung mit der Zentrale.»

«Bitte, Pjotr Iwanowitsch, nehmen Sie Platz und zünden Sie sich eine Zigarette an. Ich habe dem Adjutanten befohlen, daß man uns eine Stunde ungestört läßt. Auch das Telefon ist abgeschaltet. Wir sind daher in der angenehmen Lage, unsere Besprechung in aller Ruhe abzuhalten. Ich möchte Ihnen zunächst einen allgemeinen Überblick über die Arbeit unserer Abteilung geben, bevor ich Sie mit den einzelnen Sachbearbeitern bekannt mache.»

«Ich danke Ihnen, Sergej Michajlowitsch. Ihr Vorschlag ist gut. Ich glaube, so komme ich am besten in mein neues Wirkungsfeld hinein.»

«Sie werden es nicht einfach haben. Als ich vor drei Jahren die Abteilung übernahm, war das Arbeitsgebiet im Vergleich zu heute winzig klein. Die Erkundungsabteilung des Generalstabes des Volkskommissariats für Landesverteidigung arbeitete damals im wesentlichen auf den allgemein üblichen Wegen der Informationstätigkeit; der Übergang zu den modernen Methoden hatte gerade begonnen. Und dennoch hatte ich fleißig zu tun, bis ich wirklich imstande war, die Abteilung zu führen.»

«Ich werde es einfacher haben, weil ich vor elf Jahren bereits in dieser Abteilung gearbeitet habe. Seitdem hat sich allerdings viel geändert.»

«Sehr viel, Pjotr Iwanowitsch. Ich möchte Ihnen heute Einblick in denjenigen Teil Ihres Arbeitsgebietes geben, der erst in den letzten Jahren entstanden ist und Ihnen daher fremd sein dürfte. Dieses Gebiet befindet sich noch immer im Ausbau, und es ist heute noch nicht abzusehen, welchen Umfang es annehmen wird. Aber lassen Sie mich im Zusammenhang berichten.»

Oberst Sergej Michajlowitsch Solowjew lehnte sich in seinem Schreibtischsessel zurück, legte die Fingerspitzen beider Hände gegeneinander und blickte auf die ihm gegenüber an der Wand angebrachte große Karte von Europa.

«Daß die wichtigste Grundlage jeder Kriegsführung ein gut organisierter Informationsdienst ist, brauche ich Ihnen als altem Spezialisten nicht zu sagen.»

«Sehr richtig, Sergej Michajlowitsch. Der erste Weltkrieg und die Zeit zwischen den beiden großen Kriegen haben dies einwandfrei erwiesen.»

«Diese Erkenntnis mußte uns logischerweise zwingen, alle diejenigen Länder, mit denen ein Konflikt denkbar war oder die in einem Konfliktsfalle sich helfend der Gegenseite zur Verfügung stellen würden, mit einem Netz sicherer Informationspunkte zu überziehen.»

«Welche Aufgaben stellten Sie Ihren Leuten draußen?»

«Die Ziele, die unserem Geheimdienst vorschwebten, richteten sich auf Informationsarbeit auf allen Gebieten, die mit der Industrie, Wehrkraft und Wehrmacht aller europäischen Staaten, der USA und einiger anderer Länder zusammenhängen. Darüber hinaus Informationsarbeit hinsichtlich aller Vorgänge auf politischem Gebiet in diesen Staaten und schließlich Ausspähung aller gegen uns gerichteten Spionageabsichten.»

Oberst Pjotr Iwanowitsch Nikitin stimmte zu. «Es sind die gleichen Gedanken, wie sie schon zu der Zeit bestanden, als ich hier arbeitete. Allerdings waren wir uns damals darüber im klaren, daß eine derartig umfangreiche Aufgabe nur dann gelöst werden kann, wenn man wirklich großzügig an sie herangeht.»

«Wir haben nicht geschlafen. Es ist uns gelungen, nach und nach unsere Auslandsvertretungen in diese Aufgabe einzubeziehen. Daneben haben wir ein Netz von Agentengruppen geschaffen, das sich über ganz Europa erstreckt und sich bisher in hervorragender Weise bewährt hat. Die Übermittlung der Nachrichten war zunächst auf den üblichen diplomatischen oder postalischen Wegen ohne Schwierigkeiten möglich. Es war aber vorauszusehen, daß mit dem

Beginn eines Krieges die bisherigen Übermittlungswege sofort aufhören würden zu bestehen. Daher mußten wir rechtzeitig eine Methode finden, die es gestattete, uns die Ergebnisse der Informationsarbeit rasch und sicher zuzuleiten. Dieses Mittel bot sich uns in Gestalt kleiner Kurzwellensender, die speziell für diesen Zweck geschaffen wurden. Mit dem Tage des Kriegsbeginnes haben diese kleinen Apparate ihre Arbeit begonnen, und ich bin in der Lage Ihnen heute zu sagen, daß wir allen Grund haben, mit ihnen zufrieden zu sein.»

«Das ist in der Tat eine brillante Lösung. Die beste Nachricht wird wertlos, wenn sie nicht rechtzeitig dorthin kommt, wo man sie braucht.»

«Hier können Sie die Standorte unserer Funkstellen sehen.» Die beiden Herren traten zu der großen Europakarte, und Oberst Solowjew begann mit einer Erläuterung des Sinnes der zahlreichen bunten Knöpfe, mit denen die Landkarte besteckt war. «Sie sehen hier drei kleinere Agentengruppen auf dem Gebiete des ehemaligen Polen. Die letzte wurde erst vor zwei Monaten abgesetzt, hat sich aber schon sehr gut eingearbeitet. Dann ist auf dem Gebiete der ehemaligen Tschechoslowakei ein Netz von vier unabhängig voneinander arbeitenden Funkagentengruppen in Aktion. Besonders wertvoll ist die Arbeit der drei Gruppen auf dem Balkan, von denen die zwei besten sich in Bulgarien befinden. Fast alle Vorgänge, die sich auf dem Balkan abspielen und für uns von Interesse sind, werden signalisiert. Sie werden staunen, wenn Sie die Funksprüche zu Gesicht bekommen. Auch in Ungarn haben wir eine sehr aktive Gruppe mit zwei Funkstationen.»

«Sehr interessant!»

«Die bisher genannten Funkagentengruppen stellen sozusagen die erste Linie unserer Informationsarbeit dar. Sehr viel wichtiger ist jedoch das Netz unserer Agenten, das sich über Deutschland und die von ihm besetzten Nord- und

Westgebiete erstreckt. Sie sehen hier fünf verschiedenfarbige Gruppen von Glasknöpfen; sie stellen die fünf großen Informationskomplexe dar. Die fünfte Gruppe steht zwar in der Schweiz, gehört aber zum gleichen Bereich; sie arbeitet in der Hauptsache nach deutschem Gebiet hinüber; ihr Chef, Alexander Rado, ist einer unserer allerbesten Männer. Ihm zur Seite stellen kann man den Chef der belgischen Gruppe und den Leiter der Berliner Sektion. Bei diesem letzteren scheint aber eine Störung eingetreten zu sein, die Verbindungen kommen seit einigen Tagen nicht mehr zustande. Solange ich noch hier bin und Ihnen helfen kann, werden wir Schritte unternehmen, die Sache wieder in Gang zu bringen. Wir können auf diese Gruppe nicht verzichten.»

«Aus welchen Kreisen stammen die von Ihnen eingesetzten Agenten?»

«Wir können für die Arbeit in Mittel- und Westeuropa nur Männer mit überdurchschnittlicher Intelligenz brauchen. Die hier zu erfüllenden Aufgaben sind so umfassend, und ihre Erfüllung erfordert so viel Scharfsinn, daß nur Leute mit großen Geistesgaben geeignet sind. Es müssen begeisterte und fanatische Anhänger unserer Idee sein.»

«Wann entstanden jene von Ihnen genannten großen Agentengruppen in Westeuropa?»

«Der Augenblick des Entstehens ist schwer zu nennen. Die Einrichtung einer solchen Gruppe geht nicht immer rasch vonstatten. Je bedeutsamer sie ist oder wird, desto langsamer und schwieriger ist ihr Entstehen. Ein derartiges Netz absolut zuverlässiger Konfidenten baut sich nicht leicht auf. Die Anfänge unserer Berliner Gruppe gehen in die Zeit vom März 1936 zurück. Die belgische Gruppe entstand ein Jahr vor Ausbruch des zweiten Weltkrieges. Die französische Gruppe wurde etwas später organisiert, und zwar im Sommer 1940.»

«Damals entstand auch die Schweizer Gruppe?»

«Ganz richtig. Über diese Gruppe muß ich Ihnen ausführlicher berichten. Der Mann, der an der Spitze dieser Organisation — — —»

In diesem Augenblick schrillte das Telefon.

«Ich habe doch den verdammten Apparat abschalten lassen!» meinte Oberst Solowjew ungehalten.

«Aber nur für eine Stunde, und die scheint vorüber zu sein», erwiderte Nikitin lächelnd.

Solowjew meldete sich. «Ach, Sie sind es, Alexander Petrowitsch! — — — Von wem stammt die Nachricht? — — — Ja, ich bin einverstanden; hoffentlich bekommen wir dann bald eine Verbindung zustande. Übrigens würde ich Sie gern im Augenblick sprechen. Kommen Sie doch herüber und bringen Sie den Akt Rado mit. — Ja, ich erwarte Sie.»

«Das war Hauptmann Nekrassow. Einer meiner besten Leute. Er leitet speziell die deutsche und die Schweizer Gruppe und kann uns gleich einiges über die letztere erzählen. Er meldete mir soeben, daß Nachricht von der Berliner Gruppe eingegangen sei; ich hoffe, daß der Kontakt wieder zustande kommt.»

Es klopfte. Gleich darauf trat ein Offizier in der Uniform eines Hauptmanns der Nachrichtentruppe in das Zimmer und salutierte.

«Hier, Pjotr Iwanowitsch, stelle ich Ihnen Hauptmann Nekrassow vor. Mein Referent für mitteleuropäischen Funkagentendienst. Alexander Petrowitsch, dies ist Oberst Nikitin, mein Nachfolger. Sie werden mit ihm genau so gut arbeiten wie mit mir. Treten Sie näher. Wir möchten von Ihnen gern etwas über die Schweizer Gruppe hören.» *

«Das kann sofort geschehen», bemerkte Nekrassow. «Ich habe eine ganze Kollektion von Funksprüchen mitgebracht, die in den letzten Tagen von Rado bei uns eingingen.»

---

* Siehe hierzu den Fortsetzungsband «Agenten funken nach Moskau», der die äußerst intensive Schweizer Gruppe zum Gegenstand hat. (Im gleichen Verlag erschienen.)

Oberst Nikitin nahm ein kleines Päckchen loser Blätter entgegen, die mit Schreibmaschine beschrieben waren, und las:

2. Juli 1941.
An Direktor. Nr. 34 Rdo. (Sehr dringend.)
In Anwendung befindlicher Operationsplan ist Plan I mit Ziel Ural über Moskau. Flügeloperationen sind Ablenkungsmanöver. Schwerpunkt beim Zentrum. Rado.

3. Juli 1941.
An Direktor. Nr. 37
Tagesproduktion an Sturzkampfflugzeugen gegenwärtig 9 bis 10 Stück. Flugzeugverluste deutscher Luftwaffe an Ostfront im Tagesdurchschnitt 40 Maschinen. Quelle: Reichsluftfahrtministerium. Rado.

5. Juli 1941.
An Direktor. Nr. 44
Gesamtbestand deutscher Luftwaffe jetzt 21 500 Maschinen erster und zweiter Linie, dazu 6250 Junkers-Ju-52-Transportmaschinen. Rado.

27. Juli 1941.
An Direktor. Nr. 92
Falls Plan I auf Schwierigkeiten stößt, tritt Plan II in Kraft. Er sieht Stoß auf Archangelsk und Murmansk vor. Bei Planänderung bekomme ich konkrete Nachricht innerhalb zweier Tage. Rado.

Nikitin reichte das Päckchen wieder zurück. «Danke, das genügt mir. Ich habe heute bei Ihnen Eindrücke bekommen, wie sie mir zuvor nie vergönnt waren.»

In dem kleinen Restaurant am Teufelssee hatte man früher an allen Wochentagen frische Milch und einen vorzüglichen Apfelkuchen genießen können, um sich für den Heimweg zu stärken, wenn man einen Ausflug nach dem Berliner Grunewald gemacht hatte und mit müden Beinen hier gelandet war. Man konnte dann von hier aus den trotz aller Verbote im Teufelssee badenden jungen Burschen zusehen und beim herübertönenden gleichmäßigen Stampfen der nahen Wasserpumpstation geruhsam die im Westen hinter den Kronen der Kiefern und Fichten langsam sich neigende Sonne verfolgen, bis die langen Schatten der Bäume zum Aufbruch mahnten.

Jetzt war Krieg, die Milch war selten geworden, den Apfelkuchen bekam man nur gegen Brotmarken, und diese waren knapp bemessen. Statt der Milch gab es schlechten Kaffee oder Limonade, und statt des Apfelkuchens aßen die Besucher meist mitgebrachte Scheiben schwarzen Brotes. Aber die Zahl der Gäste war nicht viel kleiner geworden, denn hier im Walde brauchte man bei Fliegeralarm nicht angstvoll in die Luftschutzkeller oder in den Tunnel der Untergrundbahn zu flüchten; hier draußen fielen bestimmt keine Bomben.

Meist sah man an den kleinen Tischen nur Frauen und Kinder; die Männer waren jetzt nicht mehr so zahlreich wie einst, und sah man welche bei einer Tasse Kaffee und einer Pfeife Tabak sitzen, so waren es in der Regel beurlaubte Soldaten in Uniform oder Zivil, die hier das gepriesene «Fronterlebnis» vergessen und dafür Eindrücke des Friedens und der Beschaulichkeit eintauschen wollten.

Vielleicht mochten die beiden Herren, die an einem etwas abseits stehenden Tische saßen und gemächlich den Rauch ihrer Zigarren von sich bliesen, auch solche «Fronturlauber» sein. Bei dem einen hätte man dies auf Grund seiner

Gestalt und Haltung vermuten können. Der andere machte allerdings mehr den Eindruck eines geistigen Arbeiters, denn seine etwas kurzsichtigen Augen blickten lebhaft durch die großen Brillengläser, und seine rechte Hand spielte nervös mit einem schwarzen Drehbleistift, mit dem er während der Unterhaltung auf einem Blatt Papier ab und zu einige Striche zeichnete.

«Ja, Herr Müller, es sind nun fünf Wochen vergangen, seit wir uns zum letztenmal sahen. Meine drei Berichte haben Sie doch in der Zwischenzeit bekommen?»

«Doch. Ich danke Ihnen; sie waren sehr wertvoll.»

«Schön und gut. Aber die letzten Wochen haben meine Erwartungen stark herabgemindert. Ich bin zuweilen ganz verzweifelt. Sehen Sie sich die heutige Zeitung wieder an!» Der Sprecher zog ein mehrfach zusammengefaltetes Zeitungsblatt aus der Tasche und legte es vor sich auf den Tisch. «Hier, lesen Sie! Die Stalinlinie an drei Stellen tief durchstoßen. Bisher fast 900 000 Gefangene. Mehr als 13 000 Panzerwagen der Sowjets außer Gefecht gesetzt, dazu über 10 000 Geschütze und 9000 Flugzeuge. Das sind Zahlen, die mich erschüttern!»

«Sagen wir, erschüttern könnten, wenn sie stimmen würden. Aber, Herr Hankel, Sie müssen nicht nur das sehen, was drüben verloren geht, sondern auch das, was das Land an materiellen und personellen Kräften hervorzubringen vermag; und das ist weitaus mehr!»

«Hoffentlich kann es noch rechtzeitig geschehen.»

«Keine Sorge! Ich kann Sie beruhigen.»

«Moskau wird schwerstens aus der Luft angegriffen.»

«London ist monatelang noch viel schwerer aus der Luft angegriffen worden. Aber bisher sind deutsche Soldaten nur als Gefangene durch diese Stadt marschiert.»

«Ja. Dort liegt der Kanal als unüberwindliches Hindernis dazwischen. Nach Moskau führt der Weg über ebenen Boden.»

«Stimmt. Jedoch sind es bis Moskau noch mehr als 400 Kilometer. Und von diesen wird jeder einzelne von den Russen zäh verteidigt. Und im übrigen, Herr Hankel, mußten wir uns von vornherein darüber im klaren sein, daß der Erfolg zunächst einmal auf Hitlers Seite sein würde. Dieses Übergewicht wird sich nach und nach verlieren. Und es liegt nicht zum wenigsten an uns, daran mitzuwirken. Lassen Sie also den Mut nicht sinken und marschieren Sie mit uns auf dem alten Weg weiter. Und nun lassen Sie uns wieder vernünftig reden und unsere weitere Arbeit besprechen. Ich kann Ihnen nur das eine sagen, nämlich: daß die Dinge gut stehen! Und dieser Gedanke soll Sie bei Ihrem Handeln auch weiterhin leiten.»

«Danke Ihnen für Ihre Aufmunterung. Ich brauche sie zuweilen.»

«Kann ich verstehen. Und jetzt erzählen Sie mir mal, wie sich die Dinge mit dem Siegfriedgerät weiter entwickelt haben.»

«Es hat sich nicht verhindern lassen, daß die Angelegenheit in der Zwischenzeit weitergediehen ist. Man kann sagen, daß das Gerät im Prinzip – zum mindesten als Versuchsmodell – seine erste Gestalt anzunehmen beginnt.»

«Hm!» –

«Ich habe da diesen Diplomingenieur Westermayer, der sich gewaltig der Sache annimmt und Tag und Nacht daran arbeitet. Natürlich muß ich immer so tun, als ob ich mich darüber freue und seine Arbeit fördere. Ich bot ihm Urlaub an, er nahm ihn aber nicht. Nun habe ich in der vergangenen Woche auf eine Anfrage des Wehrbezirkskommandos die Auskunft gegeben, daß der Mann bei uns entbehrlich sei. Ich rechne jetzt täglich damit, daß er seine Einberufung bekommt. Das wird zunächst einmal einen Wirbel auslösen; ich kann mich aber immer damit rechtfertigen, daß alle Vorarbeiten abgeschlossen sind und der Mann infolgedessen seine Aufgabe erfüllt hat und entbehrt werden kann. Jetzt beginnt das Stadium der praktischen Versuche, und dazu brauchen wir ihn nicht.»

«Wollen Sie einen anderen Mann mit der Weiterführung der Arbeiten betrauen?»

«Ja, und zwar einen, der bisher an diesem Gerät noch nicht mitgearbeitet hat.»

«Da ist doch bei Ihnen ein Ingenieur Eugen Hasselbach?»

«Ja. Der arbeitet aber in einer anderen Abteilung. Wieso kommen Sie auf ihn?»

«Er ist auf dem Gebiete des Peilwesens tätig?»

«Ja. Und gehört ebenfalls zu jenen übereifrigen Männern, die ich lieber gehen als kommen sehe. Er hat einen neuen Peiler entwickelt, der anscheinend sehr gut ist.»

«Stimmt. Der Mann muß von seinem Platz fort. Er richtet uns sonst Unheil an. Können Sie es nicht so einrichten, daß er aus seiner jetzigen Abteilung zu Ihnen versetzt wird? Man könnte gerade seine Tüchtigkeit und seine Erfolge auf dem Gebiete des Peilwesens als Vorwand nehmen. Zum mindesten gewinnen wir durch einen solchen Personalwechsel Zeit und können die Sache sowohl auf dem einen als auch auf dem anderen Gebiet verzögern.»

«Ich will es versuchen. Eventuell kann ich auf eine Unterstützung Ihrerseits rechnen?»

«Bestimmt! Ich habe dafür gesorgt, daß Sie bei gewissen Stellen bestens angeschrieben sind. Diesen Schritt behalten wir uns für den Fall vor, daß Sie es intern nicht regeln können.»

«Ich glaube, ich schaffe es. Ich habe mir soeben einige Gedanken zurechtgelegt.»

«Wir müssen es unter allen Umständen erreichen, daß die endgültige Lösung hinsichtlich des Siegfriedgerätes möglichst verzögert wird. Die ersten Modelle müssen so beschaffen sein, daß sie sich für den praktischen Gebrauch bei der Truppe als zu unhandlich und kompliziert erweisen. Machen Sie, was Sie wollen, aber schaffen Sie es, daß die

Apparatur nicht vor Sommer 1942 in ihren Modellen als truppenbrauchbar anerkannt wird.»

«Wird gemacht, Herr Müller. Ich habe in dieser Richtung allerlei Möglichkeiten.»

«Nun noch einmal zu den Peilern. Wie stehen die Dinge auf diesem Gebiet?»

«Das kann ich Ihnen ziemlich genau sagen. Der beste Peiler, der sowohl bei der Polizei wie auch bei der Wehrmacht eingesetzt wird, ist der sogenannte Bordpeiler, ein kreisrund gebogenes Metallrohr von etwa einem Meter Durchmesser. Mit diesem Peiler sind verschiedene Fahrzeuge der Wehrmacht und der Polizei ausgerüstet. Das Metallrohr ist auf dem Dach des Fahrzeuges angebracht, also weithin sichtbar. Damit kann man natürlich keine Jagd auf unsere Sender machen, denn das Fahrzeug ist von weither hinsichtlich seiner Zweckbestimmung erkennbar. Nun hat dieser Hasselbach den Versuch unternommen, einen Kofferpeiler zu konstruieren. Er hat den Peilrahmen in einen Koffer eingebaut, und der Mann, der auf Jagd nach einem illegalen Sender ausgeht, braucht den Koffer nur in die richtige Lage zu bringen, um die Richtung herauszubekommen, in der sich der Sender befindet. Das ist aber wiederum nur Theorie, denn wenn der Mann mit seinem Koffer und dem umgelegten Kopfhörer in der Gegend herumstrolcht, dann lenkt er die Aufmerksamkeit auf sich. Jetzt ist Hasselbach dabei, diesen Koffer in einen Personenwagen einzubauen. Das ist schon bedenklicher, denn ein haltendes oder langsam fahrendes Auto fällt nicht ohne weiteres auf. Er kann sich also schon leichter an die Station heranpirschen.»

«Wir werden also in Zukunft auf Personenautos, die in der Nähe unserer Sender halten oder fahren, aufpassen müssen!»

«Das wird gut sein. Aber die Geschichte ist noch längst nicht erprobt, und es wird noch einige Zeit dauern, bis eine praktisch brauchbare Lösung gefunden ist. Wenn wir jetzt Hasselbach auf ein neues Arbeitsgebiet hetzen, dann gerät auch diese Peilerfrage in den Zustand der Verzögerung. Gefährlich ist Hasselbach insofern, als ihm der Gedanke eines Gürtelpeilers im Kopfe herumspukt. Er will eine Apparatur konstruieren, die so klein und so beschaffen ist, daß ein Mann sie unter der Kleidung unauffällig tragen kann. In diesem Falle besteht natürlich die Möglichkeit, sich dem Sender zu nähern. Aber – wie gesagt – es ist vorerst nur eine Idee von ihm.»

«Wir werden Hasselbach auf jeden Fall unschädlich machen müssen. Lassen Sie ihn zunächst am Siegfriedgerät arbeiten, und dann finden wir eines Tages die Möglichkeit, ihn zu beseitigen.»

«Ich werde die Augen offen halten, seien Sie davon überzeugt. Und nun sagen Sie mir noch folgendes: Wir sprachen bisher nur von den Nahfeldpeilern; mir ist aber bekannt, daß bei Ihnen auch mehrere Fernpeiler gebaut werden. Wie steht es damit?»

«Ja, es stimmt. Es ist eine Serie von zehn Stück; sie sind zur Hälfte für das OKW, zur anderen Hälfte für die Luftwaffe bestimmt.»

«Aus der Sache mit dem OKW darf nichts werden! Dahinter steckt nämlich eine Stelle, die Jagd auf uns macht, oder richtiger: machen möchte. Sorgen Sie dafür, daß die für das OKW bestimmten Apparaturen versehentlich ebenfalls an die Luftwaffe abgeschickt werden. Von dort kann das OKW sie sich holen, was ihm aber kaum glücken wird.»

«Wird besorgt.»

«Mit den drei genannten Aufgaben haben Sie vorerst genug zu tun. Im übrigen kann ich Ihnen sagen, daß die Zentrale mit Ihnen zufrieden ist; das ist die höchste Anerkennung für unsere gemeinsame Arbeit. Fahren Sie so fort und seien sie weiterhin vorsichtig. Alle Ihre Maßnahmen müssen den Eindruck erwecken, als seien Sie der eifrigste und begeistertste Kämpfer an der Heimatfront. Häufige Änderungen und Umorganisierungen entsprechen der Nazi-Mentalität und wirken immer günstig, auch wenn sie in Wahrheit nichts als hemmend und bremsend sind.»

«Das habe ich bisher mit gutem Erfolg ausprobiert.»

«Ich denke, für heute wären wir fertig. Wir haben Donnerstag, den 7. August. Wie wäre es mit einem Treffen kommenden Sonntag um diese Zeit hier?»

«Einverstanden. Vielleicht weiß ich dann schon etwas über Hasselbach und Westermayer.»

«Hoffentlich. Übrigens, um noch einmal auf die Peiler zurückzukommen: Falls es sich ermöglichen läßt, die Richtungseinstellung des Rahmens um einige Grade zu verändern, so wäre das – vor allem bei denen, die etwa an das OKW gehen sollten – eine sehr gute Lösung. Gemerkt wird die Abweichung erst nach geraumer Zeit. Und dann können Sie bei einer Untersuchung den Verdacht leicht in die gewünschte Richtung lenken.»

«Wieviel Grad würden genügen?»

«Beim Fernpeiler fünf Grad, beim Nahpeiler etwas mehr.»

«Will sehen, was sich machen läßt.»

Berlin

Es war am Sonntagnachmittag, den 3. August 1941, als in einem jener, aus den siebziger Jahren stammenden Häuser im alten Berliner «Geheimratsviertel» zwei Herren in einem modern, aber behaglich ausgestatteten Salon nach kurzer Begrüßung in bequemen Sesseln Platz nahmen, während das Mädchen den kleinen Tisch zwischen ihnen deckte und die Kaffeemaschine zurechtmachte.

Der Hausherr, ein hoher, kräftiger, ernst und bestimmt dreinblickender Herr von etwa vierzig Jahren, konnte sowohl Jurist als auch höherer Beamter sein. Seine reservierte Art hätte am ehesten auf einen Staatsanwalt schließen lassen.

Der Besucher, ein schlanker, hochgewachsener Dreißiger mit scharfgeschnittenen, energischen Zügen, temperamentvollem Wesen und lebhaften Augen hätte vielleicht den Eindruck eines Offiziers in Zivil gemacht, wenn nicht seine blasse Gesichtsfarbe und sein etwas versonnener Blick das Empfinden aufkommen ließen, daß dieser Mann gewohnt war, den Tag und die Abende bis spät in die Nacht am Schreibtisch zuzubringen.

«Mildred ist nach Friedenau gefahren, sie besucht Erika», bemerkte der Hausherr, seinem Gast Zigaretten reichend. «Wir sind ganz für uns allein, denn das Mädchen geht gleich fort; ich habe ihr für den Rest des Tages Urlaub gegeben.»

«Schön, Arwid», erklärte der Besucher, «dann können wir ungestört plaudern. Hast du schon von der Haussuchung in der ehemaligen russischen Botschaft gehört?»

«Ja. Aber das ist im Moment nicht so wichtig. Wie steht es mit der Funkverbindung?»

«Vor acht Tagen hatte ich einen Treff mit Hankel; durch ihn werde ich laufend über den Stand der Funkpeiltechnik informiert. Ich habe mit ihm verschiedene Maßnahmen besprochen, die uns für eine Zeitlang eine gewisse Sicherheit geben; aber ich mache mir keine Illusionen darüber, daß wir in spätestens einem halben Jahr in ein Stadium kommen, in dem die Gefahr akut wird. Ich bin daher im Begriff, den festen Aufbauplatz der Station durch eine Reihe wechselnder Plätze zu ersetzen.»

«Sehr gut. Die Funkverbindung darf nicht gefährdet werden! Funktioniert der Verkehr wieder?»

«Leider nicht. Seit vorgestern ist es wieder aus, nachdem vier Tage lang die Verbindung tadellos klappte. Ich bin ganz verzweifelt und habe sofort einiges eingeleitet, um die Zentrale zu informieren. Hoffentlich kommen wir bald wieder in Verkehr.»

«Das muß unbedingt erreicht werden! Jetzt darf auf unserer Seite keine Panne eintreten. Ich fürchte nur, daß der von dir eingeschlagene Weg zu unsicher ist.»

«Ich habe keinen anderen, Arwid.»

«Vielleicht finde ich einen Weg – –»

«Du? Welchen denn?»

«Es gibt hier in Berlin noch eine andere Gruppe, die im gleichen Sinne arbeitet wie die unsrige. Sie steht ebenfalls in Funkverbindung mit der Zentrale. Soweit ich unterrichtet bin, scheint der Verkehr dort besser zu funktionieren.»

Eine kleine Pause trat ein. Die Männer füllten ihre Tassen mit dem duftenden Getränk und gaben Zucker und Milch hinzu.

«Einen tadellosen Kaffee hast du hier, Arwid. Eine Wohltat für ein schwaches Herz.»

«Den schickte mir Greta Grauhoff in der vergangenen Woche. Hast du ihren Mann in den letzten Tagen gesehen?»

«Ja. Adam besuchte mich vorgestern abend. Er brachte mir einige sehr interessante Nachrichten. Er hat jetzt die geistige Analyse der Künstlerschaft übernommen und macht das sehr geschickt. Er bereitet den Boden für die Gewinnung von Mitarbeitern vor.»

«Schreibt er wieder etwas?»

«Ja, ein Drama. Ich habe den Titel vergessen. Weißt du, ich bin immer ärgerlich, wenn ich mit ihm zusammenkomme.»

«Wieso?»

«Du erinnerst dich doch jenes Abends in den ersten Junitagen, als der Mann von der Zentrale kam und uns das eine Funkgerät überbrachte?»

«Klar. Aber weshalb bist du ärgerlich?»

«Ganz einfach. Der Mann hatte damals den Auftrag, nicht

nur den Sender zu bringen, sondern mit uns die Einzelheiten der Verkehrshandhabung durchzusprechen. Und was macht Adam? – Er holt sein eben vollendetes Schauspiel «Ulenspiegel» hervor, liest uns den ganzen Abend daraus vor, weckt schließlich großes Interesse und Begeisterung bei jenem Herrn, der sofort erklärt, diese Dichtung sei ausgezeichnet, und er wolle sie nach Moskau mitnehmen, um für eine Aufführung zu sorgen.»

«Nun, das war doch sehr nett!»

«Ja, aber weniger nett war, daß die ganze Frage der Funkverbindung dadurch in den Schatten geriet und völlig vergessen wurde. Der Mann nahm die Blätter und reiste am anderen Tage ab. Und die Folge jenes hochgeistigen literarischen Abends ist, daß es jetzt mit unserer Verbindung nicht klappen will.»

«Du hast recht. Das war ein Fehler. Aber nun gib acht. Ich erwähnte vorhin jene Gruppe, die hier in Berlin arbeitet. Ich sehe morgen den Chef. Er wohnt in Charlottenburg, ganz in deiner Nähe. Ich werde morgen mit ihm sprechen und euch beide zusammenbringen. Wenn er einverstanden ist, können wir auf dem Wege über ihn deine Funkverbindung wieder klarbekommen.»

Brüssel

«Donnerwetter! Sehen Sie doch dort drüben die Frau, die mit dem kleinen Mädchen auf und ab geht! Himmel, gibt es denn so etwas auf der Welt? Das ist ja ein Wunderwerk der Schöpfung!»

«Ja, es ist genau das, was der Arzt Ihnen verschrieben hat. Ich weiß Bescheid. Aber nun, Verehrtester, seien Sie so gut und setzen Sie sich wieder, erregen Sie kein Aufsehen und lassen Sie Ihre Augen nicht so weit heraushängen, sonst fallen sie Ihnen in die Kaffeetasse.»

«Sehen Sie nur diese Figur, und dann diese Beine. Die sind sogar hier in Brüssel eine Sehenswürdigkeit! Und dazu dieses schwarze Haar! Ob es wohl eine Spanierin sein mag?»

«Nein, es ist eine Ungarin.»

«Wieso? Kennen Sie die Frau?»

«Ja. Und ich kenne auch den dazugehörigen Mann. Und deshalb möchte ich Ihnen den Rat geben, sich möglichst bald etwas anderes verschreiben zu lassen, denn diese Medizin dort drüben ist nichts für Sie. Mit dem Manne ist nicht zu spassen. Zudem steht er in besten Beziehungen zu hohen deutschen Dienststellen. Es hat schon vor Ihnen viele Leute gegeben, die diese Frau schön gefunden haben. Bisher hat aber jeder erkennen müssen, daß die Mauern dieser Festung unübersteigbar sind.»

«Was wissen Sie von der Frau?»

«Nicht sehr viel. Erstens, daß sie schön ist – aber das wissen Sie auch. Zweitens, daß sie charmant und geistvoll ist – das sieht man ihr übrigens an. Drittens, daß das Kind an ihrer Hand ihr Töchterchen ist; es stammt von ihrem verstorbenen Manne.»

«Wie? Ist sie Witwe?»

«Ja, sie ist die Witwe eines reichen Ungarn. Gegenwärtig lebt sie sozusagen in unsanktionierter Ehe mit dem von mir vorhin erwähnten Manne zusammen.»

«Interessant.»

«Ja. Der Mann ist es übrigens auch.»

«Wer ist es und was treibt er?»

«Er ist Mitinhaber einer Brüsseler Firma, die mit verschiedenen Dienststellen der deutschen Wehrmacht und mit der Organisation Todt Geschäfte größten Stils betreibt.»

«Wie heißt die Firma?»

«Es ist die Simex-Gesellschaft, ein Kommissionsgeschäft für Import und Export. Ein Unternehmen, das seit der deutschen Besetzung des Landes einen kolossalen Aufschwung genommen hat. Es werden mit den deutschen Stellen Millionengeschäfte abgewickelt.»

«Auf welchem Gebiete?»

«Eigentlich auf allen Gebieten. Zum Beispiel wird alles, was man unsererseits für Truppenunterkünfte und dergleichen benötigt, von der Simex-Gesellschaft geliefert. Die Baracken für die Organisation Todt zur Unterbringung der Arbeiter für den Bau des Atlantikwalls, die Ausstattung dieser Unterkünfte, alles Schanzmaterial, Betonmischmaschinen, kleine Feldbahnen für die Bauarbeiten, Krane, Zement, kurz: alles, was man haben will.»

«Der Mann muß ja ein unheimliches Geld verdienen!»

«Worauf Sie sich verlassen können. Mit dessen Einnahmen kann unser monatlicher Wehrsold nicht Schritt halten. Das, was wir im ganzen Monat bekommen, verzehrt dieser Mann mit seiner Freundin zu einem Mittagessen.»

«Ist der Mann viel unterwegs?»

«Gewiß. Er reist viel umher. Ist oft in Paris, wo sich ein ähnliches Geschäft befindet, mit dem er in engsten Beziehungen steht. Dann fährt er sehr oft nach Deutschland, nach Prag, Pilsen und so weiter.»

«Sagen Sie, besteht da nicht die Gefahr, daß Leute dieser Art, die so ungehindert in Kriegszeiten herumfahren und mit den verschiedensten militärischen und anderen Stellen in Verbindung kommen, sich irgendwie in gefährlicher Weise betätigen können?»

«Sie meinen, Spionage treiben?»

«Ja.»

«Nun, Verehrtester, sehen Sie sich diese Frau an, die noch immer dort drüben auf und ab spaziert; anscheinend wartet sie auf ihren Freund. Betrachten Sie diese Frau und dann sagen Sie mir, ob ein Mann, der eine solche Frau als Freundin hat und daneben noch ein großes Geschäft betreibt, Sinn und Zeit für Dinge wie Spionage haben kann. Nein, mein Lieber, der Mann ist Tag und Nacht beschäftigt und hat andere Dinge im Kopfe. Im übrigen wüßte ich gar nicht, für wen er spionieren sollte und weswegen. Sein Geschäft ging noch nie so gut wie jetzt.»

«Schauen Sie, ich glaube, dort kommt er!»

«Ja, ganz recht. Er ist es. Anscheinend war er drüben beim Stadtkommandanten von Groß-Brüssel oder bei der Standortverwaltung.»

«Wirklich eine fabelhafte Frau! Der Mann ist zu beneiden.»

«Tun Sie das nicht! Man weiß nie, wo einen anderen Menschen der Schuh drückt.»

Die beiden deutschen Offiziere, die an einem kleinen Tischchen vor einem Café schräg gegenüber der deutschen Kommandantur in Brüssel gesessen hatten, erhoben sich jetzt, zahlten ihren Kaffee und wandten sich zum Gehen. Währenddessen schritt die Dame, die unbewußt das Ziel der interessierten Beobachtung gewesen war, an der Seite des hinzugekommenen Herrn die Straße entlang. Dann bog sie mit ihrem Begleiter und dem Kinde in eine Querstraße ein. Hier bestiegen die drei zusammen ein parkendes Auto.

«Ich habe dich heute lange warten lassen, Elja. Es ließ sich nicht anders einrichten. Du mußt, bitte, entschuldigen.»

«Oh, Jean, mir ist die Zeit nicht lang geworden. Du sollst bei deinen Besprechungen dich nie mit dem Gefühl belasten, du müßtest dich beeilen, weil ich auf dich warte. Du sollst immer wissen, daß ich Verständnis für deine Arbeit habe und geduldig dem Augenblick entgegensehe, der dich mir wieder gibt. Ich bin stolz auf dich und deine Arbeit und bin mir dessen bewußt, daß gerade dann, wenn eine Besprechung dich längere Zeit festhält, es sich wohl um wichtige Dinge handelt.»

«Ich danke dir, Elja! Du bist nicht nur eine liebe, sondern zugleich eine kluge Frau, und das ist ein seltenes Geschenk. Übrigens hast du recht, es war wirklich eine sehr wichtige

Besprechung, die ich soeben hatte. Ich mache dir nun folgenden Vorschlag: Wir fahren jetzt zusammen hinaus zu Pierre Lafontaine und setzen uns auf die Terrasse am See. Dort trinken wir eine Schokolade oder essen eine Eiscrème, und dann bring ich euch nach Hause.»

«Und du?»

«Ich, mein Liebling, fahre noch für eine Stunde in die Rue Dubois.»

«Oho, in deine geheimnisvolle Villa?»

«Ja, mein kluges Frauchen.»

Es war gegen acht Uhr abends, als in einer stillen, mit Blumen bestandenen Straße des Stadtteils Molenbeek in Brüssel ein Auto hielt. Der Herr, der am Steuer gesessen hatte, stieg aus, schloß den Wagen ab, ging zwei Straßenzüge weiter und bog dann rechts um die Ecke. Nach etwa hundert Schritten blieb er stehen, blickte zu einer hinter einem kleinen Vorgarten stehenden Villa hinüber, nickte befriedigt und öffnete die Gartentür. Mit wenigen Schritten erreichte er das Haus, stieg die vier Stufen zur Eingangstür hoch und drückte dreimal auf den Knopf der elektrischen Hausklingel. Einige Augenblicke später wurde die Tür von einer älteren Dame geöffnet.

«Guten Abend, Madame Dartifol. Wie geht es Ihnen?»

«Oh! Besten Dank, Monsieur Kent. Ich bin zufrieden. Habe vorhin ein Stündchen im Garten gesessen und gelesen. Es ist ein so herrliches Wetter heute, so angenehm mild, gar nicht heiß wie an den vergangenen Tagen.»

«Sind die Herren daheim?»

«Ja, Monsieur Kent. Herr Bogdan und Herr Dimitroff

sind vor einer Stunde gekommen. Auch Fräulein Esther kam vorhin.»

«Sagen Sie, hat in letzter Zeit irgend jemand Interesse für Ihre Villa gezeigt oder sich nach den jetzigen Mietern erkundigt?»

«Nein, Monsieur Kent. Niemand. Ich habe nichts wahrgenommen.»

«Gut. Aber falls es jemals geschehen sollte, dann sagen Sie es mir bitte sofort.»

Der späte Besucher schritt die Stufen zum oberen Geschoß empor und betrat dort nach kurzem Anklopfen ein geräumiges Zimmer. Zwei langgestreckte Arbeitstische standen einander gegenüber und waren mit Papieren, Skizzen und Karten bedeckt. An der Wand hing eine große Karte von Europa, und in einer Ecke des Raumes stand auf einem Tisch neben einem Koffer ein kleines Funkgerät. Die sonstige Ausstattung des Zimmers ließ erkennen, daß es nicht zu allen Zeiten als Arbeitsraum gedient hatte, sondern daß seine Zweckbestimmung offenbar darin zu suchen war, einem behaglichen und bequemen Dasein den äußeren Rahmen zu geben.

An einem der Arbeitstische saßen zwei Männer und verglichen auf einer Wandkarte Westeuropas verschiedene Eintragungen. An dem anderen Tisch saß eine Frau und hatte vor sich mehrere Bogen Papier liegen, die dicht mit Zahlen und Buchstaben bedeckt waren. Neben dem in der Zimmerecke stehenden Funkgerät arbeitete ein Mann mit Schraubenzieher und Zange.

Der Neuangekommene begrüßte freundlich die im Zimmer anwesenden Personen. «Nun, Fräulein Esther, was gibt es an Neuigkeiten für mich? Sind Weisungen der Zentrale eingelaufen?»

«Ja. Ich habe soeben die Entzifferung beendet. Hier sind drei Telegramme, die vor einer Stunde aufgenommen wurden.»

Kent nahm die Blätter und las:

10. 8. 1941. 1900. AN KENT VON DIREKTOR. BENÖTIGEN BERICHT ÜBER SCHWEIZER ARMEE, DIE IN VERBINDUNG MIT MÖGLICHER DEUTSCHER INVASION INTERESSIERT. STÄRKE DER ARMEE IM FALLE ALLGEMEINER MOBILMACHUNG. ART DER BEFESTIGUNGEN. QUALITÄT DER BEWAFFNUNG. EINZELHEITEN ÜBER LUFTWAFFE, PANZERWAFFE UND ARTILLERIE. TECHNISCHE MITTEL NACH WAFFENGATTUNGEN.

«Diesen Auftrag übernehme ich selbst zur Bearbeitung», erklärte Kent. «Ich fahre nächste Woche nach Paris und von dort nach Lausanne. Bei dieser Gelegenheit kann ich die Beschaffung des Materials einleiten. Dagegen scheint die im dem zweiten Funkspruch gestellte Aufgabe etwas für Rudolf zu sein. ‚Feststellen der Zahl der deutschen Truppen, die in Frankreich und Belgien für den Küstenschutz eingesetzt sind.' Dieser Auftrag wird sich gut lösen lassen. Ich hatte heute eine Unterredung mit General von Zuffenhausen. Unsere Firma hat den Auftrag bekommen, für den gesamten Atlantikwall in Westeuropa Unterkunftsgerät zu liefern. Das gibt die Möglichkeit eines Einblicks in das System der Truppenorganisation.»

«Soll Rudolf hierbei eingeschaltet werden?»

«Ja. Er übernimmt den Reisedienst zu den verschiedenen Abschnittkommandos und bekommt die besten Ausweise.»

«Wie sind Sie zu diesem Auftrag gekommen?»

«Es war nicht ganz einfach. Es war zu prüfen, ob unsere Firma als zuverlässig anzusehen ist und keine Spionagegefahr besteht. Unsere bisherige prompte und exakte Arbeit hat sich bezahlt gemacht. Der General ist überzeugt, in unserer Firma den treuesten Mitarbeiter zu sehen. Aber nun lassen Sie uns den dritten Funkspruch lesen.»

10. 8. 1941. 1900. AN KENT VON DIREKTOR.
SCHNEIDERS QUELLE SCHEINT GUT INFORMIERT ZU SEIN. KONTROLLIEREN SIE DURCH IHN GESAMTZAHLEN ALLER BISHERIGEN DEUTSCHEN VERLUSTE, SPEZIALISIERT NACH ART UND FELDZÜGEN.

«Gut, das kann ich mit meiner Leipziger Reise in der nächsten Woche verbinden. – Sagen Sie, Fräulein Esther, auf welcher Seite des Buchschlüssels sind wir jetzt beim Entziffern?»

«Auf Seite 185.»

«Ich glaube, es wird gut sein, wenn wir das Schlüsselbuch bald wechseln. In einem der nächsten Telegramme werden wir der Zentrale den Vorschlag machen. Notieren Sie das bitte!»

Während Fräulein Esther einige Notizen machte, wandte sich Kent an den jungen Mann, der an dem Funkgerät hantierte. «Nun, lieber Jean, wie geht bei Ihnen die Arbeit? Ist die Verbindung immer einwandfrei?»

«Im allgemeinen schon. Jedoch morgens um fünf Uhr habe ich zuweilen Schwierigkeiten. Die Gegenstation ist dann oft nur schwach hörbar.»

«Ich habe die Absicht, in nächster Zeit einen zweiten Sender in Betrieb zu nehmen; die Vorbereitungen dazu sind im Gange. Als Funker will ich unseren Freund Bernard einsetzen, der früher unsere Informationen nach Berlin brachte. Er hat jetzt eine Anstellung als Mechaniker im Materialdepot des Höheren Nachrichtenführers in Brüssel. Dort hat er die beste Gelegenheit, Informationen zu sammeln.»

Während den bisher geführten Unterhaltungen hatten die zwei anderen Männer an einem der langen Tische ihre Arbeit fortgesetzt. Kent wandte sich ihnen zu und blickte dem einen der Männer über die Schulter. Vor ihm lag eine Übersicht über die Verteilung der deutschen Truppen, Stäbe,

Depots und Flugplätze in Belgien, Holland und Frankreich.

«Von Alphonse?» fragte Kent.

«Ja. Heute früh eingegangen. Er brachte mir das Material zum Treff.»

«Wo trafen Sie sich mit ihm?»

«Im Palais des Beaux Arts, in der Salle Rubens, vor dem Gemälde der Himmelfahrt Mariä.»

«Wechseln Sie die Treffs so oft wie möglich. Und dann möchte ich nochmals warnen, irgendwelche Besuche hierher in die Villa einzuladen oder mitzubringen. Dieses Haus dient als Arbeitsplatz für uns, als Anlaufstelle für einen Teil unserer Agenten und als Wohnung für Sie vier und Madame Dartifol; das Haus darf nicht kompromittiert werden. Wir wollen von jetzt an auch unser Signal am Fenster ändern. Das jetzige ist zu auffällig. Stellen Sie fortan jene hohe Vase dort auf das Fensterbrett, als Zeichen dafür, daß alles in Ordnung ist.»

Der eine der beiden Männer am Tisch nickte zustimmend. Dann deutete er auf eine vor ihm liegende Karte. «Wir haben, soweit möglich, alles verglichen; es stimmt. Nun sind wir in der Lage, der Zentrale ein komplettes Bild der deutschen Truppenbelegung Westeuropas zu geben. Ich glaube, es fehlt kaum eine Einzelheit von Bedeutung.»

«Gut. Nun kommt aber die viel wichtigere Aufgabe, laufend jede Veränderung schnellstens festzustellen und der Zentrale zu melden. Jeder nach dem Osten abgehende Transport an Material oder Mannschaften muß raschestens an die Zentrale signalisiert werden.»

Kent verließ diesmal das Haus durch den hinteren Ausgang, der nach dem großen, dicht mit Bäumen und Sträuchern bestandenen Garten führte. Er durchquerte die Anlage, bis er die Mauer erreicht hatte, die das Grundstück auf der anderen Seite abschloß, und stand bald darauf vor einer kleinen Tür. Er zog einen Schlüssel aus der Tasche, schloß das Pförtchen auf und stand jetzt in der Straße, die an der rückwärtigen Seite des Besitztums vorbeiführte. Nach wenigen Schritten hatte er sein parkendes Auto erreicht.

Ein strahlend schöner Sonntag, der seinem Namen alle Ehre machte, war dem mit Gewitter ausgiebig gesegneten Samstag gefolgt. Einzelne leuchtend weiße Wolken zogen wie große Segelschiffe am Himmel entlang. Vom Jardin Botanique drüben winkten Blumen und Pflanzen in allen Farben, glitzerten die Glasdächer der Orangerien und zwitscherten und sangen die Vögel.

In einer geräumigen Loggia im zweiten Stock eines im Stil der Jahrhundertwende erbauten vornehmen Wohnhauses saßen in bequemen Korbsesseln drei Personen beim Frühstück. Die Dame, die soeben die Tassen füllte, mochte etwa 28 Jahre alt sein. Ihre bräunliche Hautfarbe, ihr tiefdunkles, beinahe schwarzes Haar, ihre lebhaften Augen und der Tonfall ihrer Sprache ließen unschwer erkennen, daß ihre Wiege irgendwo im Süden Europas gestanden haben mußte. Auch das neben ihr am Tische sitzende etwa sechsjährige Mädchen zeigte das ausdrucksvolle Gesicht der Südländerin.

Im Gegensatz dazu stand die Erscheinung des der Dame gegenübersitzenden Herrn im dunkelblauen Hausmantel; die schlanke Figur, die helle, fast bleiche Gesichtsfarbe, die länglich-schmale Form des Kopfes deuteten auf nordeuropäische Herkunft.

«Ich habe eine kleine Überraschung für dich, Elja», bemerkte der Mann wie von ungefähr, indem er sich eine Zigarette anzündete.

«Eine Überraschung? Ich hoffe, daß es eine gute ist.»

«Doch. Wir fahren morgen nach Paris.»

«Nach Paris? Das ist ja – – – und das sagst du mir so nebenbei nach dem Frühstück, als sei es die belangloseste Sache! Oh, Jean, ich freue mich riesig. Darf Mary auch mitfahren?»

«Aber gewiß.»

Die Reisevorbereitungen wurden am späten Nachmittag getroffen. Nachdem das Abendessen eingenommen und Mary zu Bett gebracht worden war, zog das Paar sich in das geräumige Herrenzimmer zurück.

Der letzte Schein des schwindenden Abendrots leuchtete durch das offene Fenster. Eine erquickend würzige Luft strömte vom Botanischen Garten herüber. Eine Weile saßen die beiden und genossen das Bild des Abendfriedens. Dann nahm die junge Frau das Wort:

«Weißt du, Jean, obwohl wir hier in Westeuropa leben, sind meine Gedanken oft in meiner Heimat. Wenn ich – wie jetzt – in der Dämmerung aus dem Fenster blicke, sehe ich mich in Gedanken in Budapest. Und da ich nun einmal ein Kind des Südostens bin, wirst du es verstehen, daß mich die Ereignisse drüben mehr bewegen und interessieren als all das, was das tägliche Leben hier mit sich bringt. Ich lese die Zeitungen mit ihren vielen Nachrichten, aber ich weiß nicht, was ich von all dem glauben darf und was nicht. Du weißt ja durch deine Arbeit so unendlich viel mehr als ich; willst du mir nicht einmal ein klares Bild von der Lage geben?»

«Aber gern, Elja. Du mußt bei der Beurteilung des Kampfes im Osten dich von irgendwelchen Vergleichen mit den bisherigen Feldzügen Hitlers freimachen. Die Länder, die Hitler vor seinem Angriff auf die Sowjetunion überfiel, hatten nur kleine territoriale Abmessungen. Nach einem Vorstoß von zweihundert Kilometern hatte man meist die Hauptstadt und damit das Nervenzentrum des Staates erreicht. Alle Industrien und wichtigen Anlagen befanden sich vom ersten Tage des Krieges an im Bereiche der angreifenden deutschen Flugzeuge. Im Osten haben diese Dinge ein anderes Gesicht. Die räumlichen Verhältnisse lassen sich mit keinem anderen Staat vergleichen. Die russische Kriegsindustrie liegt jenseits des Wirkungsbereiches der deutschen Bomber.»

«Sind es nicht aber die wichtigsten Gebiete, die die Sowjetunion bisher preisgeben mußte?» warf Elja ein.

«Die wichtigsten Gebiete liegen jenseits der Wolga, rings um Moskau und im Kaukasus. Sie sind im Ural und in Asien. Wir müssen den bisherigen Verlauf des Krieges im Osten nicht absolut, sondern relativ betrachten. Absolut gesehen hat die Sowjetunion zwei Monate schwerster militärischer Niederlagen hinter sich. Aber in einem Kriege mit diesem Staat darf man nicht nur die Verluste betrachten, die man seiner Wehrmacht zufügt, sondern man muß in erster Linie das berücksichtigen, was dieses Land an materieller und personeller Leistung hervorzubringen in der Lage ist. Und hier liegt Hitlers Rechenfehler; er wertet nur die Passivseiten seiner Gegner, nie aber deren Aktivseiten. Daher darf man den Krieg im Osten nicht nach dem Ausgang der Schlachten in den ersten Monaten beurteilen; die russische Abwehrkraft beginnt erst anzulaufen. Sie wird nicht vor dem Winter spürbar werden. Hitler wird noch viele Erfolge erzielen – daran ist nicht zu zweifeln. Aber ebensowenig kann man daran zweifeln, daß er den Krieg verliert.»

«Bist du dessen so sicher, Jean?»

«Ja, Elja, vollkommen. Und diese Gewißheit stützt sich auf drei Momente. Das erste ist die Abwehrkraft des russischen Volkes und die aufsaugende Wirkung des riesigen Raumes, der auf die Kräfte des Eindringlings wie ein Schwamm wirkt. Das zweite Moment ist historischer Natur. Es gibt vielerlei Wissenschaften; ihr Zweck ist, den Menschen die Möglichkeit zu geben, aus den Erfahrungen der Vergangenheit für die Gegenwart und Zukunft zu lernen.

Unter diesen Wissenschaften befindet sich eine, auf welcher der Fluch lastet, daß alle von ihr den Menschen übermittelten Erfahrungen grundsätzlich ignoriert werden. Es ist die Geschichtswissenschaft. Hitler geht noch einen Schritt weiter: Er fordert bewußt jede Erfahrungslehre der Geschichte zum Kampfe heraus und rennt gegen sie an. Er kennt zum Beispiel die gewaltige Kraft der Vereinigten Staaten von Amerika und deren entscheidende Rolle im ersten Weltkriege, und dennoch steuert er mit ‚traumwandlerischer Sicherheit' – wie er das nennt – auf das Ziel hin, dieses Land in den Krieg hineinzuziehen; in spätestens einem halben Jahr wird er auch dies geschafft haben. Siehst du, Elja, alle von Hitler in den Wind geschlagenen Lehren der Geschichte sind Garantien für seine Niederlage.»

«Du sprachst vorhin von d r e i Momenten, die dir Gewißheit geben, daß er den Krieg verlieren muß; welches ist das dritte?»

Der Mann lehnte sich in seinen Sessel zurück und blies den Rauch seiner Zigarette langsam von sich. «Das dritte Moment, Elja, sind wir. Wir, die Männer und Frauen, die in Belgien, Holland, Frankreich, Deutschland, in Polen, in der Schweiz, in ganz Europa daran arbeiten, der Zentrale alle jene Nachrichten zu geben, die sie braucht. Ein gewaltiges Netz ist aufgebaut, in dem sich jede Information fängt, die für die Zentrale von Wert sein kan. All diese Männer und Frauen wissen, daß sie täglich ihr Leben aufs Spiel setzen; aber sie führen den Kampf auf ihre Weise, zäh und entschlossen. Es sind die Termiten, die nicht nur Hitlers gewaltigen Bau aushöhlen, sondern die gesamte Struktur der westlichen Welt. An ihre Stelle soll das Neue treten, das sich eines Tages wie eine Sturmflut heranwälzen und alles verschlingen wird. Von uns, Elja, von uns ‚Funkagenten' – wie man uns nennt – wird niemand reden oder schreiben. Wir werden zu jenen gehören, die man am raschesten vergessen wird. Aber wir wissen, daß wir diejenigen sind, die einen entscheidenden Beitrag für den Sieg des erwachenden Ostens über den absterbenden Westen liefern.»

Paris

Die beiden Herren, die sich in dem geschmackvoll ausgestatteten Vestibül einer Villa im Pariser Stadtteil Passy begrüßten, waren offensichtlich gute Bekannte. Das Mädchen hatte soeben den Besucher angemeldet, und der Hausherr eilte diesem entgegen.

«Ah, bon soir, Monsieur Kent, wie geht es Ihnen? Ich freue mich herzlich, Sie zu sehen!»

«Danke, Monsieur Gilbert. Es geht mir recht gut, obwohl ich in den letzten zwei Stunden sehr viel Geduld und Energie aufwenden mußte, Sie zu erreichen. Parbleu, Sie machen es einem schwer, an Sie heranzukommen!»

«Gebot der Vorsicht, lieber Freund», lachte Gilbert. «Ich habe diese Zwischenstation einschalten müssen, um mögliche Spuren verwischen zu können. Ich hatte übrigens bis vier Uhr im Büro in der Rue Marbeuf auf Sie gewartet, weil ich wußte, daß Sie heute eintreffen wollten.»

«Wir kamen erst kurz nach vier Uhr an.»

«Oh, ich verstehe. Sie reisten nicht allein. Das ist etwas unvorsichtig.»

«Wieso? Meine Ausweise – – – »

«Ihre Ausweise, lieber Freund», unterbrach Gilbert, «sind sehr gut, wenn Sie allein reisen. Die Begleitung einer schönen Frau bedeutet aber bei unserer Arbeit das ständige Hinterlassen einer Spur. Lassen Sie sich warnen, Herr Kent! Ich meine es gut und habe Erfahrungen.»

Der Hausherr entkorkte eine Flasche Veuve Clicquot und

schenkte ein. «Es sind genau drei Monate vergangen, seit wir uns sahen», bemerkte Gilbert beiläufig.

«Ja, und in dieser Zeit hat sich viel ereignet.»

«Unsere Arbeit hat inzwischen ein neues Gesicht und eine ganz neue Bedeutung bekommen.»

«Eine gewaltige Bedeutung! Bis Mitte Juni war ja alles mehr oder weniger Übung, Probe, Theorie. Jetzt ist es Ernst. Wann gingen Sie auf den Funkweg über?»

«Sehr bald nach Ihrem Besuch; es war etwa am 8. Juni. Ich sah damals den Gang der Ereignisse voraus und beschloß, die Funkverbindung einzuspielen, damit sie auch wirklich funktioniert.»

«Der Funkverkehr ist meine größte Sorge. Bisher ging es sehr glatt; ich hoffe, daß kein Fall eintritt, der diese Verbindung abreißen läßt. Aber nun zur Sache. Meine Firma hat eine Reihe von Geschäftsaufträgen seitens der deutschen Militärverwaltung erhalten, deren Auswirkung sich über den gesamten westeuropäischen Raum erstreckt. Wir gedenken, diese Aufträge in Zusammenarbeit mit Ihnen durchzuführen. Darüber – glaube ich – reden wir besser morgen bei Ihnen im Büro.»

«Sehr einverstanden.»

«Wir werden die Möglichkeit haben, bei dieser Gelegenheit zahllose Informationen zu sammeln. Welche Erfahrungen haben Sie in der Zwischenzeit in bezug auf die Anknüpfung von Beziehungen zu deutschen Offizieren und Beamten gemacht?»

«Das läßt sich mit wenigen Worten sagen. Es besteht in diesen Kreisen keine Bereitschaft, bewußt Informationen an uns zu liefern. Auf eine bewußte Mitarbeit können wir, von seltenen Ausnahmen abgesehen, nicht rechnen.»

«Ich habe die gleichen Beobachtungen gemacht. Und welche Erfahrungen haben Sie mit dem Einschalten französischen Hilfspersonals gemacht?»

«Die denkbar besten. Ich habe zwei Dutzend Männer und

Frauen in den verschiedensten Dienststellen sitzen. Habe hier sogar einen regelrechten Abhördienst für alle von den höheren deutschen Dienststellen geführten Ferngespräche eingerichtet.»

«Meine Hauptfürsorge erstreckt sich gegenwärtig auf eine mögliche Feststellung meines Senders durch die Deutschen. Ich halte das Arbeiten eines Kurzwellensenders inmitten einer Großstadt zur Zeit für ziemlich ungefährdet, nehme aber an, daß die Technik und Methodik der deutschen Abwehr eines Tages dennoch Mittel findet, Sender unserer Art festzustellen.»

«Ihre Gedanken sind richtig», entgegnete Gilbert. «Sie bewegen auch mich seit langem. Ich habe daher begonnen, an die Stelle der einen von uns bisher betriebenen Funkstelle ein ganzes Netz zu setzen. Ich bin im Begriff, geeignete Quartiere in Paris auszuwählen, in denen die Sender aufgebaut werden können. Dabei gehe ich von der Annahme aus, daß in dem gewaltigen Häusermeer von Paris eine zuverlässige Peilung in keinem Falle möglich sein wird, will aber das System der Sicherung möglichst vervollkommnen und vorausschauend handeln.»

Gilbert nahm eine Karte von Paris zur Hand und begann mit der Erläuterung. «Sehen Sie hier den Verlauf der Pariser Ringbahn, der sogenannten Chemin de Fer de Ceinture. Längs dieser Strecke schaffe ich einen Kranz von Quartieren; auf sie soll sich das Netz meiner Funksender stützen. Weitere Stationen werden inmitten der Stadt längs den Linien der Metro, in der Nähe der Haltepunkte entstehen. Bis ich die erforderliche Anzahl von Apparaten habe, wird mein Sender jede Woche oder auch öfter den Aufbauplatz wechseln.»

«Das ist ein sehr weitgehendes Projekt», bemerkte Kent.

«Es ist nichts als angewandte Sicherung. Vernachlässigen Sie diesen Punkt nicht, Herr Kent. Ich habe den Eindruck, als ob Sie im Eifer Ihrer Arbeit den Schutz der Organisation und vor allem Ihrer Funkstelle nicht genügend würdigen. Das könnte eines Tages sich als verhängnisvoll erweisen.»

«Ich will Ihre Mahnung beherzigen. Aber ich glaube, daß wir uns daran gewöhnen müssen, bei unserer Arbeit täglich und stündlich unser Leben bewußt aufs Spiel zu setzen.»

«Zweifellos. Aber wir sollten wiederum alles tun, was den Bestand und die Arbeit unserer Organisation sichert; dazu gehört auch unser eigenes Leben.»

Kent blickte zum Fenster hinaus. Die Silhouetten der Bäume zeichneten sich dunkel am Himmel ab. Ein paar verspätete Vögel flatterten herum und ließen sich in den Zweigen nieder. «Sie haben recht, Herr Gilbert; vielleicht habe ich zu wenig daran gedacht. – Aber nun zu einem andern Thema. Ich möchte von hier aus für zwei Tage nach Lausanne. Können Sie mir dabei behilflich sein?»

«Ja. Wir haben einen sehr guten Schleusungsdienst nach dort. Sie fahren von hier nach Dijon, begeben sich zu der Adresse, die ich Ihnen morgen im Büro nennen werde, und bekommen dort alle erforderlichen Papiere und Instruktionen. Wann wollen Sie reisen?»

«Wenn möglich – übermorgen.»

Berlin

«Lieber Harro, ich muß dir zu meinem Kummer sagen, daß ich mit der Funkverbindung schon wieder festgefahren bin.»

«Wie ist das möglich?»

«Ich weiß es nicht. Ich habe mir alle Mühe gegeben, habe alle Weisungen hinsichtlich des Rufzeichen- und Wellenwechsels peinlich genau eingehalten, und trotzdem geschieht es bereits zum drittenmal, daß ich die Verbindung verliere.»

«Aber wir haben doch schon zweimal von der Zentrale die Weisung bekommen, nach dem alten Plan zu arbeiten. Und damals, Ende Juli und Ende August, klappte die Verbindung wieder tadellos.»

«Freilich. Am 24. August habe ich den Verkehr in der Weise, wie es angeordnet war, aufgenommen und bekam auch sofort Verbindung. Ich habe dann in den darauf folgenden Tagen in den täglichen drei Verkehrszeiten alles liegen gebliebene Funkspruchmaterial aufgearbeitet, war gerade fertig –»

«Ja. Und als er gerade gerade war, da brach er ab, was schade war», philosophierte Harro.

«Am 1. September bekam ich von der Zentrale schon keine Antwort mehr. Heute haben wir den 4. September, und ich gebe nun schon den vierten Tag die Funksprüche blind durch, ohne zu wissen, ob sie richtig empfangen werden.»

«Komisch. Die Sache ist umso ärgerlicher, als gerade jetzt eine Anzahl wichtigster Nachrichten vorliegen.»

«Aber so kann es doch unmöglich weitergehen, Harro!»

«Das ist richtig. Es muß eine klare Regelung erfolgen. Es befindet sich in Berlin noch eine andere Arbeitsgruppe, mit der ich in Verbindung stehe. Sie verfügt über eine Funkstelle in Charlottenburg, in der Fredericiastraße. Diese Verbindung werde ich benutzen um der Zentrale unsere Lage mitzuteilen. Ich hoffe, daß wir dann einen brauchbaren Verkehrsplan zugestellt bekommen. Das Sonderbare ist, daß auch diese Gruppe Schwierigkeiten mit ihrer Funkverbindung hat.»

«Ich habe inzwischen den dritten Apparat fertiggestellt. In einer Woche kann er eingesetzt werden.»

«Und wie ist es mit den Quartieren?»

«Die drei Quartiere sind eingerichtet. Ich arbeite in der Hauptsache von der Chausseestraße aus, dazwischen immer wieder unregelmäßig von dem zweiten Quartier am Meraner Platz in Schöneberg. Das dritte Quartier ist in der Sebastianstraße im Süden Berlins bereitgestellt. Wie sind übrigens die Peilaussichten?»

«Augenblicklich ist keine Gefahr vorhanden. Aber es wird gut sein, wenn wir in einem Monat die Auflockerung durchgeführt haben. Die Funkabwehr wird vermutlich Ende Oktober eine Anzahl fahrbarer Peiler zugewiesen bekommen. Von diesem Augenblick an darf nicht mehr nur mit einem Sender gearbeitet werden. Halte die Verkehrszeiten so kurz wie möglich, gib nie mehr als drei Funksprüche hintereinander durch und halte dich nicht lange mit Rückfragen auf. Je kürzer du deinen Verkehr hältst, desto sicherer ist deine Station gegen Überraschungen.»

Cranz

Hauptmann Schuster war unzufrieden. Die neuesten ihm vorliegenden Nachrichten über bisher gehörte verdächtige Sender zeigten ein bedrohliches zahlenmäßiges Anwachsen dieser Stationen, ohne daß es bisher möglich gewesen wäre, dem gefährlichen Treiben entgegenwirken zu können. Im Laufe von drei Monaten waren in den von den deutschen Truppen besetzten Gebieten Europas vier Sender unschädlich gemacht worden. Dem stand aber eine Zunahme von fast sechzig Stationen gegenüber, von denen die Mehrzahl auf das Konto der Russen zu sctzen war.

Er sann nach. Wenige Tage nach dem 22. Juni waren mehrere Gruppen von Funkstellen aufgetreten. Man hatte sie gehört und beobachtet. Aber dann waren immer neue hinzugekommen und hatten die Aufmerksamkeit täglich in eine andere Richtung gelenkt. Waren damals nicht sogar im Raume von Groß-Berlin derartige Sender festgestellt worden? Gleich zu Anfang war eine mysteriöse Station aufgetreten, die anscheinend besonders fleißig arbeitete und deren Standort nicht ermittelt werden konnte. Wie heißt sie doch gleich? – Richtig: PTX. Was wußte man von diesem Sender?

Er schloß sein Zimmer ab und ging nach dem großen Arbeitssaal hinüber.

«Sagen Sie mal, Reger, wie weit ist denn inzwischen die Sache mit unserem Freund PTX gediehen? Haben wir etwas Neues festgestellt?»

«Am 7. 9., also vorgestern, haben wir endlich den Standort ermittelt, und zwar einwandfrei. Es ist Brüssel; alle Peilstrahlen verlaufen über diese Stadt.»

«Haben Sie die Gegenstation erkannt?»

«Ja. Sie steht in Moskau.»

«Hm. Die Russen haben anscheinend ganz Westeuropa mit einem Netz von Agentensendern überzogen, um alle Vorgänge genauestens verfolgen zu können.»

«Wir haben bereits nahezu 250 Funksprüche dieser Station erfaßt, eine Entzifferung ist bisher leider nicht gelungen.»

«Selbstverständlich! Die Herren des Entzifferungsdienstes haben nichts anderes im Sinne als ihre diplomatischen Sensationstelegramme.»

«Sie behaupten, die Grundchiffre sei mit einem Buchschlüssel überdeckt und sei nur lösbar, wenn man das für die Überschlüsselung verwendete Buch in Besitz bekomme.»

«Wir müssen eben versuchen, die Station auszuheben, ohne den Inhalt der von ihr gefunkten Telegramme zu kennen.»

«Ärgerlich ist, daß ich mit den in Berlin vermuteten Stationen nicht weiterkomme. Sie traten erstmalig am 24. Juni in Erscheinung. Dann beobachteten wir sie drei Wochen hindurch und konnten sie peilen. Das Ergebnis war so, daß der sichere Eindruck entstand, sie befänden sich in Berlin oder Umgebung. Aber bald darauf hörte eine dieser Stationen nach der andern auf zu senden, und wir kamen zu der Annahme, daß wir einem Irrtum unterlegen seien und es sich gar nicht um Agentenfunkstellen handelte. In der ersten Augusthälfte stieß aber eine unserer Überwachungsstellen wieder auf eine der drei Funkstationen und bald darauf auf eine zweite. Kaum aber war unsere Beobachtung richtig in Gang gekommen, als die beiden Sender kurz nacheinander wieder verschwanden, dafür aber der dritte auftrat. Seit einer Woche hören wir wieder nur einen Sender, und zwar – wenn ich so sagen darf – den dritten. Wir haben lange gesucht, bis wir die Gegenstation fanden; dies ist uns gestern bei der jetzt arbeitenden Funkstelle gelungen. Es ist Moskau.»

«Machen Sie folgendes, Reger: Lassen Sie die drei Sender und die Moskauer Gegenstation ständig beobachten, auch dann, wenn eine Zeitlang die betreffenden Funkstellen nicht gehört werden. Untersuchen Sie alle Verkehre hinsichtlich der Rufzeichen- und Wellenverwendung, um mit der Zeit den Verkehrsplan herauszubekommen. Vielleicht gelangen wir dann hinter das Geheimnis.»

Berlin

Gegen Ende des Monats September, zu einer Zeit, da der Sommer sich bereits verabschiedet hat und man noch nicht den Mut zu der Erkenntnis aufbringt, daß der Herbst schon ins Land gezogen ist, saß eines Abends in einer der eleganten Atelier-Wohnungen in der Altenburger-Allee Nr. 19 im Westen Berlins ein junges Ehepaar in angeregter Unterhaltung einander gegenüber. Das Mädchen hatte soeben den Kaffee serviert und sich zurückgezogen. Die junge Frau füllte die Tassen und bot ihrem Manne die Zuckerdose.

«Hans rief vor einer Stunde an; er fragte, ob es heute Arbeit für ihn gäbe.»

«Er sollte nicht so oft anrufen. Man muß immer damit rechnen, daß jedes Ferngespräch abgehört wird. Und aus der Summe vieler harmloser Gespräche oder Anfragen kann mit der Zeit ein Bild entstehen, das für uns einen bedenklichen Charakter trägt.»

«Hast du Sorgen, Harro?»

«Nicht mehr als sonst immer. Aber es ist die stets wache Vorsicht, die ich keinen Augenblick außer acht lasse. Übrigens bekommt Hans für heute abend und morgen früh viel zu tun, und du, Vicky, ebenfalls.»

«Hast du wieder neue Nachrichten?»

«Ja. Und teilweise sogar recht interessante. Bist du fertig mit dem Kaffee?»

«Ja, Harro!»

«Gut, dann können wir an die Arbeit gehen. Du hast heute eine Menge zu chiffrieren. Bis Hans kommt, dauert es noch drei Stunden; wir haben also genügend Zeit. Hier habe ich zunächst eine Übersicht über die Leistung der deutschen Werke für synthetischen Treibstoff.»

«Das ist eine ziemlich lange Tabelle.»

«Ja. Du machst drei Funksprüche daraus. Zweckmäßigerweise versiehst du sie nicht mit fortlaufenden Nummern, sondern schiebst andere Nachrichten dazwischen. Vermerke jeweils am Schluß, daß eine Fortsetzung folgt.»

«Klar. Wie immer.»

«Der nächste Funkspruch enthält eine Übersicht über die Treibstoffvorräte, und der folgende eine Berechnung, bis zu welchem Zeitpunkt diese Vorräte sich erschöpfen.»

«Das ist ja sehr interessant.»

«Ja. Das nächste Jahr bringt den großen Wendepunkt.»

«Das wäre die Krönung unserer Arbeit!»

«Die bis dahin bestimmt nicht kleiner wird! Wenn es so weiter geht, werden wir bald vierstellige Telegramm-Nummern haben. Wie hoch stehen wir schon?»

«Bei den Nummern 305 bis 309. So, bitte weiter. oder ist dies alles?»

«Keineswegs. Es kommt noch eine Menge hinzu.»

«Nun, da kann ich mir ja heute abend gratulieren.»

«Du brauchst nicht alles heute abend zu erledigen. Für heute machst du drei Funksprüche und für morgen früh zwei. Den Rest kannst du morgen im Laufe des Tages bearbeiten. Du mußt Hans noch einmal einschärfen, daß er niemals mehr als höchstens drei Funksprüche in einer Verkehrszeit durchgibt. Im Normalfall immer nur einen bis zwei.»

«Warum eigentlich?»

«Je kürzer die Verkehrszeit, desto schwieriger ist es, durch Peilung den Standort eines Senders festzustellen.»

«Ich möchte dich etwas fragen – ja?»

«Bitte nachher. Jetzt machen wir zuerst die Telegramme fertig. Als nächstes habe ich hier eine Wettervoraussage für den kommenden Winter. Es gibt einen außergewöhnlich kalten Winter. Temperaturen bis zu fünfzig Grad Celsius unter Null. Da können unsere Soldaten im Osten sich freuen. Und zwar soll dies ein langanhaltender Zustand sein. Die große Kälte wird voraussichtlich schon im November beginnen. Viel Schnee und eisige Stürme. Herzlichen Glückwunsch! Sorge nur dafür, daß wir Kohlen in den Keller bekommen.»

«Ist schon erledigt. Eine solche Kälte wäre ja furchtbar!»

«Furchtbar wird es allerdings sein! Denn die Winterausrüstung unserer Truppen hat man großzügigerweise übersehen. Das gibt eine Katastrophe von Ausmaßen.»

«Für unsere Freunde aber auch?»

«Keine Spur. Die werden bestimmt warm eingekleidet. Und wenn sie diesen Funkspruch bekommen, dann werden sie ihn nicht ohne weiteres beiseitelegen, wie es unser heißgeliebter Führer zu machen pflegt, sondern sie werden seinen Inhalt ernst nehmen und ihn beherzigen. Darauf kannst du dich verlassen.»

«Ich bin geradezu erschüttert. Fünfzig Grad unter Null bedeutet eine Temperatur, die für Mensch und Material vernichtend sein kann.»

«Stimmt. Und nun wollen wir weitermachen. Der nächste Funkspruch hier – bitte setze die laufende Nummer auf das Blatt – enthält genaue Angaben über den im Bau befindlichen Strahljäger der Messerschmittwerke. Eine höchst beachtliche Erfindung, die geeignet sein könnte, den Nazis eine nicht zu unterschätzende Luftüberlegenheit zu sichern. Es hat den Anschein, als ob das Reichsluftfahrtministerium sich der Sache intensiver als bisher annehmen wird.»

«Das wäre also die große entscheidende Abwehrwaffe im Luftkrieg?»

«Ja, Vicky. Aber sie wird zu spät herauskommen, um entscheidend sein zu können.»

Brüssel

Der Besucher des kleinen Hauses in Molenbeek stieg die Treppe hinauf, drehte oben das Flurlicht aus und betrat nach kurzem Anklopfen eines der Zimmer. Am Tisch inmitten des Raumes saßen Herr Bogdan und Fräulein Esther bei der Entzifferung eines soeben aufgenommenen Funkspruches. Kents Gruß wurde nur durch ein freundliches Kopfnicken beantwortet, dann setzten die beiden ihre Arbeit fort.

Der Eingetretene zog seinen Mantel aus und hängte ihn an einen Haken an der Tür, legte Hut und Handschuhe auf die daneben stehende Kommode und setzte sich wortlos mit an den Tisch. Einige Minuten darauf überreichte Fräulein Esther ihm das Blatt mit dem entzifferten Text, während Herr Bogdan den chiffrierten Originalspruch und die für die Vornahme der Dechiffrierung verwendeten Blätter zusammenknüllte, in die Feuerstelle des Kamins warf und dort anzündete. Geduldig wartete er, bis das Papier restlos verkohlt war, nahm dann einen messingenen Haken, der neben dem Kamin hing, und zerstreute die Brandreste, bis sie ein kleines Häufchen grau-schwarzer Asche waren, das keine Spur mehr von dem erkennen ließ, was die Blätter kurze Zeit zuvor dargestellt und enthalten hatten. Dann wandte er sich dem Besucher zu. «Das Schicksal, reisen zu müssen, scheint Sie nicht verlassen zu wollen, Herr Kent.»

Dieser blickte noch immer auf das Blatt und las die darauf befindlichen Schriftzeichen zum drittenmal durch.

«KLS de RTX. 1010. 1725. 99 wds qbt. An Kent von Direktor persönlich. – Begeben Sie sich sofort zu den drei angegebenen Adressen in Berlin und stellen Sie fest, weshalb Funkverbindung ständig versagt. Falls Unterbrechungen sich wiederholen, übernehmen Sie Funkübermittlung. Arbeit der drei Berliner Gruppen und Nachrichtenübermittlung von größter Wichtigkeit. Adressen: Neuwestend, Altenburger Allee 19. Drei Treppen rechts. Coro. – Charlottenburg, Fredericiastraße 26a. Zwei Treppen links. Wolf. – Friedenau, Kaiserstraße 18. Vier Treppen links. Bauer. (Adam und Greta Grauhoff). Erinnern Sie hier an «Ulenspiegel». – Kennwort überall: Direktor. Geben Sie Nachricht bis 20. Oktober. An allen drei Stellen mit Funkplan am 15. vormittags neu (wiederhole: neu) beginnen. qbt. ar. KLS de RTX.» –

«Es ist in diesem Falle nicht das Reisen, das mir einige Bedenken bereitet, sondern die zu erledigende Aufgabe.»

«Wieso?»

«Nun, sehen Sie sich einmal das Telegramm genau an. In Berlin arbeiten drei Gruppen, die genau so wie wir rechtzeitig mit den Funkverkehrsplänen ausgestattet worden sind, und dennoch treten Störungen auf. Das bedeutet, daß die Verbindung ab und zu zustande kommt, dann aber wieder abbricht. Es kann darauf zurückzuführen sein, daß man in Berlin Fehler macht. Dann erscheint es mir aber sonderbar, daß dies bei allen drei Gruppen auftritt. Das weckt in mir einen gewissen Verdacht.»

«Und zwar welchen?»

«Ich könnte mir vorstellen, daß die deutsche Polizei oder Funkabwehr die drei Stationen und Arbeitsgruppen überraschend ausgehoben hat und der gesamte Funkverkehr jetzt nur ein Täuschungsverkehr ist, ein sogenanntes «Funkspiel», wie sie das nennen und wie sie es seit vier Wochen von Lille aus durchführen.»

«Von Lille aus? Das ist mir ganz neu!»

«Ich erfuhr es vorgestern in Paris. Die Deutschen haben vor vier Wochen in Lille eine unserer Stationen ausgehoben. Sie machten die Aushebung ganz überraschend, während der Mann an der Taste saß und gerade einen Funkspruch durchgab. Er hatte allerdings die Geistesgegenwart, in dem Augenblick, in dem die Zimmertür erbrochen wurde, dreimal V zu geben.»

«Das gleiche Zeichen, das auch für uns gilt.»

«Ja. Davon ahnten die Deutschen nichts. Nach zwei Tagen nahmen sie den Sender in eigene Regie. Sie konnten dies tun, da sie alle Unterlagen für die Verkehrsabwicklung und Chiffrierung vorgefunden hatten. Jetzt funken sie eifrig täglich zweimal die albernsten Nachrichten an die Zentrale, bekommen natürlich ihre Telegramme regelmäßig von dort bestätigt. Und nun glauben sie, die Zentrale an der Nase herumzuführen, sind aber selbst die Betrogenen, denn die Nachrichtenzubringer konnten von der Zentrale über Gilbert gewarnt werden und liefern ihre Berichte jetzt an Gilbert, der sie weitergibt. Nur einer von den Leuten, der am anderen Tage unvorsichtigerweise anlief, wurde gefaßt. Wir müssen diesen Fall uns als Lehre gelten lassen. Warnen Sie alle Zubringer.»

«Ich werde es genau regeln, Herr Kent.»

«Nun, Herr Bogdan, sehen Sie, ein solcher Fall, wie er

jetzt in Lille passierte, ist auch in Berlin denkbar, nur mit dem Unterschiede, daß es dort den Funkern nicht gelang, das Warnzeichen zu geben. Dann laufe ich vielleicht den Gestapoleuten gerade in den Rachen. – Aber nun an die Arbeit! Ich habe verschiedene wichtige Nachrichten. Am 15. beginnen wir mit dem neuen Buchschlüssel. Es ist das Buch «Le Miracle du Professeur Teramond» von Guy de Lecerf, Ausgabe 1910. Hier ist das Buch. Ich bekam es von Gilbert. Und hier die Nachrichten! Schreiben Sie, Fräulein Esther:

Erster Funkspruch:

Von Paulette.

Deutscher Offizier berichtet über zunehmende Spannung zwischen italienischer Armee und faschistischer Partei. Ernste Zwischenfälle in Rom und Verona. Armeestellen sabotierten Weisungen der Partei. Möglichkeit eines Umsturzes nicht ausgeschlossen, jedoch vorerst nicht zu erwarten. Deutsche versammeln Truppen zwischen München und Innsbruck für eventuellen Einmarsch. – Kent.

Zweiter Funkspruch:

Aus Berlin.

In Kreisen führender deutscher Offiziere ist man der Ansicht, daß infolge Versagens des Blitzfeldzuges im Osten ein Sieg fortan undenkbar. Neigung erkennbar, auf Hitler einzuwirken, um ihn zum Friedensschluß mit England zu bewegen. Führende Generale im OKW rechnen noch 30 Monate Kriegsdauer und hoffen dann auf Kompromißfrieden. – Kent.

Dritter Funkspruch:

Von Emil.

Zwei neue deutsche Giftstoffverbindungen sind hier bekannt geworden. 1.) Nitrosylfluorid. Formel: HC2F. 2.) Kakodylisocyanid. Formel: (CH3)2AsNC. – Kent.

Fräulein Esther, die Bezeichnung des Giftstoffes und die chemische Formel müssen Sie im Funkspruch doppelt geben, damit keine Irrtümer aufkommen. Größte Sorgfalt beim Chiffrieren. Und nun weiter!

Vierter Funkspruch:

Von Pierre.

Gesamtstärke des deutschen Heeres 412 Divisionen. Davon in Frankreich zurzeit 21, zumeist Divisionen zweiter Linie; ihr Bestand schwankt infolge dauernder Abgänge. Truppen, die bei und südlich Bordeaux am Atlantikwall in Stellung waren, befinden sich auf dem Wege nach dem Osten; es sind etwa drei Divisionen. Gesamtstärke der Luftwaffe etwa eine Million Mann, einschließlich des Bodenpersonals. – Kent.

Fünfter Funkspruch:

Von José.

Bei Madrid, 10 km westlich der Stadt befindet sich deutsche Horchstelle zum Abhören britischen, amerikanischen und französischen (kolonialen) Funkverkehrs. Getarnt als Handelsorganisation mit Decknamen «Stürmer». Spanische Regierung ist unterrichtet und unterstützt die Stelle. Besatzung ein Offizier und fünfzehn Mann in Zivil. Nebenstelle in Sevilla. Von Madrid direkte Fernschreibleitung nach Berlin über Bordeaux und Paris geschaltet. – Kent.

So, Fräulein Esther, das genügt für heute. Morgen abend bin ich wieder hier. Ich fahre übermorgen früh nach Berlin und hoffe, in zwei Tagen wieder zurück zu sein. Berichten Sie dies sofort nach meiner Abreise an die Zentrale. Herr Bogdan, Sie übernehmen meine Vertretung.»

«Guten Abend, Harro! Schau, du hast Besuch bekommen: Herr Dupont wartet schon seit einer Stunde auf dich.»

«Sie wünschen mich zu sprechen, Herr Dupont?»

«Ich habe den Auftrag unseres Direktors, Ihnen einen Besuch abzustatten.»

«Ach! Kommen Sie von drüben?»

«Nein, aus Brüssel. Mein Arbeitsname ist Kent. Ich bin heute mittag hier eingetroffen und habe einen oder zwei Tage hier zu tun. Darf ich um Ihren Arbeitsnamen bitten?»

«Coro.»

«Danke, es ist in Ordnung. Ich wollte mich vergewissern, da ich auf unliebsame Überraschungen gefaßt sein mußte, obwohl das Verhalten Ihrer Frau Gemahlin bereits jeden Zweifel bei mir beseitigt hatte. Die Zentrale legt größten Wert auf Ihre Arbeit. Daher ist sie um die Sicherstellung der Verbindung besorgt, die offenbar in letzter Zeit mehrfach unterbrochen war.»

«Leider. Und nicht nur in letzter Zeit. Gerade jetzt stockt sie zum drittenmal. Und dabei habe ich eine Fülle von Nachrichten durchzugeben.»

«Ich bin beauftragt, Ihre Verbindung in Ordnung zu bringen. Gelingt das nicht, so soll ich Ihnen die Weisung übermitteln, Ihre Nachrichten fortan an mich zu leiten, damit ich sie im Rahmen meines Funkverkehrs durchgeben kann.»

«Sie nehmen mir einen Stein vom Herzen, Herr Kent. Vor einer Woche wandte ich mich über eine andere Gruppe an die Zentrale und bat, mir einen neuen Funkplan zuzuweisen. Anscheinend geht die Weisung der Zentrale auf dieses mein Ersuchen zurück.»

«Sicherlich. Ich habe aber keinen neuen Funkplan für Sie bekommen. Wir müssen es also mit dem bisherigen noch einmal versuchen. Ergeben sich dennoch Störungen, dann schicken Sie automatisch Ihr Material an mich.»

«Bei mir liegen fast 40 Funksprüche unerledigt. Seit vorgestern hat mein Kollege wieder Verbindung. Aber er kann meine Nachrichten nur im Zuge seines eigenen Verkehrs durchgeben, und das dauert lange. Zudem bin ich nicht sicher, ob die Verbindung dort eines Tages nicht wieder abreißt.»

«Ich habe den Auftrag, auch dort nach dem Rechten zu sehen und die Verbindung in gleicher Weise zu sichern. Befindet die Gruppe sich — — — in Ihrer Nähe?»

«Ja.»

«Fredericia?»

«Ja.»

«Ich bin morgen dort. Ich hoffe, alles regeln zu können.»

In diesem Augenblick klopfte es an die Tür, und die Dame des Hauses blickte durch einen Spalt herein. — «Harro, Hans ist draußen und möchte dich dringend sprechen.»

Wenige Augenblicke später betrat der Angemeldete den Raum. «Servus Hans, du kommst im richtigen Augenblick. Hier ist ein Herr, der unserem pannenreichen Funkverkehr auf die Beine helfen will.»

«Ich habe eine Nachricht für dich, Harro.»

«Zeig' her. Von der Fredericia?»

«Ja.»

Coro nahm das Blatt und las:

RSK de BTR. 1310. 1425. 54 wds. qbt. AN FREDDY FÜR WOLF ZUR ÜBERMITTLUNG AN CORO. VON DIREKTOR.

DORT EINTRIFFT KENT AUS BRX. HAT WEISUNG, FUNKVERKEHR ZU REGELN. IM FALLE DES NICHTGELINGENS ODER NOCHMALIGER STÖRUNG ALLES MATERIAL AN KENT ZUR ÜBERMITTLUNG SENDEN. VORHANDENES MATERIAL KENT MITGEBEN. NEUER VERSUCH DER VERKEHRSAUFNAHME AM 15. ZENTRALE STEHT AB 09.00 AUF EMPFANG.

Das Blatt seinem Besucher hinüberreichend, erklärte Coro: «Hier ist die Legitimation für Sie. Es geht alles in Ordnung.»

«Wunderbar. Dann können wir sofort mit der Besprechung des Funkplanes beginnen.»

Cranz

«Also, lieber Reger, wir sind soweit! Morgen geht es los. Ich habe beim Chef eine Attacke geritten, nachdem ich erfahren hatte, daß die vier Personenkraftwagen mit den neuen Nahfeldpeilern nach Paris und Warschau beordert worden sind. Auf wen diese Maßnahme zurückzuführen ist, konnte ich nicht ergründen. Seitdem das Reichsluftfahrtministerium bei allen Fragen der Funkagentenbekämpfung seine Hände mit ihm Spiel hat, ist es wie verhext. Aber diesmal habe ich starkes Geschütz auffahren lassen. Der Erfolg sieht so aus: Morgen früh trifft in Berlin ein Trupp einer Funküberwachungskompanie ein. Es werden zwei Gruppen gebildet, die die Suche nach unseren Berliner Freunden aufnehmen sollen. Jede Gruppe bekommt einen Empfangsapparat und einen Peiler.»

«Und mit diesen sollen sie ganz offen in der Stadt herumfahren?»

«O nein! Die Sache wird ganz anders gemacht; aber fragen Sie mich nicht, welche Schwierigkeiten es bereitete, die Angelegenheit so auf die Beine zu bekommen, wie es nun geschehen soll.»

«Das kann ich mir ungefähr vorstellen.»

«Selbstverständlich war der Chef zunächst nur dafür zu haben, die Peilaktion ganz offen und in voller Kriegsbemalung am hellichten Tage durchzuführen. Ich wies darauf hin, daß die Sender ohne Zweifel durch Aufpasser geschützt werden, wie wir das schon in Frankreich feststellen konnten.

Deshalb verlangte ich, daß die Leute Zivil tragen müßten. Die Wirkung war furchtbar, und es ist ein Wunder, daß ich nicht sofort ins Irrenhaus geschafft wurde.»

«Aber anders ist dies doch gar nicht durchführbar!»

«Selbstredend. Aber machen Sie dies mal einem Vorgesetzten klar, ohne daß er explodiert! Stellen Sie sich vor, wohin es mit der Disziplin kommen soll, wenn ein einfacher Soldat in Zivil vor einem Offizier in Zivil steht und mit ihm spricht und dabei nicht stramme Haltung annimmt, sondern frei und ungezwungen sich mit ihm unterhält. Die Welt geht unter, Reger, wenn so etwas Schule macht! Wir gehen vor lauter Disziplin noch zugrunde!

Es gab ein endloses Palaver. Schließlich erreichte ich, daß die zehn Mann, wenn auch nicht in Zivilkleidung, so doch wenigstens in Uniformen von Postbeamten gesteckt werden. Auf diese Weise wird die für die Erhaltung des Reiches so lebensnotwendige Uniformfrage gelöst. Die militärische Anrede bleibt aber!»

«Und in welcher Weise sollen die beiden Gruppen arbeiten?»

«Sie bekommen zwei Zelte, wie sie von den Kabelarbeitern der Deutschen Reichspost verwendet werden, und sollen den Anschein erwecken, als handle es sich um eine Kabelreparatur. Hoffentlich benehmen die Männer sich geschickt. Ich werde den Führer der Trupps, den Leutnant Wilde, noch in dieser Richtung instruieren. Anschließend daran schicke ich ihn zu Ihnen. Geben Sie ihm alle Unterlagen, die er für seine Arbeit braucht.»

Berlin

Kurz vor der Einmündung der Teufelssee-Straße in die Heerstraße, unweit der Stelle, an der damals an einem jener

Monumentalbauwerke Hitlers gearbeitet wurde, deren Schicksal es war, nie vollendet zu werden, hielt am Spätnachmittag des 21. Oktober 1941 ein Lastauto der deutschen Wehrmacht. Während der Fahrer sich an dem Wagen zu schaffen machte, gingen der Leutnant und die mit ihm von dem Fahrzeug gesprungenen zehn Soldaten einige Dutzend Schritte in den Grunewald hinein.

«Wir beginnen heute abend mit dem ersten der Sender. Meinecke, Sie übernehmen den Peiler I, den Sie dort drüben auf dem freien Platz in dem einen der Zelte aufbauen. Der Sender kommt um 22.20 Uhr. Hier auf diesem Blatt sind alle Angaben, die Sie brauchen. Ich selbst begebe mich zu dem Aufbauplatz des Peilers II. Gegen Mitternacht hole ich Sie von hier ab. Ist alles klar, Meinecke?»

«Jawohl!»

«Gut, also an die Arbeit!»

Die Dunkelheit war schon voll hereingebrochen, als der gleiche Kraftwagen an der Tempelhofer Straße in den zum Flugplatz führenden Weg einbog und kurz darauf hielt. Auf einer freien Stelle am Rande des breiten Fahrweges wurde das zweite Zelt errichtet. Die Geräte wurden abgeladen und im Innern des Zeltes aufgebaut. Eine kleine elektrische Glühbirne erhellte den engen Raum und gab die Möglichkeit, die Gradzahlen an den Apparaturen abzulesen.

«Es ist halb zehn, Kolb. Machen Sie gleich eine Kontrollpeilung, und zwar wählen Sie den Kurzwellensender Königswusterhausen. Haben Sie die örtliche und magnetische Mißweisung berechnet?»

«Jawohl!»

«Also dann los mit der Kontrollpeilung, und Sie, Müller, gehen hinüber zu der Gastwirtschaft und rufen Apparat 933 705 an. Meinecke soll ebenfalls Kontrollpeilung mit Königswusterhausen machen. Frequenz 15 915.»

Der Gefreite begab sich eilig zu der angegebenen Stelle,

während der Offizier die Durchführung der Peilung überwachte.

«Einhundertdreiundsechzig Grad», meldete der Mann am Peiler. Der Offizier zog ein Brett mit einer darauf befestigten Karte hervor, legte eine runde Zelluloidscheibe mit der Gradeinteilung sorgfältig darauf und verglich mit Hilfe eines Fadens das Resultat.

«Stimmt. Ganz genau! Also kann die Jagd bald losgehen. Der Sender gibt fünfstellige Zahlengruppen. Er ruft heute abend KWT und meldet sich mit RTO. Die Frequenz steht hier auf diesem Zettel. Am Schluß gibt er die Zahl 50 379. Paßt gut auf, Männer, und sorgfältig peilen!»

Der Leutnant nahm wieder das Brett mit der Karte hervor und befestigte mit kleinen Metallstiften zwei Zelluloidscheiben darauf; die Mittelpunkte der Scheiben befanden sich genau an den Stellen, auf denen der Karte nach die beiden Peiler aufgebaut waren; ein im Zentrum der Scheibe befestigter feiner Seidenfaden, der über den Rand des Brettes herabhing, diente dazu, die gepeilte Richtung auf der Karte zu verfolgen. Sich auf eine Kiste setzend, blickte er auf die Armbanduhr.

«22.18. Haben Sie die Frequenz genau eingestellt?»

«Jawohl!» erscholl es vom Peiler und vom Empfänger.

«Also, aufpassen!»

«Da ist er!» rief der Mann am Empfänger aus.

Der Leutnant sprang auf und stieß mit dem Kopf gegen die Eisenstange, die die Zeltdecke hielt. Mit einem unterdrückten Fluch rieb er sich den Kopf, dann blickte er dem Funker über die Schulter.

«KWT de RTO. 2110. 2205. 39 wds. Nr. 362. 05302 37921 —». Neununddreißig Zahlengruppen wurden in raschem Tempo aufgenommen. Dann folgten: 50 379. ar. KWT de RTO.

Unterdessen hatte der Mann am Peiler das Rad an seinem Gerät mehrfach gedreht, bis er es in einer bestimmten Lage festklemmte. «352 Grad» flüsterte er dem Offizier zu, besorgt, den Mann am Empfänger nicht zu stören. Der Leutnant notierte die Zahl. «Genau gepeilt?»

«Ganz genau. Klares Minimum und ebenso klares Maximum.»

«Gut! Kolb, lassen Sie abbauen.»

Wenige Minuten später stand der Offizier am Fernsprecher der nahegelegenen Gastwirtschaft.

«Nun, Meinecke, wie steht's?»

«Sichere Peilung. 84 Grad.»

«Danke. In einer Stunde hole ich Sie ab.»

Der Leutnant begab sich an einen abseits stehenden Tisch und legte das kleine Brett mit der Karte darauf. Dann verglich er die beiden Peilungen. Der Schnittpunkt der Fäden deutete auf den Rand des Schöneberger Stadtparkes an der Einmündung der Bozener Straße.

Es lag nichs Auffälliges darin, als am frühen Morgen des 22. Oktober einige halbverschlafene Männer am Bayerischen Platz in Schöneberg von einem Lastwagen Eisengestänge und einen Ballen Zeltstoff abluden und über dem Deckel eines Kabelschachtes ein dreieckiges Zelt aufbauten. Dann schafften sie ein paar Kisten hinein, die sie vom Kraftfahrzeug herunterholten, und während das Auto sich wieder entfernte, gingen die zurückgebliebenen vier oder fünf Mann an die Arbeit.

Kurze Zeit darauf hielt das Auto neben dem Schöneberger Rathaus. Hier spielte sich der gleiche Vorgang ab, wie zuvor am Bayerischen Platz.

«Nun, Meinecke», wandte sich einer der uniformierten Postbeamten an den neben ihm stehenden Mann, «heute muß die Sache klappen. Der Sender kommt seit einiger Zeit regelmäßig dreimal am Tage. Die nächste Verkehrszeit ist um 09.05 Uhr, also in einer knappen Stunde. Machen Sie wieder eine Kontrollpeilung.»

«Ist bereits geschehen.»

«Falls die Station einen Funkspruch absetzt, muß er jetzt die Nummer 363 tragen. Der Sender kommt mit RPT und ruft OSV. Wir machen es genau so wie gestern. Von hier aus müßten sich bei Ihnen 260 bis 280 Grad ergeben. Ich nehme an, daß der Sender in einer Wohnung in dem großen Häuserblock dort drüben steht, wo die Bozener und die Meranerstraße auf den Stadtpark stoßen.»

Während der mit „Meinecke" angeredete sich in das Zelt begab, wandte sich der andere der beiden Männer zum Gehen. Bald war er bei dem zuerst aufgebauten Zelt angelangt.

«Fertig, Kolb?»

«Alles in Ordnung. Wie sind die Rufzeichen heute?»

«RPT für den Sender und OSV für den Empfänger. Wir müssen hier nach meiner Berechnung eine Richtung von 175 bis 185 Grad bekommen.»

Leutnant Wilde blickte in das Zelt und überzeugte sich, daß die beiden Männer an den Apparaten saßen und lauschten. Er zündete sich eine Zigarette an und setzte sich auf eine Stange der niedrigen eisernen Umfriedung der Anlage. «Gleich muß er kommen», hörte er im Zelt sagen. Dann herrschte wieder Ruhe. Ein Omnibus rollte vorüber und hielt in einiger Entfernung. «Da ist er!» scholl es aus dem Zelt.

Plötzlich ertönte ein lästerliches Fluchen. Es war die Stimme des Mannes am Peilgerät. Wilde stand auf, ging die drei oder vier Schritt zum Zelt hinüber und betrat das Innere.

«Was ist denn los, Wiedmann, daß Sie die ewige Verdammnis heraufbeschwören wollen?»

Der Befragte drehte sich um und schnappte nach Luft;

er war krebsrot im Gesicht. «Der verdammte Sender kommt auf 7 Grad, statt auf 175 bis 185!»

«Sie sind wohl verrückt geworden, Mann? Das ist doch unmöglich!»

Der Angeredete zuckte die Achseln. «Ich habe ganz genau gepeilt.»

«Auch mit Minimum?»

«Auch. Immer das gleiche Ergebnis.»

«Kolb, was sagen Sie dazu?»

«Ich habe mitgehört. Es war eine einwandfreie Peilung.»

«Dann hat wahrscheinlich die Peilung gestern abend nicht gestimmt. Los, abbauen!»

Die Männer gingen an das Einpacken der Apparate und Abmontieren des Zeltes, während ihr Vorgesetzter mißmutig in dem feinen Sprühregen auf und ab schritt. Eine Viertelstunde darauf rollte der Lastwagen heran.

«Na, Meinecke, was habt ihr herausgebracht?»

«Wir sind blamiert», entgegnete dieser, vom Wagen springend. «Wir haben den Sender mit 5 Grad gepeilt.»

«Einwandfrei?»

«Vollkommen!»

«Kommen Sie, Meinecke! Wir setzen uns drüben auf die Bank, während die Männer aufladen. Mir dreht sich das Gehirn. Seid Ihr verrückt oder bin ich es?»

«Herr Leutnant, es wird niemand verrückt sein. Ich nehme an, der Bursche hat heute einen anderen Aufbauplatz.»

Am Abend des gleichen Tages ließ Wilde seine beiden Peilzelte in der Nähe des Invalidenparkes im Norden Berlins aufbauen; in diese Gegend hatten die Peilstrahlen gewiesen, die er vom Bayerischen Platz aus erzielt hatte. Aber die Überraschung war groß, als eine klare Peilung in Richtung Moritzplatz im Südosten der Stadt erzielt wurde.

Wilde ließ am nächsten Morgen wieder die Punkte am Schöneberger Rathaus und am Bayerischen Platz beziehen. Wieder wies die Peilung nach dem Moritzplatz. «Sehr gut», erklärte er befriedigt. «Jetzt haben wir den Beweis, daß der Agent nicht mehr als drei Aufbauplätze hat. Wir bleiben hier stehen. Einmal wird der Mann ja wieder von hier aus senden.»

Die Dunkelheit brach herein. In den beiden Zelten brannten kleine elektrische Glühlampen, die von Akkumulatoren gespeist wurden. Gespannte Erwartung lag auf den Gesichtern der Männer. Um 18.00 Uhr begannen sie an den Kurbeln der Apparate zu drehen und blickten immer wieder auf die Uhrzeiger. Die Minuten schlichen. Man saß und fröstelte. Und dann war es soweit. Pünktlich um 18.10 Uhr fiel der Sender ein. «TDK de KTP. 2310. 1745. 21 wds. Nr. 367.»

Die Peilung ergab, daß der Agent den Sender benutzte, mit dem er gestern früh arbeitete; stünde man mit den Peilern jetzt am Invalidenpark, dann wäre man einen Schritt weiter. Aber Wilde war hartnäckig. «Hier sind wir und hier bleiben wir!» –

Um 22.15 Uhr stieg die Spannung in den beiden Zelten auf ihren Höhepunkt. Nach menschlichem Ermessen mußte jetzt die in der Nähe befindliche Station wieder in Aktion treten. Endlich! Da ist er!

Pünktlich um 22.20 Uhr war der Sender da. In fieberhafter Eile wurde gepeilt. Hier ganz in der Nähe! Die Lautstärke war ungewöhnlich groß. Vom Bayerischen Platz verläuft der Peilstrahl genau die Meranerstraße entlang. Der andere Peiler weist in der Richtung zum Meraner Platz; dort ist der Schnittpunkt der beiden Seidenfäden. Die Wartezeit ist belohnt worden!

Am nächsten Morgen stehen die beiden Zelte wieder an den alten Punkten. Aber um 9.05 Uhr geht die Peilung zum Moritzplatz.

Wilde überlegt, ob er die beiden Zelte den ganzen Tag über aufgebaut stehen lassen soll. Er entschließt sich dazu, es zu tun, denn ein nochmaliger Aufbau bei Beginn der Dämmerung an den gleichen Stellen würde noch mehr Verdacht erwecken, und man kann schließlich den Tag ausnutzen, um noch einmal die beiden Stationen der zwei anderen Agentengruppen zu peilen.

Um 18.10 Uhr kam der große Augenblick. Die Station nahm pünktlich ihren Verkehr auf und arbeitete ganz in der Nähe; so nahe, daß der Mann am Empfänger ganz schwach den Tastenklick hörte. Aber die Sendung war nur kurz: Anruf, Datum, Uhrzeit, «nil», Kennziffer und Rufzeichen. Das war wenig, genügte aber für eine flüchtige Peilung; sie weist auf Haus Nr. 9 am Meranerplatz.

Wilde entschließt sich, am nächsten Tage dem Sender in der Gegend des Moritzplatzes zu Leibe zu gehen. Am anderen Morgen steht Meinecke mit seinem Zelt in der Oranienstraße am Südrande des Moritzplatzes, während Kolb seine Geräte neben dem Luisenstädtischen Park an der Sebastianstraße aufbaut.

Berlin

«So, Vicky, jetzt wollen wir an unsere Abendarbeit gehen. Ich habe wieder Material für deine Chiffrierkunst. Es sind sehr brauchbare Nachrichten darunter. Bei welcher Nummer sind wir jetzt angelangt?»

«An der Reihe ist Nummer 375.»

«Gut. Also los:

Erster Funkspruch:

An Direktor von Coro. Quelle: Arwid.

Hitlers Befehl lautete auf Einnahme Odessas bis 15. September. Verzögerung störte erheblich Dispositionen für deutschen Vormarsch am Südflügel. Information stammt von einem Offizier des OKW.

Zweiter Funkspruch:

An Direktor von Coro. Quelle: OKW über Arwid.

An der Ostfront haben die meisten deutschen Divisionen infolge der erlittenen schweren Verluste ihre normale Zusammensetzung eingebüßt. Sie bestehen nur noch zu einem Bruchteil aus Leuten mit voller Ausbildung und setzen sich im übrigen aus Leuten mit einer Ausbildung von vier bis sechs Monaten zusammen, ferner Mannschaften mit einem Sechstel der notwendigen Ausbildungszeit.»

«Ich glaube, es hat geklingelt, Harro!»

«Laß es ruhig klingeln. Bitte weiter:

Dritter Funkspruch:

An Direktor von Coro.

Seit dem 19. Oktober stehen in Brjansk die Panzer der Propagandakompanien in Erwartung des deutschen Einzuges in Moskau, der für den 20. Oktober vorgesehen war.

Vierter Funkspruch:

An Direktor von Coro. Quelle: Maria.

Aus der Festung Königsberg ist schwere Artillerie in Richtung Moskau unterwegs. In Pillau wird schwere Küstenartillerie in gleicher Richtung verladen.

Fünfter Funkspruch:

An Direktor von Coro. Quelle: Moritz.

Dortige Ansicht unzutreffend. Plan II ist bereits vor drei

Wochen in Kraft getreten. Voraussichtlich Erreichung der Linie Archangelsk – Moskau – Astrachan bis Ende November. Aller Nachschub wird seither nach diesem Plan geregelt.

Sechster Funkspruch:

An Direktor von Coro. Quelle: Gustav.

Die Verluste der deutschen Panzerwaffe an der Ostfront betragen bis heute mengenmäßig den Materialbestand von elf Divisionen.»

«Es klingelt schon wieder. Ob es wohl Hans ist?»

«Wohl kaum. Aber sieh einmal nach. Ich räume inzwischen alles fort.»

Wenige Augenblicke später stürmt ein junger Mann ins Zimmer.

«Harro, es wird interessant! Die Jagd auf uns hat begonnen!»

«Wie – wer – was hat begonnen? Mach' keinen Unsinn!»

«Ist kein Unsinn, Harro, sondern Ernst. Aber auch nicht so schlimm, daß akute Gefahr drohen würde. Ein guter Stern hat mich in den letzten Tagen geleitet. Aber zuerst reiche mir ein gefülltes Glas und die dazugehörige Zigarre; ich glaube, beides verdient zu haben.»

«Komm', Hans, nimm Platz. Hier sind die Zigarren. Und den Cognac bekommst du sofort von meiner Frau kredenzt.»

«Harro, man versucht, sich an uns heranzuarbeiten. Aber ich bin ihnen diesmal rechtzeitig auf die Schliche gekommen.»

«Wie meinst du das? Provokation? Spitzeldienst?»

«Keines von beiden. Peildienst!»

«Ach!»

«Ja, Harro. Und wenn dein Hans nicht offene Augen im Kopf hätte, dann wären die Tage unserer Arbeit wahrscheinlich bald zu Ende gewesen. Aber laß mich im Zusammenhang erzählen.»

Der Funker lehnte sich im Sessel zurück, zog kräftig an seiner Zigarre und blies den Rauch langsam von sich. Harro wechselte einen Blick mit seiner Frau und bot ihr eine Zigarette.

«Weißt du, Harro«, begann Hans seinen Bericht, «daß man eines Tages versuchen würde, uns mit Hilfe von Richtpeilern auf das Dach zu steigen, war mir schon lange klar. Du hast mich zwar immer zu beruhigen versucht, aber das konnte mich nicht einschläfern, und ich blieb stets – wie man so sagt – hellwach. Als ich nun vorgestern am Spätnachmittag – so gegen fünf Uhr – am Bayerischen Platz aus dem Omnibus steige, um Quartier II aufzusuchen, biegt gerade ein Lastwagen der Wehrmacht in die Meraner Straße ein und hält nach etwa sechzig bis achtzig Metern. Das war natürlich nichts Absonderliches. Was mir aber merkwürdig erschien, war der Umstand, daß etwa ein halbes Dutzend Postbeamte in Uniform herabsprangen und sich geschäftig an das Abladen verschiedener Sachen machten. Ich ging zunächst ruhig weiter, kehrte dann aber noch einmal um, ging auf der andern Seite der Straße zurück und sah, wie gerade ein Zelt aufgebaut wurde, und zwar war es von der Art, wie es bei Kabelarbeiten verwendet wird. Das Auto fuhr indessen weiter.»

Hans nahm noch einen Schluck aus seinem Glase und fuhr fort: «Es fing schon an stark zu dämmern, und ich konnte nicht wahrnehmen, was die Leute sonst noch für Zeug dort herumstehen hatten. Daher machte ich kehrt und ging zu Quartier II weiter.»

«Das ist am Meraner Platz?»

«Ja. Ich sagte mir unterwegs, es sei möglich, daß die Postleute sich ein Kraftfahrzeug der Wehrmacht ausgeliehen haben, und war schon im Begriff, die Sache zu vergessen, als folgendes passiert: Du weißt doch, daß an der Ecke der Meraner- und der Badener Straße ein Kino steht?»

«Ganz recht. Ich war schon einmal darin.»

«Ich hatte die Absicht, anschließend an meinen Funkverkehr von 18.10 in dieses Kino zu gehen und dann nach Quartier III zu fahren. Ich gehe also hinüber und betrachte die Reklamebilder in den Schaukästen. Als ich um die Ecke biege, sehe ich dasselbe Auto, das vorhin in der Meraner Straße die Männer mit dem Zelt ablud, stehen, und mehrere Postbeamte bauen wieder ein solches dreieckiges Zelt auf. Die Sache kam mir irgendwie verdächtig vor, zumal Kabelarbeiter doch stets zivile Arbeitskleider tragen. Ich ging daher in mein Zimmer hinauf, wartete, bis meine Verkehrszeit kam und gab dann lediglich Anruf, Datum, Zeitgruppe, „nil" und Kenngruppe. Das war sehr schnell geschehen. Für eine sichere Peilung reichte diese kurze Sendung bestimmt nicht aus. Ich ging nun ins Kino hinüber, sah mir den Film an, und als ich um neun Uhr herauskomme und durch die Badener Straße gehe, um meinen Omnibus zu nehmen, sehe ich noch immer das Zelt stehen.»

«Na ja, Hans, das kann sich aber sehr gut um eine dringende Kabelreparatur gehandelt haben, die noch am Spätabend erledigt werden mußte.»

«Das sagte ich mir zunächst auch. Auffällig erschien mir aber, daß das Zelt nicht geöffnet war, wie meist in solchen Fällen, und daß man keine Leute mit Lötlampen und dergleichen herumhantieren sah. Das Zelt war dicht geschlossen, und in der Dunkelheit konnte ich einen Mann am Eingang stehen sehen. Jedenfalls fuhr ich nach Quartier IV, statt nach II – wie ich ursprünglich geplant hatte – und gab um 22.20 meine beiden Telegramme von dort durch.»

«In der Schönhauser Allee?»

«Ja. Es war das zweitemal, daß ich von dort aus arbeitete.»

«Gut, Hans. Alles, was du mir bisher erzählt hast, enthält aber noch nichts, was irgendwie geeignet sein könnte, einen begründeten Verdacht zu wecken. Ich habe den Eindruck, daß du etwas nervös geworden bist und anfängst, Gespenster zu sehen.»

«Höre nur weiter. Gestern nachmittag – wieder so gegen fünf Uhr – komme ich vom Spittelmarkt her, um Quartier III in der Sebastianstraße aufzusuchen. Als ich so in der heraufkommenden Dämmerung die Sebastianstraße entlanggehe, stoße ich beinahe auf genau solch ein Zelt, wie es am Abend zuvor in der Meraner Straße gestanden hatte. Und was soll ich dir sagen? – Der Kerl, der vor dem Zelt steht, ist derselbe, der vorgestern in der Meraner Straße neben dem Zelt gestanden hatte. Er glotzt mich dämlich an und ich ihn auch. Dabei sehe ich, daß neben ihm am Zelteingang eine Kiste steht; weißt du, so eine feldgraue gestrichene Gerätekiste. Und gerade langt jemand mit dem Arm heraus, um sie in das Zelt hereinzuziehen. In diesem Augenblick dreht der Kerl, der vor dem Zelt steht, sich um und hält krampfhaft die Leinwand zu, bis ich vorüber bin. Und im selben Moment höre ich, wie jemand im Zelt „Herr Leutnant" sagt.»

«Oho!»

«Ja, Harro. Das Ganze spielte sich innerhalb weniger Sekunden ab; ich ging ziemlich langsam und daher konnte ich das alles wahrnehmen.»

«Wo stand denn das Zelt?»

«Ja, siehst du, das ist das Interessanteste bei der ganzen Geschichte. Es stand in dem Winkel, der durch das hervorstehende Haus gegenüber dem ehemaligen Friedhof gebildet wird. Ich hätte es vielleicht gar nicht gesehen, wenn ich nicht die Absicht gehabt hätte, zu dem Friseur zu gehen, der gleich nebenan seinen Salon hat. Daher kam ich schon so früh; es war reiner Zufall. Denn später in der Dunkelheit hätte ich wahrscheinlich nichts gesehen und wäre zudem auf der anderen Seite der Straße gegangen.

Ich gehe also zu dem Friseur hinein. Es war nur ein Kunde im Laden, und so konnte ich ein Gespräch mit dem Meister anknüpfen. Ich sagte: „Was ist denn das für ein blödes Zelt bei Ihnen hier in der Ecke? Beinahe wäre ich dagegen gerannt, als ich zu Ihnen wollte." – Und da erzählte der Mann mir, daß dieses Zelt heute früh gegen acht Uhr, als er gerade sein Geschäft aufmachte, gegenüber, auf der anderen Straßenseite, nämlich auf derselben Seite, auf der sich mein Quartier III befindet, aufgebaut wurde. Eine Stunde später sei ein Lastkraftwagen gekommen und habe das Zelt mit Leuten und dem Gerät wieder abgeholt. Merkst du etwas, Harro?»

«Um acht Uhr wurde das Zelt aufgebaut und eine Stunde später abmontiert? Kurz nach neun Uhr hast du doch Sendezeit?»

«Klar. Ich fragte daraufhin, wann denn das Zelt an der neuen Stelle aufgebaut worden sei, und der Friseur erzählt mir nun, daß es höchstens eine halbe Stunde dort stehen könne, denn um einhalbfünf Uhr sei er in das Nebenhaus gegangen, und da habe das Zelt noch nicht dort gestanden.»

«Sonderbar.»

«Harro, ich bekam sofort Witterung. Ich ließ mich rasieren, ging hinüber zu Quartier III, gab um 18.10 „nil" und fuhr dann zur Schönhauser Allee. Mein kurzer Verkehr war für eine Peilung viel zu knapp. Denn, Harro, ich garantiere dir, in dem Zelt stand ein Peiler!»

«Möglich», warf Harro ein.

«Bestimmt! Eine pfiffige Idee übrigens. Aber nun weiter: In der Schönhauser Allee gab ich meine beiden Telegramme durch und fuhr nach Hause. Die Sache ließ mir jedoch keine Ruhe. Heute früh machte ich folgendes: Von sieben Uhr ab trieb ich mich in der Sebastianstraße herum, um die Geschichte weiter zu beobachten. Kurz vor acht Uhr sehe ich dasselbe Auto, das ich damals am Bayerischen Platz bemerkte, einbiegen. An der gleichen Stelle, an der gestern abend das Zelt stand, hält das Fahrzeug, und fünf oder sechs Männer laden wieder Kisten und ein Zelt ab. Dann fährt das Auto weiter und biegt in die nächste Querstraße ein. Ich schlendere also langsam die Straße entlang und sehe, wie das Zelt rasch aufgebaut wird und die Kisten hineingebracht werden. Dann stellt sich der Kerl von gestern wieder vor den Eingang hin und schaut jeden blöd an, der vorübergeht.

Nun war die Geschichte schon ziemlich klar; ich brauchte nur einen letzten Beweis. Also spaziere ich bis zur Querstraße, biege in dieselbe Richtung ein, in die vorhin das Auto einbog, und sehe schon von weitem das zweite Zelt aufgebaut.»

«Interessant!» bemerkte Harro.

«Du mußt bedenken, daß von diesen beiden Punkten aus eine geradezu ideale Peilung meines Senders in Quartier III möglich ist. Die Bande muß meine Sendungen bereits mehrfach gehört und gepeilt haben, daher konnten sie sich schließlich in diese günstige Position heranarbeiten. Dasselbe trifft auch in bezug auf Quartier II zu.»

«Hm!»

«Ich ging nunmehr langsamen Schrittes auf dem Bürgersteig in Richtung auf das Zelt. Auch hier stand ein Kerl Wache, allerdings hatte er sich nicht wie eine Bildsäule davor aufgebaut – wie der andere – sondern spazierte umher. Zwei Schritte vor dem Zelt blieb ich stehen und holte meine Zigarettendose hervor. Schon kam der Kerl auf mich zu. Jetzt tat ich so, als ob ich in den Taschen nach meinem Feuerzeug suchte, natürlich so umständlich wie möglich! Das Gesicht von diesem Affen hättest du sehen sollen! Er hätte mich am liebsten mit glühenden Zangen fortgezwickt, aber er konnte mich nicht zum Weitergehen auffordern, ohne Verdacht zu erregen. Zudem hätte sich das für einen Postbeamten auf offener Straße etwas komisch ausgenommen. – Also, der gute Mann zieht schließlich sein Feuerzeug aus der Tasche und bietet mir Feuer an. Und was glaubst du, was in diesem Augenblick geschieht?»

«Nun?»

«Im selben Moment dreht im Zelt jemand am Kondensator oder an der Welleneinstellung eines Empfängers, und ich höre ganz deutlich ein Pfeifen und dann einen Telegraphiesender einfallen . . . ! »

Brüssel

Es war am Mittwoch, dem 12. November 1941 um neun Uhr abends, als in der kleinen Brüsseler Villa, die das Hauptquartier der Gruppe Kent beherbergte, im oberen Geschoß der Stab dieser Arbeitsgemeinschaft sich zu einer Beratung und Besprechung zusammenfand. Kent hatte am Vortage die Hauptpersonen seiner Informationszentrale verständigt und sie zu einer Abendstunde in das stille Haus am Rande der Stadt eingeladen.

Unten an der Gartentür stand im Dunkel des herbstlichen Abends ein Mann, der mit gespannter Aufmerksamkeit jedes Geräusch verfolgte, das sich irgendwo in der Nähe hören ließ; ein zweiter Aufpasser stand, einige Dutzend Meter von hier entfernt, an der nächsten Straßenkreuzung.

Das Haus war gesichert. Oben im Arbeitszimmer saß an der einen Schmalseite des langen Tisches Kent, während seine Mitarbeiter, darunter Fräulein Esther, an den anderen Seiten des Tisches Platz genommen hatten.

Kent ordnete einige Karten und Papiere, zog einen goldenen Drehbleistift aus der Brusttasche und begann damit zu spielen. Dann hob er langsam seinen Kopf und blickte angelegentlich auf ein ihm gegenüber an der Wand hängendes Ölgemälde; es zeigte eine Szene aus der Schlacht bei Waterloo.

«Meine Herren, über meine Reise nach Berlin habe ich Ihnen bereits berichtet. Inzwischen ist dort eine Situation entstanden, die es den drei Berliner Gruppen verbietet, den eigenen Funkverkehr aufrecht zu erhalten. Eine der Gruppen verlegt ihren Wirkungsbereich an einen anderen Ort. Die größte und bedeutendste aber, die Gruppe Coro, gibt seit einigen Tagen ihre sämtlichen Informationen an uns, und wir haben dafür zu sorgen, daß diese Nachrichten schnellstens an die Zentrale weiterbefördert werden. Für uns kommt zu unserer bisherigen Arbeit also noch zusätzlich die Chiffrierung all dieser Nachrichten, da wir sie von Coro offen bekommen, und dann die Funkübermittlung. Diese letztere bereitet mir ernste Sorgen, weil dadurch unser Funkverkehr weiter anschwillt. In dieser Hinsicht werden wir Abhilfe schaffen müssen. Darüber unterhalten wir uns im einzelnen morgen, lieber Jean.»

Der Funker klopfte die Asche seiner Zigarette ab, blickte zu Kent hinüber und nickte ihm zu. Nach kurzer Pause setzte Kent seinen Orientierungsbericht fort.

«Die Zentrale hat selbstverständlich von der entstandenen Situation Kenntnis. Sie hat bereits Sicherungsmaßnahmen angeordnet. Lassen Sie mich Ihnen zwei Funksprüche bekanntgeben, die gestern früh von der Zentrale bei uns eingegangen sind.

Erstens:

An Kent von Direktor.

Bereiten Sie Reservetreffs für Emilie und Paulette vor, damit für den Fall, daß Sie selbst zeitweilig in der Arbeit behindert sein sollten, diese Gruppen Verbindung mit uns aufrechterhalten können. Ihre Organisation muß in mehrere selbständige Gruppen aufgeteilt werden, zwischen denen eine Verbindung nur über Sie besteht. Ausfall einer Gruppe darf Arbeit der andern weder behindern noch gefährden. Radiosystem muß dezentralisiert werden, und zwar raschestens. Bedenken Sie, daß Ihre Arbeit von größtem Wert ist. Berichten Sie über die von Ihnen durchgeführte Reorganisation und geben Sie eine Übersicht über Ihre Quellen.

Zweitens:

An Kent von Direktor.

Ziehen Sie Lehre aus dem Fall Lille. Überprüfen Sie alle Verbindungen mit politischen Kreisen. Bedenken Sie, daß derartige Verbindungen unter Umständen gefährlich für die Arbeit der ganzen Organisation sein können. Achten Sie streng auf den Verkehr Ihrer Leute, insbesondere der Funker.

Neben allen Maßnahmen zur Sicherung der gesamten Organisation unternehmen Sie alles, um die Arbeit in großem Rahmen aufzubauen und weiterzuführen.»

Kent legte das Blatt ab und fuhr nach kurzer Pause fort: «Sie sehen, meine Herren, in welcher Richtung die Gedankengänge der Zentrale gehen, und wie wir unsere Arbeit einzurichten haben. Doch nun möchte ich meine Ausführungen von vorhin fortsetzen.

Die dritte Berliner Gruppe ist dazu übergegangen, eine Schwestergruppe hier in Brüssel zu organisieren. Ihr Leiter führt den Arbeitsnamen Hermann. Seine Funkstelle ist hier bereits in Betrieb, und ich habe Schritte eingeleitet, auf dem Wege über ihn einen Teil unserer Informationen an die Zentrale abzusetzen. Hierdurch entsteht eine gewisse Auflockerung unserer Organisation, zumal ich einige unserer Nachrichtenzubringer an Hermann abgeben werde; dies geschieht in einer Weise, daß die betreffenden Leute von der Veränderung nichts merken.

Der nächste Schritt besteht darin, daß unsere bisherige Arbeitsgemeinschaft sich auflöst und fortan sechs Gruppen zählt, zu denen die Verbindung nur über mich führt. Jeder Kontakt dieser Gruppen untereinander muß aufhören. Das für den Anfang nächsten Jahres geplante Funksystem wird so gehalten sein, daß ein Zugriff seitens der deutschen Organe so gut wie unmöglich erscheint. Bis Anfang 1942 sollen alle diese erwähnten Gruppen ihre Arbeit voll aufgenommen haben.»

Sich seiner Sekretärin zuwendend, erklärte Kent: «Unser Kurier hat uns heute wieder eine Anzahl sehr interessanter Informationen von Coro überbracht. Die meisten von ihnen muß ich noch kurz überarbeiten. Heute abend müssen drei Funksprüche chiffriert und durchgegeben werden. Notieren Sie bitte:

Erster Funkspruch:
Quelle: Anton.
Kampfverbände der deutschen Luftwaffe, die bisher auf Kreta stationiert waren, befinden sich auf dem Wege nach der Ostfront. Ein Teil wurde geschlossen nach der Krim entsandt. Rest wird auf andere Frontabschnitte verteilt.

Zweiter Funkspruch:
Quelle: Coro.
Neues Messerschmitt-Kampfflugzeug hat zwei Geschütze und zwei MG seitlich in den Flügeln montiert. Entwickelt Geschwindigkeit bis zu sechshundert Kilometer in der Stunde.

Dritter Funkspruch:
Quelle: Coro.
Plan III mit Ziel Kaukasus, der ursprünglich für November vorgesehen war, tritt im Frühjahr 1942 in Kraft. Aufmarsch soll bis 1. Mai beendet sein. Aller Nachschub geht ab 1. Februar im Hinblick auf dieses Ziel. Aufmarschraum für Kaukasusoffensive: Losowaja – Balakleja – Tschugujew – Belgorod – Achtyrka – Krassnograd. Oberkommando in Charkow. Weitere Einzelheiten folgen.»

«Ist das alles?» fragte die Chiffreuse.

«Ja», erwiderte Kent. «Und», fügte er nach einer kleinen Pause nachdenklich hinzu, «vielleicht ist dieser letzte Funkspruch der erste Nagel zum Sarge für Hitlers Machtträume!»

Es gab nur zwei Personen, die normalerweise Zutritt zu Gilberts Privatbüro in der Rue Marbeuf, einer Abzweigung der Avenue des Champs Elysees, hatten; das waren sein Sekretär und seine persönliche Stenotypistin, die in einem Vorzimmer ihre Arbeitsplätze hatten. Selbst die täglichen kleinen Säuberungsarbeiten in jenem geheiligten Raume wurden von diesen beiden Vertrauten des Chefs vorgenommen.

Gilbert hatte hier in dem vornehm wirkenden großen Hause im zweiten Stockwerk, in dem das Zentralbüro seiner Firma den Sitz hatte, zwei Arbeitsräume für seine eigene Tätigkeit eingerichtet. Das eine Zimmer war repräsentativ und bequem mit großen weichen Sesseln, schönen Möbeln, geschmackvollen Bildern und einem imponierenden breiten Schreibtisch ausgestattet. Auf dem Bücherschrank stand ein gewaltiger Globus, auf einem runden Tisch eine kostbare Vase mit frischen Blumen, und hinter seinem geschnitzten Schreibsessel hing an der Wand ein farbenprächtiger Täbris-Teppich, der bis auf den Boden herunterreichte.

Dieses Zimmer war jedem Freunde der Firma PIERRE LAROUSSE ET FILS und jedem, der in irgendwelchen geschäftlichen oder privaten Angelegenheiten mit dem Chef zu tun hatte, wohlbekannt. Es besaß zwei Eingänge: der eine führte unmittelbar vom Empfangs-Vestibül herein und stand nur dem Chef und einigen sehr wenigen Bevorzugten offen; der zweite Eingang führte durch das Vorzimmer, in dem sich die beiden vorhin erwähnten Personen befanden.

Daß das Zimmer aber noch eine dritte Tür besaß, hatten nicht einmal die Putzfrauen bisher ermittelt, die auch in Paris im Aufspüren individueller Geheimnisse ein besonderes Geschick besitzen. Auch den Angestellten der Firma war sie – mit Ausnahme der genannten beiden vertrauten Mitarbeiter – nicht bekannt.

Schob man den kostbaren Täbris-Teppich beiseite und drückte man auf eine Leiste in der Holztäfelung der Wand, dann öffnete sich eine Tür, deren Fugen so fein gearbeitet waren, daß selbst bei genauer Betrachtung nichts das Vorhandensein eines Durchgangs erkennen ließ.

So elegant und luxuriös das erste Büro ausgestattet war, so nüchtern sachlich wirkte der hinter jener Tür gelegene Raum. Es war das eigentliche Privatbüro, das Zimmer, von dem aus Gilbert wie aus dem Mittelpunkt eines riesigen Spinnengewebes mit feinsten Fäden sein weitverzweigtes Maschennetz steuerte. In diesem Zimmer war er nicht mehr der Chef der Firma „Pierre Larousse et Fils", sondern einfach und schlicht Gilbert.

Ebenso schlicht wie der Name des hier zu gewissen Stunden des Tages arbeitenden Mannes war auch das Innere dieses Raumes. An einer der Wände stand ein hohes, breites Regal mit Aktenordnern und Karteikästen, an einer anderen Wand hing eine riesige Karte von Europa. Daneben war eine große Tafel mit einer Karte von Frankreich angebracht. Kleine Nadeln mit verschiedenfarbigen Köpfen markierten das nur dem Eingeweihten verständliche System der von diesem Zimmer aus gesteuerten Organisation. Ein Plan von Paris war mit einer Anzahl ebensolcher Nadeln besteckt.

Die dritte Wand bedeckten schematische und graphische Darstellungen und mehrere Tabellen, deren Zahlen- und Buchstabenreihen sich wie bei einem Rechenschieber gegeneinander verstellen ließen.

Auf einem einfachen Holztisch lagen peinlich genau geordnete Stöße von Papieren, Büchern und Plänen. Am Fenster, das mit matten Scheiben verglast war, stand ein breiter Schreibtisch; eine Anordnung von elektrischen Knöpfen, in die Tischplatte versenkte Fernsprechapparate, unter Glasplatten liegende Skizzen mit Zahlen, Buchstaben und geheimen Zeichen, ein großer Rundfunkempfänger und ein kleines Funksendegerät gaben diesem Arbeitsplatz sein äußeres Bild. Wer diesen Schreibtisch sah, der wußte, daß von hier aus mehr gelenkt wurde, als der Verkauf von Holzbaracken, Zelten, eisernen Bettgestellen und einfachen hölzernen Möbeln.

Zu diesem mittelgroßen Raum gab es einen zweiten Zugang, und zwar von dem Zimmer aus, in dem der Sekretär und seine Assistentin saßen. Aber auch von diesem Zugang war äußerlich ebensowenig bemerkbar wie von dem vorher beschriebenen.

Ein dritter Ausgang aus jenem Raum führte durch eine Tapetentür nach einem Toilettenraum, von hier aus auf einen kleinen Flur und von dort über eine Hintertreppe des Hauses in den großen Hof des Gebäudes, den man durch mehrere Torwege in verschiedenen Richtungen verlassen konnte und von dem aus auch die Höfe der Nachbargebäude zu erreichen waren. –

Am Spätnachmittag des 21. November 1941 leuchtete im Vorzimmer Gilberts eine kleine rote Lampe auf. Fräulein Annette unterbrach ihre Arbeit, nahm den Stenogrammblock und einen Bleistift und drückte auf den oberen Rand eines an der Wand stehenden Regals; geräuschlos glitt dies zur Seite und gab eine Tapetentür frei. Im gleichen Augenblick teilte sich im Privatbüro Gilberts die große Karte Europas, und die Eintretende stand in dem geheimen Raume. Gilbert saß, eine kleine Pfeife rauchend, an seinem Schreibtisch.

«Fräulein Annette, ich habe hier fünf Telegramme. Machen Sie diese sofort fertig, rufen Sie inzwischen Herrn Carnot an und bringen Sie die Blätter dann zum Treff. Wo ist Ihr Treff heute?»

«Place de la Concorde, am Obelisque de Louqsor.»

«Wir werden morgen einen neuen Plan für Ihre Treffs aufstellen. Die fünf Telegramme müssen noch heute abend abgesetzt werden. Bitte, schreiben Sie.»

Gilbert lehnte sich in seinem Sessel zurück und begann mit dem Diktat.

«Erstes Telegramm:

Von Gilbert an Direktor. 21. 11. 41. 1800. Nr. 681

Quelle: Susanne.

Linie, die als Winterstellung der deutschen Armee von Generalstab vorgeschlagen wurde und Anfang November bezogen sein sollte, verläuft von Rostow über Jsjum — Kursk — Orel — Brjansk — Dorogobusch — Nowgorod — Leningrad. Hitler lehnte auch diesen Vorschlag ab und befahl sechsten Angriff auf Moskau, wobei sämtliches verfügbare Material in den Kampf geworfen wird. Mißlingt dieser Vorstoß, so stehen den deutschen Truppen bei einem Rückzug keinerlei Materialreserven im Augenblick zur Verfügung.

Zweites Telegramm:

Quelle: Ninette.

Von Gilbert an Direktor. 21. 11. 41. 1800. Nr. 682

Deutsche versammeln angeblich in bulgarischen Häfen Barkassen für Kaukasusoperation.

Drittes Telegramm:

Quelle: Jacques.

Von Gilbert an Direktor. 21. 11. 41. 1800. Nr. 683

Deutsche haben Elite ihres Heeres an Ostfront verloren. Russische Kampfwagen machen überlegenen Eindruck. Deutsche Generalstäbler entmutigt wegen ständiger Änderungen der strategischen Pläne und Angriffsziele durch Hitler.

Viertes Telegramm:

Von Gilbert an Direktor. 21. 11. 41. 1800. Nr. 684

Quelle: Maria.

Von hohem deutschen Offizier, der soeben aus Berlin zurückkehrte. In Deutschland sind höhere militärische

Kreise skeptisch bezüglich Ausgang des Krieges im Osten. Auch Göring zweifelt an klarem militärischem Sieg. Alle deutschen Garnisonen und Übungsplätze sind fast leer. Man spricht in Berlin bereits von dem Wunsch nach Hitlers Tod und von kommender Militärdiktatur.

Fünftes Telegramm:

Von Gilbert an Direktor. 21. 11. 41. 1800. Nr. 685

Quelle: Maria.

In Pariser Kolonialministerium tätige hohe deutsche Offiziere bezweifeln militärischen Sieg Deutschlands und rechnen mit Kriegsdauer bis Ende 1943.

Fertig, Fräulein Annette! Gehen Sie sofort an die Arbeit und schicken Sie mir Herrn Suchet.»

Wenige Minuten später betrat der Sekretär den Raum und breitete eine Mappe mit Papieren auf einem kleinen Tisch vor sich aus.

«Gibt es etwas Neues?» fragte Gilbert, der gerade durch eine Lupe eine Mikrophotographie betrachtete, ohne aufzublicken.

«Herr Kent ist eingetroffen. Er bittet um Mitteilung, wann und wo er sich zu einer Besprechung einfinden darf.»

Gilbert überlegte. «Rufen Sie ihn an und bestellen Sie ihn für sieben Uhr abends hierher. Führen Sie ihn dann in mein offizielles Bürozimmer.»

Während der Sekretär vom Nebenraum das Telefongespräch erledigte, fuhr Gilbert in der Untersuchung der Photographien mit dem Vergrößerungsglas fort. Als Suchet zurückkehrte, erklärte er: «Max hat wieder gutes Material geliefert; hier ist ein Bericht mit genauen Angaben über die neue konische Kanone, System Kern, die in der Schweiz entwickelt wird. Notieren Sie Auftrag an Max, genau aufzupassen, wann die neue Oerlikon-Kanone in Serienproduktion kommt und ob seitens Deutschland Bestellungen erfolgen. Was haben Sie für mich?»

«Hier ist der Abhörbericht für die letzten drei Tage.»

«Steht etwas Besonderes darin?»

«Von Interesse erscheint mir der Fall eines Stabszahlmeisters Petereit beim Oberbefehlshaber West; er ist offenbar in eine dumme Geldgeschichte verwickelt worden, aus der er keinen Ausweg findet.»

«Geben Sie das Material an Maurice, er soll entweder selbst oder durch Lucky Kontakt aufnehmen, zunächst feststellen, wie hoch die Geldverbindlichkeiten sind; vielleicht lohnt es, er kann zum mindesten brauchbare Angaben über Kopfstärken verschiedener Verbände machen, eventuell auch mehr.»

«Dann sind hier zwei sehr kompromittierende Telefongespräche eines Ingenieurs der Organisation Todt; er ist hier beim Verbindungsstab tätig und scheint gut informiert zu sein.»

Gilbert nickte. «Machen Sie eine Niederschrift und geben Sie sie an Jacques; er soll den Mann unter Druck setzen und alles von ihm herausholen, was möglich ist. Rücksichtslos vorgehen. Mit sofortiger Denunzierung drohen! Sonst noch etwas?»

«Ja. Eine weitere Division soll an die Ostfront abgegeben werden.»

«Geben Sie Nachricht an Walther, er soll die in Frage kommenden Fernsprechapparate in dieser Richtung intensiv überwachen lassen.»

«Eduard hat zwei neue Quartiere ausfindig gemacht und bereits eingerichtet; das eine in der Nähe der Metrostation Chatelet, das andere dicht bei der Station Place d'Anvers.»

«Gut. Stecken Sie drüben zwei blaue Markierungsnadeln in die entsprechenden Stellen der Karte. Was macht Harry?»

«Sein Funkgerät ist fertig. Er macht Verkehrsversuche mit der Zentrale und wartet auf seinen Funkplan.»

«Hoffentlich kommt dieser bald. Harry soll später eine wichtige Rolle übernehmen.»

Cranz

Oberstleutnant Bollmann saß an seinem Schreibtisch, kaute an der Zigarre und war mißgestimmt. Für heute nachmittag hatte der Chef des Nachrichtenwesens der Wehrmacht sich zu einem Besuch angesagt. Das war an sich durchaus erfreulich und zeigte, welches Interesse der General diesem Arbeitsgebiet entgegenbrachte. Weniger sympathisch war dagegen die Tatsache, daß dieser Besuch auf das Betreiben des Hauptmanns Schuster zurückzuführen war. Und dieser Schuster war nun einmal der personifizierte Schwarzseher, der zweifellos nur von Schwierigkeiten, Mängeln in der eigenen Organisation, Mißerfolgen in der Arbeit und Unzulänglichkeiten dem General berichten würde, statt die erzielten Erfolge in das rechte Licht zu rücken. Das Dumme bei der Geschichte war, daß General Fellhammer nicht zu jenen Vorgesetzten gehörte, die streng nach der Rangordnung vorgingen und sich lediglich von dem auf der Stufenleiter der Organisation ihm zunächst stehenden Untergebenen informieren ließen; er hatte die unsympathische Eigenschaft, zuweilen in die Tiefe der Dinge zu dringen und sich von den Sachbearbeitern unmittelbar Vortrag halten zu lassen. Das bedeutete, daß man sich selbst genau mit den Einzelheiten der Arbeit vertraut machen mußte – was als durchaus lästig und überflüssig anzusehen war, denn wozu hatte man schließlich seine Sachbearbeiter?! – Es kam hinzu, daß bei solchen Aussprachen leicht Dinge erwähnt wurden, die er, Bollmann, lieber unerörtert gelassen hätte. Und bei diesem unberechenbaren Hauptmann Schuster mußte man auf alles gefaßt sein.

Bollmann hatte sich bereits ausgerechnet, daß er eventuell in zwei bis drei Monaten Oberst sein könnte. In einem solchen Stadium der Karriere sind Störungen irgendwelcher Art schädlich. Man muß in dieser Phase nur Plus machen und kein Minus.

Die Plus-Minus-Rechnung war eine Spezialität Bollmanns. In seinem Schreibtisch hatte er ein kleines Heft, das er täglich hervorholte und in das er gewissenhaft alle positiven und negativen Ergebnisse in seinem Berufsleben eintrug, soweit sie zur Kenntnis seiner Vorgesetzten gelangten. Drohte die Minus-Seite ein Übergewicht zu bekommen, dann wurde er nervös und suchte nach Mitteln, das Aussehen des Plus-Kontos zu verbessern. Seine Untergebenen hatten in solchen Zeitabschnitten schwarze Tage. Bekam die Plus-Seite wieder namhaften Zuwachs, dann stieg auch das Stimmungsbarometer bei Fritz Bollmann; er wurde wieder umgänglich und leutselig und legte seinen Mitarbeitern gegenüber eine gewisse Großzügigkeit an den Tag.

Gegenwärtig war der Stand in seinem Kontobuch so, daß die Plus-Seite zwar ein gewisses Übergewicht hatte, dieses war aber nicht so groß, daß es starke Belastungen hätte vertragen können. Es mußte auf jeden Fall vermieden werden, daß der günstige Stand seiner Bewertungsliste sich verschob; daher seine Sorge wegen des bevorstehenden Besuches.

Bollmann fand es an diesem Tage für zweckmäßig, im Kasino zu Mittag zu essen, statt die mitgebrachten Brote zu verzehren. Er richtete es so ein, daß er an den gleichen Tisch zu sitzen kam, an dem der General speiste. Mit beachtlichem Aufwand an Mühe und Findigkeit suchte er immer wieder die Gnadensonne des hohen Vorgesetzten auf sich zu lenken und eine gute Ausgangsbasis für den dienstlichen Teil des Nachmittags zu schaffen.

Aber General Fellhammer vertrat die Ansicht, daß Dienst = Dienst, und Schnaps = Schnaps sei. Sobald Bollmann sich über die Trennungslinie zwischen diesen beiden Begriffen hinauszutasten begann, winkte der General ab, und Bollmann mußte sich mit devotem Lächeln auf das neutrale Gebiet der militärischen Konversation zurückziehen. –

Pünktlich um drei Uhr nachmittags erschien der General bei dem Chef der Funkabwehr und ließ sich, ohne die Redewendungen Bollmanns einer besonderen Beachtung zu würdigen, in den großen Auswertesaal führen, in dem Hauptmann Schuster mit Reger und den Spezialbearbeitern des hohen Besuchers harrten. Nach kurzer Begrüßung und Betrachtung der an den Wänden hängenden Karten und Tabellen wandte sich der General an den Leiter des Funkagenten-Ermittlungsdienstes.

«Lieber Schuster, ich möchte mir heute von Ihnen einen kurzen Bericht über die Lage auf Ihrem Arbeitsgebiet geben lassen. Es hat sich da wohl in letzter Zeit verschiedenes entwickelt, und ich habe den Eindruck, daß bei uns nicht alles so läuft, wie es eigentlich der Fall sein sollte. Nennen Sie mir ganz offen Ihre Sorgen und Wünsche, damit ich gegebenenfalls Abhilfe schaffen kann.»

Oberstleutnant Bollmann stellte sich hinter den General und fing an zu blinzeln und Zeichen zu geben. Schuster war jedoch in Gedanken bereits in seine Arbeit und die Darstellung der Situation vertieft und begann mit seinem Bericht.

«Das Netz der im westeuropäischen Raume arbeitenden Funkagenten des russischen Informationsdienstes ist seit Mitte Juni in ununterbrochenem Anwachsen begriffen und zählt bereits nahezu neunzig Funkstellen. Bisher konnten nur wenige wirksame Zugriffe erfolgen.»

«Herr General», schaltete Bollmann eifrig ein, «im Falle Lille betreiben wir den ausgehobenen Agentensender seit Wochen mit Erfolg im Täuschungsverkehr. Wir sind dadurch in der Lage, den russischen Informationsdienst gründlich an der Nase herumführen zu können.»

«Woher wissen Sie, daß dieses Täuschungsspiel von Erfolg ist?»

«Die Russen bestätigen unsere Telegramme, stellen Anfragen und geben Weisungen.»

«Das wäre nicht unbedingt ein Beweis. Wie ist es denn mit den in Berlin gehörten Sendern geworden? Unsere Jagd erwies sich doch damals als ein hoffnungsloser Fehlschlag!»

«Herr General», erwiderte Schuster, «es war damals in der Tat ein Fehlschlag; worauf er zurückging, weiß ich nicht. Aber seither hat der Funkverkehr eines anderen Senders stark zugenommen. Eine vergleichende Berechnung ergibt, daß der zahlenmäßige Ausfall an Telegrammen der Berliner Sender jetzt von dieser erwähnten Station ausgeglichen wird.»

«Was ist das für eine Station?»

«Wir nennen sie PTX. Unter diesem Rufzeichen trat sie zum erstenmal auf.»

«Und wo steht sie?»

«Im Raume von Brüssel. Näheres war bisher noch nicht festzustellen.»

«Was funkt sie?»

«Die verwendete Chiffre konnte bisher noch nicht gelöst werden.»

«Funkt dieser Sender viel?»

«Gegenwärtig bis zu zehn Funksprüche am Tage.»

«Läßt das System, wie es in Berlin bei der Suche nach den verdächtigen Sendern angewendet wurde, sich nicht in Brüssel anwenden?»

«Nein. In Brüssel sprechen die Kabelarbeiter französisch. Unsere Männer, die auf die Agentenjagd gehen, sind aber Deutsche, die entweder gar nicht oder aber sehr schlecht französisch sprechen. Sie würden sofort Verdacht erregen, wenn sie sich in der Nähe eines Agentensenders zeigen sollten, der durch Aufpasser gesichert ist.»

«Meine Herren!» befahl der General jetzt mit ernster Stimme, «der PTX muß binnen 14 Tagen ausgehoben werden! Welche Hilfsmittel werden dazu benötigt und in welcher Weise würden Sie, Hauptmann Schuster, den Einsatz regeln?»

«Benötigt werden vier Peiltrupps, bestehend aus gut ausgebildeten Leuten, mit je einem gut getarnten Nahfeldpeiler, etwa in der Art der letztens nach Paris geschickten. Benötigt wird ein Suchkoffer für das Erkennen des elektrischen Nächstfeldes.»

«Und Sie glauben, daß wir Erfolg haben, falls ich Ihnen in den nächsten Tagen die nötigen Leute und Geräte zur Verfügung stelle?

«Davon bin ich überzeugt. Der starke Funkspruchabsatz des PTX zwingt diesen täglich zu langen Verkehrszeiten. Infolgedessen besteht die Aussicht, den Sender während der Verkehrszeit von mehreren Stellen aus zu peilen. Wir wissen nicht, wie lange dieser gesteigerte Spruchabsatz anhält. Daher ist der gegenwärtige Augenblick der geeignetste.»

«Gut, meine Herren! Ihre Wünsche sollen erfüllt werden. Ich bitte Sie für morgen nachmittag zu mir zwecks Regelung der Einzelheiten. Dann beginnt die Jagd auf PTX.»

Brüssel

Ein heftiger Nordost hatte den ganzen Tag über durch die Straßen Brüssels geblasen; einzelne Schneeflocken waren jagend und tanzend herniedergegangen. Die Stille des geruhsamen Sonntags war durch die Menschenleere der Plätze und Straßen noch besonders betont worden.

Der Kalender zeigte das Datum des 30. November 1941. Ein früher kalter Winter schien auch Westeuropa in diesem Jahr beschieden zu sein.

Es war gegen neun Uhr abends, als drei Trupps der neugebildeten Funküberwachungskompanie 621, aus Mons kommend, in Brüssel eintrafen. Führer der kleinen Kolonne, die aus vier Personenkraftwagen bestand, war Leutnant Moser. Er hatte zwei Tage zuvor eine sehr eingehende Unterredung mit Hauptmann Schuster und Leutnant Reger gehabt; hierzu war auch Wilde hinzugezogen worden, um über seine vor einem Monat gemachten Erfahrungen dem Leiter der Peilaktion gegen PTX zu berichten.

Die Voraussetzungen, unter denen Moser seine Arbeit beginnen sollte, waren wesentlich ungünstiger als diejenigen, die Wilde seinerzeit vorgefunden hatte. PTX hatte aufgehört, seine frühere Kennzahl 45 333 an den Schluß seines Funkverkehrs zu setzen; offenbar wurde diese Ziffer jetzt zusammen mit dem Text des Funkspruchs chiffriert. PTX gab keine Spruchnummern mehr, an denen er wiedererkannt werden konnte. PTX änderte die Wellen und Rufzeichen in einem komplizierten Rhythmus, der zwar von Reger rekonstruiert worden war, aber größte Aufmerksamkeit bei der Beobachtung forderte, wenn man nicht den Anschluß verlieren wollte. PTX hatte zwar seine alten Verkehrszeiten beibehalten; sie lagen bei 05.45, 16.20 und 22.50 Uhr. Aber es war seit zwei Wochen eine Komplizierung des Falles eingetreten, die man nur als teuflisch bezeichnen konnte.

Seit dem 17. November arbeiteten im Raume von Groß-Brüssel zwei weitere Sender, die ebenfalls drei Verkehrszeiten benützten. Und jeder von ihnen verwendete die gleiche Wellen- und Rufzeichentafel wie PTX! — Hatte dieser letztere eine Welle und ein Rufzeichen benutzt und sozusagen abgelegt, dann wurde beides von der einen der zwei neuen Funkstellen übernommen und später an die andere — also an die dritte Station — abgegeben. Man bekam demnach ein und dasselbe Rufzeichen dreimal hintereinander serviert! Und jedesmal gehörte es zu einer anderen Station! Wer war nun der wirkliche PTX? War es der Sender, der das Rufzeichen als erster verwendete, oder marschierte er an zweiter oder dritter Stelle? In welcher Beziehung standen die drei Stationen zueinander?

Zweifellos gehörten die drei Sender irgendwie zusammen. Aber in der Praxis wurde es für die Peiltrupps nun so, daß an die Stelle des einen PTX deren drei traten. Und falls diese in der gleichen Weise wie der eine Berliner Sender ihre Aufbauplätze ständig änderten, dann ergaben die Peilungen unter Umständen einen ganzen Rattenschwanz von Standorten. Griff man dann zu, so faßte man vielleicht die unbedeutendste Station und warnte damit die wichtigste.

Dies waren die Gedanken, die Moser bewegten, als er an jenem feuchtkalten Sonntagabend mit seiner kleinen Wagenkolonne den westlichen Stadtrand von Brüssel erreichte und in dem Vorort Cureghem auf dem Place du Conseil halten ließ. Es waren vier Zivilkraftwagen, die jedoch Pariser Polizeinummern trugen. An den Scheiben befanden sich kleine Rolljalousien, mit denen man jede Sicht nach außen und jeden Blick nach innen ausschließen konnte.

Moser hatte sich entschlossen, die drei Trupps derart aufzustellen, daß sie ein gleichwinkliges Dreieck bilden. Die ganze Aktion sollte im Schutze der Dunkelheit vor sich gehen. Die erste Peilung war für 22.50, die zweite für 05.45 Uhr vorgesehen.

Punkt zehn Uhr abends standen die drei Kraftfahrzeuge an den besprochenen Stellen. Im Inneren der Wagen begannen jeweils zwei Männer mit der Montage des Rahmenpeilers und des Empfängers, während der dritte Mann patrouillierend das Auto sicherte.

Auf die Minute genau fiel der Sender ein. Er gab vier kurze Funksprüche durch und schloß den Verkehr in der üblichen Weise. Drei Empfänger nahmen zur gleichen Zeit die abgesetzten Telegramme auf, und drei Peilrahmen drehten sich in Richtung auf die sendende Station. Die Peilung wurde zweimal wiederholt und ergab jedesmal das gleiche Resultat.

Moser hatte angeordnet, daß die drei Fahrzeuge sich um Mitternacht vor der deutschen Standortkommandantur treffen sollten. Dort wollte man das Ergebnis der Peilaktion feststellen und das weitere besprechen.

«So, nun wollen wir mal sehen, was ihr da zusammengepeilt habt. Zuerst einmal Peiler I. Hatte sehr klares Minimum und Maximum gehabt. Zweimal gepeilt; jedesmal 350 Grad.»

Moser zog den Seidenfaden aus und stiftete das Ende mit einer kleinen dicken Nadel fest. Dann wandte er sich an den Peilfunker des Peilers II. «Na, Krause, wie war es bei Ihnen? Klar gepeilt?»

«Jawohl. Die Station war sehr gut hörbar. Ergebnis: 310 Grad.»

«Schön. Ziehen wir mal den Faden aus. Donnerwetter! Da kommt aber der Schnittpunkt sehr weit außerhalb Brüssels zu liegen. Komisch! Der Lautstärke nach hätte ich die Station viel näher vermutet.»

Moser betrachtete eine Zeitlang die Karte. «Wie war es bei Ihnen, Bogner?»

«Ebenfalls klar und einwandfrei. 248 Grad.»

Moser zog den dritten Seidenfaden aus. Dann blickte er entgeistert zuerst auf die Karte und dann auf die drei umsitzenden Männer. Was soll denn das bedeuten? Das ergibt ja überhaupt keinen Schnittpunkt, oder vielmehr deren drei! «Wer von Euch hat Mist gemacht? Krause, ich habe den Eindruck, daß Sie sich ganz fürchterlich verpeilt haben. Statt eines Punktes haben wir ein Dreieck bekommen, das ganz Molenbeek, St. Jean und Koekelberg umfaßt; das ist eine Fläche von acht Quadratkilometern. Wer von Euch hat mit diesen Peilgeräten schon einmal gearbeitet?»

Die drei Männer erklärten übereinstimmend, daß sie zum erstenmal die in den Autos montierten Apparaturen bedient hätten.

«Woher stammen die Dinger, Bogner?»

Wachtmeister Bogner, der die Wagen mit den Geräten aus Paris geholt hatte, berichtete, daß die drei Fahrzeuge in einer Garage der Sicherheitspolizei gestanden hätten.

«Hat also bisher noch niemand mit den Geräten hantiert?»

«Anscheinend nicht; denn in Paris war man ganz ahnungslos. Die Wagen und Apparaturen waren neu. Ich nehme an, sie kamen direkt von der Lieferfirma in Paris.»

«Irgend etwas stimmt nicht, Männer! Wir nehmen eine Umgruppierung vor und versuchen um 05.45 die Peilung noch einmal.»

Um 05.30 standen die drei Peilwagen an ihren Aufbauplätzen. Aber sie warteten um 05.45 vergeblich auf die von ihnen gesuchte Funkstelle. Im Äther regte sich nichts, was seinen Merkmalen nach auf PTX hätte schließen lassen. Dasselbe wiederholte sich am Nachmittag des gleichen Tages.

Das sonderbare Peilergebnis des gestrigen Abends beschäftigte Moser den ganzen Tag. Irgend etwas war an einem der Peiler nicht in Ordnung; er hatte sie nacheinander genau angesehen, jedoch nichts finden können, was geeignet war, auf eine Fehlerquelle schließen zu lassen. Er entschloß sich zu einer Serie von Kontrollpeilungen, bei denen die Apparaturen von einem gemeinsamen festen Punkt aus arbeiteten. Das Ergebnis war niederschmetternd: Peiler I zeigte eine Abweichung von minus fünf Grad; Peiler II eine solche von plus vier Grad und Peiler III eine von plus fünf Grad.

Nun war alles klar. Bei einer derartigen Mißweisung der Geräte konnte niemals ein brauchbares Ergebnis erzielt werden. Der Ursache des falschen Funktionierens der Apparate konnte man jetzt nicht auf den Grund gehen. Es genügte, wenn man die ermittelten Abweichungen von der Normallinie bei allen zukünftigen Peilungen berücksichtigte.

Mittlerweile war es zehn Uhr abends geworden, und Moser beschloß, auf Grund der neugewonnenen Erkenntnisse dem gesuchten Sender auf den Leib zu rücken. Die Kraftfahrzeuge setzten sich erneut in Bewegung und bezogen die gleichen Aufbauplätze wie am Abend zuvor. Aber sie erlebten um 22.50 Uhr die gleiche Enttäuschung wie in den frühen Morgenstunden: PTX meldete sich nicht! Auch am anderen Morgen um fünf Uhr fünfundvierzig mußten die Peilwagen unverrichteter Dinge heimkehren.

«Verstehen Sie das, Bogner?» wandte sich Moser an seinen Wachtmeister. «Bisher lief alles ganz klar, und seitdem wir hier sind, ist es wie verhext!»

Bogner zuckte die Achseln. «Ob der Kerl Wind bekommen hat?»

«Ausgeschlossen! Unser Einsatz erfolgte streng geheim. Nicht einmal unsere Kompanie weiß, wohin wir beordert wurden. Wir sind bei Nacht angekommen und haben nur bei Nacht in der Stadt gearbeitet. Und hier in der Kaserne weiß kein Mensch etwas von unserer Aufgabe. Und dennoch — irgend etwas stimmt nicht! Aber was?»

«Dazu noch die verdächtige Sache mit den Peilern!»

«Stimmt, Bogner! Auch diese Geschichte ist nicht harmloser Natur. Dahinter verbirgt sich Sabotage. Aber von wem geht sie aus? Wer hat ein Interesse daran, die Peiler falsch arbeiten zu lassen?»

Moser sah sich nun vor die Notwendigkeit gestellt, eine systematische Suchaktion durchzuführen, um den Anschluß im Äther neu zu gewinnen, der durch den in der Nacht vom 30. November zum 1. Dezember offensichtlich vollzogenen Wechsel im Verkehrsplan des PTX verlorengegangen war. Im Hofe der Leopoldskaserne richtete er mit seinen drei Spezialwagen eine Empfangszentrale ein.

Am 2. Dezember, nachmittags um drei Uhr, begannen die

drei Empfänger ihren Suchdienst. Bis zum Abend des 5. Dezember hatte man neun Sendezeiten ermittelt, die zwischen 08.05 und 16.35 Uhr lagen. Ein Nachtverkehr war trotz sorgfältigster Überwachung nicht mehr festzustellen.

Das war höchst ärgerlich, denn nun bestand keine Möglichkeit mehr, die Weisung Berlins, nur nach Einbruch der Dunkelheit die Peilaktion durchzuführen, zu befolgen. Neue Richtlinien mußten eingeholt werden.

Klar zu erkennen war, daß die drei Sender ihre Standorte nicht wechselten, sondern von festen Punkten aus arbeiteten.

Moser hatte in Berlin die Anweisung bekommen, sich in allen örtlichen Fragen sowie hinsichtlich der praktischen Durchführung der Aushebung des gesuchten Agentensenders an die deutsche «Abwehrstelle» in Brüssel zu wenden. Auf dem Wege über diese sollte er notfalls die Verbindung mit der Zentrale der Funkabwehr in Berlin aufnehmen.

Als Moser sich am Morgen des 7. Dezember beim Leiter der Abwehrstelle, Major Mayer, meldete, um dort einen kurzen Bericht über seine bisherige Arbeit zu erstatten und neue Befehle einzuholen, wurde er sehr ungnädig empfangen.

«Ich finde es sehr komisch, mein Herr, daß Sie erst heute bei mir erscheinen, obwohl Sie bereits seit einer Woche hier sind und alle möglichen Dinge machen, ohne mich davon zu verständigen!»

«Herr Major, ich glaubte . . .»

«Ach was: Sie glaubten! Was Sie glaubten, interessiert mich nicht! Hier wird nicht geglaubt, sondern die Zuständigkeit der örtlichen Organe respektiert! Bitte, merken Sie sich das!»

Der Major machte ein martialisches Gesicht und quetschte sein Doppelkinn in den hohen Kragen; dann fuhr er fort: «Sie haben also die Aufgabe, einen verdächtigen Sender zu ermitteln?»

«Jawohl.»

«Und wo soll dieser Sender stehen?»

«Wir haben festgestellt, daß drei gleichartige Funkstellen im Raume von Brüssel arbeiten. Die eine von ihnen steht anscheinend in der Gegend von Molenbeek, die andere offenbar in Etterbeek und die dritte vermutlich im Norden Brüssels.»

«Anscheinend, offenbar und vermutlich! Damit werden wir nicht viel anfangen können. Im übrigen ist in der Benachrichtigung, die ich von Berlin bekam, lediglich von einem Sender die Rede. Er soll eine bestimmte Bezeichnung führen — — »

«PTX.»

«Ja, richtig. PTX. Also, welche der drei Stationen ist nun der PTX?»

«Alle Anzeichen sprechen dafür, daß es die Station in Molenbeek ist.»

«Anzeichen! Ich brauche nicht Anzeichen, sondern Sicherheit und Gewißheit!»

«Die Gewißheit wäre ohne Schwierigkeit zu bekommen, wenn die Agentenfunkstellen nicht die unfreundliche Gepflogenheit hätten, durch unberechenbare Änderungen in ihrem Funksystem sich zu tarnen und uns zu täuschen, Herr Major. Nur systematische Arbeit im Verein mit zweckdienlicher Unterstützung seitens aller in Frage kommenden Stellen ist imstande, den Schleier des Geheimnisses im Laufe der Zeit zu lüften.»

«Sie scheinen zu vergessen, daß nicht Sie derjenige sind, den wir bei der Arbeit zu unterstützen haben, sondern daß Sie zu unserer Unterstützung hierher geschickt worden sind.»

«Die mir in Berlin erteilten Weisungen — — —»

«Ihre Berliner Weisungen interessieren mich keinen Pfifferling. Hier habe ich zu bestimmen, und Sie werden gut tun, sich danach zu richten. Und nun möchte ich von Ihnen etwas Bestimmtes darüber hören, wo die geheimnisvollen Funkstellen stehen.»

«Die Standortermittlung war bisher noch nicht möglich, weil die drei Sender seit einer Woche nur tagsüber funken, ich aber den Befehl habe, aus Tarnungsgründen nur nachts die Peiljagd durchzuführen.»

«Gut, dann gebe ich Ihnen hiermit die Weisung, von morgen ab tagsüber zu arbeiten. Die Tarnung hat hinter der Wirkung zurückzutreten. Sie ermitteln die Aufbauplätze der Stationen und melden mir diese. Als erstes interessiert mich der Standort des PTX. Die beiden anderen Sender interessieren mich zunächst nicht; sie kommen später an die Reihe. In dem Berliner Schreiben ist nur von einer Station die Rede, und daran halte ich mich. Jetzt wird erst einmal gegen PTX vorgegangen.»

«Dann besteht die Gefahr, daß die beiden anderen Agenten gewarnt werden und entkommen.»

«Das überlassen Sie bitte meiner Beurteilung. Hinsichtlich der Spionebekämpfung haben wir mehr Erfahrung als Sie. Im übrigen mache ich Sie darauf aufmerksam, daß die Aushebung nicht von Ihnen vorgenommen wird, sondern von uns. Und nun brauchen wir vor allem ein Kennwort für das Unternehmen. Wir bezeichnen hier jede Aktion gegen Spione mit dem Stichwort „Kapelle". PTX soll angeblich mit Moskau im Verkehr stehen?»

«Jawohl.»

«Moskau! Bolschewismus! Rot! Also sagen wir: Kennwort „Rote Kapelle"!»

Die Beobachtung der letzten Tage hatte ergeben, daß die ersten Sendungen der drei Funkstellen morgens um 08.05, 09.10 und 09.30 ausgestrahlt wurden. Moser entschloß sich, diese drei Sendezeiten zum Ausgangspunkt seiner Peiljagd zu machen.

Ein lustiges Schneegestöber herrschte in den Straßen, als die vier Autos in kurzen Abständen um halb acht Uhr morgens am Montag des 8. Dezember den Hof der Leopoldkaserne verließen und in verschiedenen Richtungen davon fuhren. Fünf Minuten vor acht Uhr standen sie an den bekannten drei Punkten, an denen sie vor einer Woche ihre Arbeit begonnen hatten. Während im Innern der drei Peilwagen die Funker ihre Geräte klarmachten, ging jeweils der Chauffeur daran, eine scheinbare Störung am Motor zu beheben. Bei dem dichten Schneetreiben achtete in den wenig belebten Straßen kein Mensch auf die Autos und die daran hantierenden Fahrer.

Eine halbe Stunde später trafen sich die Fahrzeuge im Hof der Kaserne. In Mosers Zimmer ging man mit Spannung an die Auswertung der Ergebnisse und stellte fest, daß die erste der drei Funkstellen vom Nordwestrand von Molenbeek, die zweite dagegen von Etterbeek und die dritte vom Nordrande von Laeken aus gearbeitet hatte.

Moser gab sich keinen Täuschungen darüber hin, daß der schwierigste Teil der Aufgabe erst begann. Wenn er jetzt an die Einkreisung des Senders in Molenbeek ging, dann mußte er sich dieser Station immer mehr nähern. Dies brachte ihn in Gefahr, von eventuellen Aufpassern gesehen zu werden. Größte Vorsicht war geboten.

Am 9. Dezember um 07.50 postierte er seine drei Peiler auf dem Place de la Duchesse de Brabant, am Place de Koekelberg und an der Kirche St. Jean Baptiste. Pünktlich um 08.05 wurde PTX hörbar. Es lag eine merkwürdige Ironie in dem Umstand, daß dieser Sender am 9. Dezember unter den gleichen Rufzeichen in Erscheinung trat, unter dem er vor einem halben Jahr in Cranz zum erstenmal gehört worden war.

«Ich hoffe, daß dies ein gutes Vorzeichen ist», meinte

Moser zu seinem Wachtmeister, als er eine Stunde später in seinem Kasernenzimmer die Seidenfäden auf seiner Peiltafel auszog. Diesmal trafen die Fäden sich nahezu an einem Punkte. Die Peilung wies auf ein Straßenviereck, das der Karte nach mit mehreren, inmitten von Gärten stehenden Einzelgebäuden bebaut war. Da der Schnittpunkt genau auf die Mitte des im Zentrum des Vierecks gelegenen großen Gartens wies, blieb die Frage offen, welches der fünf Gebäude, die sich innerhalb des Carrees befanden, als Aufbauplatz für den Sender und vielleicht sogar als Wohnsitz der Agentengruppe zu gelten hatte.

Um 11.00 Uhr nahm Moser eine neue Peilung vor, indem er sich dem verdächtigen Grundstück bis auf 300 Meter näherte. Das erzielte Peilergebnis schränkte die Zahl der verdächtigen Gebäude auf zwei ein.

Nach dem Mittagessen machte Moser sich mit Bogner auf den Weg, um die beiden Häuser aus der Nähe zu betrachten. Es waren Villen, die durch kleine Vorgärten von der Straße getrennt waren und hinter hohen, eisernen Gartenzäunen verträumt und still ihr einsames Dasein führten.

Die beiden Männer schlenderten auf der gegenüberliegenden Seite an den Häusern vorbei. «Keine üble Gegend hat der Bursche sich ausgesucht», äußerte Moser, als man die Gebäude passiert hatte. «Sicher haben die Villen rückwärtige Ausgänge, die nach den Gärten führen. Wenn die Bäume und Sträucher belaubt sind, kann der Mann sich mit einigen Sätzen in Sicherheit bringen. Jetzt im Winter dürfte es schon schwieriger sein.»

«Ich möchte wetten, daß es die zweite Villa, von der Ecke aus gerechnet, ist. Die alte Dame, die den Schnee von den Stufen des Hauses kehrte, hielt sofort inne, als sie uns bemerkte, und blickte mißtrauisch herüber.»

«Schon möglich. Nun müssen wir uns die Gegend noch etwas eingehender ansehen, um einen geeigneten Punkt für den Standort unseres Peilers heute nachmittag auszusuchen.

Wir arbeiten von jetzt ab nur mit einem Wagen. Um 15.50 ist der nächste Verkehr. Kommen Sie, wir gehen hier links um die Ecke und biegen dann in die nächste Querstraße wieder links ein. Nach hundert Schritten stehen wir den beiden Villen genau gegenüber und sind durch das dazwischenliegende Grundstück und die Häuser gedeckt. Dann genügt ein einziger Peilstrahl, um sagen zu können, in welchem der beiden Häuser der Sender steht.»

In wenigen Minuten hatte man die Stelle erreicht, die Moser meinte. «Prima, Bogner! Hier sieht uns von drüben kein Mensch. Bis hierher schicken sie keinen Aufpasser. Wir sind in Luftlinie etwa hundert Meter von den Villen entfernt. Und hier drüben sehe ich eine Wasserpumpe. Das trifft sich ausgezeichnet! Während der Wagen hält, geht der Fahrer und holt Wasser für den Kühler; das ist ganz unverdächtig. Mehr als fünf Minuten brauchen wir nicht für die Arbeit. Punkt 15.50 hält das Auto an dieser Stelle. Sie fahren mit, Bogner. Und ich gehe indessen um das Carree herum und schaue, wo die Aufpasser stehen.»

«Nun, Leutnant Moser, was haben Sie mir zu melden?»

«Herr Major, ich habe das Haus ermittelt, in dem der Sender der „Roten Kapelle" steht.»

«Und welches Haus ist das?»

«Darf ich das hier auf der Karte erläutern?»

«Bitte sehr.»

«Es ist einwandfrei festgestellt, daß die Station hier in dieser Villa – der zweiten von der Ecke aus – arbeitet. Der Agent sichert sich während des Funkverkehrs durch zwei Aufpasser, von denen je einer an den beiden Straßenecken steht. Sie beziehen ihre Posten immer fünf Minuten vor Beginn der Sendung. Die Villa liegt inmitten eines Gartens und hat offensichtlich einen zweiten Ausgang nach der Gartenseite zu.»

«Ist Ihre Peilung zuverlässig?»

«Vollkommen.»

«Haben Sie so gearbeitet, daß die Aufpasser keinen Verdacht schöpfen konnten?»

«Jawohl. Die letzte Nahpeilung machten wir heute früh um 08.05. Dreieinhalb Stunden später stand der Sender wieder unverändert im Verkehr.»

«Gut. Dann verfolgen Sie die Station an den nächsten drei Tagen weiter. Ich lasse das Haus fortan bewachen. Die Aushebung geschieht am 13., nachmittags um vier Uhr, wenn der Mann gerade funkt; um diese Zeit dunkelt es bereits. Sie geben mir sofort Nachricht, wenn sich im Funkverkehr des Agenten etwas ändern sollte.»

Der Freitag brachte einen Witterungsumschwung, und als am Samstag, dem 13. Dezember, die Brüsseler morgens aus den Fenstern blickten, lag ein dichter Nebel in den Straßen der belgischen Metropole. Dieses Bild änderte sich im Laufe des Tages nur wenig, und um drei Uhr nachmittags mußten bereits die Lampen in den Geschäften und Wohnungen eingeschaltet werden. Die Glocken der Kirchenuhren ließen ihren Schall zitternd und unsicher in die milchige Atmosphäre hinausklingen, und vereinzelte Autos suchten tastend ihren Weg durch die Straßen der Stadt.

Nur wenige Passanten zeigten sich bei dem unfreundlichen Wetter. Die Vorstadt Molenbeek war wie ausgestorben.

Punkt vier Uhr nachmittags bremsten geräuschlos zwei mit Mannschaften vollbesetzte Polizeiwagen an den beiden Straßenecken, an denen drei Tage zuvor Moser die als Aufpasser vermuteten Leute bemerkt hatte. Die rasch herabspringenden Sicherheitspolizisten hielten mit ihren Revolvern zwei an den Ecken postiert gewesene Männer in Schach und nahmen sie fest, während andere in das Anwesen drangen und in wenigen Sekunden das Gebäude umstellten. Es fiel kein Wort. Mit einem Nachschlüssel wurde vorsichtig die rückwärtige Tür des Hauses geöffnet und die Sicherungskette mit einer scharfen Zange durchgezwickt. Dann betraten die Männer vorsichtig das Haus.

Die alte Dame im Erdgeschoß wurde beinahe vom Schlag gerührt, als sie plötzlich drei deutsche Polizisten mit Revolvern in den Händen vor sich stehen sah. Mit einem entsetzten «Oh, mon Dieu!» sank sie in ihren Lehnstuhl zurück.

Mittlerweile war ein halbes Dutzend Polizisten die Treppe hinauf zum obersten Geschoß geeilt. Aus einem Zimmer fiel durch die Türritzen ein schwacher Lichtschein in den Korridor. Einige Stimmen waren hörbar. Die Tür flog auf, und mit vorgehaltenen Pistolen drangen die Männer in den Raum.

Ihr Anblick rief bei den versammelten fünf Personen sofort die größte Verwirrung hervor. Fräulein Esther stürzte mit einem Schrei des Entsetzens zum Fenster, wurde aber von einem der Polizisten eingeholt und in einen der herumstehenden Sessel gedrückt.

Einer der im Zimmer anwesenden vier Männer schleuderte einen Packen rasch vom Tische zusammengeraffter Papiere in das offene Feuer des Kamins hinter sich, ein zweiter sprang zu dem auf einem Nebentisch stehenden Funkapparat; einer der Polizisten stellte ihm ein Bein, und der Mann schlug der Länge nach auf den Boden. Die zwei anderen Männer warfen sich mit einem Sprunge, der einem Tiger Ehre gemacht hätte, auf die ihnen zunächst stehenden Polizeibeamten und streckten sie mit Boxhieben zu Boden. Dann versuchten sie, die anderen hereindrängenden Beamten zu unterlaufen. Ein Schuß krachte, dann ein zweiter.

Der eine der Männer ließ den rechten Arm sinken, der andere griff stöhnend nach seinem linken Oberschenkel. Im Bruchteil einer Minute waren die vier Männer und die Frau an den Händen gefesselt und wurden zu einem der beiden Autos geschafft. Auch die alte Dame aus dem Erdgeschoß mußte trotz ihrer Proteste den gleichen Weg antreten.

Während der Wagen mit den Festgenommenen davonfuhr, sammelten drei der im Hause verbliebenen Polizisten alle herumliegenden Schriftstücke, zogen die halbverkohlten, ins Feuer geworfenen Blätter aus dem Kamin und packten ihre Beute zusammen mit dem Funkapparat in einige der vorhandenen Koffern, die sie zu dem zweiten Kraftwagen schafften.

Eine knappe Stunde nach dem Überfall lag die Villa wieder in tiefem Frieden. An Stelle der alten Dame saßen zwei Polizisten in ihrem Zimmer. Der Angriff auf die «Rote Kapelle» war gelungen.

Zweiter Teil

«CORO»

Berlin

«Oh, Harro, ich bin froh, daß du da bist. Ich hatte Sorge um dich.»

«Komm, Kind, wie du siehst, bin ich heil! Von dem Luftangriff habe ich nicht viel gemerkt. Ich hatte ein Treff. Setzen wir uns, ich habe allerlei Nachrichten.»

«Essen wir zuerst! Nachher plaudern wir dann in Ruhe.»

«Schön, Vicky, komm.»

Während des Essens bemerkte die junge Frau beiläufig: «Ich habe mich mit Peter Hagen getroffen. Wir saßen ein Stündchen in der Sarotti-Konditorei am Kurfürstendamm.»

«Sehr interessant. Wie reagiert er?»

«Ich habe den Eindruck, daß ich ihn gewonnen habe.»

«Vicky, das wäre von großem Wert. Der Mann hat ausgezeichnete Beziehungen und kann uns beste Nachrichten liefern. Seine Frau arbeitet für die Wehrmacht. Gerade jetzt könnten wir einen Lichtblick brauchen.»

«Wieso? Gibt es etwas Unangenehmes?»

«Ja. Ich fahre morgen mittag nach Holland.»

«Gerade jetzt vor Weihnachten?»

«Sei unbesorgt. Zu Weihnachten bin ich wieder zurück. Drei Tage Aufenthalt genügen mir drüben. Ich will meinen

Vater besuchen und dabei verschiedene wichtige Beziehungen anknüpfen. Die Sache eilt. Kent ist ausgehoben!»

«Kent?»

«Ja. Ich bekam die Nachricht vorhin durch Hans. Er kam um fünf Uhr mit dem Schnellzug aus Aachen und rief mich sofort an. Darauf traf ich mich mit ihm in der Friedrichstraße, wo er mir die Geschichte erzählte. Ich hatte anschließend noch Zeit, ins Büro zu gehen und mir eine Dienstreise nach Den Haag und Amsterdam genehmigen zu lassen.»

«Ist Kent verhaftet?»

«Nein. Er ist entkommen. Hans traf ihn in Aachen. Von dort reist er weiter und begibt sich dann nach Südfrankreich.»

«Weiß Hans Näheres über die Aushebung?»

«Ja. Sie erfolgte am vergangenen Sonnabend, zwei Tage nachdem Hitler seine letzte Rede in Berlin hielt und den Vereinigten Staaten den Krieg erklärte. Ich bin nicht abergläubisch, aber diesmal brachte der Dreizehnte tatsächlich Unglück.»

«Kann sich dies auch auf uns übertragen?»

«Nein, Vicky. Kent ist ein kluger und vorsichtiger Mann. Es befand sich nichts in dem Hause, das irgendwie auf uns schließen lassen könnte. Kent wohnte nicht in der Villa, sondern in einem ganz anderen Stadtteil; in der Villa, in der sich der ausgehobene Sender befand, wohnten nur der Funker, die Chiffreuse und zwei russische Offiziere, die sich dort verborgen hielten. Auch ein zufällig anwesender Verbindungsmann wurde festgenommen.

Der letzte Funkverkehr in der Villa hatte an jenem Tage nur drei oder vier Minuten gedauert. Ein Verbindungsmann der zweiten von Kent eingerichteten Funkstelle hatte sofort nach Beendigung der Sendung mit den für ihn bestimmten Telegrammen das Haus verlassen. Er war noch nicht weit entfernt, als er ein Polizeiauto vorbeifahren sah, das bald anhielt. Er ging darauf in einem großen Bogen nach einigen Minuten wieder an der Villa vorbei und sah, wie die fünf Leute und die belgische Hausdame herausgeführt wurden; es war an jenem Tage nebelig und dunkelte bereits, und so konnte man nicht viel erkennen. Jedenfalls machte der Mann sich sofort aus dem Staube und gab Nachricht an Kent.»

«Auf welchem Wege mag die Polizei hinter das Geheimnis des Hauses gekommen sein?»

«Vermutlich durch Peilung. Kent scheint den Fehler begangen zu haben, den Sender täglich von der gleichen Stelle aus arbeiten zu lassen. Für uns ist die Sache doppelt unangenehm, weil wir dadurch wieder festgefahren sind. Nun wirst du verstehen, daß ich schnellstens nach Holland fahren muß, um einen neuen Funkweg zu erschließen. Dazu habe ich in Amsterdam und in Den Haag Möglichkeiten. Ich könnte zwar einen der in Brüssel verbliebenen Sender mitbenutzen; Kent schlägt das vor. Aber ich habe Bedenken. Brüssel ist mir augenblicklich zu unsicher. Vor allem will ich versuchen, den für uns vorgesehenen neuen Funkplan der Zentrale über eine der in Holland arbeitenden Stationen zu bekommen.»

«Wirst du deinen Vater aufsuchen?»

«Aber selbstverständlich. Es ist ja für mich die einzige Möglichkeit, unauffällig nach Holland zu kommen und dort allerlei zu regeln.»

In der Zentrale der deutschen Funkabwehr am Matthäikirchplatz in Berlin hatte sich die Erkenntnis von der Größe der Gefahr nur langsam durchgesetzt. In den ersten Tagen des Januar 1942 schritt man zu einer Neuorganisation, um wirksamer die immer umfangreicher und immer heftiger um sich greifende Gefahr meistern zu können. Man bildete drei Abteilungen, von denen die erste unter Hauptmann

Schuster die Aufspürung und Identifizierung aller auftretenden verdächtigen Funkverkehre betreiben sollte; die beiden anderen Abteilungen – das West- und das Ost-Dezernat – sollten, je nach der territorialen Zugehörigkeit der festgestellten Agentensender, die Bekämpfung leiten. Der Schlag gegen die «Rote Kapelle» bildete das Signal hierfür. Dieser «Fall» sollte dazu dienen, weitausholend die Tätigkeit jener überall arbeitenden Agentengruppen lahmzulegen.

Die Aufspaltung der Arbeit in ein Ost- und ein West-Dezernat brachte notwendigerweise die ersten Meinungsverschiedenheiten und Differenzen mit sich. Der ausgehobene Brüsseler Sender hatte zwar in Westeuropa gestanden, aber im Dienste der Sowjetunion gearbeitet. Gehörte die Bearbeitung des Falles zum Ost- oder zum West-Dezernat? Zwei andere Sender dieser Art waren in Brüssel gehört worden; wer hatte die Aktion zu ihrer Aushebung nun zu leiten? Ähnlich war es mit dem Sender in Paris, mit den drei Funkstellen in der Schweiz, mit zwei weiteren Stationen in den Niederlanden.

Folgerichtig begann daher innerhalb der «Funkabwehr» zunächst der Kampf um die «Zuständigkeit». Er führte zu einem Kompromiß, wonach die in der Schweiz gehörten Sender vom Ost-Dezernat, die übrigen in Westeuropa ermittelten Stationen jedoch vom West-Dezernat zu bearbeiten waren. Oberstleutnant Bollmann hatte diese Entscheidung getroffen. Und Hauptmann von Model, dem die Westgruppe übertragen worden war, hatte von ihm gleich am ersten Tage seiner Arbeit die Parole auf den Weg bekommen, mit Eifer und Tatkraft «die Schweinerei im Westen» zu beseitigen. Diese Anweisung hatte Bollmann gegeben und dabei so getan, als handle es sich darum, einen irgendwo herumliegenden Kehrichthaufen mit Hilfe einer Schaufel und eines Schubkarrens fortzuräumen.

Die Forderung der beiden neuen «Dezernenten» nach Zuteilung einer entsprechenden Anzahl von Hilfskräften wurde von Bollmann ohne großes Wohlwollen entgegengenommen und schließlich mit der Bemerkung, er werde sehen, was sich machen ließe, abgetan.

Hauptmann von Model war ein Mann der Methodik. Bevor er sich ein Urteil erlaubte oder Maßnahmen einleitete, vertiefte er sich in das Studium der Materie und der bisher angelegten Akten. In den Abendstunden traf er sich zuweilen mit Schuster. Die beiden Männer tauschten bei diesen Gelegenheiten ihre Ansichten oder Vermutungen aus. So auch am Sonntag, dem 25. Januar 1942. Model hatte am Tage zuvor den Abschlußbericht der Brüsseler Abwehrstelle über das Ergebnis der Untersuchung im Falle des ausgehobenen Senders erhalten. Die Lektüre des Schriftstückes hatte ihn aber so aus dem seelischen Gleichgewicht gebracht, daß er noch am gleichen Abend Schuster anrief und sich bei ihm für den Sonntagabend anmeldete.

«Muß doch etwas ganz Besonderes sein, wenn Sie sich bei diesem schauderhaften Schneetreiben auf den Weg machen», bemerkte Schuster lächelnd.

«Ist es auch, mein Lieber. Sie werden große Augen machen. Aber zunächst möchte ich einen heißen Tee trinken. Haben Sie so etwas im Hause? Ich bin schrecklich durchfroren.»

«Kommen Sie! Ist alles schon besorgt. Und eine Flasche Rotwein steht ebenfalls bereit.»

«Nichts für ungut, daß ich Sie in Ihrer Sonntagsbehaglichkeit störe. Ich möchte aber die Sache mit Ihnen in Ruhe durchsprechen, da sie ja in Ihr früheres Arbeitsgebiet fällt», meinte Model, sich die steif gewordenen Hände reibend und sich mit dem Rücken an den Kachelofen lehnend.

«Aha!» lachte Schuster. «Ich wittere Unrat. Sie meinen wahrscheinlich die Affäre PTX?! Bin froh, daß ich damit nichts mehr zu tun habe. Von mir aus kann der Teufel die ganze Geschichte holen!»

«Der Teufel hätte lieber die Brüsseler Abwehr holen sollen! Ich habe von dort den Abschlußbericht bekommen; Sie müssen ihn lesen, bevor wir über die Angelegenheit sprechen. Hier ist er!«

Während Model sich mit einigen Glas Tee zu erwärmen suchte und der Schneesturm draußen um das Haus tobte und an den Fenstern rüttelte, las Schuster aufmerksam den Bericht durch. Dann legte er ihn vor sich auf den Tisch und blickte zu Model hinüber. «Ich habe nichts anderes erwartet, als ich erfuhr, in welcher Weise die ganze Aktion erfolgte. Schade! Meiner Meinung nach hätte ein anderer Erfolg erzielt werden können!»

«Der Ansicht bin auch ich», entgegnete Model eifrig. «Es muß sogar jetzt noch möglich sein, einen Erfolg herbeizuführen.»

«Wird schwerfallen», bemerkte Schuster. «Der Mißerfolg kommt auf das Konto der ständigen Eifersüchteleien zwischen den Dienststellen und erklärt sich aus ihrer Unfähigkeit, sich in das Wesen einer Sache in objektiver Form hineinzudenken. Diese Mentalität macht ein sinnvolles Handeln unmöglich. Wenn Sie erst längere Zeit bei uns sein werden, wird auch Ihnen die Erkenntnis kommen, daß wir in unserem Dienste wirklich nur „Dienst machen". In den Fragen der Form und Zuständigkeit erstickt jede zielbewußte Initiative. Aber ich will Sie nicht vorzeitig entmutigen. Versuchen Sie es. Vielleicht läßt sich doch noch nachträglich ein Erfolg erzielen.»

«Ja, wir müssen etwas tun. Und ich bin gekommen, gemeinsam mit Ihnen über die Wege zu beraten, die beschritten werden können und müssen.»

«An mir soll es nicht fehlen. Lassen Sie uns einmal die Angelegenheit durchberaten. Aus dem Schlußbericht geht hervor, daß die ganze Aktion im Grunde genommen mit der Aushebung der Funkstelle in Molenbeek und der Verhaftung der sechs Personen ihr Ende fand. Der Mann, der am andern Morgen anlief, war entweder ein Nachrichtenzubringer oder der Funker einer der beiden Funkstellen, die nach dem gleichen Verkehrsplan arbeiteten wie PTX. Da er keinerlei Papiere mit Informationen bei sich trug, nehme ich an, daß die letztere Vermutung zutrifft. Nun schreibt die Abwehrstelle, daß die Festgenommenen beharrlich jede Aussage verweigern; lediglich die Haushälterin sei geneigt, auszusagen, wisse aber zu wenig über die Sache und die Personen.»

«Leider», warf Model ein.

«Es bleiben dann nur zwei Wege offen, um weiter in die Tiefe der Angelegenheit vorzudringen; denn mit der Aushebung der Funkstelle ist es ja nicht getan. Ich bin überzeugt, daß hinter der Sache eine größere Organisation steckt. Solange wir diese nicht lahmgelegt haben, ist nicht viel erreicht. Es geht ja bei der ganzen Arbeit nicht darum, Funkstellen auszuheben, sondern wir müssen den Agentenapparat treffen.»

«Selbstredend! Das ist auch meine Meinung. Aber die Aktion der Abwehrstelle ging offenbar von der Annahme aus, es gelte lediglich, die Station als solche unschädlich zu machen. Sie sprachen aber von zwei Wegen, die uns noch offen blieben; welche Wege meinen Sie?»

«Zunächst einmal der Versuch, an die beiden anderen Stationen heranzukommen, die nach dem gleichen Funksystem arbeiten, gegenwärtig aber nur selten auftreten; sie sind offenbar gewarnt, arbeiten aber trotzdem weiter. Es muß systematisch versucht werden, die Quartiere ausfindig zu machen, in denen die Sender aufgebaut sind. Das macht am zweckmäßigsten wieder Leutnant Moser. Er hat ja damals die Stationen schon gepeilt. Vielleicht können wir im Zusammenhange damit den angelaufenen Funker etwas unter Druck nehmen.»

«Das leuchtet mir ein, jedoch verspreche ich mir im Augenblick nicht viel Erfolg davon, weil die Leute gewarnt sind. Immerhin – ich werde die Aktion einleiten, und zwar diesmal ohne Abwehrstelle. Ich lasse mir hier die nötigen Vollmachten ausstellen. – Und der zweite Weg?»

«Nun, das ist eigentlich der natürlichste und selbstverständlichste. Wir wissen bislang noch nicht, welcher Art die Nachrichten sind, die der Sender durchgab. Solange die Telegramme nicht entziffert sind, tappen wir im Dunkeln. Hier müssen wir ansetzen. Es ist eine alte Forderung von mir, daß die Funkabwehr ein eigenes Spezial-Entzifferungsbüro mit guten Fachkräften bekommen muß. Oder aber diese Fachkräfte müssen bei uns planmäßig herangebildet werden. Ohne eine eigene Entzifferungsgruppe ist die ganze Arbeit nutzlos. Leider konnte ich in dieser Richtung bisher nichts erreichen; vielleicht haben Sie Glück.»

«Ich hoffe es. Aber im Falle PTX ist der Weg über die Funksprüche leider verbaut; das ist ja der Grund, weshalb ich so niedergeschlagen bin.»

«Wieso verbaut, Herr von Model? In dem Bericht hier steht lediglich, daß eine Entzifferung der Telegramme durch das Dechiffrierbüro des OKW nicht gelungen sei. Das besagt aber noch nicht, daß dann, wenn wir die Entzifferung selbst in die Hand nehmen, wir ebenfalls scheitern müßten. Ich bin sogar überzeugt, daß bei einem gewissen Maß an Interesse, Aktivität und Geschick die Geheimschrift zu lösen sein muß.»

«Sie haben vollkommen recht. Als ich gestern mittag den Bericht aus Brüssel bekam und durchgelesen hatte, kam ich sofort auf den gleichen Gedanken und rief an, um mich nach dem Schicksal der Telegramme zu erkundigen.»

«Nun, und – ?»

«Ich bekam die Auskunft, es handle sich um ein Rasterverfahren, das mit Hilfe eines Buchschlüssels überdeckt sei. Ein solcher Buchschlüssel ergebe einen Zahlenwurm, der

— praktisch gesehen — als unendlich bezeichnet werden müsse, da er die Möglichkeit gebe, etwa fünftausend Telegramme von mittlerer Länge zu überschlüsseln; erst dann käme es zu den ersten Wiederholungen, die für eine Lösung der Geheimschrift die Voraussetzung darstellen. Sei man nicht im Besitze des Schlüsselbuches, so fehle die Möglichkeit der Entzifferung. Da man nun nach der Lage der Dinge nicht imstande sei, festzustellen, welches Buch als Schlüsselbuch benutzt wurde, so entfalle jede Aussicht für eine Dechiffrierung. Eine weitere Bearbeitung des Materials sei daher witzlos.»

«Dachte ich mir schon ungefähr so. Ausreden haben sie drüben immer. Man soll uns das Material zuschicken!»

«Das sagte ich auch, und dabei stellte sich heraus —»

«Was denn?» unterbrach Schuster.

«Ja, denken Sie sich nur — man hat vor einer Woche das gesamte in Brüssel erbeutete Material als aussichtslos für eine weitere Bearbeitung verbrennen lassen!»

Hauptmann Schuster hieb mit der Faust auf den Tisch, daß die Gläser hüpften und sprang auf. Er lief rot an und schnappte nach Luft, er drohte vor Erregung zu platzen. «Die Funksprüche verbrannt!» rief er. «Die einzige Chance, die die Leute uns ließen, vernichtet! Man könnte die Wände hochgehen! — Aber warten Sie mal!», fügte er nach einer kurzen Pause plötzlich hinzu. «Wie ist denn die Sache? Diese Funksprüche waren doch diejenigen, die bei dem Sender PTX als Aktenexemplare aufbewahrt wurden. Nun haben wir doch aber von u n s e r e n Überwachungsstellen den Funkverkehr ebenfalls mitgehört und die Telegramme aufgenommen! Sicher nicht alle, aber doch wohl die meisten. Soweit ich mich erinnere, ging auch dieses Material dorthin. Hat man etwa auch diese Exemplare vernichtet?»

«Leider ja. Ich fragte sofort danach. Man hat das gesamte Material neu geordnet und sowohl unsere Aufnahmen als auch jene Originale zusammengetan und dann auch zusammen verbrennen lassen.»

«So! Dann ist ja alles geschehen, was möglich war. Damit ist die letzte Chance beseitigt.»

Model seufzte, zündete sich eine Pfeife an und blies den Rauch gedankenvoll vor sich hin. Schuster nippte an seinem Weinglas und blickte düster auf das Etikett der Flasche. «Château Panet» stand mit großen Buchstaben darauf und unten der Name des Großhändlers, Jean-Pierre Copist. –

«Komischer Name», dachte Schuster. «Copist. Wie spricht man ihn eigentlich aus? Bleibt das s stumm oder wird es ausgesprochen? Gehört nicht noch ein e hinter das t? Woher mag der Name kommen?» –

Plötzlich fuhr er so heftig auf, daß Model erschrak. «Himmel, ich hab's! Die letzte Chance, die allerletzte Chance, Herr! Vielleicht ist sie noch nicht verbaut. Aber wir müssen eilen. Passen Sie auf! Der Funkverkehr des PTX wurde doch in Cranz, Hannover, Langenargen und teilweise in Berlin aufgenommen?»

«Ja, stimmt.»

«Und diese Überwachungsstellen schickten die Aufnahmen an uns ein.»

«Ganz richtig. Und wir gaben sie leider an die Entzifferungsstelle des OKW.»

«Schön. Aber nach der Dienstanweisung muß bei jeder Überwachungsstelle eine Kopie verbleiben, die mindestens drei Monate lang aufzubewahren ist. Verstehen Sie? Diese Kopien, Mann, diese Kopien müssen wir bekommen! Sie müssen sofort auf Reisen gehen, alle diese Stellen aufsuchen und retten, was noch zu retten ist. Ich bin überzeugt, daß Sie zum mindesten einen großen Teil der Kopien jener Funksprüche auftreiben können, aber – wie gesagt – Eile ist geboten!»

«Wir werden morgen mit Bollmann sprechen, und übermorgen fahre ich.»

«Nun sind doch aber dem Abschlußbericht der Abwehrstelle allerlei Blätter und Photokopien von vorgefundenem Material beigefügt, wie ich sehe. Meist sind es halbverkohlte Fetzen. Lassen Sie uns doch mal die Photos und die anderen Papiere näher betrachten.»

«Hier sind meine Originalblätter», bemerkte Model, «die leicht angekohlt sind. Sie kommen mir irgendwie verdächtig vor. Sehen Sie mal diese Ecken hier an; hält man sie schräg gegen das Licht, dann hat man den Eindruck, als sei darauf geschrieben worden; hier an dieser Stelle kann man sogar einige Buchstaben erkennen.»

«Vielleicht wurde eine Geheimtinte verwendet? Zeigen Sie mal her!»

Model reichte die Blätter hinüber. «Zweifellos! Das sind Spuren von Geheimtinte. Aber wie machen wir sie sichtbar? Mit Wärme, Dämpfen oder Säuren? Ich werde etwas Zitronensäure darauf träufeln.»

Schuster ging in die Küche und kam bald darauf mit einem Gläschen Zitronensaft zurück, mit dem er eines der Blätter benetzte. Zur großen Freude der beiden Männer glückte dieser erste Versuch. Die Schrift wurde sichtbar und ergab Bruchteile einer Adressenliste, die Orte in Belgien, Holland und Frankreich enthielt. Die Straßenbezeichnungen und Hausnummern waren jedoch bis auf wenige Ausnahmen durch das Feuer zerstört worden.

Die Aufstellung ließ den Schluß zu, daß die Organisation sowohl in Holland wie auch in Frankreich Zweigstellen haben mußte oder mit ähnlichen dort befindlichen Gruppen in Verbindung stand.

Die zweite Liste enthielt ein Dutzend numerierter Bezeichnungen von Plätzen und anderen Punkten der Stadt Brüssel; offenbar handelte es sich um eine Tabelle der Treffs.

Das dritte Blatt war mit Zahlen- und Buchstabengruppen bedeckt und stellte sichtlich den Funkverkehrsplan der Station dar.

Einige der beigefügten Blätter bestätigten die Annahme, daß die Organisation Beziehungen nach Frankreich und Holland unterhielt. Zwei der Briefe führten die Unterschrift «Gilbert» und waren in Paris aufgegeben, ein dritter trug neben dem Datum den Vermerk «Amsterdam», ein vierter, der nur zum Teil lesbar war, wies eine Unterschrift auf, die mit den Buchstaben CO begann.

Waren schon diese Feststellungen von großem Interesse, so rief der Inhalt eines der photokopierten Blätter bei den eifrig mit der Lupe hantierenden Männern ein wahres Entzücken hervor. Das Blatt war nur zu drei Vierteln erhalten und zeigte eine Anzahl übereinanderliegender Zahlenreihen. Diese Reihen waren zu dreien übereinander angeordnet.

Dieser Fund bestätigte den letzten Zweifel und brachte den Beweis dafür, daß in der Villa geschlüsselt worden war.

Die beiden Männer waren immer mehr in einen Fieberzustand der Entdeckerfreude geraten. Aus der einen Flasche Rotwein waren inzwischen deren drei geworden. Die Zahl der Zigarrenstummel im Aschenbecher nahm zu; die Luft im Zimmer entsprach in ihrer Konzentration der Intensität der Denkarbeit, die in dem Raume herrschte.

«Wenn in dem Hause geschlüsselt worden ist», kalkulierte Model, «dann muß sich dort auch das Schlüsselbuch befinden, das für die Überschlüsselung benutzt wurde.»

Schuster seufzte und nickte seinem Kameraden wehmütig zu: «Schauen Sie sich mal hier diese Stelle in dem Bericht an. Da heißt es, die Villa sei zunächst beschlagnahmt und versiegelt worden. Schön und gut! Damit wäre die Auffindbarkeit des Buches gewährleistet gewesen. Aber am 12. Januar ist die Villa wieder freigegeben worden. Wer sich jetzt darin befindet, wissen wir nicht. Aber ich übernehme jede Garantie dafür, daß das Buch in dem Hause nicht mehr aufzufinden ist.»

«Das wäre schmerzlich. Ich setze aber eine gewisse Hoffnung auf die belgische Hausdame. In dem Bericht steht, sie sei die einzige Person, die zu Aussagen bereit gewesen wäre, wisse jedoch zu wenig. Ich möchte dies anders formulieren: Sie konnte die ihr von der Abwehrstelle in Brüssel gestellten Fragen nicht beantworten. Damit ist noch nicht gesagt, daß sie nicht mancherlei weiß, was für uns von Nutzen sein könnte. Möglicherweise ist sie imstande, über die Bücherei des Hauses Angaben zu machen. Wir müßten dann nach d e m Buche fahnden, das sich n i c h t mehr im Hause befindet.»

Model saß allein im Zugsabteil und fuhr nach Hannover. Er überdachte das gestrige Gespräch mit Bollmann. Welchen Aufwand an Überredungskunst hatte es gekostet, den Mann zu Gedankengängen zu bringen, die eigentlich als selbstverständlich erschienen! Erst der Hinweis auf die höchst ungemütlich gewordene Lage im Osten hatte bei Bollmann Eindruck gemacht. Er stimmte dem Plan der Schaffung einer Entzifferungsgruppe zu, begann aber sofort zu feilschen, als die Frage der Kopfstärke dieser wissenschaftlichen Sektion zur Erörterung kam.

Schuster und Model hatten fünfundzwanzig Mann gefordert, was bei Bollmann Entsetzen hervorrief. Welchen Eindruck würde es bei General Fellhammer machen, wenn er dort mit einem derartigen Ansinnen erschien!

Und nun stand Bollmann vor der Beförderung zum Oberst; das legte moralische Pflichten auf und bestimmte den einzuhaltenden Kurs von selbst.

Aus diesen klaren Erwägungen heraus hatte Bollmann der Forderung nach fünfundzwanzig Entzifferern einen Vorschlag von zehn Mann entgegengesetzt, über den hinauszugehen ihm unmöglich erschien.

Erst als Model und Schuster durchblicken ließen, daß sie entschlossen seien, eher ein Versetzungsgesuch einzureichen, als weiterhin mit unzulänglichen Mitteln zu arbeiten, war es zu einem Kompromiß auf der Grundlage der Zahl «fünfzehn» gekommen.

Model war mit dem erzielten Erfolg zufrieden. Mit fünfzehn Mann ließ sich schon etwas anfangen. Jetzt galt es zunächst einmal, die Kopien jener zu entziffernden Funksprüche in die Hände zu bekommen.

Aber dieser Wunsch schien nicht ohne weiteres in Erfüllung gehen zu wollen. In Hannover hatte man das Material vom Juni bis einschließlich Oktober 1941 bereits vernichtet. Nur etwa 120 Telegramme befanden sich noch bei der Abhörstation. Model ließ sie zusammenpacken und nach Berlin schicken.

In Langenargen war die Situation noch unerfreulicher. Die dortige Station hatte das gesamte Material an einen Lehrgang für Entzifferer als Übungsmaterial abgegeben. Der Lehrgang befand sich in Stuttgart; Model reiste sofort nach dort ab und konnte nach tagelanger Sucharbeit etwa zweihundert Funksprüche ermitteln.

Von der Abhörstelle in Jüterbog bei Berlin war der Verkehr des PTX nur zeitweise mitgehört worden, da andere Aufgaben sich als dringender erwiesen hatten. Hier fand Model einige Dutzend Telegramme aus den letzten vier Wochen der Sendearbeit der Brüsseler Station und etwa fünfzig weitere Funksprüche, die in der Zeit vom 1. Juli bis 1. November 1941 mitgehört worden waren und jetzt im Geschäftszimmer der Dienststelle zwischen anderen Blättern auf einem Stapel lagen, um mit den unbeschriebenen Rückseiten als Notizzettel verwendet zu werden.

In Cranz befand sich das gesamte Material an alten Funksprüchen in großen Säcken im Keller, um demnächst einer Kartonfabrik als Altpapier zugeführt zu werden. Es dauerte drei Tage, bis man etwa dreihundert zerknitterte Funksprüche aus den in den Säcken befindlichen Papiermassen herausgesucht hatte.

Unter Berücksichtigung der Doppelaufnahmen sah das Endergebnis der Modelschen Suchaktion so aus, daß etwa dreihundertzwanzig der von PTX ausgestrahlten Telegramme wieder beschafft waren; der Rest blieb für immer verloren.

In der Zwischenzeit hatte Schuster mit der Aufstellung der Entzifferungsgruppe begonnen. Zum Leiter dieser Spezialgruppe wurde ein gewisser Dr. Vauth ernannt, der bis dahin als Leutnant der Reserve bei der Entzifferungsgruppe einer Horchkompanie des Heeres gearbeitet hatte. Er brachte sehr brauchbare Vorkenntnisse für seinen neuen Wirkungskreis mit. Im Zivilberuf war er Studienrat an einem Leipziger Gymnasium, besaß aber trotzdem ein hohes Maß an Intelligenz und Intuition.

Von der philosophischen Fakultät der Berliner Universität wurde eine Anzahl Studenten der Mathematik und Neuphilologie als voraussichtlich geeignet namhaft gemacht, so daß Dr. Vauth Ende Februar seine neue Arbeitsgruppe zusammenstellen und mit der Ausbildung der jungen Leute beginnen konnte.

Mitte April war Vauth mit seiner Gruppe so weit, daß er darangehen konnte, auf analytischem Wege die Entzifferung der Telegramme des PTX zu beginnen. Tabellen, Statistiken und mathematische Berechnungen wurden angefertigt. Den Angelpunkt der Arbeit bildete jener halbvernichtete Rest eines Blattes, auf dem in Brüssel die Verschlüsselung vorgenommen worden war.

*

Die alte Dame erschrak, als sie den deutschen Offizier vor sich sah. «Oh, mon Dieu! Ist schon wieder bei mir etwas nicht in Ordnung, mon capitaine?»

«Keineswegs, Madame Dartifol, es ist sogar alles in bester Ordnung. Ich möchte Ihnen nur einen kurzen Besuch abstatten und versuchen, das gutzumachen, was jene Leute damals so kurz vor Weihnachten in täppischer Weise verdarben.»

«Bitte, treten Sie näher. Ich hatte schon Angst, man würde mich wieder verhaften.»

«Durchaus nicht. Ich freue mich, Sie gesund und wohl in Ihrem Hause begrüßen zu können.»

«Oh, mon officier, ich habe schwere Tage durchgemacht. Vier Wochen hat man mich festgehalten. Und Sie können mir glauben, daß ich keine Ahnung von dem hatte, was in meinem Hause vor sich ging. Ich war gänzlich unbeteiligt und unschuldig.»

«Davon bin ich überzeugt. Ich möchte Sie bitten, jenes ungeschickte Vorgehen gegen Sie zu entschuldigen. Als ich von der Art und Weise erfuhr, in der die Aktion in Ihrem Hause durchgeführt wurde, war ich empört. Man hat mancherlei falsch gemacht. Aber ich schlage vor, wir vergessen das Gewesene.»

«Gewiß, mon officier. Wollen wir nicht Platz nehmen? Gestatten Sie mir weiter meinen Sessel am Kamin? Es ist noch so kalt in diesem Jahr, daß man die Wärme sucht.»

«Ja, der Winter will sich noch nicht verabschieden, und diese Kamine sind zwar sehr schön und anheimelnd, spenden aber wenig Wärme. Ich war längere Zeit in den Vereinigten Staaten; dort ist man in der Beheizungstechnik wesentlich fortschrittlicher als hier in Europa.»

«Sie waren in den Vereinigten Staaten? Ich habe einen Neffen drüben. Er lebt in New York.»

«Dort habe ich zehn Jahre zugebracht. Ich war selbständiger Erfinder, und zwar in der Hauptsache auf dem Gebiete der Wärmetechnik.»

«Ach, dann sind Sie drüben vielleicht sogar meinem Neffen begegnet!»

«Das ist durchaus möglich. Sehen Sie, Madame Dartifol, so treffen sich in der Welt Menschen, die einen gemeinsamen persönlichen Berührungspunkt haben. Wohnen Sie schon lange hier in der Villa?»

«Seit meiner Jugend. Mein Mann starb vor drei Jahren. Seither lebte ich allein in dem Hause. Vor einem halben Jahr mieteten dann die Herren die obere Etage. Ich war ganz zufrieden damit, denn dadurch war ich nicht mehr so einsam, und die Herren waren immer sehr respektvoll und ruhig.»

«Und nun sind Sie wieder allein?»

«Ja, mon capitaine. Und ich will nach dem Geschehen vorläufig gar nicht mehr vermieten. Die Aufregungen im Dezember haben mich ganz krank gemacht.»

«Nun, Madame Dartifol, Sie werden sich wieder erholen. Sie müssen sich ganz der Ruhe hingeben, müssen viel lesen. Wie ich sehe, tun Sie dieses auch. Darf ich das Buch in die Hand nehmen? Es hat einen so netten Einband! Sehr geschmackvoll! Ich liebe gut gebundene Bücher über alles. Zudem bin ich ein Freund französischer Literatur. Sie, Madame Dartifol, anscheinend auch. Sicher haben Sie eine umfangreiche Büchersammlung im Hause?»

«Oh ja. Die Bibliothek meines verstorbenen Mannes, der ein großer Bücherfreund war, befindet sich oben in dem Zimmer, in dem die Herren und Fräulein Esther immer gearbeitet haben. Wenn Sie Interesse haben, gehen wir einmal hinauf.»

«Das wird mich sehr interessieren, Madame Dartifol.»

Während die alte Dame mit ihrem Besucher die Stufen zum oberen Geschoß hinaufstieg, erkundigte Model sich, ob die Mieter, die ein halbes Jahr in dem Hause gewohnt hatten, nicht ebenfalls einen großen Teil ihrer Zeit mit der Lektüre der Bücher aus der Bibliothek des seligen Herrn Dartifol verbracht hätten.

«Oh nein, Monsieur. Mit diesen Leuten war es hinsichtlich der Literatur ganz sonderbar. Zunächst durchstöberten sie meinen Bücherschrank und brachten darin alles durcheinander. Und dann legten sie sich eine eigene Bibliothek an. Eines Tages wurde ein kleiner Bücherschrank gebracht, der sich rasch füllte. Meine Bibliothek blieb dann ganz unbeachtet; die Herrschaften benutzten immer nur ihre eigenen Bücher. Mir war das sehr angenehm, denn ich sehe die Bände, die mein Mann mit großer Liebe pflegte, nicht gern in fremden Händen. So, mon officier, wir sind angelangt, wollen Sie bitte eintreten!»

Madame Dartifol öffnete die Tür, und Model betrat mit gespannter Erwartung den Raum. An der linken Wand, dicht am Fenster, gewahrte er den großen, breiten Bücherschrank, der den literarischen Schatz des verstorbenen Hausbesitzers enthielt. Ein zweiter Schrank war jedoch in dem Zimmer nicht zu erblicken.

Model trat an die sichtlich mit Ehrfurcht gepflegte Büchersammlung und ließ sich die Schönheiten der einzelnen Werke erklären. Dann fragte er ganz nebenbei nach dem anderen Schrank.

«Der ist nicht mehr hier, Monsieur. Wenige Tage nachdem ich in mein Haus zurückgekehrt war, kamen zwei der Herren, die früher zuweilen Herrn Kent besucht hatten, und holten mit einem Handwagen den Schrank und alle Bücher fort. Ich bin froh, daß dies geschah, denn der Schrank paßte so gar nicht zu den anderen Möbeln, und außerdem erinnerte er mich an jenes unangenehme Erlebnis vor Weihnachten.»

Indes die alte Dame redselig über ihren Mann und seine Lieblingsbücher zu plaudern begann, hatte Model das Gefühl, als gleite er auf sanft abschüssiger Bahn abwärts. Also hatte Schuster mit seiner Befürchtung recht behalten! Und diese Leute von der Brüsseler Abwehrstelle hatten seelenruhig und ahnungslos den wichtigsten Angelpunkt zur Aufklärung des Falles sich aus der Nase ziehen lassen!

Frau Dartifols Erzählungen klangen an seinen Ohren vorbei; ihm schien, als läuteten irgendwo in der Ferne Glocken und als grinse ihn ein häßliches Gnomengesicht an. Sollte denn wirklich alles schief gehen?

Langsam drang die Stimme der Frau ihm wieder ins Bewußtsein. «Sehen Sie hier, Monsieur! Sämtliche Werke von Victor Hugo in Saffianleder gebunden. Mein Mann liebte Victor Hugo ganz besonders. Hier, „Les Odes et Ballades", „Les Orientales", „Les feuilles" – –»

«Höchst interessant, Madame Dartifol», unterbrach Model. «Ihr seliger Gatte war offensichtlich ein bemerkenswerter Kenner guter Literatur. Nun würde mich – sozusagen aus psychologischen Gründen – interessieren, welcher Art die Bücher waren, welche die Herrschaften in ihrem eigenen Schrank hatten und sich als Lektüre auserwählten. Sie waren doch zuweilen hier oben und haben als große Buchfreundin sicherlich auch diese Werke betrachtet.»

«Gewiß, Monsieur! Ich warf zuweilen einen Blick auf diesen Schrank. Es waren nur Einzelbände, keine Sammelausgaben. Da gab es neben Alphonse Daudet Einzelbände von Guy de Maupassant, Emile Zola, den ich wenig schätze, und Gustave Flaubert.»

«Ja, Madame. Aber hatten Sie nicht zuweilen beobachten können, für welche dieser Bücher eine gewisse Vorliebe herrschte? Lagen nicht mitunter manche der Bände häufiger auf einem der Tische, was den Schluß zuließe, daß diese Werke besonders bevorzugt wurden?»

«Doch. Am meisten schien Demoiselle Esther zu lesen; ich glaube, sie war die einzige im Hause, die wirklich Sinn und Interesse für Literatur hatte. Nur auf ihrem Tisch sah ich Bücher liegen. Manche von ihnen lagen allerdings sehr lange herum; ich weiß nicht, ob sie sie so liebte und immer wieder las, oder ob sie damit nur so langsam vorwärts kam. Sehen Sie, ich lese ein Buch hintereinander zu Ende und stelle es dann wieder in den Schrank, allein um es zu schonen. Aber hier lagen manche der Bücher wochen- und monatelang herum. Ich sah das, wenn ich nachmittags oder abends den Tee heraufbrachte.»

Model hatte das Empfinden, als stocke ihm sein Herzschlag. Nun kam die entscheidende Minute. Hatte Frau Dartifol sich die Titel der Bücher gemerkt, dann war das Spiel gewonnen, wenn nicht, dann ...

«Sagen Sie, Madame Dartifol, sind Ihnen noch einzelne dieser Buchtitel in Erinnerung? Sie müssen verstehen, daß die Sache mich rein psychologisch interessiert. „Sage mir, welche Bücher du bevorzugst, und ich kann einen Blick in deine Seele tun!" Können Sie sich noch derjenigen Bücher entsinnen, die sozusagen am meisten zum Interessenkreis der armen Demoiselle Esther gehörten, die anscheinend ganz harmlos ist und der ich gern helfen möchte, so weit dies möglich ist?»

«Oh, Monsieur, das ist lieb von Ihnen. Demoiselle Esther ist eine feine, stille Frau. Sie war immer freundlich zu mir, und ich schätze sie überaus. Helfen Sie ihr, mon officier, sie ist bestimmt keiner bösen Tat fähig.»

«Das glaube ich gern. Aber ich möchte mir zuvor ein rein menschliches Bild von ihr machen; ich kenne sie nicht, kann sie daher auch nicht beurteilen. Vielleicht gelingt mir dies zu einem Teil, wenn ich die Bücher kenne, die sie bevorzugte. Denken Sie einmal scharf nach, Madame Dartifol.»

«Ja, Monsieur. Da lag oftmals das Buch „La Mare au Diable" von Georg Sand auf dem Tisch, dann «Le Père Goriot" von Balzac und „Le Rouge et le Noir" von Henri Beyle Stendhal.»

«Sehr interessant, Madame», bemerkte Model, eifrig die Buchtitel in Gedanken wiederholend, um sie sich einzuprägen. «Das sind gute Bücher, ich kenne sie alle drei. Und welche Bände sahen Sie außerdem noch?»

«Lassen Sie mich nachdenken! Ja, da lag oftmals „Paul et Virginie" von Jean Jacques Rousseau auf dem Tisch; mir fiel dieses Buch auf, weil ich es ebenfalls in der Bibliothek habe, allerdings in einem anderen Einband. Ein gutes, lesenswertes Werk, Monsieur.»

«Gewiß, Madame. Auch in Deutschland wird Rousseau sehr geschätzt. Sahen Sie noch andere Bücher?»

«Einigemal sah ich „Cyrano de Bergerac» von Edmond Rostand und „Les Corbeaux" von Henry Becque auf dem Tisch.»

«Diese Bücher kenne ich nicht, Madame, ich will mir die Titel notieren, wenn Sie gestatten; vielleicht sehe ich diese Werke einmal zufällig, dann werde ich nicht verfehlen, sie zu lesen. Fällt Ihnen noch das eine oder das andere der Bücher ein, die Sie auf Demoiselle Esthers Platz liegen sahen?»

«Oh, Monsieur, freilich, beinahe hätte ich es vergessen! Da lag sehr oft „Madame Bovary" von Gustave Flaubert. Und dann die auch Ihnen sicher bekannte „Insel der Pinguine" von Anatole France. Diese beiden Bücher lagen immer auf dem Fensterbrett neben dem Sessel, indem Demoiselle Esther zuweilen saß.

Aber nun bin ich mit meiner Erinnerung am Ende. Halt, noch ein Buch ist mir im Gedächtnis, das in den letzten Wochen auf dem kleinen Tischchen dort neben der Bronzefigur lag. Es hatte einen so geheimnisvollen Titel. Wie hieß es doch? Le Miracle, le Miracle — — lassen Sie mich überlegen, ich komme bestimmt darauf. Le Miracle, le Miracle — richtig! Ich hab's „Le Miracle du Professeur Teramond" von Guy de Lecerf. Ich wollte es mir einmal ausleihen, aber Demoiselle Esther gab es mir damals nicht, weil sie es selbst erst zu Ende lesen wollte. Und dann hatte ich nicht mehr den Mut, sie noch einmal darum zu bitten.»

«Auch dieses Buch kenne ich nicht», warf Model scheinbar gleichgültig hin, obwohl sein Herz hüpfte und eine innere Stimme ihm zuzurufen schien, daß gerade dieses Buch den Schlüssel zur Lösung des Geheimnisses darstelle. «Ich will es mir auf alle Fälle notieren. Fällt Ihnen noch etwas ein, Madame Dartifol?»

«Nein, Monsieur. Jetzt ist mein Gedächtnis erschöpft. Ich glaube nicht, daß außer diesen Büchern noch andere zu den häufig gelesenen gehörten, jedenfalls sah ich keine weiteren hier längere Zeit herumliegen.»

Ostfront

Ein eisiger Nebel blies über die schneebedeckten Weiten. Das Thermometer zeigte mehr als dreißig Grad Celsius unter Null. Heulend rüttelte der Ostwind an den Türen und Fensterläden, pfiff durch Ritzen und Spalten, heulte im Schornstein und ließ die Dachsparren stöhnen.

Der Gefreite Kastenrieder stand auf einsamem Posten in der frostklirrenden Winternacht. Wolkenfetzen jagten am sternklaren Himmel entlang und schoben sich immer wieder vor die schmale Mondsichel. Der von Osten über das flache Land heranfegende Sturm wirbelte den am Boden liegenden feinen glitzernden Schnee auf und warf ihn vor sich in die Luft, um ihn dann in Sekunden der Windstille wie einen silbrigen Staub langsam zur Erde gleiten zu lassen.

Kastenrieder hatte sich warm angezogen, so warm, daß er sich beinahe nicht mehr bewegen konnte. Endlich waren ja aus der Heimat die längst zugesagten Wintersachen eingetroffen. Sogar Pelze waren darunter, lange warme Ziegenfellpelze. Er trug jetzt einen davon. Aber der eisige Sturm schien allen Gesetzen der Wärmelehre und jeder Isolierung zu spotten. Er drang durch den Pelz, als sei es ein dünner Sommermantel.

Der Mann schlug den Kragen hoch und knöpfte ihn vorn am Halse zu. Dann hängte er sich das Gewehr über die rechte Schulter und schob die Hände in die tiefen Taschen.

Vor wenigen Stunden hatte seine Kompanie Post bekommen, die erste seit vielen Wochen. Auch für ihn waren einige Briefe von daheim und von lieben Freunden und Kameraden dabeigewesen. Einige mitgesandte Zeitungen berichteten von Kämpfen auf Java und von Seegefechten vor Surabaja und Batavia und brachten Artikel darüber, daß das britische Kartenhaus am Zusammenbrechen sei.

Das alles war schön und gut, und auf Java war es bestimmt wärmer als hier. Aber er, der Gefreite Kastenrieder, stand im Osten, in der weiten Einöde des gewaltigen russischen Raumes und erinnerte sich daran, daß er schon in den Schulbüchern davon gelesen hatte, wie kalt es im Winter in Rußland sei und wie die Verkennung dieses Umstandes vor hundertdreißig Jahren Napoleons großer Armee den Untergang gebracht hatte.

Nun dauerte der furchtbare Winter fast ein halbes Jahr. Und immer noch heulte der eisige Sturm über die kahlen Felder. Erst vor wenigen Wochen hatte man die ersten Sachen bekommen, die schon im November hätten den Truppen ausgegeben werden müssen. Tausenden hatte dieses Fehlen an Voraussicht den Tod des Erfrierens gebracht. Zehntausende hatten böse Schäden davongetragen.

Kastenrieder wischte sich mit dem Handschuh über das Gesicht. Der Schnee verklebte die Augen und machte beinahe blind. Man konnte ohnehin nicht viel sehen, denn der schneidende Wind blies aus Osten, also in das Gesicht. Die

Russen hatten es besser, wenn sie auf Posten standen, sie hatten den Wind im Rücken.

In der Ferne heulte ein Wolf. Es klang schauerlich. Als ob ein kleines Kind weinte, so tönte es herüber. Hinten in den hölzernen Dorfhäusern saßen die Kameraden am Ofen und spielten Karten und hörten Radio. Sonderbar, wie wenige hundert Schritt genügten, um von dem Gefühl der behaglichen Geborgenheit in der Zivilisation zu dem der Verlassenheit und Hilflosigkeit in der wilden Natur zu führen! Wenn es auch nur ein ärmliches Bauernhaus dort hinten in der russischen Einöde war, es war doch durch die klingenden Wellen des Äthers mit der Heimat verbunden. Hier draußen dagegen stand man einsam im Angesicht des weißen Todes, als wäre man am Nordpol.

Drüben heulten wieder die Wölfe, und der Sturm fegte den Schnee über die Ebene. Man konnte kaum die Augen offen halten. Obwohl es ziemlich hell war, sah man nicht weit, das Schneetreiben benahm alle Sicht. Wenn jetzt ein paar Russen von drüben kämen, dann bemerkte man sie vielleicht erst, wenn es zu spät war. Man wußte auch nie, ob es Russen waren oder Eigene. Die Fronten hatten sich ineinander verflochten. Drüben, einige Kilometer weit vorn, war solch ein eingeschlossener deutscher Stützpunkt, der nicht geräumt werden durfte, weil der Führer es so befahl.

Kastenrieder tastete in der Tasche nach seiner Tabakpfeife und dem Tabakbeutel. Es wäre so wohltuend gewesen, sich eine Pfeife anzuzünden, aber bei diesem Sturm war es unmöglich. Zudem waren die Finger zu klamm, trotz der Handschuhe und der Tasche im Pelz. Man könnte kaum das Gewehr bedienen, wenn jetzt jemand von drüben – –

Horch! Was war das? Kam da nicht jemand? Kastenrieder starrte durch das Schneetreiben. Regte sich dort vorn nicht etwas? Wenn der verdammte Schnee nur nicht so in die Augen peitschen würde! –

Da war es wieder! Eine Gestalt bewegte sich; jetzt konnte man sie klar erkennen. Er ließ das Gewehr von der Schulter gleiten und zog den rechten Handschuh aus. Dann ließ er sich auf die Knie nieder, um kein großes Ziel zu bieten, und nahm das Gewehr in Anschlag. Die klammen Finger umspannten den Abzug. War es ein Russe oder ein Deutscher, der als Meldegänger von vorn nach hinten kam, um Post zu holen oder eine Nachricht zu überbringen?

Er ließ die Gestalt näher kommen, dann brüllte er gegen das Toben des Windes: «Halt! Wer da?» – Der Sturm schleuderte ihm die Wortfetzen wieder ins Gesicht zurück, aber der Mann dort vorn mußte ihn gehört haben.

«Nicht schießen! Deutscher Soldat!»

«Parole!»

«Kenne ich nicht! Deutscher Flieger! Aus Gefangenschaft entflohen», rief es von drüben herüber.

«Herkommen!» brüllte Kastenrieder durch den Sturm, behielt aber sein Gewehr im Anschlag.

Die Gestalt näherte sich langsam. – «Gott sei Dank! Endlich! Seit zwei Wochen bin ich unterwegs! Ich bin ganz erschöpft!»

«Was schleppst du denn hinter dir her?»

«Ein russisches Maschinengewehr. Das habe ich vor einer Stunde erbeutet. Drüben hockte ein Russe daneben. Beinahe wäre ich über ihn gefallen. Ich weiß nicht ob er schlief oder erfroren war. Ich stürzte mich auf ihn und schlug ihm das MG über den Kopf. Dann kippte er um. Und nun habe ich das Ding mit hergeschleppt.»

«Na, schmeckt's?»

«Jawohl, Herr Leutnant. Mir ist noch immer, als träumte ich. Vor zwei Stunden war ich drauf und dran, die Kraft zu verlieren.»

«Und dennoch haben Sie einen Russen erschlagen, ein Maschinengewehr erbeutet und es bis hierher geschleppt. Alle Achtung, Mann. Übrigens, ich habe vorhin Ihren Namen nicht ganz verstanden, wie heißen Sie doch?»

«Feldwebel Gustav Gieseke, Bordfunker und Beobachter im Geschwader „Heidebreck"!»

«So, nun zünden Sie sich mal eine Zigarette an und erzählen Sie. Sie sehen, wir sind alle gespannt wie ein nasser Regenschirm.»

«Es war am 26. Januar. Die Russen waren mit mehreren Divisionen und Panzerbrigaden nordostwärts von Kursk in unsere Linien eingebrochen und tief durchgestoßen. Unsere Staffel bekam den Auftrag, im Raume ostwärts Kursk aufzuklären und festzustellen, ob die Russen Verstärkungen heranführen. Unsere Maschinen sollten einzeln in breiter Front fliegen.

Etwa 50 Kilometer hinter Kursk wurde mein Flugzeug von drei russischen Jägern angegriffen. Den einen schossen wir ab; aber unser Benzintank bekam mehrere Durchschüsse, das Leitwerk setzte aus, die Maschine war nicht mehr zu halten. Wir versuchten, im Gleitflug nach Kursk zurückzufliegen, schafften es aber nicht und mußten notlanden. Die Maschine machte Bruch, der Pilot, der Mechaniker und ich kamen aber unverletzt heraus. Dann stampften wir in westlicher Richtung querfeldein los.

Bald merkten wir, daß von verschiedenen Seiten Menschen sich dem notgelandeten Flugzeug näherten, und konnten dabei ausmachen, daß es Russen waren. Wir hatten, als wir die Maschine verließen, eine Sprengladung so angebracht, daß sie losgehen mußte, wenn man die rechte Einsteiglucke öffnete.»

«Und ging die Maschine nun hoch?»

«Ja. Wir mochten so etwa zwei Kilometer entfernt sein, als wir eine Rauchwolke aufsteigen sahen und gleich darauf einen Knall hörten; dann fing das Flugzeug an zu brennen. Bald merkten wir, daß man uns entdeckt hatte. Wir versuchten zu fliehen, kamen aber in dem tiefen Schnee nur langsam vorwärts. Es dauerte nicht lange, dann hatten sie uns umstellt, und wir mußten uns ergeben!»

«Was geschah dann?»

«Wir wurden in ein Dorf geführt, in dem sich irgendein Stab befand. Zuerst drohten sie uns mit Erschießen wegen der Sprengladung im Flugzeug. Es waren bei der Explosion mehrere Russen ums Leben gekommen. Dann steckten sie uns in einen Schuppen, in dem sich Stroh und Heu befanden. Nach drei Tagen wurden wir weiter nach hinten geschafft, wo sich ein Gefangenenlager befand.»

«Wie sah es denn dort aus?»

«Die Baracken waren geheizt, und wir bekamen auch zu essen. Ich selbst wurde bald als Dolmetscher eingesetzt, weil ich etwas russisch verstehe. Mein Vater war früher in Rußland gewesen und hatte mich als Junge etwas in der russischen Sprache ausgebildet, das kam mir jetzt zustatten.»

«Und wie erging es Ihnen weiter?»

«Es gab viel zu tun. Ich mußte einigemale einen Bahntransport begleiten und beim Ausladen helfen. Dabei kam mir der Gedanke, diesen Umstand auszunutzen, um bei Gelegenheit zu entwetzen. Ich zeigte mich daher sehr fleißig und anstellig und kannte bald alle Gepflogenheiten. Ich sparte mir etwas Verpflegung zusammen, und vor etwa zwei Wochen glaubte ich den Augenblick gekommen, meinen Plan auszuführen. Es galt, gut aufzupassen. Überall streunten Patrouillen herum. Aber langsam kam ich voran. Heute nacht kam mir der Schneesturm zu Hilfe.»

Schnee bedeckte die Landschaft. Die Wälder boten ein märchenhaft schönes Bild. Oftmals kamen Rehe und Hirsche bis an den Bahndamm und standen zutraulich in einiger Entfernung, während der Zug vorüberrollte. Der Hunger trieb sie in die Nähe der Menschen, die zu meiden sie sonst ängstlich bemüht waren. Die Lokomotive pfiff und dampfte. Zuweilen hielt der Zug, und der Tender wurde mit neuen Holzladungen befrachtet, denn statt der Kohle mußte hier das Holz das Brennmaterial hergeben. Bei jedem Halt stiegen die Männer aus und nahmen die Waffen zur Hand. So war es seit Monaten befohlen, denn die Partisanen machten die Gegend unsicher und scheuten sich nicht, Züge zum Entgleisen zu bringen und zu überfallen. Es war gefährlich, in den besetzten Zonen sich unbewaffnet zu bewegen.

Wenn die Lokomotive zur Abfahrt pfiff, dann sprang alles in die Wagen, legte die Gewehre beiseite und drängte sich um die aufgestellten eisernen Öfen, um sich zu erwärmen. Die mit Tabakrauch und Dunst geschwängerte Atmosphäre und das trübe Licht der wenigen schwach leuchtenden Lampen verbreiteten eine behaglich-dumpfe Gemütlichkeit. Sie verband für die Tage der Reise die Insaßen der Wagen zu einer Gemeinschaft, wie sie unter Menschen nur dort besteht, wo sie von einer Gefahr bedroht sind oder wo die Aussicht auf ein paar schöne Tage genußvoller Entspannung jeden Wettstreit, jeden Neid und jede Mißgunst unter ihnen ausschaltet, und das egoistische Raubtier in ihnen sich für eine Zeitlang in die hintersten Kammern ihres Herzens verkriecht.

Feldwebel Gieseke saß auf der kleinen Holzkiste, die er, mit Lebensmitteln gefüllt, von seinem Geschwader als Anerkennung für das erbeutete russische Maschinengewehr mitbekommen hatte. Er sog an seiner kurzen Pfeife und blies den Rauch genießerisch gegen die Decke des Wagens, wo er sich kräuselnd verlor. Er hatte seinen Platz in der Nähe des Ofens gewählt und lehnte sich an einen großen, prall gefüllten Rucksack, der hinter ihm auf der Bank stand.

Hinter Brest-Litowsk begann das Landschaftsbild sich zu

ändern. Tauwetter hatte hier eingesetzt. Statt der schneebedeckten Flächen sah man überschwemmte Wiesen und Felder und morastige Straßen und Wege. Die Gedanken der Urlauber lösten sich immer mehr von der erlebten Vergangenheit und wandten sich der unmittelbar bevorstehenden Zukunft zu. Der Krieg versank in nebelhafter Weite, die Bilder des Friedens stiegen empor und formten sich zu einem bunten Kaleidoskop. Die Unterhaltungen wurden spärlicher, jeder hing seinen Gedanken nach, und die sehnsüchtigen Töne der Mundharmonika gaben die Melodie dazu.

«Weißt du, Gustl, ich bin so unendlich glücklich, dich wieder bei mir zu haben. Die Wochen der Ungewißheit waren schrecklich. Und ich weiß, wie glücklich auch du bist, daß wir wieder zusammen hier durch den Wald gehen können, wie vor Jahren, als wir noch verlobt waren und an den Sonntagen uns herflüchteten, um allein sein zu können. Aber irgendwie kommst du mir jetzt verändert vor, Gustl. Ich kann nicht sagen, was es ist, aber da ist etwas Neues in dir, das ich noch nicht verstehe.»

«Kannst du dir nicht vorstellen, Ernakind, daß ein Mensch sich verändert in all dem furchtbaren Geschehen dort drüben?»

«Sag, Gustl, ist es so schlimm? Man hört hier so verschiedenes und kann sich gar kein Bild von dem machen, was dort im Osten vor sich geht.»

«Es ist gut, Erna, daß man wenigstens verschiedenes hört, wie du sagst. Ich glaubte, man höre hier nur immer dasselbe, wie gut alles sei und wie wir immerzu nur die Sowjets in die Flucht schlagen und wie erstklassig für den deutschen Soldaten gesorgt würde.»

«Nein, Gustl, man hört auch davon, wie bös euch die Kälte zu schaffen macht und daß so mancher von den armen Soldaten erfriert.»

«So, mancher! Ach, Erna, was soll ich dir dazu sagen? Ich war im Gefangenenlager, und später hat man mich in Moskau durch zwei Lazarette geführt, in denen deutsche Soldaten lagen. Die wenigsten von ihnen waren verwundet. Die meisten hatten Frostschäden. Soll ich dir erzählen, was ich dort alles sah? Habt ihr hier eine Vorstellung von dem, was dieser furchtbare Winter uns deutsche Soldaten drüben gekostet hat?»

Die Frau schwieg. Sie fühlte, daß in den Worten des Mannes mehr lag als nur das Gesagte. Warm schob sie ihren Arm unter den seinen. «Jetzt bist du bei mir, Gustl, und alles ist gut.»

«Gut, Erna? Nein, es ist schlimm. So schlimm, daß du es nicht verstehen würdest, wenn ich daran ginge, es dir zu erzählen. Erinnerst du dich noch, wie Hitler im Oktober erklärte, Rußland sei gebrochen und werde sich nie wieder erheben? Ich weiß nicht, ob dieser Mann damals glaubte, was er sprach. Aber das eine weiß ich, daß dieser Satz der größte von all dem Unsinn war, der je über seine Lippen kam. Dieser Gegner gebrochen! – Ich bin mit anderen Eindrücken von drüben zurückgekommen! Dieser Gegner hat überhaupt noch nicht richtig angefangen, gegen uns vorzugehen. Was uns an der Ostfront bevorsteht, davon kann sich in Deutschland noch kein Mensch eine Vorstellung machen.»

«Ich habe solche Angst!»

«Wovor?»

«Vor der Zukunft. Um dich!»

*

Der Herr, der mit den Händen auf dem Rücken und einer zusammengefalteten Zeitung unter dem linken Oberarm an dem kleinen Weiher mit den Flamingos im Berliner Zoologischen Garten entlangspazierte, hatte offensichtlich kein besonderes Interesse für diese Gattung der gefiederten Welt, denn er würdigte die Tiere kaum eines Blickes, sondern zeigte wesentlich mehr Interesse für die Besucher dieser volksbildenden und unterhaltenden Einrichtung.

Es war einer jener Frühlingstage, an denen der Himmel sein schönstes Blau, die Sonne ihre beste Laune und die Frauen ihre neuesten Moden zu zeigen pflegten. Auf der Krokuswiese standen zu vielen Hunderten die weißen, bläulichen und violetten Blumen und zeugten davon, daß der Winter wirklich, wahrhaftig und endgültig vorüber sei, und die warme Jahreszeit begonnen habe.

Die große Uhr an der Wegkreuzung in der Nähe des Flamingoteiches zeigte weithin sichtbar die vierte Stunde. Aber der junge Mann, der, vom Haupteingang kommend, die breite Allee raschen Schrittes entlangschritt, gehörte sichtlich zu den Skeptikern des Lebens, die amtlichen Angaben keinen Glauben zu schenken pflegen, auch dann nicht, wenn es sich um die Zeitangabe handelt. Mit einem kurzen abschätzenden Blick musterte er die Spaziergänger und trat dann an den Herrn mit der Zeitung heran.

«Verzeihung! Können Sie mir bitte die genaue Uhrzeit sagen?»

«Recht. gern. Vier Uhr sechs Minuten. Das heißt also», fügte der Angeredete lächelnd hinzu, «sechs Minuten zu spät.»

«Herr Coro?»

«Ja.»

«Direktor.»

«Danke. Sie sind Herr Gieseke?!»

«Jawohl.»

«Man hat Sie mir angekündigt. Ich freue mich, daß Sie hier sind, wir brauchen Ihre Hilfe dringend. Hoffentlich haben Sie alle Instruktionen, die Ihnen gegeben wurden, gut behalten. Kommen Sie, machen wir einen Spaziergang.»

«Ich bin meiner Sache vollkommen sicher. Erstens bin ich alter Funker und mit der Materie vertraut. Zweitens bin ich in der Zentrale vierzehn Tage hindurch immer wieder mit dieser Angelegenheit theoretisch und praktisch beschäftigt worden, bis jede Einzelheit sich mir eingeprägt hatte. Und dann habe ich, seit ich die Zentrale verließ, mir unaufhörlich alles ins Gedächtnis zurückgerufen, um nicht das geringste zu vergessen oder zu verwechseln.»

«Sie nehmen mir einen Stein von der Seele. Wann läuft Ihr Urlaub ab?»

«Ich müßte am 12. April wieder abfahren.»

«Das bedeutet, daß wir dann im Maximum noch vierzehn Tage Spielraum haben, bis von Ihrem Truppenteil eine Anfrage hier einläuft. Also, Herr Gieseke, wir machen es folgendermaßen: Am 10. April erklären Sie Ihrer Gattin, Sie seien für weitere vierzehn Tage nach Berlin kommandiert, um verschiedene dienstliche Aufträge zu erledigen. Sie bleiben so lange in Ihrer Wohnung. Bei der Kommandantur melden Sie sich am 12. April ab. Bis spätestens 20. April besorge ich Ihnen neue Ausweispapiere. Auf welchen Namen wollen wir sie ausfertigen?»

«Nehmen wir den Mädchennamen meiner Mutter, den kann ich mir am besten merken. Sagen wir: Karl Hannemann. Karl ist mein zweiter Vorname.»

«Gut. Ihr Arbeitsname lautet fortan Karl. An diesen müssen Sie sich gewöhnen. Auch wir beide verkehren fortan nur mit unseren Arbeitsnamen. Ich bin für Sie Coro, Sie für mich Karl.»

«Ist klar.»

«Nun weiter: Am 25. April verabschieden Sie sich von

Ihrer Frau, lassen sich nur bis zur Stadtbahn begleiten und fahren dann bis Bahnhof Friedrichstraße. Dort steigen Sie in die Untergrundbahn und fahren bis zur Invalidenstraße. Ihr neues Quartier befindet sich in der Chausseestraße, an der Ecke der Invalidenstraße; es ist das Haus, in dem sich ein Buttergeschäft befindet. Drei Treppen hoch, bei Wernicke. Nun kommt die zweite Frage, nämlich die der Funkverbindung. Unser Gerät ist in bester Ordnung. Dennoch haben wir trotz Einhaltung der Verkehrsanweisung der Zentrale immer wieder die Verbindung verloren. Und nun sollen Sie mit dem alten Plan anfangen. Das führt wahrscheinlich in kürzester Zeit zu einem neuen Fiasko.»

«Nein. Die Verbindung ging damals verloren, weil bei Ihnen einerseits und bei der Zentrale andererseits verschiedene Auffassungen über die praktische Anwendung der Anweisung bestanden. Lassen Sie mich Ihnen das erklären.»

«Bitte! Ich bin sehr neugierig.»

«Zum ersten Mal ging Ihre Verbindung verloren, als Sie kaum wenige Tage im Funkverkehr standen. Der Grund war folgender: In der Anweisung stand, daß die Rufzeichen und die Welle nach jedem zustandegekommenen konkreten Verkehr in dem vorgesehenen Rhythmus geändert werden. Hierin lag der Grund der Meinungsverschiedenheiten. Bei der Zentrale verstand man unter einem zustandegekommenen konkreten Verkehr eine Funkverbindung, während der ein Funkspruch zur Durchgabe gelangte. Sie dagegen, beziehungsweise Ihr Funker, verstanden darunter jede zustandegekommene Funkverbindung, das heißt auch eine solche, bei der lediglich ein Funkspruch quittiert wurde oder eine andere Verkehrszeit vorgeschlagen wurde und dergleichen mehr. Das führte bereits nach wenigen Tagen dazu, daß die beiden Partner aus dem Schritt fielen und aneinander vorbeiarbeiteten.»

«Das leuchtet mir ein. Aber dann erhielten wir die Weisung, erneut von vorn anzufangen und nach jeder Spruchdurchgabe den Verschleierungsrhythmus durch Wechsel der Rufzeichen und Wellen einzuschalten. Jetzt hätte es keine Meinungsverschiedenheiten mehr geben dürfen.»

«Stimmt. Das, was Sie soeben erwähnten, geschah in den letzten Julitagen. Jetzt hätte der Verkehr glatt vor sich gehen müssen. Aber nun trat eine neue Klippe auf. Sie erinnern sich, daß der Rhythmus des Wellenwechsels auf die Zahl „sechs" abgestimmt ist, während der des Rufzeichenwechsels über die Zahl „zehn" geht. Das bedeutet, daß nach sechs Verkehren die erste Welle wieder zu benutzen ist, allerdings dann unter Verwendung eines anderen Rufzeichens, denn dieses ändert sich in einem anderen Rhythmus. Es stehen Ihnen dreißig Rufzeichen zur Verfügung, die sich alle zehn Tage in einem neuen Rhythmus ändern. Sie haben hierbei sowohl nach jedem konkreten Verkehr wie auch alle zehn Tage eine Verschiebung vorzunehmen. Nun gibt es aber Monate mit einunddreißig Tagen. Das war natürlich der Zentrale bekannt, und es war auch berücksichtigt worden, und zwar in der Weise, daß dieser 31. Tag des Monats verkehrsfrei bleiben sollte, um den Gesamtrhythmus nicht zu stören, der auf dreißig Tage abgestimmt war. Verstehen Sie?»

«Ja, ich verstehe. Und nun erkenne ich auch die Klippe; daß der 31. Tag verkehrsfrei bleiben sollte, wußte ich nicht.»

«Das ganze System krankte daran, daß der Aufbau unseres Funknetzes zu Beginn des Angriffs Hitlers auf die Sowjetunion noch nicht beendet oder gar erprobt war. Die Funkverbindungen begannen erst in dem Augenblick, in dem ein Gedankenaustausch nicht mehr unmittelbar oder auf den anderen sicheren Wegen möglich war. Daher konnten derartige Verschiedenheiten in der Auffassung aufkommen. Ich glaube, fortan werden keine Pannen mehr auftreten.»

In der zweiten Aprilwoche war Dr. Vauth mit seiner neugebildeten Entzifferungsgruppe an die Bearbeitung des von Model mit vieler Mühe beschafften Funkspruchmaterials gegangen. Model hatte nun zwar von Madame Dartifol eine Reihe von Buchtiteln genannt bekommen, aber es war doch sehr ungewiß, ob das gesuchte Buch sich darunter befand. Und selbst gesetzt der Fall, es befand sich unter ihnen, so war die Aussicht, das richtige Buch zu treffen, nicht ohne weiteres gegeben; denn die wenigen Zeilen des in Zahlengruppen umgesetzten Überschlüsselungstextes aus neun großen Büchern herauszufinden, war eine Aufgabe, die sehr lange Zeit in Anspruch nehmen konnte.

Nach drei Tagen intensiver Häufigkeitsberechnungen hatte Dr. Vauth ermittelt, daß das für die Überschlüsselung verwendete Buch nur ein französisches sein konnte. Damit war zwar eine gewisse Bestätigung für Models Ermittlungsaktion gegeben, aber man hatte ja auch ohnehin damit rechnen müssen, daß die benutzte Buchchiffre aus einem französischen Werke stammte.

Nach zwei weiteren Wochen analytischer Untersuchungsarbeit stellte Dr. Vauth fest, daß das gesamte ihm zur Verfügung gestellte Material in drei Gruppen zerfiel, von denen eine jede offenbar mit einem anderen Buchschlüssel verziffert war. Das hieß, daß man nicht weniger als drei Bücher ausfindig machen mußte, wollte man das gesamte chiffrierte Spruchmaterial entziffern.

Model machte ein bedenkliches Gesicht, als er das hörte. Bisher war es ihm lediglich gelungen, vier der gesuchten Bücher in den Brüsseler Buchhandlungen aufzutreiben. Zwei andere standen in Aussicht. Fehlten also noch drei. «Dann gehen wir in die Staatsbibliothek und suchen dort», meinte Vauth. Nach drei Tagen hatte er in der Tat zwei der noch ausstehenden Bände beschafft.

Ende April trafen auch aus Brüssel die beiden angekündigten Bücher ein. Nun fehlte nur noch das Buch von Lecerf.

Es war aber weder in Berlin, noch in Brüssel aufzutreiben.

Model depeschierte nach Paris und bekam nach einigen Tagen den Bescheid, das Buch sei zwar bekannt, im Buchhandel jedoch seit Jahren vergriffen. Man wolle versuchen, es in einem der Antiquariate ausfindig zu machen. Model schickte hierauf einen seiner Männer, der perfekt französisch sprach, nach Paris und gab ihm die Weisung, wenn es sein müsse, sämtliche Antiquariate Frankreichs zu durchstöbern, um das Buch zu finden. Gelänge dies nicht, so müsse er es in einer Bibliothek zu ermitteln versuchen und das ganze Buch Seite für Seite photographieren lassen.

Mittlerweile ging Vauth unter Berücksichtigung der Art der Spruchabfassung bei den bisher beobachteten russischen Agentenfunkverkehren im Osten an die Auflösung des auf dem angekohlten Papierfetzen niedergeschriebenen Teils des für die Überschlüsselung benutzten Zahlenwurms in Buchstaben. Der so gewonnene kurze französische Satz enthielt den prägnanten Namen «Proctor».

Damit war zunächst alles geschehen, was im Augenblick geschehen konnte. Eine weitere Bearbeitung war erst mit Hilfe der betreffenden drei Bücher möglich.

Am 17. Mai, einem Sonntag, traf der nach Paris entsandte Mann in Berlin ein. Er hatte in einem Antiquariat auf dem Montmartre das gesuchte Buch ermittelt. In seiner Freude rief er sofort Dr. Vauth an, der seinerseits Model und Schuster verständigte. Noch am Abend des gleichen Tages trafen sich die vier Männer in Schusters Wohnung in Schöneberg am Bayerischen Platz. Die Beschaffung der neun Bücher war gelungen. Das war ein Ergebnis, das gefeiert werden mußte.

Aber nun stand man vor dem bangen Bewußtsein, daß man sich unmittelbar vor der letzten Entscheidung befand. Jetzt stand alles auf des Messers Schneide. Die Bücher waren beschafft. Die Titel und die Verfasser stimmten. Wie aber, wenn die Ausgaben sich nicht mit jenen deckten, die für die Überschlüsselung verwendet worden waren? Es war durchaus möglich, daß in diesem Falle die Seitenzahlen abwichen oder Änderungen oder Kürzungen im Text vorlagen. Eine solche Abweichung gegenüber den in Brüssel benutzten Büchern konnte sehr leicht das ganze Ergebnis der nun zu versuchenden Entzifferung in Frage stellen.

Zunächst stand aber die schicksalsschwere Frage zur Beantwortung, ob sich unter den beschafften neun Büchern wenigstens eines von jenen befand, die man zur Lösung der Chiffre brauchte. Hatte Madame Dartifol sich nicht geirrt? Hatte jenes Buch wirklich auf einem der Tische herumgelegen? Oder hatte man es vielleicht ganz besonders sorgsam aufbewahrt?

Diese Fragen mußten sich in den nächsten Tagen entscheiden. Der Name «Proctor» war zu charakteristisch, als daß er in vielen Büchern vorkommen konnte. Model war dafür, das soeben aus Paris eingetroffene Buch sofort gemeinsam durchzulesen. Aber dieses kollektive Durchsehen endete damit, daß man sich gegenseitig aufgeregt das Buch aus den Händen riß, nervös die Seiten umblätterte und keine Spur von einem „Proctor" fand.

«Es braucht ja nicht gerade dieses Buch zu sein», entschied schließlich Vauth. «Nein, meine Herren, wir müssen systematisch vorgehen, anders geht das nicht.» Damit nahm er das Buch an sich und verwahrte es wie eine Kostbarkeit in seiner Aktenmappe. «Morgen gehen alle Mann an die systematische Lektüre, und da wird es sich zeigen, ob der Herr Proctor darin existiert oder nicht. Und nun gehen wir nach Hause!»

«Ja, das wird wohl das vernünftigste sein», bekräftigte Model. «Mir fällt aber soeben etwas ein, was ich bisher noch gar nicht erwähnte. Als ich mich in Brüssel mit der Villenbesitzerin unterhielt, nannte diese einen Namen, für den ich bisher noch keine Erklärung gefunden habe.»

«Wie war dieser Name?» fragte Schuster.

«Der Name lautete „Kent" oder so ähnlich. Sie nannte ihn im Zusammenhang mit den Leuten, die zu der ausgehobenen Gruppe gehörten. Nun erkundigte ich mich sofort bei der Abwehrstelle, ob einer der festgenommenen Männer so heiße; das war aber nicht der Fall. Daraufhin wurden die Verhafteten nochmals verhört – –»

«Durch Sie?» fragte Vauth.

«Nein, durch die Abwehrstelle. Ich mußte damals leider sofort nach Berlin zurückkehren.»

«Und wie war das Ergebnis der neuen Vernehmung?» fragte Schuster interessiert.

«Sowohl die Männer als auch die Frau erklärten übereinstimmend, dieser Name sei ihnen völlig unbekannt.»

«Das stimmt natürlich nicht», meinte Schuster. «Sicher wurden die Fragen sehr ungeschickt gestellt. Wenn die belgische Villenbesitzerin den Namen im Zusammenhang mit jenen Leuten nannte, dann gehörte dieser Mann irgendwie zu jener Gruppe.»

«Das ist mir klar», stimmte Model zu. «Aber in welchem Zusammenhang stand er mit den Verhafteten? War er ein Nachrichtenzubringer, ein Verbindungsmann, eine Mittelsperson? Oder war es vielleicht gar ihr Chef? Dann erhebt sich die Frage, welche Stellung der Mann im Berufsleben hatte. Er wurde nicht gefaßt, befindet sich demnach auf freiem Fuße, kann also sein Treiben fortsetzen. Wir müssen in Erfahrung bringen, welche Bewandtnis es mit dem Manne hat. Und daher frage ich mich immer wieder: Wer ist Kent?» –

*

«Sag mal, Vicky», wandte Harro sich eines Tages nach dem Abendessen an seine Frau, «erinnerst du dich des Studenten Gülzow, mit dem wir im vorigen Sommer eine Segelpartie auf der Havel machten?»

«Das war doch der nette, blonde Junge?»

«Ja. Ein famoser Kerl. Ich habe jetzt mit ihm etwas arrangiert, was wohl zu den Großtaten meiner Arbeit gehören dürfte.»

«Da bin ich aber neugierig. Darf ich Näheres erfahren?»

«Freilich. Deswegen bringe ich ja das Gespräch darauf. Du entsinnst dich doch, daß ich einmal die Bemerkung fallen ließ, ich hätte eine gewisse Verbindung mit der deutschen Funkabwehr aufgenommen?»

«Ja. Wir sprachen aber dann nicht mehr davon. Was ist damit?»

«Diese Funkabwehr, unser erbittertster Feind, befaßt sich mit der Aufspürung aller illegalen Sender. Dort ist nun vor einigen Monaten eine Entzifferungsgruppe gebildet worden, die alle im illegalen Funkverkehr auftretenden Chiffren bearbeiten und lösen soll. Hierfür wurden schon im Februar Leute gesucht, die sprachliche und mathematische Begabung besitzen. Man wandte sich an die Universität und bekam von dort mehrere junge Studenten namhaft gemacht. Ich erfuhr leider erst zu spät von der Aktion. Daraufhin schaltete ich mich ein und stellte vor drei Wochen fest, daß die neugebildete Entzifferungsgruppe noch weitere Leute einstellen könne. Ich setzte mich sofort mit Gülzow in Verbindung und habe es nun geschafft, daß der Junge mit seinem Freunde Horst Heidemann bei dieser wissenschaftlichen Sektion der Funkabwehr eingestellt worden ist.»

«Das ist ja unfaßbar, Harro.»

«Ist aber reale Wirklichkeit. Gülzow ist natürlich über unsere Arbeit nicht voll im Bilde. Er weiß nicht, daß wir mit der Zentrale in Verbindung stehen. Aber er gehört politisch ganz zu uns und hat sich auch bei der Zettelaktion schon sehr gut bewährt. Ich habe ihm nun nahegelegt, bei der Funkabwehr die Augen mächtig offen zu halten und sich über alles Notizen zu machen, um später einmal ein Buch über die Arbeit dieser Dienststelle zu schreiben. Die Notizen gibt er mir zur Aufbewahrung. Das soll laufend geschehen. Ich lese sie durch und gebe ihm dann Tips, in welchem Sinne er dort weiter recherchieren soll. Er ist begeistert von der Idee. Mein Ziel geht nun dahin, durch die beiden Jungen alles zu erfahren, was bei der Funkabwehr vor sich geht, und vor allem festzustellen, ob man eine neue Aktion gegen uns eingeleitet hat oder später einleitet und ob man sich mit der Entzifferung der von uns verwendeten Geheimschrift befaßt. Die Klärung und Verfolgung dieser Frage ist für uns von eminenter Wichtigkeit. Nun sitzen die beiden seit acht Tagen am Matthäikirchplatz und arbeiten. Heute bekam ich den ersten Bericht von Gülzow. Er enthält eine Übersicht über die Gliederung der Abteilung, ihrer Außenstellen und den Einsatz der ihr unterstellten Funküberwachungskompanien, mit Charakterisierung ihrer Aufgaben. Dazu eine Liste des bei der Zentrale der Funkabwehr beschäftigten Personals. Der Bericht ist natürlich lückenhaft und teilweise primitiv, gibt aber eine erstklassige Basis für ein Weiterarbeiten in unserem Sinne.»

«Das ist ja großartig, Harro! Das gibt uns fortan größte Sicherheit!»

«Nun, ganz so ist es ja auch wieder nicht. Nur besteht jetzt die Aussicht, daß wir gegebenenfalls rechtzeitig gewarnt werden könnten. In dieser Richtung kann ich aber Gülzow aus rein persönlichen Momenten heraus nicht gut einspannen. Mehr Aussicht besteht bei seinem Freunde. Er war bei der Hitlerjugend, und dort hat man ihm übel mitgespielt. Nun trägt er einen starken Groll in sich, der genährt werden muß. Ich will die beiden Jungen etwas näher an uns heranziehen und sie ab und zu einladen oder gelegentlich zu einer Segelpartie mitnehmen. Du mußt dich besonders des Horst Heidemann in geschickter Weise annehmen; so ein junger Mensch ist ja empfänglich und leicht zu begeistern.»

«Sehr gern will ich mich einschalten. Die Sache ist geradezu faszinierend. Zwei Vertrauenspersonen im Herzen der Organisation, die den Kampf gegen uns zu führen hat, grenzt an das Abenteuerlichste, das ich mir vorstellen kann. Hinzu kommt, daß kein Mensch jemals Mißtrauen gegen die beiden Leute schöpfen kann; sie müssen doch von vornherein als absolut unverdächtig gelten.»

Paris

Model war, nachdem Dr. Vauth mit der systematischen Lösung der von dem ausgehobenen Sender PTX verwendeten Geheimschrift begonnen hatte, an eine Untersuchung des Aufbaues des Funkagentennetzes in Westeuropa gegangen. Sein Ziel bestand zunächst darin, die in dem erwähnten Raume auftretenden Sender zu klassifizieren, das heißt, festzustellen, zu welchen Erkundungskomplexen die einzelnen Stationen gehörten. Die Hauptmasse der hier in Erscheinung getretenen Sender gehörte unzweifelhaft zum Netz des britischen Informationsdienstes; hierzu mußte man auch sämtliche Funkstellen der französischen Widerstandsorganisation zählen.

Anders war es mit jenen Stationen, die mit Moskau im Verkehr standen. Von diesen hatte man in Frankreich, Belgien und Holland inzwischen vierundzwanzig mit Sicherheit identifiziert, es war aber anzunehmen, daß ihre Zahl in Wirklichkeit noch wesentlich höher war. Die Zahl der von diesen Stationen abgesetzten Funksprüche stieg von Woche zu Woche.

Model kam bei seinen Überlegungen zu dem Schluß, daß bei der Bekämpfung der Agentensender den mit Moskau im Verkehr stehenden unbedingt der Vorrang zu geben sei, zumal ihr Wirken in dieser Phase des Krieges die schwerwiegendsten Rückwirkungen auf den Ablauf des Ostfeldzuges haben mußte. Er hatte es mittlerweile erreicht, daß für Zwecke der Standortermittlung durch Peilen der Raumwellen ihm ein System von Fernpeilern zur Verfügung gestellt worden war. Mit Hilfe einer direkten Fernschreibleitung war er in der Lage, von seinem Büro aus die ihm unterstellten Peiler in einem beliebigen Augenblick durch ein kurzes Signal auf die gerade sendende Agentenfunkstelle zu richten.

Für Model stand es fest, daß mit der Aushebung des Senders in Molenbeek eigentlich so gut wie nichts geschehen war; für ihn war das Rufzeichen PTX, unter dem jene Station zum erstenmal gehört worden war, zu einem umfassenden Begriff geworden. Es unterlag keinem Zweifel, daß diese Station kein Einzelgänger war, sondern daß sich dahinter eine große Organisation verbergen mußte. Der Umstand, daß der Funkverkehr mindestens einer der in Berlin festgestellten Stationen zeitweise an diese Funkstelle abgegeben worden war, sprach deutlich dafür. Im Laufe der ersten vier Monate dieses Jahres hatte er zudem klar erkennen können, daß der Spruchabsatz bei verschiedenen in Frankreich und Belgien, zum Teil auch in Holland ermittelten Sender rapid angewachsen war. In Brüssel hatte man offenbar nur die Besatzung der Station festgenommen, nicht aber den dahinterstehenden Agentenapparat.

Wenn Model nach des Tages Arbeit sich heimwärts begab oder sich abends zu Bett legte, dann stand ihm der von der belgischen Villenbesitzerin genannte Namen Kent in Riesenlettern vor Augen. Wer war Kent und welche Stationen gehörten zu dem Komplex jenes geheimnisvollen Mannes und seiner Organisation? Wo war die Fortsetzung des

PTX zu suchen? Wer hatte die Nachfolge des PTX angetreten? Wo mußte man den Hebel ansetzen, um jene Spionageorganisation auszurotten?

Mitte Mai 1942 war Model auf Grund einer ganzen Reihe von Symptomen zu dem Schluß gekommen, daß eine der in Paris festgestellten Stationen als Nachfolgerin des PTX anzusprechen sei. Vauths Untersuchungen hatten ergeben, daß die von dieser Fünkstelle ausgestrahlten Telegramme nach einer gleichartigen Chiffre verziffert waren wie die seinerzeit von PTX gefunkten, jedoch hatte man offenbar ein anderes Schlüsselbuch zur Überlagerung der Geheimschrift verwendet.

Model beschloß, den Angriff in Paris zu beginnen. Am 16. Mai erhielt die an der Kanalküste liegende Funküberwachungskompanie den Befehl, einen Peilzug nach Paris abzustellen. Zwei Tage darauf begann Leutnant Moser mit seinen vier Peilautos in Paris die Suchaktion.

Nach fünftägiger Beobachtung stellte er fest, daß der Sender seinen Aufbauplatz auf dem Montmartre haben mußte. Die Schwierigkeit in der Sucharbeit bestand darin, daß auch diese Station ihren Standort zu wechseln schien, und zwar pendelte sie offenbar zwischen Malakoff, Issy und dem Montmartre. Anscheinend hatte aber der Funker eine besondere Vorliebe für den letztgenannten Stadtteil, denn hierher kehrte er am häufigsten zurück und bevorzugte in der Hauptsache die Abendstunden, um vom Montmartre aus seine Sendungen durchzuführen.

Moser entschied sich daher, gegen dieses Quartier vorzugehen. Aber er brauchte volle zwölf Tage, bis er mit Hilfe seiner Peilautos und dem Suchkoffer seines Wachtmeisters Bogner das Quartier ausgemacht hatte, von dem aus die Funksendungen vor sich gingen.

Am Samstag, dem 6. Juni, fand die Aushebung statt. Überraschend drangen die Männer des SD mit Moser und dreien seiner Leute in die kleine Mansardenwohnung ein, in welcher der Sender gerade im Betrieb war. Hier wurde ein Ehepaar angetroffen. Der Mann war sofort geständig, erklärte jedoch auf näheres Befragen durch Moser, er könne keine Einzelheiten angeben, da er alle zu sendenden Telegramme bereits chiffriert zur Übermittlung bekäme, und zwar von einem ihm unbekannten Manne bei wechselnden Treffs. Der morgige Treff sei an der Metrostation Marbeuf in der Avenue des Champs Elysées.

Das Ehepaar wurde verhaftet. Der Mann sollte am nächsten Tage unter unauffälliger Bewachung seitens einiger Männer des SD den Treff wahrnehmen. Aber sei es, daß der Ort des Treffs falsch bezeichnet worden war oder der Telegrammzubringer irgendwie Verdacht geschöpft hatte, der Treff kam nicht zustande, obwohl man fast eine Stunde geduldig wartete.

Jacques Sobelsohn wurde zur Zentralstelle des SD gebracht und nochmals einem Verhör unterzogen. Unter Tränen beteuerte er immer wieder, keine Ahnung zu haben, wer seine Auftraggeber seien. «Nun, mein Junge, dann werden wir dich einmal ein wenig baden», entschied der vernehmende Kommissar der SD-Zentrale. «Vielleicht frischt das dein Gedächtnis auf.»

Sobelsohn wurde in einen Raum geführt, der mit weißen Kacheln verkleidet war. An der Wand stand eine metallene Badewanne, die mit Wasser gefüllt war. Sobelsohn wurde von drei kräftigen SD-Männern in den Raum geleitet und mußte sich entkleiden; dann packten zwei der Männer ihn und setzten ihn auf den Rand der Wanne. Der dritte fesselte ihm sorgfältig Füße und Hände und begann dann mit einem hölzernen Kochlöffel das Wasser der Badewanne gegen seinen Rücken zu spritzen; es war eiskalt, und Sobelsohn zuckte bei jedem Spritzer zusammen, als treffe ihn ein elektrischer Schlag. Er begann am ganzen Körper zu zittern und vor Angst zu schwitzen; um so stärker wirkten die ihm gegen den Rücken geschleuderten kalten Wassergüsse.

Nach einigen Minuten dieser Behandlung hielt man inne und erkundigte sich bei Sobelsohn, ob er jetzt geneigt sei, Angaben über seine Hintermänner zu machen.

«Ich habe Ihnen alles gesagt. Ich habe keine Ahnung, wer meine Auftraggeber sind und wo sie wohnen.»

«Hinein mit dem Kerl!» kommandierte der Kommissar, und die beiden SD-Männer schleuderten den splitternackten Mann in die Wanne, daß das Wasser hoch aufspritzte. Er wurde mit dem Körper unter Wasser gedrückt und festgehalten. Sein Gesicht und seine Hände begannen blau anzulaufen; er bekam einen Gallenkrampf, und sein Körper fing an konvulsivisch zu zucken.

Nach einer halben Stunde, die ihm wie eine Ewigkeit erschien, wurde Sobelsohn wieder dem Vernehmungsbeamten vorgeführt. Er gab nunmehr die Adressen der beiden anderen Quartiere preis, von denen aus er gesendet hatte, und erläuterte das Funksystem, nach dem der Funkverkehr gehandhabt worden war. Ferner erklärte er, der Sitz der Leitung der Agentenorganisation befände sich seines Wissens in Belgien, vermutlich in Brüssel, und stehe in ständiger Verbindung mit einer anderen Gruppe, die ihren Sitz in Holland habe. Mehr war aus dem Mann nicht herauszuholen.

In der Zwischenzeit war auch seine Frau einem peinlichen Verhör unterzogen worden. Nachdem sie zunächst jede Aussage verweigert hatte, entschloß sie sich – als man ihr androhte, ihren Mann als Spion zu erschießen – zu einigen Angaben.

«Also, was weißt du?»

«Vor einem halben Jahr kam ein Herr zu uns und wollte meinen Mann sprechen.»

«Wie sah er aus?»

«Groß, schlank, schwarzes Haar, schwarzer Schnurrbart, dunkler Teint.»

«Und dann?»

«Dann ging mein Mann mit ihm fort. Am Abend erzählte er mir, er habe eine Nebentätigkeit übernommen.»

«Weiter nichts?»

«In den nächsten Tagen sagte er mir unter dem Siegel strengster Verschwiegenheit, er arbeite jetzt im Dienste der französischen Widerstandsbewegung und werde als Funker ausgebildet. Später bekam er den Funkapparat und mußte damit täglich zweimal arbeiten, jedesmal von einer anderen Stelle aus.»

«Wer brachte die Telegramme?»

«Mein Mann mußte sie jeden zweiten Tag bei Treffs abholen.»

«Wann traf er sich mit Kent?»

«Kent –? Den Namen kenne ich nicht.»

«So, den kennst du nicht! Das ist doch der Chef eurer Organisation.»

«Der Chef heißt nicht Kent.»

«Wie heißt er denn sonst?»

«Er heißt – – – ich, – – – ich weiß es nicht.»

«Sarah, sollen wir deinen Mann – – –?»

– – – – –

«Wie heißt der Chef?»

«Er heißt – – – ach, ich weiß nicht, wie er heißt, sie nennen ihn Gilbert.»

«Und wo wohnt er?»

«Sie sagen, er wohne in Brüssel, aber ich glaube, er ist hier in Paris.» –

*

Harro hatte Urlaub bekommen, hatte seinen Dienst und Berlin für drei Wochen verlassen, hatte von Vicky, die durch ihre Arbeit gebunden war, Abschied genommen und war nach Süddeutschland gefahren. Auf der Burg Kocherstetten in Schwaben genoß er die Ruhe und den Frieden der Natur, labte sich an Milch und Butter und war faul wie noch nie.

Nun lag er mit seinem Freunde, der hier ständig wohnt, im Heu in der Sonne. Er war heiter und frisch, und wenn etwas geeignet war, ihn leicht trübe zu stimmen, dann nur der Gedanke, daß er in vier Tagen dieses irdische Paradies verlassen mußte, um seinen Platz am Schreibtisch wieder einzunehmen.

«Ich bin dir so dankbar, Erwin», wendete er sich an den neben ihm liegenden Freund, der mit einem kleinen Birkenzweig spielte, «daß du mich hergeholt hast. Das Leben in der Stadt will uns der Natur entfremden. Hier draußen fühle ich mich ihr wieder verbunden. Und weißt du, was mir am besten von allem gefällt?»

«Nun?»

«Es ist die Stunde abends auf der Bank dort drüben mit dem weiten Blick zwischen Baumzweigen hindurch in das immer wieder durch neue grüne Berge gestaffelte Tal. Und wenn ich morgens aus dem Fenster blicke und die blühenden Jasminsträucher sehe, wenn ich das geschäftige Zwitschern der Vögel höre, die sich ihre Nahrung suchen, wenn ich die belebenden Strahlen der Sonne spüre, dann fühle ich, daß etwas Neues und Schönes werden muß, und dann drängt es mich, bald wieder arbeiten zu können und bauen zu helfen an dem, was entstehen will. Vorläufig können wir nur das Bestehende umpflügen und die Saat in den Boden senken. Aber eines Tages wird diese Saat aufgehen und Früchte tragen.»

«Hoffentlich muß nicht alles erst „umgepflügt" werden, wie du sagst, bevor das Neue zu leben beginnt.»

«Auch ich hoffe es.»

«Bist du auch heute noch der Ansicht, daß der Ostfeldzug unvermeidlich zur Katastrophe führen muß?»

Harro wandte seinen Kopf und sah seinen Freund fest an. «Erwin, vor einem Jahr, als dieser Feldzug begann, war dies ein Gedanke von mir. Heute ist es meine felsenfeste Überzeugung. Noch mehr – heute weiß ich es mit absoluter Gewißheit. In wenigen Tagen wird die große Sommeroffensive beginnen. Es wird die letzte sein! Sie wird mit einer furchtbaren Tragödie abschließen und den Anfang des Zusammenbruchs bilden. Bald kommt die Zeit für unser Handeln.»

«Weißt du, Harro, wir kennen uns nun schon so lange aus unserer gemeinsamen Arbeit, aber noch nie hast du mir etwas über dich selbst erzählt.»

«Über meine Jugend und die Zeit meines Studiums in Freiburg erzählte ich dir doch vor einiger Zeit.»

«Ganz recht. Aber wohin gingst du von Freiburg aus?»

«Nach Berlin. Ich setzte dort mein Studium an der Universität fort. Im Arbeiterviertel des Ostens der Stadt mietete ich mir ein Zimmer. Ich wollte die Lebensverhältnisse dort aus eigener Anschauung kennenlernen. Und dieses Leben in jener Gegend wurde für mich schicksalentscheidend. Was ich suchte, Erwin, das konnte ich in den Hörsälen nicht finden. Es lag mir fern, auf ausgefahrenen Berufsgleisen zu wandern. Mein Ziel war, am Schicksal der Zeit gestaltend mitzuschaffen, und hierzu fühlte ich mich berufen. Im Jahre 1931, damals, als die Nationalsozialisten ihre ersten großen Wahlsiege errangen, schwenkte ich ins politische Fahrwasser hinüber.»

«Was sagte denn dein Vater dazu?»

«Er war natürlich dagegen und meinte, es sei zu früh für mich. Ich selbst war ein aus tiefstem Ernste Suchender. Ich suchte Verbindung mit Menschen aller Klassen, aller Parteien, vor allem aber mit der Jugend.»

«Und wie wurde es nach dem unseligen dreißigsten Januar 1933?»

«Ich ahnte, was unvermeidlich kommen mußte, wollte aber nicht freiwillig das Feld räumen. Es dauerte volle zwei Monate, bis die Aktion gegen unsere Gruppe erfolgte. Die von uns herausgegebene Zeitschrift wurde verboten, ich selbst von der SS verhaftet, meine Wohnung und das Büro wurden ausgeplündert. Man schleppte mich in einen der berüchtigten Folterkeller Berlins, wo man mich grausam mißhandelte. Damals wuchs in mir ein Haß empor, wie ihn ein Mensch nie stärker empfunden haben konnte. In jenen Stunden und Tagen reifte in mir die Entschlossenheit, bis zu meinem letzten Blutstropfen genau so eiskalt und fanatisch wie meine Henkersknechte alles zu tun, um einen unerbittlichen Kampf gegen dieses System zu führen und nicht zu ruhen, bis es mit Stumpf und Stiel ausgerottet ist oder bis ich selbst mein Leben in diesem Kampfe lassen muß. Dieser Gedanke beseelte mich seither in jeder Stunde und wird leben, so lange ich selbst atme.»

Berlin

In der Berliner Kommandantur, gegenüber dem Schloßplatz, herrschte Hochbetrieb. Neue Urlaubsbestimmungen waren herausgekommen, die Ausgabe der Lebensmittelkarten an beurlaubte Wehrmachtsangehörige hatte eine Neuregelung erfahren, mehrere Gaststätten mußten auf die Liste der «verbotenen Lokale» gesetzt werden, drei Unteroffiziere waren wegen Trunkenheit eingeliefert worden (woher die Kerle den Schnaps hatten, mochte der zuständige Heilige wissen!), einundzwanzig Meldungen wegen unvorschriftsmäßigen Grüßens waren eingegangen, und ein Gefreiter war zu protokollarischer Vernehmung eingebracht worden, weil er einem Wachtmeister jenes bekannte Angebot gemacht hatte, das in Deutschland seit vier Jahrhunderten unentwegt wiederholt wird, obwohl bisher noch kein Fall bekannt wurde, daß es jemals akzeptiert worden sei.

Dies alles bedeutete eine Flut von Arbeit und Aufregung, eine Unzahl von Telefongesprächen und viele, viele Schweißtropfen, denn die Sonne hatte heute ihren guten Tag, und das Asphaltpflaster strahlte die Hitze zurück und ließ die Luft flimmern und die Menschen stöhnen.

In den Gängen des Gebäudes liefen die Uniformen mit hochgeschlossenen und zugeknöpften Kragen herum, denn ein Befehl des Oberkommandos des Heeres hatte den Beginn der heißen Jahreszeit auf den 1. Juli festgesetzt. Das Öffnen der Kragen vor diesem Zeitpunkt bedeutete demnach einen Verstoß gegen die Manneszucht, Widerstand gegen die Disziplinarordnung und Mangel an Haltung. Da aber eine Kommandantur in diesen drei Punkten führend sein muß, war es selbstverständlich, daß eher der Hitzschlag die ganze Besatzung des Hauses hinwegraffen durfte, als daß auch nur eine Uniform dieser Dienststelle es gewagt hätte, sich eines derart unmännlichen Verhaltens schuldig zu machen. Es war – im Gegenteil – jede Uniform eifrig bestrebt, den Eindruck zu erwecken, als fühle sie sich trotz der 38 Grad Celsius im Schatten äußerst wohl und als betrachte sie hochgeschlossene Stoffkragen bei dieser Temperatur als selbstverständlich und vernünftig. Eine solche Haltung war das Zeichen von bewußter Unterordnung des eigenen Willens unter den der Vorschriften und war somit Ausdruck echten Soldatentums und freudiger Pflichterfüllung.

Aber auch Kommandanturen haben ihre festgesetzten Dienststunden, deren Ende entsprechend den Gepflogenheiten bei amtlichen Organen in der Regel pünktlicher eingehalten wird als ihr Beginn. Infolgedessen wird alles, was geeignet ist, den Schluß der Bürozeit hinauszuschieben, im allgemeinen mit wenig Wohlwollen begrüßt.

Der Unteroffizier in einem der Vorzimmer dieses historischen Bauwerkes war daher nicht übermäßig entzückt, als wenige Minuten vor Dienstschluß ein Leutnant den Raum betrat und zu erkennen gab, daß er in einer dringenden Angelegenheit den Leiter des Dezernates zu sprechen wünsche.

Da ein Hinweis auf wichtige Arbeiten, mit denen der Herr Hauptmann augenblicklich beschäftigt sei, sich als erfolglos erwies und der morgige Tag als geeignetere Zeit für die Anbringung der Angelegenheit abgelehnt wurde, bequemte sich der Unteroffizier dazu, das Zimmer seines Chefs zwecks Anmeldung des späten Besuchers zu betreten, und da es laut Dienstreglement nicht anders ging, empfing der Herr Hauptmann den meldefreudigen Leutnant.

«Ich höre, Sie wollen eine Meldung machen.»

«Jawohl. Ich möchte melden, daß ein Fahnenflüchtiger unseres Geschwaders sich in Berlin aufhält. Ich habe ihn vor einer halben Stunde gesehen.»

«Oho! Darf ich bitten, mir den Fall im Zusammenhang zu berichten.»

«Ende Januar dieses Jahres kehrte eine Maschine unseres Geschwaders von einem Feindflug nicht zurück. Die Besatzung galt fortan bei uns als in Gefangenschaft geraten. Darunter befand sich ein Feldwebel namens Gustav Gieseke. Mitte März erschien dieser Mann beim Geschwader und erklärte, es sei ihm gelungen, aus russischer Gefangenschaft zu entkommen. Er erhielt drei Wochen Urlaub und reiste bald darauf ab.»

«Wohin? Nach Berlin?»

«Ganz recht. Er ist verheiratet und hat hier seine Wohnung.»

«Kennen Sie die Adresse?»

«Nein.»

«Wie alt ist der Mann ungefähr?»

«Etwa 32 bis 35 Jahre.»

Der Hauptmann drückte auf einen Knopf, worauf der Unteroffizier erschien.

«Ich brauche die Adresse eines Gustav Gieseke, geboren zwischen 1905 und 1910.»

Der Unteroffizier entfernte sich.

«Wollen Sie bitte fortfahren!»

«Gieseke hätte ungefähr am 15. April zum Geschwader zurückkehren müssen, erschien aber nicht mehr. Ende April schrieb der Geschwaderkommandant an Frau Gieseke und erhielt die Mitteilung, dieser sei am 12. April an die Front abgereist, sie habe ihn sogar zur Bahn gebracht. – Als ich nun vor einer Stunde mit der Straßenbahn über den Wittenbergplatz fuhr, blickte ich zufällig aus dem Fenster und sah Gieseke auf dem Bürgersteig entlanggehen.»

«Trug er Uniform oder Zivilkleidung?»

«Zivil. Einen dunklen Anzug, braune Schuhe, keinen Hut.»

«Hat er irgendwelche besondere Merkmale, an denen man ihn leicht erkennt?»

«Sein Gesicht hatte sich mir seit seiner Rückkehr aus der Gefangenschaft gut eingeprägt. Wir feierten damals das Ereignis, und Gieseke saß mir an jenem Abend gegenüber. Er hat eine stark gebogene rötliche Nase. Über dem rechten Auge hat er eine Narbe. Er ist von untersetzter Gestalt und schlendert beim Gehen etwas mit den Armen.»

Der Unteroffizier trat ein und legte dem Hauptmann einen Notizzettel auf den Tisch; dieser nahm das Blatt und las: «Gustav Gieseke, geboren am 15. Oktober 1907 in Köpenick. Vater: Karl Gieseke, Mutter: Anna, geb. Hannemann. Wohnung: Charlottenburg, Pestalozzistraße 16. Beruf: Mechaniker. – Kann das der Betreffende sein?»

«Das ist er bestimmt. Ich erinnere mich, daß er Köpenick als Geburtsort nannte, worauf einer der Leute spasseshalber ihn mit „Hauptmann von Köpenick" anredete.»

*

Hauptmann Model saß an seinem Schreibtisch, als Vauth freudestrahlend in sein Zimmer stürzte.

«Herr Hauptmann, wir haben ihn, wir haben ihn!»

«Was, wen haben Sie?»

«Wir haben ihn, Herr Hauptmann, den den — —». Vauth verschluckte sich und begann zu husten; die Tränen perlten ihm aus den Augen, er ruderte mit den Armen und schwenkte das Buch. Model begann zu begreifen.

«Wir haben ihn, den Proctor! Hier, hier und hier!» Er blätterte in dem Buch und wies auf die Seiten, auf denen der gesuchte Name rot unterstrichen worden war. Model griff nach dem Bande. Da war es also, das gesuchte Schlüsselbuch! Da lag der Schlüssel zur Lösung des Geheimnisses! Jetzt mußte es gelingen, den Schleier zu lüften.

Model reichte das Buch zurück. «Endlich ein Lichtblick! Nun gehen Sie mal sofort an die Arbeit. Viel Glück und Erfolg!»

Aber Vauths Optimismus und seine Systematik wurden auf eine harte Probe gestellt. Man konnte zwar feststellen, daß die zweite Gruppe der wiederbeschafften Telegramme, nämlich 97 Stück, zweifellos mit diesem Buchtext überschlüsselt worden war. Offen war aber die Frage, welche Stelle des Buches zu jedem der 97 Funksprüche paßte. Man mußte den Text des gesamten Buches durchprobieren, bis man die betreffende Stelle fand.

War schon dies keine geringe Aufgabe, so kam erschwerend hinzu, daß der Buchtext keineswegs fortlaufend zur Überlagerung der Grundchiffre benutzt worden war, sondern daß die Seiten des Buches nach einem komplizierten Schlüssel in der Reihenfolge ihrer Verwendung geordnet worden waren. Es war nun zwar theoretisch möglich, alle 97 Funksprüche zu entschlüsseln, praktisch hieß es aber, bei jedem neuen Telegramm das ganze Buch auszuprobieren, bis man hinter das System kam. Hatte man Glück, dann stieß man sehr schnell auf die gewünschte Stelle; hatte man keins, dann konnte man eventuell das ganze Buch Wort für Wort durchgehen, bis man sie fand.

Auf diese Weise vergingen Wochen, bis die ersten entzifferten Telegramme mit ihrem offenen Text vorlagen.

Tag für Tag saß Vauth mit zehn seiner Männer von morgens früh bis spät abends an der Arbeit, und langsam begannen die Schleier sich zu heben, die über dem Inhalt der von PTX gefunkten Sendungen gelegen hatten. Tag für Tag bekam Model zwei oder drei entzifferte Funksprüche auf den Tisch gelegt, deren Inhalt sowohl bei Model als auch bei Schuster und Bollmann Kopfschütteln hervorrief und den drei Männern zeigte, daß man hier der Arbeit einer Agentengruppe von Format auf die Spur gekommen war. Jetzt bekam der Name „Kent", der zunächst wie ein nebelhaftes Schemen aufgetaucht war, konkrete Gestalt. Die Telegramme waren sämtliche mit „Kent" unterzeichnet, während die an PTX gerichteten an „Kent" adressiert worden waren. Kent war also – wie Model schon längst vermutet hatte – der Chef jener Brüsseler Gruppe. Kent war ein Mann, der unheimlich weit reichende Verbindungen besaß. Kent hatte Einblick in die geheimsten Dinge. Und Kent – war entkommen! Kent befand sich in Freiheit, Kent arbeitete weiter!

Aus den nach und nach entschlüsselten Telegrammen ging hervor, daß dieser Mann sehr viel unterwegs war; man konnte an Hand seiner Berichte die von ihm gemachten Reisen verfolgen. In der Hauptsache bereiste er augenscheinlich Belgien, Frankreich, Deutschland und die Tschechoslowakei. Überall erhielt er Informationen wichtigster Art. Er hatte Beziehungen nach Holland, und wenn man die Decknamen seiner Quellen oder Nachrichtenzubringer zusammenzählte, dann kam man auf mehr als dreißig. Oft wurde der Name Gilbert erwähnt, aber es blieb offen, ob dies ein Mittelsmann, ein Nachrichtenzubringer Kents oder der Leiter einer anderen Gruppe war.

Model überlegte: Gilbert? – Wo war ihm der Name begegnet? Richtig, da hatte er's! Frau Sobelsohn hatte ihn in Paris erwähnt. Kent – Gilbert! Also hatte er sich doch nicht geirrt, als er den Peilzug Mosers gegen jenen verdächtigen Sender ansetzte. Die erste Brücke war geschlagen. Und die von Sobelsohn angedeutete Verbindung nach Holland stimmte auch!

Aber neben dem Namen Gilbert begann immer häufiger ein anderer Name in den Funksprüchen in Erscheinung zu treten, und zwar seit der zweiten Hälfte des Oktobers. Dieser Name bezeichnete offenbar einen Mann, der sich in Deutschland befand, augenscheinlich sogar in Berlin, und der als Nachrichtenlieferant erster Ordnung anzusprechen war. Der Name lautete Coro.

Wieder begann Model zu überlegen und in den Akten zu blättern. Der Name schien bei ihm eine Gedankenverbindung auszulösen. Er suchte und suchte. Endlich hatte er den Zusammenhang gefunden. Einer der halbverkohlten, in der Brüsseler Villa gefundenen Briefe enthielt eine Unterschrift, die mit den Buchstaben Co– begann. Und zwei andere Briefe enthielten die Unterschrift Gilberts.

Kent – Gilbert – Coro. Das war offenbar das Dreigespann, das sich hinter der immer unheimlicher werdenden Buchstabengruppe PTX verbarg. Und von all den Namen zog der letztgenannte den Blick auf sich.

Coro war sichtlich kein beliebiger kleiner Mann.

Coro hatte Informationen von höchster Tragweite geliefert. Er hatte Absichten der obersten Führung, wie zum Beispiel den für das Frühjahr 1942 geplanten Angriff auf den Kaukasus, bereits schon im November 1941 durchgegeben.

Coro hatte gemeldet, daß Leningrad nicht angegriffen, sondern nur zerniert werden würde. Er hatte Berichte über die Leistung der deutschen Flugzeugindustrie und der Werke für synthetischen Treibstoff gegeben.

Coro meldete laufend die Verluste der deutschen Luftwaffe. Coro gab Einzelheiten über Vorgänge in der deutschen Diplomatie und im Auswärtigen Amt. Er gab Übersichten über die deutsche Widerstandsbewegung im Innern. Er signalisierte die Verlegung von Truppeneinheiten und Fliegerformationen. Er gab Einzelheiten über Unstimmigkeiten innerhalb der Führung der deutschen Wehrmacht. Er berichtete über den Erschöpfungsgrad der deutschen Luftwaffe. Coro – ja, es gab kaum ein Gebiet, über das er keine wichtigen und präzisen Informationen liefern zu können schien. Es mußte ein unheimlicher Mann sein, ein Mann, der an der Quelle geheimster Nachrichten saß.

Auch der Name Arwid trat oft in Erscheinung. Von diesem Manne stammten Berichte über die gesamte deutsche Industrie und über die Wirtschaftslage.

Model rang die Hände, als er die entzifferten Telegramme las. Morgens fürchtete er sich, in sein Büro zu gehen, denn er wußte, daß der neue Arbeitstag ihm neue erschütternde Beweise der Tätigkeit der Station PTX und ihrer Hintermänner liefern würde.

Vauth strahlte über die Erfolge seiner Entzifferungsarbeit, Schuster dagegen nickte immer wieder verständnisvoll, als habe er nichts anderes erwartet und als sei nichts mehr imstande, ihn zu überraschen. Eines Tages durchzuckte ihn beim Lesen der entschlüsselten Sprüche ein jäher Gedanke. Er stürzte in das Zimmer, in dem Reger mit seinen Leuten saß und fing an, in den Tabellen zu wühlen. Endlich hatte er gefunden, was er suchte. Da war es, das Verkehrsbild der Berliner Sender. Ein kurzer Vergleich – dann war der Beweis geliefert: Der Name Coro trat bei Kent erst dann auf, als die Berliner Sender ihren Betrieb eingestellt hatten!

*

«Was gibt es, Hans? Mach' rasch, ich habe es eilig. In einer Stunde muß ich zu einer wichtigen Besprechung.»

«Harro, ich hätte dich nicht alarmiert, wenn meine Nachricht nicht wichtig wäre, und zwar sehr! Es stinkt! Karl ist verschwunden.»

«Mach' keinen Unsinn! Wann?»

«Ich weiß es nicht. Jedenfalls ging er gestern nachmittag fort, kam am Abend zur Verkehrszeit nicht heim und ist bisher verschollen.»

«Wohin ging er gestern?»

«Das weiß ich nicht. Er sagte zu Frau Wernicke, er gehe etwas besorgen und käme in ein bis zwei Stunden wieder heim. Er nahm nichts mit.»

«Hatte er in letzter Zeit irgendwelchen persönlichen Verkehr?»

«Nicht daß ich wüßte. Er lebte immer still für sich, machte seine Arbeit gewissenhaft, und im übrigen las er viel. Er ging wenig aus. Ich glaube, daß er mit keinem Menschen – außer mit uns – in Verbindung stand.»

«Das ist merkwürdig. Es kann harmlos sein. Vielleicht ist ihm eingefallen, seine Frau aufzusuchen.»

«Möglich. Ich glaube es aber nicht. Wenn er es wirklich getan hätte, dann wäre er bestimmt am Abend oder spätestens heute früh zurückgekehrt. Karl ist ein gewissenhafter Mann. Es muß etwas Besonderes passiert sein, und ich sage dir, Harro, ich habe das Empfinden, daß da etwas schief liegt.»

«Fehlen irgendwelche Sachen?»

«Nichts.»

«Dann gibt es nur zwei Möglichkeiten. Entweder es ist ihm ein Unfall zugestoßen, oder man hat ihn erkannt und festgenommen. Eine dritte Möglichkeit scheidet wohl aus?»

«Vollkommen, Harro. Der Mann ist in Ordnung. Es ist

ausgeschlossen, daß er etwas verpfeift. In diesem Falle wäre die Gestapo schon längst in der Chausseestraße gewesen.»

«Dann, Hans, muß gehandelt werden. Das Reservequartier ist doch vorbereitet?»

«Ja. Auch der vierte Apparat ist fertig und steht dort.»

«Gut. Weiß Karl etwas von diesem vierten Quartier?»

«Nein. Kein Wort.»

«Du fährst sofort nach der Chausseestraße, baust den Apparat dort ab, entfernst alles, was damit zusammenhing, Antenne und so weiter, verständigst Frau Wernicke und bringst die Apparate nach Quartier Nr. 4.»

«Was soll ich Frau Wernicke sagen?»

«Informiere sie, damit sie nicht überrascht ist. Ihr kann nichts passieren. Karl war ja bei ihr ordnungsgemäß angemeldet. Was er in seinem Zimmer machte, weiß sie nicht. Und wer die Besucher waren, ist ihr ebenfalls unbekannt.»

«Soll ich einen Aufpasserdienst einrichten?»

«Ja. Und Quartier 4 dient fortan als Anlaufstelle.»

«Sie behaupten also, Karl Hannemann aus Rennersdorf zu sein?»

«Ja.»

«Welches Rennersdorf meinen Sie? Es gibt mehrere.»

«Rennersdorf in der Oberlausitz.»

«Gut. Und wie erklären Sie es, daß auf unsere telegraphische Anfrage soeben die Antwort eingetroffen ist, daß dort zwar ein Karl Hannemann früher einmal gewohnt habe, aber vor einigen Jahren verzogen sei?»

«Das kann ich mir nicht erklären.»

«So! Dann werde ich es Ihnen erklären! Der Mann, der früher einmal in Rennersdorf lebte, war vermutlich ein Verwandter Ihrer Mutter. Aber Sie, mein Herr, Sie sind nicht Karl Hannemann, sondern der fahnenflüchtige Feldwebel der Luftwaffe, Gustav Gieseke! Stimmt das?»

«Nein!»

«Ach! Sieh mal einer an! Also die erste Lüge. Nun, dann erklären Sie mir doch, weswegen Sie von Rennersdorf bis Berlin gefahren sind.»

«Ich wollte Ersatzteile für meinen Rundfunkapparat kaufen.»

«Konnten Sie das nicht in Görlitz bequemer haben?»

«Dort bekam ich das Gewünschte nicht.»

«Es ist Ihnen gestern ein Kondensator abgenommen worden, den Sie bei sich führten. Haben Sie diesen in Berlin gekauft?»

«Ja.»

«Ein solcher Kondensator eignet sich nicht für ein Rundfunkgerät. Ich bin selbst Radioamateur und kann das beurteilen. Dieser Kondensator dient für ganz andere Zwecke. Also die zweite Lüge! – Man hat Ihnen ferner Lebensmittelkarten abgenommen, die nur für Berlin gelten. Haben Sie die in Rennersdorf erhalten?»

«Nein.»

«Sondern?»

«Ich habe sie in Berlin am Görlitzer Bahnhof zu kaufen bekommen.»

«Ach! Vielleicht beim Schutzmann oder beim Bahnhofvorsteher?»

«Nein, bei einem Mann, der vor dem Bahnhof stand.»

«So?! Das ist die dritte Lüge. Und nun zum Schluß, Gieseke! Wenn Sie mir nicht sofort die Wahrheit sagen, lasse ich Ihre Frau holen, dann werden wir ja sehen, ob Sie sich weiter verstellen!»

«Ich bitte, meine Frau aus dem Spiele zu lassen.»

«Ei schau! Ihre Frau! In Ihren Papieren steht aber, daß der gute Karl Hannemann ledig sei. Geben Sie nun zu, Gieseke zu sein?»

«Jawohl!»

«So, und nun erzählen Sie mir mal, weswegen Sie nach Ablauf Ihres Urlaubs nicht zu Ihrem Truppenteil zurückkehrten.»

In rascher Fahrt fuhr ein Kraftwagen der Berliner Kommandantur über die Weidendammer Brücke und hielt an der Ecke der Chausseestraße und Invalidenstraße. Es erschien nicht auffällig, daß in dem gleichen Augenblick, in dem die vier Männer den Hausflur betraten, ein Mann aus diesem heraustrat und eilig wegging.

Auf das energische Klingeln an der Wohnungstür erschien eine Frau in mittleren Jahren und öffnete. Sie stutzte, als sie das Aufgebot vor sich sah.

«Sind Sie Frau Wernicke?»

«Ja, die bin ich.»

«Kennen Sie den Mann hier?»

«Das ist mein Mieter, Herr Hannemann.»

«Hat er sich bei Ihnen ordnungsgemäß angemeldet?»

«Gewiß! Bei mir geht alles ordnungsgemäß zu.»

«Anscheinend doch nicht immer. Wollen Sie uns bitte in das Zimmer Ihres Mieters führen!»

Die Durchsuchung des Raumes förderte eine Schachtel mit zwei Radioröhren zutage, die offenkundig Senderöhren waren. «So, Gieseke, Sie haben bisher geleugnet. Nun ist aber Schluß! Wenn Sie nicht sofort die volle Wahrheit sagen, übergebe ich Sie der Gestapo. Was haben Sie hier in den letzten zwei Monaten gemacht?»

«Ich habe gearbeitet.»

«Sie haben gefunkt?»

«Ja.»

«Wo ist der Apparat?»

«Ich weiß es nicht. Er stand noch gestern in einer Kiste dort am Fenster.»

«Frau Wernicke, wo ist die Kiste?»

«Sie wurde heute mittag abgeholt.»

«Von wem?»

«Von einem Herrn, der ab und zu Herrn Hannemann besuchte.»

«Wer ist der Mann, Gieseke? Rasch!»

«Ich weiß es nicht. Ich kenne nur seinen Vornamen.»

«Wie ist der?»

«Hans.»

«So, Hans! Davon gibt es viele. Jetzt durchschaue ich Sie. Ihr Schweigen und Ihr mir bisher unverständlich gewesenes Lügen hatte den Zweck, Zeit zu gewinnen, damit Ihr Komplize gewarnt wird und den Apparat entfernt. Gieseke, wer war Ihr Auftraggeber?»

«Es war der Mann, der mir jenen Brief schrieb, den ich heute mittag erwähnte.»

«Wie war der Brief unterzeichnet?»

Schweigen.

«Engelhard, die Frau holen! Ich bringe euch beide zur Gestapo. Dort werdet ihr den Mund geöffnet bekommen! Zum letztenmal: Wie war der Brief unterschrieben?»

«Coro.»

«Wer ist Coro?»

«Ich weiß es nicht!»

Als Bollmann den Bericht der Berliner Stadtkommandantur über die Verhaftung des fahnenflüchtigen Gieseke, der anscheinend als Agentenfunker gearbeitet hatte, zur Kenntnis erhielt, geriet er außer sich. Das fehlte gerade noch, daß andere Stellen einem ins Geschäft pfuschen! Dazu die offensichtliche Blamage! Selbst hatte man durch Spezialeinsatz ein glattes Fiasko erlebt, und nun kam ausgerechnet die Kommandantur dem Sender in der Chausseestraße auf die Spur und nahm den Funker fest. Das verwendete Gerät war leider nicht vorgefunden worden, und der Verhaftete hatte jede nähere Aussage verweigert. Überdies hatte er sich in der Nacht nach dem Lokaltermin in der Chausseestraße in seiner Zelle erhängt.

Bollmann rief Model an und bat ihn, sofort herüberzukommen. «Endlich!» rief er dem eintretenden Model entgegen. «Hier, lesen Sie! Ein Skandal!»

Mit diesen Worten ergriff er das Blatt mit dem Bericht der Stadtkommandantur, schwenkte es ein paarmal in der Luft herum und reichte es dann Model hinüber.

Während dieser sich in die Lektüre des Berichtes vertiefte, setzte Bollmann seine Wanderung fort und ließ seine Gardinenpredigt in Form eines Selbstgespräches von Stapel.

Ohne sich durch die Tiraden seines Chefs im geringsten stören zu lassen, las Model das Schriftstück Wort für Wort durch. Dann legte er es mit einem Seufzer der Erleichterung und mit einem ehrlichen «Gott sei Dank!» auf den Schreibtisch zurück.

«Was, „Gott sei Dank", sagen Sie auch noch?! Eine Schande ist es, eine himmelschreiende Blamage! Jetzt haben wir gerade eine neue Peilaktion gegen die Berliner Sender eingeleitet, und da pfuschen uns die Brüder ins Handwerk, und wir haben das Nachsehen!» Bollmann blinzelte mit seinen kurzsichtigen Äuglein und fuchtelte mit den Händen. Model blickte etwas verwundert zu ihm hinüber.

«Aber Herr Oberstleutnant, es hätte uns doch eigentlich gar nichts Besseres begegnen können als dieser Fall; er gibt uns endlich den entscheidenden Fingerzeig.»

«Welchen Fingerzeig?»

«Nun, der Zusatz in dem Bericht klärt doch das, was wir vermuteten, bisher aber nicht nachweisen konnten.»

«Was denn? Welcher Nachsatz?» – Bollmann griff nach dem Blatt und hielt es dicht vor seine Augen; er schien daran zu schnuppern und suchte aufgeregt herum. – «Ach so! Da steht, Gieseke habe erklärt, sein Auftraggeber heiße Goroh oder ähnlich.»

«Das soll natürlich Coro heißen. Nun haben wir endlich die Gewißheit, daß die eine Reihe der Berliner Wechselstationen in der Tat zu dem Arbeitsbereich unseres Freundes Coro gehört oder gehörte. Jetzt bekommen wir die Möglichkeit zu klären, ob die andere Sendergruppe auch einen Bestandteil seines Arbeitsbereiches bildet. Falls sie nämlich den Verkehr jetzt einstellt, gehört sie direkt oder indirekt dazu.»

Bollmann sah entgeistert zu Model hinüber. «Coro?! Natürlich! Sie werden recht haben. Aber dann ist der Skandal um so ärgerlicher, da wir bereits seit Wochen Coros Telegramme entziffern und bisher nicht imstande waren, die Station zu ermitteln.»

«Wir entziffern nicht Coros Telegramme, sondern diejenigen Kents, unter denen sich einige von Coro befinden. Darf ich darauf aufmerksam machen, daß Sie, Herr Oberstleutnant, den Befehl gegeben haben, zunächst nur solche Funksprüche zu dechiffrieren, die wichtige, von Kent weitergegebene Informationen enthielten; es sollte geklärt werden, was alles von Kent weitergemeldet worden ist. Infolgedessen sind bisher nur wenige jener Telegramme entziffert worden, die Kent erhielt.»

«Die sind doch ganz unwichtig», warf Bollmann ein.

«Vielleicht», entgegnete Model. «Ich könnte mir aber denken, daß sich einige darunter befinden, die bestimmte Weisungen für Kent enthalten; die Kenntnis des Inhalts würde in diesem Falle uns bei unseren Nachforschungen weiterhelfen.»

«Was schlagen Sie also vor?» fragte Bollmann verdrossen. Er zog die Augenbrauen ärgerlich zusammen. Er schätzte es nicht, wenn man ihm widersprach oder seine Meinung korrigierte. Je öfters er sich davon überzeugen mußte, daß Models Gedanken sich als die richtigeren erwiesen, desto unsympathischer wurde ihm dieser Mann.

«Herr Oberstleutnant, wir müssen den derzeitigen Entzifferungsplan verlassen. Wir haben uns davon überzeugt, daß Nachrichten größter Wichtigkeit von Kent weitergeleitet worden sind und daß es sich sowohl bei ihm wie bei Coro um besonders geschickt arbeitende Männer mit den besten Beziehungen handelt. Von jetzt ab müssen die Telegramme so entschlüsselt werden, daß das Frage- und Antwortspiel zwischen Kent und dem Direktor sich uns offenbart. Das ist der einzige Weg, die technischen Zusammenhänge zu klären.»

«Einverstanden. Tun Sie, was Sie wollen, aber schaffen Sie mir bald Klarheit über den Fall Coro.»

Model besprach noch am gleichen Abend mit Vauth den neu einzuschlagenden Weg der Telegrammentschlüsselung. Schon nach drei Tagen hatte man je zwei Adressen von Nachrichtenzubringern in Holland und Belgien ermittelt. Am 14. Juli erschien Vauth mit strahlendem Gesicht bei Model und legte ihm, ohne ein Wort zu sagen, den Text eines soeben entzifferten Funkspruches auf den Schreibtisch.

Model nahm das Blatt und begann zu lesen. Mit jeder Zeile wurden seine Augen größer. Als er geendet hatte, blickte er zu Vauth auf. «Donnerwetter!» war das einzige, was er zunächst über die Lippen brachte.

«Ein feines Telegrämmchen», meinte Vauth. «Nun wissen wir's! Jetzt kann es losgehen, Herr Hauptmann. Alle drei mit einem Schlage!»

«Donnerwetter!» ließ Model sich noch einmal hören. «Wer hat den Funkspruch entziffert?»

«Zufällig ich selber.»

«Schön, lieber Vauth. Davon darf niemand etwas erfahren. Ich möchte nicht, daß wieder jemand dazwischenspukt. Donnerwetter, ist das ein Telegramm! Jetzt nehmen wir die ganze Kiste hoch.»

Model setzte sich sofort mit dem Kriminalkommissar Hopf in Verbindung und teilte ihm die drei in dem Telegramm genannten Adressen mit, ohne des näheren auf die Zusammenhänge einzugehen. Eine sorgfältige Beobachtung der Wohnungsinhaber sei von größter Bedeutung und könne eventuell zur Aufdeckung wichtiger Zusammenhänge führen. Wenige Tage darauf erhielt er einen kurzen Bericht über die ersten Ergebnisse der Nachforschungen. Die Wohnung in der Fredericiastraße habe im letzten halben Jahr zweimal den Inhaber gewechselt; das Ehepaar, das im Oktober vorigen Jahres dort gewohnt habe, sei angeblich nach Leipzig verzogen. Dort sei es jedoch anscheinend nicht gemeldet, da die bisherigen Auskünfte des Einwohnermeldeamtes negativ lauteten.

Bei der Friedenauer Adresse handle es sich um einen Privatgelehrten und Dichter, der mit seiner Frau und einem vierjährigen Sohn dort wohne und als Film- und Bühnenschriftsteller einen bekannten Namen habe.

In bezug auf die dritte Adresse wurde um Mitteilung gebeten, ob die gemachten Angaben wirklich zuträfen; falls dies der Fall sei, so müsse man mit großen Überraschungen rechnen.

Marseille

Sofort nach der Aushebung der Station PTX im Dezember 1941 war Kent zunächst nach Aachen und von dort nach Paris gefahren. Er hatte mit Gilbert die Einzelheiten der weiteren Arbeit besprochen und sich dann nach Marseille begeben. Hier war er an den Neuaufbau seiner Organisation gegangen, und bereits nach kurzer Zeit war er wieder in der Lage, die Zentrale mit Informationen zu versorgen.

Ein Teil seiner unmittelbaren Brüsseler Mitarbeiter war ihm nach Marseille gefolgt und hatte die frühere Arbeit wieder aufgenommen. Drei seiner Arbeitsgruppen hatte Kent in vorher vereinbarter Weise an Gilbert abgegeben, zwei waren zu der von Holland aus arbeitenden Hauptgruppe übergegangen, und drei weitere waren mit ihm in unmittelbarem Kontakt geblieben. Die Aufspaltung in Einzelgruppen hatte sich hervorragend gut bewährt.

In Belgien arbeiteten nunmehr acht Sektionen, die in ihrem Ursprung auf Kents Organisationsmaßnahmen zurückgingen, zwischen denen aber jetzt keinerlei Querverbindung mehr bestand; sie waren lediglich auf Gilbert, Kent und den in Holland befindlichen Hauptfunktionär vertikal eingerichtet. Bei all diesen Gruppen war auf Weisung der Zentrale ein neues Arbeitssystem eingeführt worden.

Die Aushebung der Station PTX hatte warnend gewirkt. Der in Brüssel begangene Fehler, eine verhältnismäßig große Zahl von Personen in einem Hause zu versammeln und sogar dort wohnen zu lassen, wo der Sender stand, durfte nicht mehr wiederholt werden. Die Aufbauplätze der Stationen wurden von den Wohnräumen der sie bedienenden Funker getrennt. Zwischen den Funkern und den Nachrichtenzubringern und Chiffreuren bestand der Kontakt nur auf dem Wege über Treffs. Die Funker kannten die Männer und Frauen, die ihnen das chiffrierte Material aushändigten, nicht einmal beim Arbeitsnamen mehr, sondern nur nach deren äußeren Aussehen. Sie bekamen von dritter Seite brieflich mitgeteilt, wann und wo sie sich einzufinden hätten und welches Kennzeichen an dem jeweiligen Tage gelte, und erhielten dann einen Umschlag mit den zu befördernden Telegrammen. Auf diese Weise war zwischen den Funkstellen und dem Netz der Nachrichtenzubringer ein Sieb geschaltet, das verhindern mußte, daß bei der Aushebung einer Station dem Aushebungskommando mehr in die Hände fiel als der Funker und seine Apparatur; eine Kompromittierung der Organisation und der benutzten Chiffre erschien fortan so gut wie unmöglich.

Am 10. Juni hatte Model an den Moserschen Peilzug die Weisung erteilt, sofort nach Brüssel zu gehen und dort die Suche nach den in der Zwischenzeit durch Fernpeilung festgestellten Sendern aufzunehmen. Moser traf am 12. Juni in Brüssel ein und ging unverzüglich an die Sucharbeit. Seine bisherige Praxis hatte ihm Erfahrungen vermittelt, die er jetzt erfolgreich anwenden konnte.

Schon nach einer Woche hatte er in Brüssel zwei Stationen ermittelt, die bald darauf ausgehoben wurden. Bis zum 13. Juli gelang Moser die Ausfindigmachung dreier weiterer Sender, von denen sich je einer in Namur, Gent und Lüttich befand. Auch diese Funkstellen wurden nunmehr überraschend ausgehoben und die Funker festgenommen. In drei Fällen gelang es den deutschen Organen, die Verhafteten zur weiteren Wahrnehmung der Treffs zu bewegen, wodurch man nach einiger Zeit durch sorgfältige Beobachtung auf drei Chiffreure stieß und auch hier überraschend zugriff. Ein weiteres Eindringen in die dahinter stehenden Arbeitsgruppen schlug jedoch fehl. Immerhin hatte man auf diese Weise die Geheimschriften in Besitz bekommen und begann mit vier Sendern einen fingierten Funkverkehr mit der Gegenstation.

Die von Vauth entschlüsselten, an Kent gerichtet gewesenen Funksprüche der Zentrale hatten die Adressen von je zwei Nachrichtenzubringern in Belgien und Holland bloßgestellt; nach Tagen der Beobachtung gelang auch jetzt wieder ein Zugriff. Aber es handelte sich abermals nur um Einzelpersonen, die nicht in der Lage waren, Angaben zu machen, mit deren Hilfe eine Zerschlagung der hinter ihnen stehenden Organisationen möglich gewesen wäre. Es war klar, daß diese Methode des Vorgehens niemals zu dem gewünschten Ziele führen konnte.

Mittlerweile baute Kent sein neues Netz immer intensiver aus. In dem unbesetzten Teil Frankreichs konnte er dies ohne Behinderung durch den deutschen Überwachungsdienst tun. Elja und die kleine Mary hatte er mitgenommen, seine geldlichen Verhältnisse vorausschauend geregelt, und so fand er sich sehr bald in der neuen Umgebung in jeder Hinsicht gut zurecht. Organisatorisch hatte er sein Nachrichtensystem so ausgestaltet, daß eine seiner Untergruppen sich in Paris, eine zweite in Lyon, eine dritte in Marseille und eine weitere in Toulouse befand. Im deutschbesetzten Teil Frankreichs unterhielt er keine Funkstelle mehr; alle Nachrichten aus diesem Raume bekam er über einen gestaffelten Schleusungsweg, der jede Spur verwischte, nach Marseille zugeleitet, wo sich seine Hauptfunkstelle befand.

Seit Dezember 1941 war er nicht mehr in Paris erschienen, stand aber in einem chiffrierten schriftlichen Gedankenaustausch mit Gilbert. Von diesem hatte er die verschiedenen von den deutschen Organen durchgeführten Aushebungen gemeldet bekommen.

Paris

Mitte Juli 1942 entschloß sich Kent zu einem Besuch bei Gilbert. Die Zusammenarbeit mit den einzelnen Gruppen der französischen Widerstandsbewegung mußte besprochen und neu geregelt werden. Gilbert empfing ihn zunächst in seinem offiziellen Privatbüro und zog sich dann mit ihm in das geheime Arbeitszimmer zurück.

«So, lieber Freund, hier sind wir ganz unter uns und

gleichzeitig in der richtigen Umgebung. Ich freue mich sehr, Sie wieder zu sehen. Ich glaube, die Zentrale ist mit unserer Arbeit recht zufrieden.»

«Unsere Gegner sind inzwischen aber auch sehr aktiv geworden», bemerkte Kent.

«Lassen Sie den Kindern das Vergnügen. Um die verhafteten Männer tut es mir leid. Aber die deutsche Funkabwehr wird sich jetzt sehr rasch totlaufen.»

«Wieso?»

«Ich habe ein neues Funksystem aufgebaut, an dem sie sich ihre Zähne ausbeißen muß.»

«Darf ich davon etwas erfahren?»

«Gewiß. Und ich hoffe, Sie werden die gleiche Methode anwenden können. Sie ist sehr einfach und doch so, daß es wohl kaum möglich sein dürfte, eine meiner Stationen ausfindig zu machen. Ich habe mittlerweile einundzwanzig Sender in Betrieb genommen; je drei von ihnen bilden eine Funkgruppe.»

«Eine Funkgruppe? Wie soll ich das verstehen?» fragte Kent interessiert.

«Das werde ich Ihnen gleich erklären», sagte Gilbert schmunzelnd. «Ich habe jeden Sender mit einem Empfänger gekoppelt. Wenn ein Funkspruch zu einer bestimmten Zeit durchgegeben werden soll, dann bekommen alle drei Stationen das gleiche Telegramm zugestellt. Darauf ist vermerkt, welche Station mit der Durchgabe des Telegramms zu beginnen hat. Zur festgesetzten Zeit machen die drei Funker an den drei verschiedenen Punkten in Groß-Paris ihre Apparaturen klar. Die erste Station eröffnet den Verkehr mit dem Anruf und dem Kopfteil des Telegramms. Die zweite Station hört mit und beginnt daraufhin mit der Durchgabe der ersten drei Chiffregruppen. Währenddessen hat die dritte Station ebenfalls auf Empfang gestanden, und im selben Augenblick, in dem die zweite ihre drei Gruppen durchgegeben hat, beginnt sie mit der Tastung der nächstfolgenden drei. Nun setzt die erste Station wieder ein, die die nächsten drei Gruppen tastet, dann wieder die zweite Station und so reihum, bis der ganze Funkspruch getastet ist.»

«Eine geniale Idee», warf Kent ein.

«Und doch höchst einfach. Auf diese Weise bekommen die nach dem Sender suchenden Peiler immer wieder verschiedene Gradzahlen ihrer Richtungsmesser, und eine Standortfeststellung ist unmöglich.»

«Damit beginnt eine neue Phase in unserem Kampf.»

Berlin

Am Abend des gleichen Tages, an dem Kent mit Gilbert in Paris seine Unterhaltung führte, hatten auch Model und Schuster sich zu einer Besprechung in Schusters Wohnung am Bayerischen Platz in Schöneberg zusammengefunden. Die Ereignisse der letzten Wochen zwangen sie zu einer grundlegenden Beratung über die Lage. Man war sich darüber einig, daß der bisherige Weg in der Bekämpfung der täglich wachsenden Gefahr der Funkagenten zu keinen entscheidenden Ergebnissen führte. Man war sich ferner darüber im klaren, daß Bollmann mit seinen sprunghaften abrupten Ideen die geringen erzielten Erfolge zunichte machte oder sie zum mindesten oft eindämmte. Er pflegte jeden sich anbahnenden Erfolg laut auszuposaunen, und man gewann immer mehr den Eindruck, als ob dies regelmäßig auf den unsichtbaren Gegner warnend wirkte.

Die Funkagenten setzten sich offensichtlich nicht aus Personen zusammen, die jeweils nach eigenem persönlichen Gutdünken arbeiteten, sondern es stand hinter ihnen in allen Fällen eine stattliche Organisation, die ihr Wirken steuerte und sie beriet. Es war daher nicht verwunderlich, daß die Methoden ihrer Arbeit sich von Monat zu Monat verfeinerten.

«Lieber Model, ich kann Ihnen nur das eine sagen: wenn wir nicht bald ein wirksameres System für unser Vorgehen finden, können wir unseren Laden getrost schließen. Was nützen uns Einzelerfolge, wenn die Zahl der Funkagenten ständig wächst? Jetzt beobachten unsere Überwachungsstationen bereits mehr als 300 verdächtige Sender. Und wer sagt uns, wieviele es außer diesen noch gibt, die wir bisher noch nicht gehört haben?!»

Model nickte zustimmend. «Es ist nicht nur das, lieber Schuster. Die Ergebnisse der letzten Peiljagden in Belgien zeigen uns, daß unser Stoß immer wieder ins Leere geht. Wir haben fünf Stationen ausgehoben, die zweifellos zur Gruppe Kent gehören, aber was konnten wir an Nachrichtenzubringern fassen? – Fast nichts! Und die wenigen Männer, deren wir habhaft wurden, waren nur Zwischenglieder, deren Befragung uns nicht weiterhelfen konnte. Kent wurde nicht gefaßt und arbeitet mit seiner Gruppe nach wie vor lustig weiter. Der geheimnisvolle Gilbert ebenfalls. Und Coro auch.»

«Was ist übrigens mit Coro?»

«Das werde ich wohl morgen erfahren. Vor drei Tagen sollte ich zu Hopf kommen, aber er mußte zwei Stunden zuvor eine sehr dringende Dienstreise machen und kommt erst heute abend zurück. In Berlin konnten wir noch keine einzige Funkstelle ausheben. Giesekes Sender war von den Leuten rechtzeitig entfernt worden. Die übrigen Stationen schweigen seither.»

«Ein Beweis, daß sie mit zu seiner Gruppe gehören oder aber von ihm gewarnt wurden.»

«Selbstverständlich.»

«Wissen Sie, lieber Model, ich bin zu der Ansicht gelangt, daß unsere Methode zur Bekämpfung dieser Gefahr falsch ist, und zwar in ihrem Grundprinzip. Wir richten unsere

Angriffe immer nur gegen die Funkstellen. Diese sind doch aber nichts anderes als letzte ausführende technische Organe. Wir kämpfen doch aber schließlich nicht gegen Funkstationen, sondern gegen die hinter ihnen stehenden Arbeitsgruppen.»

«Freilich. Aber der Weg zu ihnen führt doch nur über diese Sender», wandte Model ein.

«In gewissem Sinne wohl. Wir müssen aber davon abgehen, diese Sender auszuheben.»

«Sondern?»

«Sondern nur feststellen und beobachten. Ich stelle mir die Sache folgendermaßen vor: Nehmen wir zum Beispiel das Funksystem, wie wir es in den letzten Tagen in Paris festgestellt haben. Wenn wir uns darauf verlegen, eine dieser vielen Stationen nach der anderen zu ermitteln und dann auszuheben, kommen wir nie zum Ziele. Ihre Nachfolger werden wie Pilze aus dem Boden wachsen. Wir müssen die Sender beobachten, ihre Standorte erkunden und die sie bedienenden Funker unter Überwachung nehmen. Dann finden wir nach einiger Zeit das System ihrer Treffs heraus. Die Treffpartner müssen dann genau so beobachtet werden, deren Mittelsmänner ebenfalls, und so fort, bis wir die jeweilige Zentrale der Gruppe festgestellt haben. Deren Mitglieder müssen restlos erkannt sein, ehe wir zugreifen. Herr Model, wir dürfen nicht von unten her in die Organisation einzubrechen versuchen, also über die Funkstellen, sondern von oben her, nämlich durch schlagartigen Angriff auf die Zentralen, gleichzeitig natürlich auch auf die Stationen. Die Losung unseres Vorgehens muß lauten: Angriff von oben her! Stoß in das Herz der Arbeitsgruppe! Dann zerschlagen wir mit einem Hieb das ganze System. Es kann dann niemand von den leitenden Organen übrigbleiben, der die Arbeitsgruppe neu aufbaut. Bei einem solchen Vorgehen besteht die Gewähr, daß wir sofort auch alle Unterlagen erbeuten, die uns in die Lage versetzen, einen wirksamen

Täuschungsverkehr durchzuführen. Denn, unter uns gesagt, lieber Model: das, was wir jetzt mit den in Belgien von uns betriebenen Sendern tun, ist meiner Meinung nach eine Farce! Die Gegenstation ist ohne Zweifel gewarnt und führt den Verkehr mit uns nur durch, um uns selbst zu täuschen. Wir sind nichts anderes als betrogene Betrüger! Oder halten Sie die Russen und Engländer für so dumm, daß sie den Braten nicht längst gerochen haben?»

«Sicher haben Sie recht. Aber machen Sie das mal Bollmann klar!»

«Das wäre aussichtslos. Er ist ja stolz auf diese seine Idee und gackert darüber wie eine alte Henne.»

Model lachte. «Wir müssen den Versuch machen, ohne Bollmanns Wissen nach dem neuen System einen Erfolg zu erzielen, um ihm dann den Beweis der Richtigkeit dieses Weges zu liefern.»

«Ja», bestätigte Schuster. «Und ich bin überzeugt, daß dieser Weg nachhaltiger zum Ziele führt als der bisherige. Augenblicklich zersplittern wir unsere Kräfte; wir suchen nach den Aufbauplätzen von 300 Sendern, heben hie und da einen aus, treffen mal diese, mal jene Organisation, ohne ihr ernsthaften Schaden zuzufügen, und tappen schließlich mehr oder weniger im Dunkeln. Wir müssen uns systematisch auf Schwerpunkte konzentrieren und alle Kräfte jeweils in einer oder zwei Richtungen einsetzen und nacheinander gegen die einzelnen Arbeitsgruppen ein Kesseltreiben veranstalten, ohne daß die Gegenseite etwas davon merkt. Es darf keine Funkstelle mehr ausgehoben werden, bevor nicht alle Zusammenhänge geklärt sind. Wir müssen die Leute in Sicherheit wiegen und jeweils schlagartig die ganze Organisation treffen. Dann dauert es zwar länger, bis wir einen sichtbaren Erfolg erzielen, er ist dann aber wirklich ein r e a l e r Erfolg und keine Selbsttäuschung mehr.»

«Dann schlage ich vor, daß wir folgendermaßen vorgehen: Als erstes Ziel nehmen wir uns die Berliner Gruppe vor.»

«Coro?» fragte Schuster.

«Ich möchte sie als die Gruppe „Coro - Arwid" bezeichnen; denn aus den entzifferten Funksprüchen geht hervor, daß anscheinend zwei Hauptpersonen an der Spitze dieser Organisation stehen. Diese Gruppe muß restlos eingekreist werden, bevor wir zugreifen. Da wir nun mehrere Adressen kennen, haben wir einen Ansatzpunkt.

Parallel zu dieser Aktion muß das Vorgehen gegen die Gruppe Kent erfolgen. In Belgien arbeiten noch mehrere Stationen, von denen ich annehme, daß sie zu dieser Organisation gehören. Moser muß die Aufbauplätze der Sender genau ermitteln, darf aber keine Funkstelle mehr ausheben. Die Funker müssen auf Schritt und Tritt beobachtet werden, bis wir alle Mitglieder der Organisation und insbesondere Kent ermittelt haben. Erst dann nehmen wir die ganze Kiste hoch. Das wäre die Aufgabe für Moser in Zusammenarbeit mit den deutschen Polizeiorganen in Belgien. Gleichzeitig damit müssen wir in Paris die Aktion gegen die dortige Arbeitsgruppe einleiten; dafür wäre ein anderer Peilzug einzusetzen.»

«Das kann die Funküberwachungskompanie machen, die jetzt in Nordfrankreich arbeitet.»

«Gut», meinte Model. «Übernehmen Sie die Einleitung dieser Aktion. Es sind ja fast zwei Dutzend Sender, die dort beobachtet werden müssen. Kent und die Pariser Gruppe hängen zweifellos eng zusammen. Ich habe sogar den Eindruck, als ob zwei der in Belgien ausgehobenen Sender irgendwie mit zu der Pariser Gruppe gehören. Die Beziehung Kent - Gilbert muß enger sein, als wir ursprünglich annahmen. Es ist mir aber noch unklar, wer Gilbert ist, welche Rolle er spielt und ob er sich ständig in Paris aufhält. Nur eine systematische Beobachtung kann dies klären. Sobelsohn gehörte zur Gruppe Gilbert und nicht zu Kent.»

«Hat Vauth mit Hilfe der bei den drei verhafteten Chiffreuren vorgefundenen Schlüsselunterlagen die bisher gefunkten Telegramme der ausgehobenen Sender entschlüsseln können?»

«Zum Teil. Und dabei ergibt sich eine gewisse Überschneidung des Inhalts der Funksprüche Kents und Gilberts. Beide berichten über den Atlantikwall, über Garnisonsbelegungen, Truppenverschiebungen und dergleichen. Dadurch ließ ich mich anfangs täuschen und meinte, es handle sich immer wieder um Kent.»

«Und wie kamen Sie darauf, daß es sich um Telegramme Gilberts handeln muß?»

«Mir fiel auf, daß die von zwei der ausgehobenen Sender gefunkten Sprüche nicht die Unterschrift Kents trugen, dafür aber mit einer stets gleichbleibenden fünfstelligen Zahlengruppe begannen. Diese Zahlengruppe kam mir seltsam bekannt vor, und ich suchte daher alle bisher in der Angelegenheit eingegangenen Schreiben und Aktenstücke durch, bis ich in einem der halbvernichteten Briefe, die seinerzeit in der Brüsseler Villa gefunden wurden, die gleiche Zahlengruppe entdeckte. Dieser Brief trug die Unterschrift Gilberts. Es scheint fast, als ob hier eine ähnliche Beziehung besteht wie zwischen Coro und Arwid.»

Schuster nickte zustimmend. «Die Gruppe muß aber wesentlich größer und weiträumiger sein als Coros. Schon die Anzahl der zu ihr gehörenden Stationen läßt darauf schließen. Denn die zwei Dutzend Sender in Paris gehören auf Grund des von ihnen angewandten Funkverfahrens zur gleichen Organisation.»

«Halten Sie es für möglich, die Pariser Sender trotz ihres neuen Funksystems zu peilen?» fragte Model.

«Ja. Wir müssen dem Masseneinsatz von Sendern einen Masseneinsatz von Peilern entgegenstellen. Bei richtiger Anpassung an das geübte Funkverfahren müßten wir meiner Überzeugung nach innerhalb von drei bis vier Wochen die Aufbauplätze sämtlicher Funkstellen der Pariser Gruppen ermitteln können.»

«Und dann müßte man damit beginnen, die Funker zu überwachen?»

«Ja. Das erfordert natürlich unsererseits einen gewissen Aufwand an geschulten Kriminalisten; dabei kann ja die Sicherheitspolizei ihre Talente leuchten lassen. Die Lösung des Problems erfordert zwar einige Zeit, muß aber ohne weiteres möglich sein, wenn man einigermaßen geschickt vorgeht. Ich habe den Eindruck, daß alle in Westeuropa stehenden und nach dem Osten orientierten Sender sich in fünf Gruppen zusammenfassen lassen, nämlich die Gruppe Kent, die Pariser- oder Gilbert-Gruppe, die Schweizer Gruppe, die holländische und die südfranzösische Gruppe, die erst seit einem halben Jahr arbeitet.»

«Was halten Sie von der Schweizer Gruppe?» fragte Model nachdenklich.

«Wenn ich offen sein darf, so muß ich gestehen, daß ich sie als die gefährlichste von allen halte, weil sie unbehindert arbeiten kann. Jeder Versuch, zu einer Lösung der von ihr verwendeten Geheimschriften zu kommen, ist bisher fehlgeschlagen. Jetzt sind zwei unserer Agenten nach Genf und Lausanne gefahren, um zu versuchen, in Beziehungen zu den Funkern zu treten; die eine Station wird nämlich von einem Mädchen bedient. Kleinknecht will auf diesem Wege in die Geheimschrift eindringen. Ob es ihm gelingt, bleibt abzuwarten. Da er sich nicht ausspricht und stets nur für sich arbeitet, kenne ich seine Gedankengänge nur sehr oberflächlich.» *

Model seufzte. «Auch ich habe den Eindruck, daß wir mit dieser Gruppe nicht weiter kommen werden. Der Telegrammabsatz der drei Stationen ist auf nahezu 400 im Monat gestiegen und wird von Woche zu Woche intensiver.

* Die Geschichte der Schweizer Gruppe der sowjetischen Spionageorganisation schildert W. F. Flicke in «Agenten funken nach Moskau».

Wenn ich mir vor Augen halte, was allein in den von PTX gefunkten und von uns entzifferten Telegrammen stand und bedenke, daß in gleicher Weise Dutzende anderer Sender ihre Nachrichten unbehindert durchgeben, dann muß ich schon gestehen, daß mein Glaube an den Endsieg von Tag zu Tag größer wird.»

Schuster lachte. «Nun, unsere neue Offensive im Osten hat sich ganz gut angelassen; wir stehen am Don und — —»

«Lieber Kamerad», unterbrach ihn Model, «der Anfang ist bei uns Deutschen von jeher immer gut gewesen; nur sieht das Ende stets etwas anders aus. Erst wenn wir an der Wolga und im Kaukasus stehen, wird sich zeigen, ob die Kiste hält.»

«Warten wir ab und tun als Soldaten unsere Pflicht. Hinsichtlich unseres neuen Arbeitsplanes sind wir uns einig?»

«Vollkommen», bestätigte Model. «Morgen spreche ich mit Hopf. Ich hoffe, daß wir dann mit der Einkreisung der Berliner Gruppe beginnen können. Moser bekommt die Weisung, in unserem Sinne in Belgien und Holland vorzugehen.»

Berlin

Am Donnerstag, den 16. Juli 1942, erschien am Nachmittag Model in der Prinz-Albrecht-Straße in Berlin im Reichs-Sicherheits-Hauptamt. Kriminalkommissar Hopf begrüßte den Besucher in leutseliger Weise.

«Kommen Sie, Herr Hauptmann, lassen Sie uns Platz nehmen. Ich vermute, wir werden in Zukunft oft Gelegenheit haben, unsere Gedanken auszutauschen. Darf ich bitten, mir zunächst die Zusammenhänge zu erläutern, auf Grund deren Sie zu den drei Adressen gekommen sind!?»

Model berichtete über das Auftreten der drei Sender in

Berlin, ihre Beobachtung, die Aushebung der Station PTX, den Fall Gieseke und das Ergebnis der Entzifferung jener von der Brüsseler Funkstelle gesendeten und empfangenen Telegramme. Zum Schluß legte er dem Kriminalkommissar den Text des Funkspruchs vor, in dem die Adressen genannt worden waren.

Hopf las das Telegramm aufmerksam durch. «Hm! Sehr interessant! Dachte ich mir schon ungefähr so. Nun will ich Sie über die Ermittlungen informieren. Hinsichtlich zweier Adressen habe ich Ihnen ja schon vor kurzem Bericht gegeben; die Nachforschungen gehen weiter. Was die dritte Adresse betrifft, so hatten wir zuerst Zweifel, ob sie stimmen mag. Die von Ihnen gegebene Bestätigung und einige andere Feststellungen unsererseits führten mich aber bald zu der Erkenntnis, daß diese dritte Adresse offenbar die wichtigste von allen ist und daß wir uns hier auf Überraschungen gefaßt machen müssen. Es handelt sich um einen Hauptmann der Luftwaffe, der drüben im Reichsluftfahrtministerium Dienst macht. Im Zivilberuf ist er Dozent an der Berliner Universität. Er hat Einblick in die geheimsten Dinge.»

«Das habe ich gemerkt», bestätigte Model. «Nun ist mir vieles klar.»

«Es kommt hinzu, daß er einen höchst ausgedehnten Bekanntenkreis zu haben scheint. Er steht auch in Verbindung mit den Friedenauer Leuten. Wir überwachen jetzt seinen ganzen Umgang, seinen Telefonverkehr und auch seine Frau.»

«Wie gedenken Sie vorzugehen?» erkundigte sich Model.

«Sehr behutsam. Wir dürfen nicht übereilen.»

«Ganz meine Meinung.»

«Ich bin der Ansicht, daß sich um den Hauptmann Müller-Boyd ein Kreis von Leuten gruppiert; wir müssen erst den ganzen Zirkel kennen, bevor wir zugreifen,»

«Vor allem muß geklärt werden, wer sich hinter dem

Decknamen Arwid verbirgt; der Mann tritt oft als hervorragender Nachrichtenlieferant in den Funksprüchen auf. Er ist nicht weniger gefährlich als Coro.»

In den ersten Augusttagen erschien Hopf bei Model. Das erste umfassende Ergebnis der Beobachtungsaktion gegen Coro und seinen Kreis lag vor und sollte beraten werden.

«Die Angelegenheit kompliziert sich von Tag zu Tag. Wir kommen in einen sehr ausgedehnten Kreis hinein. Wir kennen bereits 45 Personen, die zu Coro in Beziehung stehen.»

«Fünfundvierzig Personen?» meinte Model ungläubig.

«Ja. Und ich bin überzeugt, daß die Zahl sich mindestens verdoppeln wird.»

«Haben Sie Coros Telefonverkehr überwacht?»

«Wir tun es immer noch. Schon nach wenigen Tagen konnten wir ermitteln, daß er verschiedene Leute mit kurzen verabredeten Kennzeichen zu Treffs bestellt. Wir überwachen auch seine Korrespondenz und haben darin ähnliche Treffverabredungen gefunden. Im Berliner Tiergarten trifft er sich regelmäßig mit einem gewissen Dr. Hartmann, der Oberregierungsrat und Abteilungsleiter im Reichs-Wirtschaftsministerium ist. Die beiden scheinen Informationen auszutauschen. Ich glaube, das ist der von Ihnen gesuchte Herr Arwid.»

Model sprang auf. «Arwid? Woraus schließen Sie das?»

«Aus dem einfachen Umstand, daß er mit einem seiner Vornamen Arwid heißt.»

«Dann war es etwas leichtsinnig, diesen echten Vornamen als Decknamen zu wählen», bemerkte Model.

«Ab und zu trifft er sich mit einem Diplomingenieur Hankel, der einen wichtigen Posten bei einer großen Berliner Radiofabrik bekleidet. Wir haben herausbekommen, daß dieser Mann mit der Herstellung von Funkpeilern zu tun hat.»

«Funkpeiler sagen Sie?» fragte Model verblüfft.

«Ja. Die Firma liefert diese Geräte an das Heereswaffenamt und an die Luftwaffe.»

«Einen Augenblick, bitte!» Model griff aufgeregt nach dem Telefonhörer und wählte eine Verbindung. «Lieber Schuster, sind Sie am Apparat? — Können Sie mir sagen, von welcher Firma die drei Peilgeräte stammten, mit denen Moser in Brüssel jene sonderbaren Feststellungen machte? — Ja? — Von Radio-Wolf? — Ja. — Danke sehr!»

«Stimmt, Herr Hauptmann», bemerkte Hopf gelassen. «Das ist die Firma, die ich vorhin meinte.»

Model schlug mit der flachen Hand auf den Schreibtisch. «Ein starkes Stück! Die Peiler zeigten nämlich falsche Gradzahlen an.»

«Wundert mich gar nicht. Hankel wird noch andere Dinge gedreht haben. Der Betriebsobmann hat uns einige Auskünfte gegeben, die sehr interessant sind. Es hat sich schon lange ein bestimmter Verdacht auf ihn gerichtet, nur war es unmöglich, Beweise zu bekommen; wir werden dort sehr sorgsam recherchieren müssen. Zweimal fand ein Treff mit einem Legationsrat vom Auswärtigen Amt statt; dieser war früher bei der deutschen Gesandtschaft in Warschau und ist seit Kriegsbeginn in Berlin. Ich vermute, daß er Coros Hauptlieferant für außenpolitische Informationen ist.»

«Dann wird mir auch klar, woher Kent seine außenpolitischen Nachrichten bezieht; er gibt nämlich darüber sehr eingehende Details in seinen Telegrammen.»

«Ferner trifft Coro sich mit einem ehemaligen Professor Fuchs. Dieser Professor hatte seinerzeit einen ausgedehnten Bekanntenkreis, und ich nehme daher an, daß er ebenfalls als Nachrichtenzubringer fungiert. Er hat Beziehungen zu einigen höheren Offizieren des Oberkommandos der Wehrmacht und des Heeres.»

«Ein erstaunlicher Bursche, dieser Müller-Boyd. Einen großen Kreis von Lieferanten wichtiger Nachrichten zu gewinnen, ist doch unter den heutigen Verhältnissen, bei denen man stets damit rechnen muß, an den Unrechten zu geraten, keine Kleinigkeit.»

«Das beweist, daß er den Kreis Gleichgesinnter schon seit geraumer Zeit zu organisieren begonnen hat. Offen bleibt zudem die Frage, inwieweit er diese Leute über seine eigene Tätigkeit informiert oder täuscht.»

«Ich bin mir in folgendem Punkte noch nicht im klaren», bemerkte Model am nächsten Tage zu Hopf, der ihn wieder besuchte, «war Gieseke der einzige Funker der Gruppe, oder hat sie noch einen oder mehrere?»

«In dieser Hinsicht habe ich einen bestimmten Verdacht. Ich erwähnte gestern einen Mann, der sich am Apparat immer mit Dr. Bork meldet. Er heißt in Wirklichkeit Paul Schulz. Dieser Mann reiste bis vor kurzem jeden dritten Tag nach Trier; was er dort macht und mit wem er sich trifft oder traf, konnten wir nicht ermitteln. In der vorigen Woche hat er einen kleinen Koffer nach Friedenau gebracht. Ich vermute, daß es sich um ein Funkgerät handelt. Vielleicht ist Schulz der zweite Funker.»

«Wer sind eigentlich die Friedenauer Leute?»

«In Friedenau handelt es sich um zwei Familien. Die eine ist Graf Walther Benkendorff mit seiner Frau Erika. Der Mann ist Bildhauer und scheint selbst mit der Sache wenig zu tun zu haben. Seine Frau verkehrt aber viel mit dem Ehepaar Grauhoff, das im Nachbarhause wohnt; bei den letzteren wurde jener Koffer abgegeben.»

«Und was treibt dieser Mann?»

«Er ist Schriftsteller und hat sehr viele Beziehungen zu Kreisen des Films und der Theaterbühne. Ich nehme an, daß er irgendwelche gestaffelte Ketten von Nachrichtenzubringern hat.»

«Haben Sie bei Coro eine Haussuchung vorgenommen?»

«Ja, vorgestern. Es waren nur die Frau und das Mädchen anwesend. Während wir die Wohnung durchsuchten, mußten beide unter Bewachung in der Diele Platz nehmen. Die bewußten Schriften fanden sich nicht vor. Auch sonst fanden wir kein besonderes kompromittierendes Material. Offenbar hat der Mann alle Akten und Papiere bei Freunden deponiert.

Auf dem Schreibtisch fanden wir aber zweierlei, was uns einige Fingerzeige gibt. Es waren zwei Briefe Coros, die fertiggestellt und kuvertiert waren, jedoch waren die Briefumschläge noch nicht zugeklebt. Der eine Brief war an einen gewissen Anton Bromberg adressiert, der ebenfalls in Berlin wohnt; aus ihm geht hervor, daß dieser Mann anscheinend das Druckreferat der Gruppe hat und verschiedene Schriften vervielfältigt. Ich nehme an, er arbeitet auf dem Gebiete der inneren illegalen Propaganda. Seit einem Jahr beobachten wir das Auftreten von kleinen Flugblättern und angeklebten Zersetzungsplakaten in der Stadt; sie werden in der Dunkelheit an Haustüren oder Plakatsäulen angebracht. Bisher gelang es uns nie, die Urheber zu fassen. Wahrscheinlich stammen sie aus diesem Kreise, dem wir jetzt auf der Spur sind.»

«Und der andere Brief?»

«War an den Vater Coros gerichtet. Wir haben auch ihn photographiert und dann wieder in den Umschlag gesteckt. Dieser Brief ist scheinbar harmlos gehalten. Jedoch findet sich ein Satz darin, der zu denken gibt. Coro schreibt, Stalin werde seine große entscheidende Schlacht voraussichtlich erst in den traditionellen Gefilden an der Wolga bei Zarizyn-Stalingrad schlagen. Nun gibt es aber bei Stalingrad keine „traditionellen Gefilde". Wir stehen am Don, und ein Vorstoß auf Stalingrad ist ohne weiteres noch nicht zu erkennen.

Die Redewendung Coros läßt darauf schließen, daß er die operativen Ziele unserer Führung kennt. Wenn er sie – versteckt – seinem Vater mitteilt, tut er dies zweifellos auch in anderer Richtung.»

«Hoffentlich können wir die ganze Kiste bald hochnehmen.»

«Dazu möchte ich folgendes sagen: Hochnehmen können wir die Gruppe jederzeit; das ist leicht getan. Es fragt sich nur, was dabei herauskommt. Denn unsere bisherigen Beobachtungen haben keinerlei Beweis dafür ergeben, daß diese Leute etwas Staatsfeindliches tun.»

«Aber die Funksprüche!» warf Model lebhaft ein.

«Die Funksprüche allein genügen nicht! Kein Mensch kann den Leuten nachweisen, daß jemand von ihnen gefunkt hat. Selbst wenn wir den Sender finden, können wir den Betreffenden, bei dem er gefunden wird, lediglich wegen Nichtanmeldung des Gerätes belangen. Wie wollen Sie beweisen, daß Müller-Boyd tatsächlich Coro ist? Jenes Telegramm ist kein stichhaltiges Beweismittel. Der Mann wird nie zugeben, daß Kent ihn wirklich besuchte. Es liegt nichts vor, was sich unzweifelhaft auf Müller-Boyd bezieht! Kein Gericht wird ihn oder ein Mitglied der Gruppe nur auf Grund jener Telegramme verurteilen. Coro kann behaupten, es habe vielleicht die Absicht bestanden, ihn als Agenten zu werben, geschehen sei es aber niemals. In seiner Wohnung haben wir kein Funkgerät und keine kompromittierenden Schriftstücke gefunden. Der in den Sprüchen oft auftretende Name Arwid kann rein zufällig mit dem Vornamen des Oberregierungsrates Hartmann identisch sein. Wir müssen ganz positive Beweise erbringen. Zudem können wir keinen unmittelbaren Vorgesetzten von Müller-Boyd mit ins Vertrauen ziehen, weil wir nicht wissen, ob nicht vielleicht einer dieser Vorgesetzten mit von der Partie ist. Bei Hankel können wir eventuell auf dem Wege über die seltsame Peilaffäre die Anklage wegen Sabotage erheben; ich bin aber überzeugt, der Mann wird sich leicht herausreden können, da er die Dinge ja nicht eigenhändig gebaut hat. Wir müssen die Beweiserbringung so handhaben, daß sie erstens stichhaltig ist und zweitens ohne Zuziehung eines der Vorgesetzten oder Mitarbeiter Müller-Boyds geschieht.»

«Wie soll man das fertigbringen?» fragte Model.

«Sagen Sie, werden die Telegramme, die von den in Holland stehenden Sendern gefunkt werden, bei Ihnen dechiffriert?»

«Nein, es ist uns leider noch nicht gelungen, in die Geheimschrift einzudringen.»

«Sehr schade», bemerkte Hopf. «Wäre es der Fall, dann könnte man das Problem sehr einfach lösen.»

«Wie meinen Sie das?»

«Einige unserer Männer müssen zu mehreren Mitgliedern der Gruppe in Beziehung treten. Nehmen wir zum Beispiel Müller-Boyd, Hartmann und jemand von den Friedenauer Leuten. Diesen drei Personen müssen dann verschiedene Nachrichten zugetragen werden, die höchst plausibel erscheinen und den Eindruck großer Wichtigkeit machen. Diese Nachrichten müßten dann einem der in Holland befindlichen Sender zur Weitergabe übermittelt werden. Sie, Herr Hauptmann, müßten dann durch Ihre Organe sicherstellen, daß gleichzeitig mit der Verhaftung der Berliner Leute auch die in Frage kommenden Sender in Holland ausgehoben werden. Gelingt es Ihnen dann, in den Besitz der zur Anwendung kommenden Geheimschrift zu gelangen, dann kann aus den nachträglich entschlüsselten Funksprüchen festgestellt werden, ob jene den Leuten zugeleiteten falschen Nachrichten weitergegeben worden sind.»

Der Ausbau der „Funkabwehr" hatte im Verlaufe des letzten Vierteljahres die Zahl der in dieser Abteilung beschäftigten Personen nahezu verdoppelt. Die zur Verfügung stehenden Räume reichten für ein ordnungsmäßiges Arbeiten nicht mehr aus. Bollmann hatte erreicht, daß ihm eine weitere Etage zur Verfügung gestellt wurde.

Am 25. August begann man mit der Zuweisung der Räume an die einzelnen Referate und mit dem Umzug. Ein geschäftiges Treiben herrschte in den sonst so stillen Fluren. Eine normale Arbeit war nur noch in wenigen Zimmern möglich. Model und Vauth erhielten mit ihren Leuten das oberste Stockwerk des Gebäudes zugewiesen. Am 26. August begannen sie mit der Umgruppierung ihrer Arbeitsplätze, und trotz des hochsommerlichen Wetters hatte man bis zum Abend des folgenden Tages die Neuordnung vorgenommen. Die Mechaniker der Postverwaltung begannen mit der Einrichtung der Fernsprechanschlüsse. Auch Dr. Vauth, der bis dahin kein Telephon in seinem Arbeitszimmer gehabt hatte, erhielt jetzt einen eigenen Apparat.

Am Morgen des 29. August war alles neu hergerichtet, und die Referenten gingen daran, die durch die Unruhe der letzten Tage verzögerte Arbeit nachzuholen.

Bei Vauth hatte sich in letzter Zeit ohnehin eine große Menge zu erledigender Aufgaben angesammelt, und so beschloß er im Laufe des Vormittags des 29. August, diesen Samstag als vollen Arbeitstag, und zwar ausnahmsweise bis sieben Uhr abends, anzusetzen und den Vormittag des darauffolgenden Sonntags ebenfalls zu Hilfe zu nehmen. Diese Entscheidung fand bei seinen Leuten zwar keinen ungeteilten Beifall, wurde jedoch ohne Murren als Befehl hingenommen.

Am wenigsten erfreut über diese Regelung waren die beiden ehemaligen Studenten Gülzow und Heidemann, da ihnen dadurch die Teilnahme an dem von Harro und seiner Frau arrangierten kleinen Fest in Wannsee unmöglich gemacht wurde, auf das sie sich besonders gefreut hatten.

Um nicht unhöflich zu erscheinen und nicht unentschuldigt der Veranstaltung fernzubleiben, benutzte Gülzow die Stunde, in der Vauth zu einer Tasse Kaffee in das nahegelegene Kasino gegangen war, um aus dessen Zimmer unter Benutzung des erst gestern eingerichteten Fernsprechanschlusses seinen Freund anzurufen. Zu seinem großen Bedauern meldete sich jedoch am anderen Ende der Leitung nur das Dienstmädchen, das die Auskunft gab, der Herr des Hauses sei noch nicht heimgekehrt, müsse aber jeden Augenblick kommen; die gnädige Frau dagegen sei bereits nach Wannsee gefahren.

Gülzow bat das Mädchen, es möge Herrn Müller-Boyd sofort nach dessen Ankunft ausrichten, er solle unverzüglich Apparat 21 87 07 anrufen. Das Mädchen notierte die Nummer und versprach, das Gewünschte zu erledigen.

Aber obwohl Gülzow bis zum Abend auf den Anruf wartete, blieb dieser aus, und die beiden jungen Leute verbrachten den Rest des Abends, indem sie in einem nahegelegenen Gartenrestaurant ihren Imbiß einnahmen und bei einigen Glas Bier sich Betrachtungen über das leider versäumte Fest am Ufer der Havel hingaben.

Am Montag, den 31. August, erschien Dr. Vauth pünktlich wie stets zum Dienst, machte seinen Rundgang durch die neuen Räume des Referats, gab einige Anweisungen und setzte sich dann an seinen Schreibtisch, um die an den beiden Vortagen entschlüsselten Telegramme einer im Osten ausgehobenen Agentenstation durchzusehen. Er brachte sie zu Model hinüber, dessen Arbeitszimmer jetzt neben dem seinigen lag.

Model stand vor einer großen Karte und machte seine Eintragungen. «Da schauen Sie her, Vauth!» rief er dem Eintretenden entgegen. «Wissen Sie, wieviel Agentensender zur Zeit von uns beobachtet werden? — Dreihundertfünfundzwanzig! Vielleicht sind es in Wirklichkeit fünfhundert!»

«Es werden nicht alle so gefährlich sein wie Coro», gab Vauth zu bedenken.

«Sicher nicht. Aber Gewißheit haben wir immer erst dann, wenn es zu spät ist. Haben Sie schon mit der Untersuchung der Geheimschrift begonnen, die von den drei in Holland stehenden Sendern angewendet wird?»

«Jawohl. Die Statistiken sind im Entstehen. Ich gehe sofort wieder an die Arbeit, wollte Ihnen nur die entzifferten Telegramme der letzten zwei Tage bringen.»

Vauth ging in sein Zimmer zurück, zündete sich seine Tabakpfeife an und griff nach der Tabelle mit der Häufigkeitsberechnung der Chiffregruppen der soeben erwähnten drei holländischen Funkstellen. Dann spitzte er umständlich ein halbes Dutzend Blei- und Buntstifte, stellte mit einem Blick auf die Uhr fest, daß es bereits einhalb zehn Uhr sei, und war gerade dabei, die ersten Eintragungen zu machen, als das Telephon auf seinem Tisch läutete.

«Hier 21 87 07», meldete er sich.

«Hier Müller-Boyd», erscholl es aus dem Hörer. «Sie wollten mich sprechen.»

Vauths Tabakpfeife fiel klappernd auf den Tisch, und die Funken sprangen über das große Blatt mit den sauber eingetragenen Zahlen. «Ja – ich – Verzeihung – bitte, wer ist dort?»

«Hier Müller-Boyd. Ich fand gestern auf meinem Schreibtisch eine Notiz meines Mädchens, ich solle Sie dringend anrufen. Wünschen Sie etwas von mir?»

«Ach so – ja – natürlich!» Vor Vauths Augen begannen die Zahlen seiner Statistiken zu tanzen, der Schweiß trat ihm auf die Stirn. Müller-Boyd telefonierte ihn an! Was sollte das bedeuten? Vor wenigen Tagen hatte er, Vauth, die letzten Funksprüche dieses Mannes entziffert, und jetzt rief er selbst bei ihm an. Herrgott, was sollte er nur sagen?

«Hallo!» scholl es aus der Hörmuschel, «sind Sie noch da?»

«Ja – jawohl – ich höre – Sie wollten mich sprechen – verzeihen Sie, ich wurde soeben gestört. Sagen Sie bitte,

Verehrtester, wie schreiben Sie sich eigentlich? Mit i oder mit einem y?»

«Entschuldigen Sie, ich glaube, ich bin falsch verbunden», ließ sich die Stimme wieder hören. «Hier spricht Hauptmann Müller-Boyd. Mit y natürlich. Mir wurde ausgerichtet, Sie wollten mich dringend sprechen. Darf ich fragen, wer dort am Apparat ist?»

«Hier Doktor – äh, Doktor Haase.»

«Ach so! Dann bitte ich um Verzeihung. Sie haben mich nicht angerufen?»

«Nein, Herr Hauptmann.»

«Dann war es ein Irrtum und mir wurde eine falsche Telefonnummer aufgeschrieben. Entschuldigen Sie!»

«Bitte sehr!»

Vauth legte den Hörer auf. Dann starrte er entgeistert auf den Apparat. Hatte er geträumt? – Aber da lag die Tabakpfeife, die ihm aus dem Munde gefallen war, und die verstreute Asche und die Tabakkrümel; ein Funke hatte ein kleines kreisrundes Loch in die saubere Statistik gebrannt. Er nahm sein Taschentuch und fegte das Blatt wieder rein, wischte sich die Schweißtropfen von der Stirn und griff in den Kragen der Uniform, als sei dieser plötzlich zu eng geworden. Dann sprang er mit einem jähen Ruck auf und rannte aus dem Zimmer.

Model blickte kaum auf, als Vauth, ohne anzuklopfen, hereingestürzt kam. Er war gerade im Begriff, mit Hilfe einer großen Lupe mehrere Orte auf seiner Karte ausfindig zu machen.

«Herr Hauptmann – – Herr Hauptmann –», stammelte Vauth; er hatte das Empfinden, als sei ihm die Kehle ausgedörrt und als verweigerten die Stimmbänder den Dienst.

«Was ist denn schon wieder?» knurrte Model, die Lupe hin- und herbewegend.

«Herr Hauptmann – – ich weiß nicht, was es bedeuten soll – ich bin – eben hat mich – –».

„Ich weiß nicht, was soll es bedeuten", brummte Model. Dann sah er auf. «Mensch, Vauth, was ist denn mit Ihnen los? Sie sehen ja kreidebleich aus! Ist Ihnen nicht wohl?»

«Doch, Herr Hauptmann, oder nein — — ich weiß es nicht. Eben hatte Coro mich angerufen!»

Model legte die Lupe beiseite. «Vauth, nun glaube ich aber doch, daß Sie einen Sonnenstich haben. Kommen Sie, setzen Sie sich mal her!»

«Herr Hauptmann, ich habe keinen Sonnenstich.»

«Ruhig, ruhig, mein Lieber! Sie sind überarbeitet; das weiß ich schon lange. Wochenlang nichts als Kent und Coro vor Augen! Mir geht es schon selbst so, daß ich anfange, Gespenster zu sehen und zu hören!»

«Nein, nein, Herr Hauptmann, keine Gespenster! Ganz im Ernst! Eben hat Coro mich angerufen!»

Model lachte. «Coro?» meinte er dann. «Aber hören Sie mal, Vauth! Überlegen Sie doch, was Sie sagen. Ihr Telefonanschluß ist vorgestern geschaltet worden. Gestern war Sonntag. Woher soll denn Coro Ihre Fernsprechnummer kennen? Hier, trinken Sie ein Glas Wasser, dann wird Ihnen besser!»

Aber Vauth lehnte das angebotene Wasser ab und behauptete weiter, er sei soeben von Coro angerufen worden. Model horchte auf. «Erzählen Sie mal die ganze Geschichte im Zusammenhange. Sie waren doch kurz zuvor bei mir.»

«Jawohl, und dann ging ich in mein Arbeitszimmer und machte alles für die Arbeit zurecht, und da klingelte es schon.»

«Wie meldeten Sie sich?»

«Mit der Anschlußnummer.»

«Und was sagte der Teilnehmer dann?»

«Hier Müller-Boyd. Sie wollten mich sprechen.»

«Sagen Sie mal, Vauth, können Sie sich nicht verhört haben? Der Name Müller-Boyd spukt Ihnen seit Wochen im

Kopfe herum. Vielleicht dachten Sie gerade an ihn, als das Telefon läutete.»

«Nein. Ich war zuerst ganz verwirrt und fragte dann, wer am Apparat sei. Hierauf meldete der Mann sich nochmals mit Müller-Boyd und behauptete, es sei ihm mitgeteilt worden, er solle mich dringend anrufen.»

Model blickte Vauth eine Weile schweigend an. Dann erkundigte er sich, was Vauth daraufhin gesagt habe.

Vauth wurde etwas kleinlaut. «Ich glaube, ich habe eine große Dummheit gemacht. Sie hatten mir doch kürzlich gesagt, daß es sich bei Coro um den Hauptmann Müller-Boyd handelte. Ich zerbrach mir seither den Kopf darüber, wie wohl der zweite Teil dieses Namens geschrieben werden mag. Als ich nun den Namen von seinem Träger aussprechen hörte, stand plötzlich jene Frage wieder vor mir, und ich ließ mich dazu verleiten, mich bei ihm zu erkundigen, ob er sich mit i oder mit y schreibe.»

«Das war allerdings ein Fehler», stellte Model fest. «Aber es ist jetzt müßig, darüber zu rechten. Was antwortete denn der Mann auf Ihre Frage?»

«Er erklärte: „Hier spricht Hauptmann Müller-Boyd. Mit y natürlich. Mir wurde ausgerichtet, Sie wollten mich dringend sprechen." Dann erkundigte er sich, wer am Apparat sei.»

«Und was antworteten Sie darauf?»

«Ich meldete mich mit „Doktor Haase", worauf nach ein paar Sätzen das Gespräch abgebrochen wurde. Müller-Boyd erklärte, er habe sich offenbar in der Nummer geirrt.»

Model nickte und sah stumm vor sich hin. «Was soll man davon halten?» fragte Vauth nach kurzer Pause.

«Kein Zweifel!» erklärte Model bestimmt. «Coro hat Wind bekommen und einen Versuchsballon aufsteigen lassen. Er muß in Erfahrung gebracht haben, daß Sie seine Telegramme dechiffrieren. Ihre Frage nach der Schreibweise seines Namens kann ihn in seiner Annahme, daß man sich mit ihm beschäftigt, nur bestärkt haben. Wie er zur Kenntnis der Nummer Ihres Telefonanschlusses gekommen sein mag, bleibt noch zu klären. Auf jeden Fall ist Eile geboten.»

Hopf war aufs höchste überrascht, als Model und Vauth ihm von der am Morgen dieses Tages entstandenen neuen Situation berichteten. Er teilte Models Auffassung, daß es sich nur um einen Versuchsballon Coros handeln könne. Er bedauerte es auf das lebhafteste, schon jetzt zugreifen zu müssen, da er gerade im Begriffe war, einige neue Spuren zu verfolgen, die nach der Schweiz führten; die Gefahr war groß, daß durch eine sofortige Aktion diese Spur vernichtet oder wenigstens stark verwischt werden könnte. Aber Model drängte auf unverzügliches Zuschlagen.

«Herr Kriminalkommissar, wir müssen ohne Rücksicht auf die entstehenden Nachteile sofort zugreifen. Ich habe festgestellt, daß Coro an einer weiteren Agentenaffäre beteiligt war; wer weiß, an welchen anderen Gruppen, von denen wir noch nichts wissen, er mitarbeitet. Wer weiß, was noch entstehen kann, wenn wir den Mann weiter auf freiem Fuß belassen.»

Hopf stimmte zu und entschied sich nach Rücksprache mit seinem Abteilungsleiter, dem Regierungsrat Banzing, für einen Zugriff auf die beiden Hauptpersonen der Arbeitsgruppe am gleichen Tage. Coro und Arwid sollten am Spätnachmittag verhaftet werden; die Festnahme der übrigen Personen sollte Zug um Zug im Anschluß daran erfolgen. Der in der Zwischenzeit aufgedeckte Kreis der Verdächtigen belief sich bereits auf etwa einhundertfünfzig Männer und Frauen.

«Ich gehe sehr ungern an diese Verhaftungen, denn wir verbauen uns höchstwahrscheinlich den Weg für die totale

Vernichtung der Gruppe. Verschiedene der Spuren erscheinen von großer Bedeutung. Aber ich sehe ein – wir müssen handeln», stellte er fest.

Model war einverstanden und erbat sich eine laufende Orientierung.

«Eines ist mir noch unklar», bemerkte Hopf, als seine beiden Besucher sich zum Gehen anschickten. «Auf welche Weise konnte Coro zwei Tage nach Errichtung des Fernsprechanschlusses die Nummer des Apparates des Entzifferers seiner und Kents Telegramme in Erfahrung bringen? Meine Vermutung geht dahin, daß sich bei Ihnen in der Abteilung jemand befinden muß, der mit Coro in Verbindung steht.»

«Ich halte das für unwahrscheinlich», widersprach Model. «In Frage kommen lediglich die Entzifferer, und diese sind aus der Zahl der Studenten der Universität Berlin von uns ausgewählt worden.»

«Bedenken Sie, daß Coro einen Lehrstuhl an einem der Seminare innehatte. Ich könnte mir denken, daß er einen seiner Leute recht gut kannte und mit ihm auch später in Fühlung blieb.»

«Aber Herr Kommissar», meinte Vauth. «Es gibt etwa achtzig Millionen Deutsche. Sollte da ausgerechnet ein Bekannter Coros sich zu uns eingeschmuggelt haben?!»

Hopf blieb jedoch bei seiner Meinung. «Das menschliche Leben besteht nicht zum wenigsten aus grotesken Zufälligkeiten; die Welt ist und bleibt ein kleines Dorf. Und Coro ist geschickt genug, eine sich bietende Chance auszunutzen. Halten Sie ein wachsames Auge in dieser Richtung; vielleicht entdecken wir etwas, wovon wir noch nichts ahnen. Recherchieren Sie unauffällig, ob einer von Ihren Leuten am Sonnabend von dem bewußten Apparat aus telefoniert hat.»

*

Hauptmann Müller-Boyd hatte einen angestrengten Arbeitstag hinter sich. Der Papierkrieg begann in den Büros immer höhere Wellen zu schlagen. Je mehr die obersten Befehlsstellen die Initiative auf den Kriegsschauplätzen aus den Händen verloren, desto mehr schafften sie sich ein Ersatz-Kampffeld auf dem Gebiete des dienstlichen Schriftverkehrs. Der Dienst der Dienststellen wurde zum Selbstzweck, die Form begann über den Inhalt, das Schriftstück über die Sache zu triumphieren.

Müller-Boyd diktierte seiner Sekretärin einige Schreiben, dann lehnte er sich in seinen Schreibtischsessel zurück und zündete sich eine Zigarette an. Er dachte an Vicky. Sie war gestern früh nach Bremen gefahren, um eine kurze Urlaubswoche bei Bekannten zu verbringen. Jetzt, als ihm bewußt wurde, daß er eine volle Woche abends allein daheim sein würde, empfand er so etwas wie eine Leere in und um sich. Er hatte sich zunächst auf die „stille Woche", wie er scherzhaft zu Vicky bemerkte, gefreut; sie sollte ihm Zeit und Ruhe für wichtige Arbeiten geben. Aber nun, da es soweit war, fehlte ihm seine Ehekameradin sehr.

Er griff zum Hörer und rief seinen Freund Hartmann an, um sich für den Abend mit ihm zu verabreden. Dieser hatte sich aber bereits anderweitig festgelegt und schlug seinerseits den morgigen Abend für ein gemeinsames Plauderstündchen vor. «Bringe doch deine letzte Arbeit mit. Mir ist da etwas eingefallen, worüber ich noch gern mit dir sprechen möchte.»

«Gern. Wird gemacht. Übrigens ist mir da eine sonderbare Sache heute passiert. Als ich gestern abend heimkehrte, fand ich auf meinem Schreibtisch eine Notiz unseres Mädchens, ich sollte eine bestimmte Telefonnummer anrufen. Ich tat das heute früh, und da stellte sich heraus, daß der betreffende Herr mich gar nicht sprechen wollte.»

«Dann stimmt wohl die Telefonnummer nicht.»

«Doch, sie stimmte. Und das Komische ist, der Herr zeigte sich ziemlich aufgeregt und wollte schließlich wissen, ob ich mich mit i oder mit y schreibe.»

«Sonderbar. Wie war denn die Nummer?»

«21 87 07. Kennst du vielleicht diesen Anschluß?»

«Nein. Aber er muß sich in unserer Gegend hier befinden.»

«Ja. Das ist das Merkwürdige an der Sache. Unser Ministerium ist es aber nicht. Und wenn es sich um eine dienstliche Angelegenheit einer anderen Stelle oder Person gehandelt hätte, dann hätte der Mann mich heute im Laufe des Tages anrufen müssen. Von unseren engen Freunden kann es niemand gewesen sein, die waren doch sämtlich draußen in Wannsee. Ist vielleicht bei dir daheim im Laufe des Sonnabend - Nachmittags ebenfalls angerufen worden?»

«Nein. Aber Harro, ich glaube, du machst dir zu viel Gedanken über eine unbedeutende Sache. Irgendwie wird der Vorfall sich harmlos aufklären.»

«Hoffentlich.»

Müller-Boyd legte den Hörer auf. Dann trat er ans Fenster. Unten wogte der Verkehr durch die Wilhelmstraße. Das Geräusch der fahrenden Straßenbahn tönte von der Leipzigerstraße herüber. Ein Zeitungsfahrer mit einem hohen Rucksack voller Zeitungen radelte eilig vorüber. Ein Auto bremste quitschend.

Er warf einen Blick auf seine Armbanduhr. Es war zehn Minuten vor fünf Uhr.

In diesem Augenblick schrillte das Telefon. Er hob den Hörer ab und nannte die Nummer seines Anschlusses. Es meldete sich der Pförtner des Portals 3 und teilte mit, ein Herr wünsche ihn dringend zu sprechen. Gleich darauf meldete sich Kommissar Hopf am Apparat.

«Guten Tag, Herr Hauptmann, ich habe hier einen Herrn

aus Schweden und wollte Sie fragen, ob Sie so liebenswürdig sein würden, für wenige Minuten herunterzukommen, um zu dolmetschen.»

«Ja, gern, wenn es nicht zu lange dauert.»

«Kaum mehr als zehn Minuten.»

«Ich komme sofort. Haben Sie mich vorgestern angerufen?»

«Ja, ganz recht. Ich konnte Sie aber leider nicht erreichen.»

«Ich war außerhalb. Also schön, ich bin in zwei Minuten unten.»

Neben der Pförtnerloge wurde Harro von Hopf begrüßt.

«Kommen Sie, der Herr sitzt draußen im Wagen.»

«Ich habe aber meine Mütze oben gelassen.»

«Macht nichts. In wenigen Minuten sind wir fertig.»

Vor dem Portal stand ein sechssitziger Wagen. Außer dem Fahrer saßen drei Männer darin, die unbeweglich vor sich hinblickten. Müller-Boyd überkam ein beklemmendes Gefühl. «Ich möchte doch lieber meine Mütze holen.» Mit diesen Worten wollte er sich zum Gebäude zurückwenden, aber Hopf ergriff seinen linken Oberarm.

«Kein Aufsehen, bitte! Rasch! Sie sind verhaftet!»

Vicky kehrte bereits am Freitag, den 4. September, aus Bremen zurück. Eine ihr unerklärliche Unruhe hatte sie heimgetrieben. In der Wohnung angekommen, erfuhr sie von dem Mädchen, daß Harro am Montag zur gewohnten Stunde in den Dienst gegangen, jedoch nicht mehr heimgekehrt sei.

Vicky legte Hut und Mantel ab und ging ins Herrenzimmer. Bevor sie den Hörer des Fernsprechapparates abhob, blickte sie eine Weile sinnend zum Fenster hinaus;

dann wählte sie die Anschlußnummer des Dienstapparates ihres Mannes. Statt seiner meldete sich ein Major, der ihr mitteilte, Harro habe plötzlich eine dringende Dienstreise antreten müssen. Er befände sich in geheimer Mission im Auslande und dürfe deshalb nicht schreiben; er sei wohlbehalten und werde spätestens Ende des Monats zurückkehren.

Die Auskunft war in freundlich-sachlicher Form gegeben worden, aber Vicky spürte deutlich, daß hinter den Worten sich unausgesprochen ein anderer Sinn verbarg. Sie setzte sich in den Schreibtischsessel und stützte den Kopf in beide Hände. Eine bleierne Schwere legte sich auf ihre Glieder. Eisig kalt kroch es ihren Körper herauf und spann sich beklemmend um ihr Herz. Eine Auslanddienstreise! In geheimer Mission! Für vier Wochen!

Harro hatte schon öfters dienstliche Reisen ins Ausland machen müssen. Zuweilen waren sie sehr überraschend gekommen. Aber nie waren sie so dringend gewesen, daß er nicht Zeit gehabt hätte, das nötige Gepäck zurechtzumachen und mitzunehmen. Nein, das war keine Dienstreise, auf die er geschickt worden war.

Sie mußte Gewißheit haben. Langsam wählte sie am Apparat die Anschlußnummer der Sekretärin Harros. Von dieser bekam sie die Mitteilung, Harro habe am Montag kurz vor Dienstschluß sein Zimmer nach einem Telefonanruf verlassen und sei nicht mehr zurückgekehrt. Mütze und Handschuhe seien im Büro geblieben. Erst am anderen Tag habe sie erfahren, daß Harro sich auf eine dringende Auslandreise begeben habe. Sein Vertreter sei am Nachmittag des darauffolgenden Tages erschienen, wisse aber ebenfalls nichts Näheres.

Vicky dankte und legte den Hörer auf. Sie wußte genug. Jetzt hatte sie Klarheit. Und nun hatte sie auch die Erklärung für jene rätselvolle Unruhe, von der sie plötzlich in Bremen überfallen worden war.

Sie stand auf, ging einige Male durch das Zimmer und setzte sich in einen Sessel. Dort drüben auf dem Schreibtisch lag die Briefmappe ihres Mannes und der Füllfederhalter, mit dem er daheim immer zu schreiben pflegte. Es war alles wie immer. Trotz des warmen Sommerwetters lief ihr ein kalter Schauer über den Rücken.

Das Mädchen kam und fragte, ob es das Mittagessen anrichten solle. Vicky verneinte und ließ sich aus dem mitgebrachten Koffer ein Paket belegter Brote, die ihr auf die Reise mitgegeben worden waren, reichen. Dann bestellte sie ein Glas Tee. Ohne sich dessen bewußt zu werden, verzehrte sie mechanisch die Brote. Dann stand sie auf und rief ihre Freundin Erika an. Sie war daheim und bat um Vickys sofortigen Besuch.

Vicky sagte zu, nahm Hut und Mantel und eilte die Treppe hinunter.

Unten sah sie einen Mann auf der Straße entlangschlendern. Sie ging zum U-Bahnhof Westend und löste eine Karte. Gleich darauf erschien auch jener Mann, den sie soeben in der Altenburger Allee bemerkt hatte, und tat das gleiche. Er bestieg denselben Wagen des soeben einfahrenden Zuges, zog eine Zeitung aus der Tasche und schien sich darin zu vertiefen. Am Wittenbergplatz, wo sie umsteigen mußte, stieg auch der Unbekannte aus. Kein Zweifel – sie wurde beobachtet!

Nun war es soweit! Jetzt war das eingetreten, was sie lange geahnt, aber weit von sich gewiesen und dennoch mit einer schmerzhaften Spannung erwartet hatte.

Ihre Freundin empfing sie ernst, aber sehr zuversichtlich. «Kopf hoch, Vicky! Ich weiß, daß Harro verschwunden ist; Arwid ebenfalls. Und Hans scheint auch fort zu sein. Die Gestapo hat zugegriffen. Aber das braucht uns nicht zu schrecken. Ich zweifle keinen Augenblick daran, daß Harro sich und die anderen glatt aus der Affäre zieht. Er ist seit Jahr und Tag auf diesen Augenblick vorbereitet und hat sich entsprechend eingestellt. Wer noch verhaftet ist, weiß ich nicht; aus dem engsten Kreis anscheinend sonst niemand. Das ist beruhigend. Die Gestapo pflegt bei Vorliegen gewichtiger Gründe nicht so zaghaft vorzugehen.»

Vicky schüttelte den Kopf. «Ich werde bereits beobachtet. Ein Mann hat mich von meiner Wohnung bis hierher verfolgt.»

«In der Tat? Ich habe noch nichts derartiges wahrgenommen. Aber wenn auch! Wir müssen uns für die nächste Zeit stark zurückhalten und alles vermeiden, was der Gestapo als Vorwand dienen könnte, gegen uns vorzugehen.»

«Womit erklärst du dir das plötzliche Zugreifen der Gestapo?»

«Entweder hat von unseren Leuten jemand dumm geschwätzt, oder aber es sind der Gestapo Flugblätter in die Hände gefallen, und sie hat die Spur verfolgen können.»

«Möglich.»

«Ich halte die Angelegenheit nicht für beunruhigend», bemerkte Erika. «Irgendwelches Material, das unsere Arbeitsgruppe belasten könnte, befindet sich nicht in Händen dieser Leute. Sie können sich bei ihren Vernehmungen nur auf Verdachtsmomente und Indizien stützen.»

«Ich habe Angst, Erika. Das Gefühl, jetzt ständig beobachtet und verfolgt zu werden, wird mich immer nervöser machen.»

«Weißt du, Vicky», entschied Erika, «mache folgendes: Wenn Harro binnen dreier Tage nicht frei ist und die Beobachtung deiner Person fortgesetzt wird, dann verreise! Hast du nicht irgendwo an der Mosel gute Freunde oder Bekannte?»

«Ja, in der Nähe von Trier.»

«Wunderbar. Bleibe zwei Wochen an der Mosel, erhole

dich. Und erwarte nähere Nachrichten von mir. Sagen wir – du bleibst bis Dienstag in Berlin. Ist Harro dann noch nicht frei, dann reist du ab.»

Die nächsten Tage brachten die Nachricht von der Festnahme einer Reihe weiterer Mitglieder der Gruppe. Erika teilte mit, daß auch sie seit zwei Tagen auf Schritt und Tritt beobachtet würde. Die gleiche Feststellung mußte Vicky ständig machen. Es war ein Zustand der Spannung und Nervosität, der unmöglich auf die Dauer ertragen werden konnte. Bereits am Montag beschloß sie, zu ihren Freunden an der Mosel abzureisen. Sie teilte diese Absicht ihrer in Berlin wohnenden Mutter auf einer Postkarte mit, sich sagend, daß die Gestapo diese Karte zu sehen bekommen und sie entweder reisen lassen oder verhaften würde. Ihre Freunde an der Mosel benachrichtigte sie telegraphisch von ihrem Kommen.

Am Mittwoch, den 9. August, brachte ihre Mutter sie an den Schlafwagen des Nachtschnellzuges, der vom Potsdamer Bahnhof abfuhr. Beide Frauen befanden sich in ernster Stimmung. Aber Vickys Mutter versuchte immer wieder zu trösten und aufzumuntern.

Langsam rollte der Zug aus der Halle. Vicky blieb zunächst am Fenster stehen und nahm Abschied von der Stadt, die ihr so viel Glück und Freude und jetzt schwere Sorgen und Bangigkeit gebracht hatte. Dann schloß sie das Fenster und ging in ihr Abteil. Sie hatte es allein für sich; das obere Bett war unbelegt. Sie bestellte beim Schaffner eine Flasche Limonade, nahm eine Schlaftablette und zog sich aus. Das Licht löschte sie und schob die schmale Rolljalousie nach oben. Nun konnte sie die in der Dämmerung vorübergleitende Landschaft sehen.

Federnd glitt der Wagen durch die Gegend. Durch das Schwarzgrau der heraufkommenden Nacht schimmerten ab und zu die Streckenlichter der Bahn. Vereinzelt tauchten die abgeblendeten Lichter eines fahrenden Autos oder Fahrrades auf. An einsamen Dörfern und kleinen Städten vorbei ging die immer rascher werdende Fahrt.

Am anderen Morgen kam bei Vickys Mutter ein Fernanruf. Vicky war nicht angekommen. Wenige Stunden später brachte der Postbote ein Telegramm. Es war in Trier aufgegeben worden. Vicky teilte darin mit, sie habe ihre Pläne ändern müssen, da sie einen „interessanten dienstlichen Auftrag" erhalten habe.

Nun wußte die Mutter, daß das Schicksal seinen Lauf nahm und nicht mehr aufzuhalten war.

Eine Woche verging. Von Erika von Benkendorf erfuhr Vickys Mutter, daß weitere Verhaftungen erfolgt seien. Bald darauf verschwand auch Erika spurlos. Sie kehrte von einem Besorgungsgang nicht heim. Wenige Tage später wurde Harros Wohnung versiegelt, das Mädchen verhört und entlassen.

Anrufe im Reichs-Luftfahrtministerium erbrachten immer das gleiche Ergebnis: Harro befände sich auf einer Ausland-Dienstreise und dürfe nicht schreiben; er sei wohlbehalten und würde bis spätestens Ende September zurück sein. –

*

Dritter Teil

«DIE ROTE KAPELLE»

Amsterdam

Hauptmann Model hatte am 10. August die Anweisung gegeben, den Moserschen Peilzug nach Holland in Marsch zu setzen. Die Freigabe des Zuges verzögerte sich aber infolge anderer dringender Aufgaben. Erst am 16. August traf er in Amsterdam ein.

Man hatte für den Beginn der Suchaktion diese Stadt gewählt, da eine der drei Stationen mit Sicherheit hier ferngepeilt worden war. Hinsichtlich der beiden anderen Sender gingen die Annahmen stark auseinander.

Aber jeder Versuch, den genauen Aufbauplatz des Amsterdamer Senders festzustellen, schlug zunächst fehl. Einmal wiesen die Peilstrahlen nach der Zand Straat, ein zweites Mal nach dem Zand Dwars, ein drittes Mal nach der Hoog Straat und dann wieder nach der St. Anthonie Bree Straat. Moser fuhr ein regelrechtes Karussell um den Häuserblock, kam jedoch zu keinem klaren Ergebnis. Eine volle Woche verging, ohne daß er das Haus hatte ermitteln können, von dem aus der Mann arbeitete.

«Was soll man dazu sagen, Bogner?» wandte er sich eines Tages an seinen Wachtmeister.

«Herr Leutnant, es gibt zwei Möglichkeiten: Entweder

der Agent wechselt innerhalb dieser Häuserblocks ständig sein Quartier, oder aber er benutzt ein ganzes System verschieden gerichteter Antennen, die weit auseinander liegen.»

«Hm. Das ist denkbar. Wie soll man hinter das Geheimnis kommen?»

«Wir brauchen einen Mann, der holländisch spricht.»

«Wozu?»

«Er müßte, als Telegraphenarbeiter verkleidet, den ganzen Block absuchen, bis er auf die richtige Spur stößt.»

Moser wandte sich an die deutsche Kommandantur und bekam nach einigen Tagen einen Mann zugewiesen, der die holländische Sprache vollkommen beherrschte. Er war im Zivilberuf Ingenieur und jetzt als Dolmetscher eingesetzt. Nach eingehender Unterweisung durch Moser ging er an die systematische Durchsuchung der Hausdächer und Böden des Blocks. Das Unternehmen war nicht nur gefahrvoll, sondern auch bedenklich, da die geringste Unvorsichtigkeit den Funker warnen mußte. Aber anscheinend fühlte dieser sich ganz sicher, denn sein Funkbetrieb ging unbeirrt weiter.

Nach drei Tagen war eine der Antennen ermittelt. Von ihr führte ein abgeschirmtes, sorgfältig verlegtes Bleikabel zu einem Hause in der Hoog Straat. Am darauffolgenden Tage wurde eine zweite Antenne aufgespürt, von der eine gleichartige Zuleitung nach demselben Hause führte. Nun war der Schleier des Geheimnisses gelüftet, und es galt nur noch, die Wohnung, von der aus der Funker wechselweise die Antennen einschaltete, zu erkunden. Aber auch diese Aufgabe wurde bald darauf gelöst, und Moser war am 30. August in der Lage, den Aufbauplatz der Station mit Sicherheit angeben zu können.

Model hatte die Anweisung gegeben, die Aushebung aller drei Stationen am 15. September vorzunehmen. Bis dahin sollten lediglich die Quartiere ermittelt werden.

Am Abend des 30. August reiste Moser mit seiner Kolonne nach Den Haag ab. Er hatte während der Suche nach den Antennen mit seinen Peilern die Standorte der beiden anderen Sender zu erkennen versucht und dabei festgestellt, daß der eine sich in Den Haag, der andere in Eindhoven befinden mußte. Während aber der Haager Sender klar und eindeutig zu beobachten war, gewann man den Eindruck, daß es sich in Eindhoven um zwei Funkstellen handeln müsse, die den Verkehr abwechselnd durchführten.

Am 31. August begann Moser seine Arbeit in Den Haag und hatte schon am späten Abend das Glück, den Aufbauplatz sicher erkennen zu können; die Station befand sich in der de Riemer Straat im vierten Stockwerk eines Mietshauses.

Am nächsten Morgen meldete er telegraphisch das Ergebnis seiner Sucharbeit nach Berlin und teilte mit, daß er im Begriffe sei, nach Eindhoven zu gehen, um die letzte der Stationen zu ermitteln. Als er sich aber am Vormittag des nächsten Tages bei der deutschen Kommandantur in Eindhoven meldete, erwartete ihn ein Telegramm Models, das folgenden Wortlaut hatte:

«ERKANNTE SENDER SOFORT AUSHEBEN STOP SUCHE NACH DRITTER STATION BESCHLEUNIGT DURCHFUEHREN STOP NACH FESTSTELLUNG UNVERZUEGLICH ZUGREIFEN STOP MODEL OKW/WFüST WNV/FU III»

Nach kurzer Überlegung entschloß Moser sich zu folgendem Verfahren: Er ließ die Peilwagen unter dem Befehl Bogners in Eindhoven und gab die Weisung, gleich nach Ermittlung des Funkquartiers die Aushebung vorzunehmen. Er selber fuhr mit zweien seiner Leute eiligst nach Amsterdam und hob am Abend des 3. Septembers den Funker während seiner Sendezeit überraschend aus. Alle Unterlagen über das Verkehrsverfahren, die Ver- und Entschlüsselung fielen dem Aushebungskommando in die Hände.

Noch in der gleichen Nacht raste er mit seinem Wagen und dem erbeuteten Material nach Den Haag, wo ihm im Laufe des 4. Septembers der Zugriff in gleicher Weise gelang. Dann ging die eilige Fahrt nach Eindhoven zurück. Hier mußte er jedoch feststellen, daß Bogner in seinem Eifer einen schweren Fehler gemacht hatte. Er hatte, nachdem der Aufbauplatz der einen Funkstelle erkannt war, unverzüglich zugegriffen, worauf die zweite Station ihren Betrieb sofort einstellte.

Moser war außer sich. Einer plötzlichen Eingebung folgend, jagte er mit seinem Wagen zur belgischen Grenze und alarmierte sämtliche deutschen Grenzposten; dann kehrte er nach Eindhoven zurück.

Tags darauf bekam er dort die fernmündliche Nachricht, daß in der vergangenen Nacht ein verdächtiger Mann beim Überschreiten der holländisch-belgischen Grenze festgenommen worden sei. Sofort fuhr Moser zu dem betreffenden Grenzposten und begann mit dem Verhör des Mannes. Dieser verweigerte jedoch jede Aussage und wurde, da sich in seinem Besitze mehrere Zettel mit chiffrierten Texten befunden hatten, von Moser nach Eindhoven mitgenommen.

Zwei Tage später traf Model selbst ein. Nach kurzer Aussprache mit Moser begann er mit dem Verhör des Verhafteten. Nach und nach gelang es ihm, den Mann zum Sprechen zu bewegen. Er gestand, der Verbindungsmann zwischen der holländischen und belgischen Agentengruppe gewesen zu sein; er habe gerade eine der Eindhovener Funkstellen aufsuchen wollen, als die deutschen Aushebungsmannschaften in das Haus eindrangen und einige Zeit darauf mit dem verhafteten Funker wieder herauskamen. Daraufhin habe er unverzüglich den Funker der zweiten

Station gewarnt und sich auf den Weg gemacht, um die belgische Gruppe zu benachrichtigen.

Model und Moser begannen nunmehr abwechselnd, den Mann auszufragen. Nach neunstündiger dramatischer Vernehmung, während der er zweimal vor Schwäche ohnmächtig wurde, entschlüpfte ihm die Bemerkung, daß er vor einem Jahr den Brüsseler Hauptagenten in seiner Wohnung aufgesucht habe. Model fand bald heraus, daß es sich nur um Kent handeln könne. Als er dies dem Manne auf den Kopf zu sagte, brach dieser abermals zusammen und gab nunmehr die Adresse der Kent'schen Wohnung preis.

Die entstandene Situation zwang zu einer Reihe von Entschlüssen. Model wollte am nächsten Tage mit dem verhafteten Verbindungsmann nach Brüssel fahren, um die Spur Kents zu verfolgen. Moser dagegen wollte die in Amsterdam und Den Haag ausgehobenen Sender im Täuschungsverkehr weiterbetreiben. Ein derartiger Funkverkehr erschien ohne weiteres möglich, da alle Chiffrierunterlagen vorgefunden worden waren. Eine Reihe glaubhafter, scheinbar wichtiger, in Wirklichkeit aber erfundener Nachrichten wurde sofort entworfen. Neue Treffs für ankommende Agenten wurden vorgeschlagen.

Am 11. September traf Model mit seinem verhafteten Begleiter in Brüssel ein. Den Angaben des Mannes folgend, fuhr er bis in die Nähe des bezeichneten Hauses, stellte dessen Lage fest und erbat sich von der zuständigen Stelle ein Aushebungskommando. Als er jedoch mit den Leuten in das Haus und die Wohnung eindrang, mußte er zu seiner Enttäuschung erfahren, daß die Wohnung seit einem halben

Jahr von neuen Mietern bewohnt sei, denen von dem früheren Inhaber des Appartements nichts bekannt war.

Eine Befragung des Hausbesitzers ergab, daß hier bis Mitte Dezember 1941 ein Herr namens Jean Morel zusammen mit einer jungen Ungarin und deren Töchterchen gewohnt habe, die dann überraschend abgereist seien. Model bekam eine sehr genaue Beschreibung der drei Personen, und als er sich eingehend nach der jungen Frau erkundigte, entsann sich der Besitzer des Hauses, im vorigen Jahr eine Amateuraufnahme von der Dame und dem Kinde gemacht zu haben. Er suchte eine Weile in seinem Schreibtisch herum und türmte einen ganzen Stoß von Pappkartons vor Model auf. «Wissen Sie, mon officier, es war eine außergewöhnlich schöne Erscheinung, eine Frau, die zu porträtieren für jeden Maler eine Freude sein müßte. Eines Tages saß sie mit ihrem Töchterchen unten im Garten, und da konnte ich mich nicht enthalten, sie um die Erlaubnis zu bitten, eine Photographie anfertigen zu dürfen. Es wurde ein ganz reizendes Bild, und ich wollte es sogar vergrößern lassen und in meinem Zimmer aufhängen, aber meine Frau – Sie verstehen! Ich legte das Photo in eine der Schachteln und vergaß es schließlich. Wo mag es nur sein?»

Model bot dem freundlichen Herrn eine Zigarre an, die dieser gern annahm. «Vielen Dank, mein Herr! Ein exklusives Kraut, ein langentbehrter Genuß! Wenn Sie sich noch etwas gedulden wollen! Ich finde die Photographie bestimmt. Sie muß in einer der Schachteln sein. Vielleicht hier? – Ah, da ist sie schon! Sehen Sie, mein Herr! Ist das nicht ein ganz reizendes Bild? Diese Figur, dieses Gesicht und diese Haltung!»

Model bestätigte lebhaft, daß es sich um eine ganz außergewöhnlich schöne Frau handle und erbat sich das Bild.

«Bitte sehr, wenn es Ihnen Freude macht! Ich kann mir

jederzeit eine neue Kopie machen, da ich das Negativ noch habe.»

Model dankte und empfahl sich. Dann entließ er den Polizeitrupp, übergab ihm den Verhafteten und fuhr zum Standortkommandanten, dem General von Zuffenhausen. Dieser empfing ihn in seinem Arbeitszimmer. Es war ein jovialer, gut aussehender Herr, Anfang der Fünfzig.

«Womit kann ich Ihnen helfen, Herr von Model?»

«Herr General, ich befinde mich auf der Suche nach einem Manne, der bis vor neun Monaten hier in Brüssel tätig gewesen sein muß. Es handelt sich um einen Herrn, der zweifellos sehr weitreichende Beziehungen hatte und mit maßgebenden Stellen der deutschen Wehrmacht in Verbindung stand.»

«Von dieser Art gibt es sicher viele Leute», warf der General ein.

«Zweifellos. Aber im vorliegenden Falle ergeben sich verschiedene spezielle Anhaltspunkte. Er muß sehr viel auf Reisen gewesen sein. Dann muß er irgendwie besondere Einblicke in die Arbeiten am Bau des Atlantikwalls gehabt haben. Ferner stand er in gewissen Beziehungen zu irgendjemanden in Paris. Er war bis Mitte Dezember hier in Brüssel und hat diese Stadt dann plötzlich verlassen. Er muß auch viel mit den deutschen Wehrmachtsunterkunftsämtern zu tun gehabt haben.»

«Einen Augenblick, bitte», bemerkte der General. «Mir kommt da eben ein Gedanke. Sie sagten, bis Mitte Dezember sei der Mann hier tätig gewesen?»

«Ganz recht.»

«Sonderbar», meinte der General. «Wir hatten hier einen sehr netten Herrn, der in vorbildlicher Weise mit unseren Stellen zusammenarbeitete. Kurz vor Weihnachten reiste er ganz plötzlich nach Paris, von wo er dann nicht mehr zurückkehrte. Er belieferte unsere Standortverwaltungen mit allerlei Unterkunftsgeräten und stand auch in geschäftlicher Verbindung mit der OT, und zwar handelte es sich um Geschäfte sehr großen Stils. Er war einer der Teilhaber einer großen Brüsseler Export- und Importgesellschaft, der SIMEX. Die Beziehungen zu der Firma bestehen auch heute noch.»

«Wie hieß der Mann?»

«Ich überlege schon immerzu, komme aber nicht darauf. Die SIMEX arbeitet übrigens mit einer gleichartigen Firma in Paris zusammen. Es sind beides solide Unternehmen, und wir haben gute Erfahrungen mit ihnen gemacht.»

«Wie hieß die Pariser Firma?» fragte Model.

«Pierre Larousse et Fils, in der Rue Marbeuf, wenn ich nicht irre. Sie können genaue Einzelheiten hier bei der SIMEX erfahren.»

«Kannten Sie, Herr General, den Mitinhaber dieser Firma, der dann verschwand, persönlich?»

«Ja. Sehr gut sogar. Es war ein sehr intelligenter Herr, gewandt und mit vollendeten Umgangsformen. Sprach tadellos deutsch und war zudem sehr deutschfreundlich. Er hatte eine entzückende junge Frau; das heißt – verheiratet waren sie wohl nicht. Sie war eine auffällige, südländische Erscheinung, eine Ungarin, wenn ich mich recht entsinne. Jetzt fällt mir auch der Name ein: Er hieß Jean Morel.»

Berlin

Zwei Tage brauchte Model, um in Brüssel mit den zuständigen deutschen Organen die Einzelheiten der Überwachung der SIMEX-Gesellschaft zu regeln. Er erreichte es, daß ein Sonderkommando eingesetzt wurde, das die Aufgabe hatte, nach dem verschwundenen Kent und seiner

Begleiterin zu fahnden. Die Photographie der Frau und ihres Kindes sollte dabei als Anhaltspunkt dienen. Dann reiste er nach Paris ab.

Models Entschluß ging nunmehr dahin, in Paris unter allen Umständen jedes voreilige Zugreifen zu verhindern. Hier galt es, sowohl Kent als auch jene Organisation, mit der er in Verbindung stand, zu fassen. Mochte ihr Chef Gilbert oder ein anderer sein – fest stand, daß man sich hier auf den Spuren der vielleicht gefährlichsten aller bisher festgestellten Gruppen bewegte.

Drei Tage verbrachte Model in Besprechungen mit verschiedenen Stellen. Dann kehrte er nach Berlin zurück.

In der Zwischenzeit war das in Holland beschlagnahmte Chiffriermaterial, einschließlich der Schlüsselbücher, in Berlin eingetroffen. Vauth war an die Entzifferung der von den drei ausgehobenen Sendern abgesetzten Telegramme gegangen. Es war ein umfangreiches Paket Funksprüche, das hier dechiffriert werden mußte. Aber das Ergebnis der Arbeit lohnte den Aufwand der Mühe. Eine Reihe von Adressen holländischer Nachrichtenzubringer wurde bekannt. Model leitete deren sofortige Festnahme und Überführung nach Berlin ein. In der Prinz-Albrecht-Straße und am Alexanderplatz begannen die Kerker sich mit den Mitgliedern der „Roten Kapelle" zu füllen.

Ende September entzifferte Dr. Vauth eine Reihe von Funksprüchen, die das Zusammenspiel der holländischen Stationen mit der Gruppe Gilbert außer Zweifel stellten. Mehrere Treffs und Adressen waren angegeben, die sofort an das für die Verfolgung der Pariser Gruppe eingesetzte Sonderkommando des Sicherheitsdienstes weitergeleitet wurden. Der Ring um die Gruppe Gilbert fing an, sich langsam zu verengen.

Offen aber war und blieb die Frage nach den beiden Hauptpersonen: Kent und Gilbert. Von Kent wußte man jetzt zwar, wer er war. Wohin aber hatte er sich gewendet? War er wirklich nach Paris gegangen? Unter welchem Namen lebte er dort? Oder hatte er sich in eine ganz andere Gegend begeben? Was trieb er jetzt?

Und dann – Gilbert! Wer war dieser geheimnisvolle Mann? Hing er mit der Firma „Pierre Larousse et Fils" zusammen? Oder geriet man in eine Sackgasse, wenn man ihn dort suchte? War er wirklich der Chef der Pariser Gruppe oder nur ein Zwischenmann? Wo befand sich der Mittelpunkt dieser Organisation und wo endeten die vielen Verästelungen? Was stand in den zahllosen Telegrammen, die diese Stationen Woche für Woche absetzten?

Am Montag, dem 5. Oktober, entzifferte Vauth vier Telegramme, als deren Quelle Coro angegeben war. Jetzt hatte man den sicheren Beweis für das Zusammenspiel zwischen den beiden Gruppen. Noch in der gleichen Woche konnte Vauth eine Reihe von Funksprüchen dechiffrieren, deren Lektüre bei Hopf helle Begeisterung auslöste. Es waren jene Nachrichten, die er durch seine Mittelsmänner den Mitgliedern der Berliner Arbeitsgruppe unterschoben hatte. Nun besaß er das, was er brauchte: Den stichhaltigen Beweis für die Identität Coro = Müller-Boyd.

Paris

Wenn Gilbert nach Erledigung seiner offiziellen Geschäfte sich in sein geheimes Privatbüro zurückzog, dann verbrachte er dort zunächst regelmäßig eine halbe Stunde, in der man ihn auch nicht mit den dringendsten Angelegenheiten stören durfte. Diese Zeitspanne war seiner inneren Umstellung und Sammlung für sein zweites Arbeitsgebiet gewidmet. Er pflegte sich dann in seinen

Schreibtischsessel zu setzen, die Fingerspitzen der beiden Hände gegeneinander zu legen und die an der gegenüberliegenden Wand befestigten Karten intensiv zu betrachten. Ab und zu stand er auf, veränderte einige der Markierungen, machte kurze Notizen, trat an eine der schematischen oder graphischen Tabellen, versah sie mit neuen Eintragungen oder Ergänzungen, wandte sich wieder dem Schreibtisch zu und durchlas sorgfältig eine Reihe von Schriftstücken. Zwischendurch führte er einige kurze Telefongespräche, holte sich von dem großen Ablegetisch eine Mappe oder blätterte in einem der Karteikästchen. Meist saß er aber in beinahe träumerischer Versunkenheit vor seinen Landkarten, bis er sich schließlich erhob und auf einen der elektrischen Knöpfe auf seinem Schreibtisch drückte. Dann dauerte es nur wenige Augenblicke, bis sein Sekretär mit einer umfangreichen Mappe und dem Stenogrammblock erschien.

Herr Suchet kannte die Gepflogenheiten Gilberts und wußte, daß jene heilige Stunde der stärksten geistigen und seelischen Konzentration des Chefs diente, und daß er – sein Sekretär – bereit sein mußte, nach ihrem Ablauf mit sämtlichen an diesem Tage eingegangenen Meldungen, Berichten oder Nachrichten, mit allen Anregungen oder Anfragen zu erscheinen, um das Arbeitsprogramm der nächsten vierundzwanzig Stunden zu besprechen.

An diesem Tage – es war der 25. September – wartete Herr Suchet ungeduldig auf das Signal aus dem Nebenzimmer. Es lag eine große Anzahl wichtiger und eiliger Nachrichten vor. Außerdem hatten mehrere Leute mit aller Bestimmtheit gemeldet, sie hätten seit einigen Tagen den Eindruck, beobachtet zu werden.

Plötzlich leuchtete die Lampe vor ihm auf. Suchet griff nach seiner Mappe, dann drückte er gegen die obere Kante eines an der Wand stehenden Aktenregales. Ein leises Summen wurde hörbar, das Regal glitt zur Seite, und die in das Privatbüro Gilberts führende Tapetentür lag frei.

«Kommen Sie, Suchet», rief der Chef dem Eintretenden entgegen, «wir haben viel Arbeit. Wissen Sie, was Intuition ist?»

«Ja, so was wie innere Eingebung.»

«Eingebungen sind immer innerlich. Aber Sie haben nicht ganz unrecht. Eine solche innere Schau habe ich soeben gehabt, und sie hat mir etwas eingegeben, was wir sofort verwirklichen wollen. Haben Sie schon einmal darüber nachgedacht, worin der schwache Punkt unseres Funksystems besteht?»

«Ja, Herr Gilbert. Aber ich habe nach den letzten Regelungen Ihrerseits keinen mehr gefunden.»

«Doch, es gibt einen. Sagen Sie, wieviel Stationen haben wir gegenwärtig insgesamt?»

«Achtundvierzig.»

«Und wieviel davon stehen im Verkehr?»

«Zurzeit vierundzwanzig.»

«Das heißt also: acht Funkgruppen?»

«Ja.»

«Die immer in der gleichen Weise nach dem gleichen Verfahren und mit derselben Geheimschrift arbeiten?»

«Ganz recht.»

«Sehen Sie! Darin liegt der Fehler, mon cher. Wir haben zwar erreicht, daß unsere Sender kaum noch mit Sicherheit zu peilen sind, aber das Erkennen ihrer Zusammengehörigkeit ist ohne weiteres möglich. Ich habe den Eindruck, daß wir im Vertrauen auf unsere Unpeilbarkeit etwas leichtfertig geworden sind. Wir haben in diesem Monat schon fast 500 Funksprüche abgesetzt und kommen auf mehr als 550 bis Monatsende. Wir müssen damit rechnen, daß die Deutschen hinter unser System kommen oder gar schon gekommen sind. Das würde heißen, daß sie unseren Massenabsatz an Funksprüchen mithören und aufnehmen. Dadurch wächst die Möglichkeit, daß die von uns verwendete Geheimschrift gelöst wird.»

«Wie soll man dem begegnen und ihm entgegenwirken? Ich glaube, wir sind schon bis an die Grenze der Tarnungsmöglichkeiten gegangen.»

«Noch nicht ganz», widersprach Gilbert. «Mir ist vorhin mancherlei eingefallen. Wir werden sofort die Zentrale bitten, angesichts unseres starken Telegrammverkehrs an die Stelle des e i n e n Schlüsselbuches deren d r e i zu setzen. Notieren Sie das, Suchet, und fassen Sie nachher einen Funkspruch in diesem Sinne ab.»

Der Sekretär nahm seinen Stenogrammblock und machte einige Vermerke. Gilbert fuhr fort: «Das wäre also der erste Schritt. Der zweite wird darin bestehen, daß wir unsere ganze Funkerorganisation technisch in drei Sektionen aufspalten, von denen jede nach einem anderen System und mit einem besonderen Schlüssel arbeitet. Im Prinzip bleibt unsere bisherige Verkehrsarbeit bestehen. Wir richten neun Funkgruppen ein, die wir in drei Sektionen zu drei Gruppen gliedern. Die Zusammensetzung der Gruppen wird aber im Gegensatz zur bisherigen etwas starren Form von jetzt ab ständig variieren.»

«Wie meinen Sie das?» fragte Suchet.

«Ganz einfach», stellte Gilbert fest. «Jede Sektion hat neun Sender. Bisher war es so, daß die Stationen 1–3 eine Funkgruppe bildeten, die Stationen 4–6 eine zweite und so weiter.»

«Jawohl. Und das soll sich jetzt ändern?»

«Ja, und zwar auf folgende Weise: Nehmen wir an, heute bestünde die erste Gruppe aus den Funkstellen 1, 2 und 3. Dann wird sie morgen die Sender 2, 6 und 9 umfassen, übermorgen 1, 4 und 7, das nächstemal 5, 8 und 2 und so weiter. Genau so spielt es sich mit den anderen beiden Gruppen ab. Bedenken Sie folgendes: Bei unserem derzeitigen System der Gliederung der einzelnen Funkgruppen besteht die Möglichkeit, daß unsere Gegner mit der Zeit trotz aller Erschwerungen dennoch eine Peilung zustandebringen, weil nämlich immer die gleichen Funkstellen im Wechsel arbeiten und nur die Reihenfolge des Verkehrsbeginns von Fall zu Fall ändert. Das neue System ergibt für jede der drei Funksektionen, also für jeweils neun Sender $9 \times 8 \times 7 = 504$ Kombinationsmöglichkeiten.»

«Das ist in der Tat eine brillante Lösung», erklärte Suchet. «Wir müssen dann eine Tabelle der Stationsgruppierungen entwerfen.»

«Tun Sie das möglichst bald», entschied Gilbert. «Wir wollen schon in den nächsten Tagen auf die neue Methode übergehen.»

«Sollen auch die Funk-Sektionen sich untereinander verschieben?»

«Nur in dem vorhin erwähnten technischen Sinne. Sie arbeiten später mit verschiedenen Chiffren und nach verschiedenen Funkplänen. Ich will den Eindruck entstehen lassen, als handle es sich um drei voneinander getrennt arbeitende Organisationen. Gerät wirklich einmal eine der Stationen in Gefahr, dann kann die Katastrophe immer nur – schlimmstenfalls – eine Sektion betreffen, nicht aber alle 27 Funkstellen. Ich hoffe aber, daß wir dann gegen alle Gefahren gesichert sind.»

«Das wäre sehr wünschenswert», bemerkte Suchet ernst. «Die Gefahr scheint nämlich akut zu werden.»

Gilbert fuhr auf: «Was soll das heißen? Was wollen Sie damit sagen?»

Der Sekretär öffnete seine Mappe und entnahm ihr ein Blatt. «Zunächst einmal dies hier», meinte er lakonisch, das Papier hinüberreichend.

Gilbert nahm es und las folgende Zeilen:

«DDR de WPS. 2309. 2225. 92 wds. qbt. rdo.

An Gilbert von Direktor. Eilt sehr. – Persönlich –

Wie hier bekannt wird, suchen Deutsche in Paris mit

neun Nahfeldpeilern nach illegalen Sendern. Ergreifen Sie sofort Sicherungsmaßnahmen. Machen Sie Vorschläge. Wir schlagen vor: Frequenzband verbreitern und in zwei Hälften teilen; die eine gilt für gerade, die andere für ungerade Tage. Reservequartiere vorbereiten. Reservefunker bereitstellen. Treffs ändern. Arbeitszeiten verschieben. Ab Mo. 28. 9. gelten: Sa., Mo., Mi 0705, 0905, 1935, 2325. Di., Do. 0638, 0840, 1950, 2255. Fr., So. 0608, 0820, 2020, 2308. Erwarte Ihre Meinung. qbt. rdo. Nr. 119. ar. DDR de WPS.»

«Aha!», rief Gilbert. «Sollte es wirklich stimmen, dann geht der Kampf also los!»

«Er scheint schon losgegangen zu sein», bestätigte Suchet. «Es liegen Meldungen von drei Angehörigen der Arbeitsgruppe vor, daß diese sich seit einigen Tagen beobachtet fühlen.»

Gilbert blickte scharf zu seinem Sekretär hinüber. «Funker?» fragte er kurz.

«Zwei Funker und ein Verbindungsmann», erklärte Suchet.

«Verdammt!» murmelte Gilbert. «Nun, dann soll auch unsererseits der Kampf beginnen.»

Er drückte auf einen der elektrischen Knöpfe, und gleich darauf erschien Fräulein Annette.

«Notieren Sie bitte und sofort vervielfältigen:

Weisung an alle!

Bei Anzeichen einer Beobachtung oder Verfolgung Arbeit sofort einstellen und schnellstens Bericht an Chef.– Machen Sie gleich eine neue Treffliste für sämtliche Mitglieder der Organisation fertig und legen Sie sie mir dann vor. Gehen Sie unverzüglich an die Arbeit.»

Fräulein Annette verließ das Zimmer, und Gilbert wandte sich wieder an Suchet: «Notieren Sie: Funkspruch an Zentrale mit folgenden Daten: Organisation wird beobachtet. Sicherungen werden getroffen, Treffs geändert.

Zwei neue Schlüsselbücher namhaft machen lassen und mitteilen, daß fortan mit drei Chiffren gearbeitet werden muß. Machen Sie Vorschlag für Frequenzbenutzung.»

Gilbert blickte eine Weile stumm vor sich hin, dann wandte er sich wieder an seinen Sekretär: «Wieviel Reservefunker sind von der Partei namhaft gemacht?»

«Ich habe eine Liste von siebzehn Namen und Adressen hier. Demnächst sollen weitere mitgeteilt werden.»

«Geben Sie morgen Nachricht an die Parteileitung, daß weitere dreißig Reservefunker ausfindig gemacht werden müssen. Jeder Funker oder Verbindungsmann oder Nachrichtenzubringer, der die Feststellung macht, daß er beobachtet wird, scheidet für vier Wochen von der Arbeit aus. An seine Stelle tritt ein Ersatzmann mit neuem Quartier; das letztere gilt vor allem für Funker. Benachrichtigen Sie Maurice, daß er die Ausbildung der Funker nach unserem neuen System beschleunigt beginnt. Wieviel Ersatzquartiere haben wir gegenwärtig zur Verfügung?»

«Sieben, Herr Gilbert.»

«Rudolf hat morgen mit der Beschaffung von weiteren zwanzig Ausweichquartieren zu beginnen. Nach und nach werden die alten Funk-Quartiere aufgegeben, so daß täglich ein Sender seinen Standort wechselt. Innerhalb eines Monats müssen alle bisherigen Quartiere durch neue ersetzt sein. Dadurch steigt die Schwierigkeit für eine Peilbeobachtung weiter.»

Suchet machte eifrig seine Notizen.

«Es darf uns jetzt keine Panne treffen», fuhr Gilbert fort. «Die augenblickliche Lage trägt einen entscheidenden Charakter. Die Zentrale braucht unsere Arbeit gegenwärtig mehr denn je. Der Kulminationspunkt für Hitler naht heran. Geben Sie Weisung an alle Nachrichtenzubringer, jede Truppenverschiebung schnellstens an uns zu melden. Alle aus dem Osten kommenden deutschen Formationen und Einzelpersonen müssen intensiv ausgefragt werden.

Übrigens, Suchet, intra parenthesim, mir ist aufgefallen, daß die Organisation Todt sich neuerlich hartnäckig um die Anbahnung von Geschäftsverbindungen mit uns bemüht. Das erscheint mir verdächtig. Wir werden die Leute hinhalten. Wenn jemand mich zu sprechen wünscht, dann bin ich verreist. Ich benutze von heute ab für mein Kommen und Gehen nur noch diesen rückwärtigen Eingang. Wir lassen die äußere Tür zur Treppe durch mehrere Eisenriegel und Sicherheitsschlösser verstärken. In den vorderen Räumen trete ich nicht mehr in Erscheinung.»

«Ich werde die Firma Jean Baptiste Marat mit der Schlosserarbeit beauftragen», meinte Suchet.

«Einverstanden. Machen Sie es dringlich. Wenn der Kampf nun schon einmal begonnen hat, dann wollen wir nichts versäumen, was uns sichern kann. Ich empfehle Ihnen, ebenfalls den hinteren Ausgang zu benutzen. Lassen Sie auch für sich ein Schlüsselduplikat machen.»

Suchet nickte.

«Liegen wichtige Abhörergebnisse vor?» fragte Gilbert weiter.

«Ja, vor allem hinsichtlich einiger deutscher Organisationsänderungen. Außerdem erfolgt demnächst verstärkte Werbung französischer Arbeiter für den Einsatz in deutschen Fabriken.»

«Gut. Geben Sie Nachricht an die Partei und über Oberst Faye an alle Gliederungen der Widerstandsbewegung. Bezüglich einer Beobachtung unserer Arbeitsgruppe wurde noch nichts gehört?»

«Nein.»

«Geben Sie morgen Weisung an Walther, alle Telefonleitungen des deutschen Sicherheitsdienstes und des Höheren Nachrichten-Führers überwachen zu lassen. Vielleicht bekommen wir auf diesem Wege Aufschlüsse. Lucy soll in Verbindung mit ihm zu ermitteln versuchen, ob in Paris tatsächlich ein Peilzug eingesetzt ist, welcher es ist und wer dazu gehört. Es muß versucht werden, mit einem der Leute in Kontakt zu kommen. Die Aufgabe ist vordringlich. Kosten dürfen hierbei keine Rolle spielen.»

Suchets Bleistift glitt eilig über die Seiten des Stenogrammblocks. Fräulein Annette erschien und brachte die neuverfaßte Treffliste und das Rundschreiben an alle Mitglieder der Organisation.

«Wie ist es mit Kent?» fragte der Sekretär.

«Kent bekommt sofort Nachricht betreffs der Aushebungsaktion in Holland und des Verschwindens des Verbindungsmannes zwischen der holländischen und der belgischen Gruppe. Er muß seine Station in Brüssel für eine Zeitlang stillegen oder woanders placieren. Teilen Sie ihm mit, daß die Auffangorganisation „Harry" gebildet worden ist. Er soll sich wegen eventuellen Übergleitens seiner Konfidenten im Falle der Gefahr mit Harry unmittelbar in Verbindung setzen. Die Deckadresse ist hier.»

Gilbert reichte seinem Mitarbeiter einen kleinen Zettel.

«Im übrigen tritt ab sofort eine klare Trennung zwischen uns und Kent ein. Dann können eventuelle Kompromittierungen nicht herüber- oder hinübergreifen. Harry arbeitet vorerst ganz im stillen und ist keiner Bloßstellung ausgesetzt; er tritt erst dann in Verkehr mit der Zentrale, wenn wir behindert sein sollten oder ganz ausfallen.»

«Wo soll der vierte Hollandsender eingesetzt werden?» erkundigte sich Suchet.

«Zunächst in Lille. Ende November geht er wieder nach Holland, und zwar nach Rotterdam. Mary soll in der Zwischenzeit für ihn alles vorbereiten. Alle Nachrichtenzubringer in Holland treten dann wieder zu ihm und liefern bis dahin ihre Berichte an X 99.»

«Sollten wir über das deutsche Täuschungsspiel Kent Nachricht geben?»

«Ist nicht notwendig», entschied Gilbert. «Je weniger darüber bekannt wird, desto geringer ist die Gefahr, daß die Deutschen erfahren, daß sie durchschaut sind. Bei einem Haar wäre es ihnen nämlich geglückt. Dadurch aber, daß Carolus sofort nach dem Eintreffen des geflüchteten Funkers den Verkehr der andern drei Stationen mithörte und dechiffrierte, kam die Sache heraus. Leider konnten nicht mehr alle Nachrichtenzubringer gewarnt werden, und einige liefen ahnungslos in den ersten vier Tagen den Leuten ins Garn.»

«Führt die Zentrale den Verkehr mit den drei Sendern durch?»

«Ja. Zuerst geschah es arglos, in der Annahme, der Verkehr sei echt. Es wurde sogar am übernächsten Tage ein Instruktor mit Fallschirm in der Nähe von Amsterdam abgesetzt und von den Deutschen prompt festgenommen. Zwei Tage darauf konnten wir die Zentrale warnen. Jetzt geht das kuriose Katze- und Maus-Spiel weiter. Aber hiervon teilen wir – wie gesagt – weder Kent noch Harry etwas mit. Die Sache mag drüben ruhig ihren Gang gehen.»

«Wie ist es mit der Berliner Gruppe? Soll über die dortigen Vorgänge jemand informiert werden?» fragte Suchet.

«Nur Harry und Rado. Kent würde nervös werden. Wir müssen die Entwicklung drüben abwarten. Wie es scheint, konnte ein Teil der Mitarbeiter sich dem Zugriff entziehen.»

«Hier ist ein Telegramm der Zentrale betreffend Harry. Wir sollen die Zusammenarbeit intensivieren und ihm beim Ausbau seiner Organisation behilflich sein. Die Zentrale scheint größten Wert darauf zu legen.»

«Ich tue es ebenfalls. Als allgemeine Orientierung möchte ich Ihnen folgendes sagen: Harry's Organisation soll als Auffangstelle sowohl für uns als auch für Rado, eventuell auch für Kent dienen. Er bleibt solange im Schatten, bis eine dieser drei Arbeitsgruppen ausgeschaltet wird; dann übernimmt er den verbliebenen Rest der betreffenden Arbeitsgemeinschaft und baut die Gruppen neu auf, das heißt: er gliedert sie in seine jetzt im Entstehen begriffene eigene

Organisation ein. Wir lassen in Zukunft alle Beziehungen zu Rado über Harry laufen. Ich habe vor einigen Tagen mit ihm gesprochen. Fortan geht die Verbindung zu ihm nur über einen Treff im Louvre. Sie werden die Treffs später selbst wahrnehmen; ich nenne Ihnen noch das Gemälde, vor dem Sie sich dann einzufinden haben.»

«Übrigens ist der Funkplan für Harry angekommen.»

«Endlich!» rief Gilbert erleichtert. «Wir warten schon lange darauf. Zeigen Sie mal her!»

Suchet reichte die Blätter, die am Vortage eingelaufen waren und den Verkehrsplan enthielten. Gilbert betrachtete sie aufmerksam. «Da fehlt aber noch etwas», bemerkte er dann.

«Der Rest soll auf dem Funkweg kommen», entgegnete der Sekretär.

«Hoffentlich geschieht das bald», meinte Gilbert unzufrieden. «Stellen Sie den Funkplan für Harry komplett fertig, wenn die betreffenden Telegramme kommen. Und dann geben Sie die Tabelle Harry bei Ihrem nächsten Treff. Haben Sie noch etwas für mich?»

«Hier sind die letzten eingegangenen Nachrichten und das Abhörergebnis für die vergangenen drei Tage», erwiderte Suchet, die Mappe vor Gilbert auf den Tisch legend.

«Schön», meinte dieser, die Blätter durchsehend. «Schikken Sie mir Fräulein Annette herüber. Ich will ihr die Funksprüche für morgen diktieren.»

Berlin

Am 2. September reiste Dr. Adam Grauhoff nach Prag ab, um dort die Regie der Aufnahmen für einen neuen Film zu übernehmen. Er war kein Mann, der sich trüben oder sentimentalen Gedanken hingab. Alles, was den

Schwung seiner Gedanken hemmte, schob er geflissentlich beiseite. Im Gegensatz zu seiner Frau, die von Natur aus wesentlich realistischer eingestellt war, pflegte er leicht den Boden der realen Tatsachen bewußt zu verlassen, um das zu suchen, was seine Phantasie ihm als erstrebenswertes Ziel zu zeigen schien. Ohne sich über Harros plötzliches Verschwinden im geringsten zu beunruhigen, hatte er seine Reise angetreten.

Greta Grauhoff verfolgte in den nächsten Tagen bangen Herzens die Entwicklung der Dinge. Ein Mitglied der Arbeitsgemeinschaft nach dem andern verschwand. Es erschien rätselhaft, auf welche Weise die Gestapo auf die Spuren der einzelnen Personen stieß. Von einer Überwachung oder Verfolgung war bislang nichts zu merken gewesen. Jetzt aber zog der unheimliche Ring um die Gruppe Coro - Arwid sich mit beängstigender Präzision und beklemmender Langsamkeit enger und enger, es schien kein Entrinnen daraus zu geben.

Drei Tage nach dem Verschwinden Vickys, am Samstag, dem 12. September, klingelte es an der Tür zur Grauhoffschen Wohnung in der Kaiserstraße in Friedenau. Greta Grauhoff öffnete. Drei Männer standen draußen, die sich als Beamte der Gestapo legitimierten.

Für Sekunden wurde ihr schwarz vor den Augen, und der Boden unter ihren Füßen schien in eine kreisende Bewegung zu geraten. Dann aber hatte sie sich wieder in der Gewalt.

«Sie sind Frau Grauhoff?» erkundigte sich der Führer des Trupps.

«Ganz recht. Wollen die Herren nähertreten! Sie wünschen?»

«Ihr Mann ist doch Offizier?»

«Offizier? Keineswegs. Mein Mann ist Dichter. Hier scheint ein Mißverständnis vorzuliegen oder aber eine Verwechslung.»

Die drei Männer blickten sich unschlüssig an. «Dichter?» meinte der Truppführer.

«Ja. Er ist Dichter und Filmregisseur.»

«Wo ist er denn jetzt?»

«Er ist für anderthalb Wochen nach Prag gefahren, um dort an einem Film zu arbeiten. Ich erwarte ihn in der übernächsten Woche wieder zurück.»

«Wir müssen Ihre Wohnung durchsuchen.»

«Bitte sehr. Ich habe nichts zu verbergen.»

Die Männer gingen an die Durchsuchung der Wohnung. Sie durchstöberten mit Sachkenntnis und Eifer sämtliche Räume, fanden aber nicht das geringste, was irgendwie belastend gewesen wäre. Es schien, als wollten sie sich bereits unverrichteter Dinge zurückziehen, als einer der Männer auf dem Schreibtisch einen Brief entdeckte und durchlas. Er stammte von Vicky und betraf verschiedene Filmfragen. Der Name und die Adresse der Absenderin waren voll ausgeschrieben.

«Da haben wir's!» erklärte der Wortführer des Kommandos. «Sie stehen in Verbindung mit der Gruppe Müller-Boyd!»

«Ich stehe in beruflicher Verbindung mit F r a u Müller-Boyd, die ebenfalls auf dem Gebiete des Filmwesens tätig ist. Im übrigen bin weniger ich es, die mit ihr in Verbindung steht, als mein Mann. Wie Sie aus dem Briefe ersehen können, beschränkt sich der Kontakt ausschließlich auf berufliche Fragen.»

«Das werden wir schon im einzelnen noch herausbekommen. Bitte, machen Sie sich fertig, Sie müssen mitkommen.»

Am gleichen Tage, fast zur selben Stunde, wurde Dr. Adam Grauhoff in Prag von Organen der deutschen Sicherheitspolizei verhaftet und nach Berlin transportiert. Am Sonntag, dem 13. September, schloß sich hinter ihm das Tor des Reichs-Sicherheits-Hauptamtes in der Prinz-Albrecht-Straße.

Tage vergingen. Greta Grauhoff bekam regelmäßig in ihrer Einzelzelle das karge Mittag- und Abendessen in einer Blechschüssel, dann saß oder lag sie auf ihrem harten Lager und ließ die Gedanken kreisen. Dieses Warten war zermürbend, es tötete den Geist des Widerstandes. Einmal wurden ihre Personalien aufgenommen und Fingerabdrücke gemacht, dann war sie wieder sich selbst überlassen. Endlich, zehn Tage nach ihrer Verhaftung, wurde sie in das Vernehmungszimmer im Berliner Polizeipräsidium geführt. Ein tolles Durcheinander herrschte in dem Raume. Leute gingen und kamen, Beamte mit Aktenbündeln erschienen, sprachen mit den im Zimmer befindlichen Sachbearbeitern und verschwanden wieder. Einzelne der vorgeführten Leute wurden flüchtig vernommen und wieder abgeführt. Um Greta Grauhoff kümmerte sich kein Mensch; sie kam sich hier völlig überflüssig vor. Für einen Augenblick überkam sie der Gedanke, das Zimmer zu verlassen und einfach fortzugehen, aber sie wußte, daß sie unten am Ausgang nicht durchgelassen werden würde, wenn sie keinen Passierschein vorweisen konnte.

Sie nahm auf einem der herumstehenden Stühle Platz und beobachtete das Treiben. Langsam ebbte der Trubel in dem Vernehmungszimmer ab. «Wer ist denn noch da?» fragte einer der Beamten. «Wie heißen Sie?»

«Mein Name ist Greta Grauhoff», entgegnete diese.

«Grauhoff? Grauhoff?» – Der Beamte blätterte in seinen Akten. «Ach so, hier! Wissen Sie eigentlich, weshalb Sie hier sind?»

«Nein. Wahrscheinlich habe ich mal irgendeine dumme Äußerung getan, die mir nun krumm ausgelegt wird.»

«Nein, Verehrteste, das ist ein Irrtum. Sie sind wegen Hoch- und Landesverrat verhaftet worden.»

«Hoch- und Landesverrat? – Da muß eine Verwechslung vorliegen.»

«Einen Augenblick, bitte! Falls es ein Irrtum ist, dann wird er sich sofort aufklären. Der zuständige Kommissar wird gleich kommen.»

Bald darauf trat Kommissar Hopf in das Zimmer. Er trug eine dicke Mappe mit Papieren unter dem Arm. «Ist Frau Grauhoff hier?» erkundigte er sich.

«Jawohl, Herr Kommissar», bestätigte einer der Männer. «Dort drüben sitzt sie.»

«Aha! Bitte, kommen Sie doch mal näher!» wandte Hopf sich freundlich an die Frau. «Wir wollen uns über Ihren Fall unterhalten. Daß Ihr Mann ebenfalls verhaftet worden ist, werden Sie vielleicht noch nicht wissen. Ich möchte es Ihnen zur Klarstellung der Situation sagen. Sie sind beide wegen Teilnahme an einem hoch- und landesverräterischen Unternehmen angeklagt. Was können Sie dazu sagen?»

«Herr Kommissar, ich habe diese Anschuldigung vorhin schon einmal gehört. Ich kann dazu nur feststellen, daß ich nichts Unrechtes getan habe, sondern immer gewohnt gewesen bin, nach meiner Auffassung von Recht und Gesetz zu handeln. Ich glaube, daß es sich hier um eine Täuschung handelt.»

«Liebe Frau Grauhoff, die Begriffe von Recht und Gesetz sind bei den einzelnen Menschen unterschiedlich. Und jeder Mensch, mag er was auch immer tun, ist davon überzeugt, nichts Unrechtes getan zu haben. Darauf kommt es aber jetzt nicht an. Ich will Ihnen Ihre wahre Lage schildern. Sie haben zusammen mit anderen Leuten seit Monaten sowohl innenpolitische Zersetzungsarbeit getrieben, als auch in Verbindung mit einer fremden Macht, mit der das

Deutsche Reich sich im Kriegszustand befindet, gestanden. Was Sie im einzelnen getan haben, darüber werden wir noch des näheren sprechen müssen. Tatsache aber ist, daß jene Macht, mit der Sie in Konspiration gestanden haben, Sie alle fallen gelassen hat. Man hat sich nicht gescheut, Sie bei uns ganz unverblümt zu kompromittieren. Sie sehen, das ist der Lohn für Ihr angeblich rechtliches Verhalten. Sie sind nichts anderes gewesen, als Werkzeuge des Nachrichtendienstes einer fremden Macht, ohne sich darüber im klaren zu sein. Sie glaubten, für ein Ideal zu arbeiten und waren lediglich ausgebeutete Agenten, die man solange benutzte, wie es den Leuten drüben angebracht erschien. Nun glaubt man dort, Sie nicht mehr zu brauchen, und läßt Sie fallen. Das ist für Sie äußerst tragisch, und ich kann Ihre Enttäuschung und Ihren Zorn verstehen. Ihr Fanatismus verblendete Sie und machte Sie unfähig, den wahren Sachverhalt zu erkennen. Jetzt stehen Sie hier vor einer harten Anklage. Ich will es Ihnen nicht zu schwer machen. Und ich möchte Ihnen in gutgemeinter Weise nahelegen, es sich selbst ebenfalls nicht zu schwer zu machen. Erzählen Sie mir alles im Zusammenhange, und ich will versuchen, die zu Ihren Gunsten sprechenden Momente herauszuholen.»

Greta Grauhoff hatte schweigend zugehört. Zwei Fragen waren es, die sie jetzt bewegten: Was wußte dieser Mann, der so menschlich zu ihr sprach, in Wirklichkeit? Und: War es wahr, daß man sie drüben bloßgestellt und fallen gelassen hatte? – Nein, das Letztere war unmöglich. Es bestand für die Zentrale nicht der geringste Anlaß, dies zu tun. Sie beschloß, den Kampf fortzusetzen.

«Herr Kommissar, ich kann nur wiederholen, daß ich mir nicht bewußt bin, etwas getan zu haben, was Ihr Vorgehen gegen mich rechtfertigt. Ihre Anklagen und Behauptungen setzen mich in Erstaunen.»

«Hm! Schade! Sagen Sie mal, ist Ihr Mann nicht Dichter?»

«Ja. Das wissen Sie doch.»

«Ganz recht. Ich habe da einmal etwas von einer Dichtung gehört, ich glaube, sie hieß „Ulenspiegel". Was ist eigentlich dieser „Ulenspiegel"?»

«Es ist ein Schauspiel, das mein Mann im vorigen Jahre schrieb.»

«Aha! Da haben wir's! Ich glaube, nun werden Sie nicht mehr leugnen. Sehen Sie sich mal dies hier an. Das ist ein Funkspruch, der an einen anderen Agenten vor einem Jahr gerichtet wurde.»

Der Beamte reichte der Frau ein Blatt hinüber. Greta Grauhoff nahm es und las:

> «KLS de RTX 1010. 1725. 99 wds. qbt. An Kent von Direktor. – Persönlich. – Begeben Sie sich sofort zu den drei angegebenen Adressen in Berlin und stellen Sie fest, weshalb Funkverbindung ständig versagt. Falls Unterbrechungen sich wiederholen, übernehmen Sie Funkübermittlung. Arbeit der drei Berliner Gruppen und Nachrichtenübermittlung von größter Wichtigkeit. Adressen: Neuwestend, Altenburger Allee 19. Eine Treppe rechts. Coro. Charlottenburg, Fredericiastraße 26a. Zwei Treppen links. Wolf. – Friedenau, Kaiserstraße 18. Vier Treppen links. Bauer (Adam und Greta Grauhoff). Erinnern Sie hier an „Ulenspiegel". – Kennwort überall: Direktor. Geben Sie Nachricht bis 20. Oktober. An allen drei Stellen mit Funkplan am 15. vormittags neu (wiederhole: neu) beginnen. qbt. 50385. ar. KLS de RTX.»

Sie überflog immer wieder den einen Satz: Erinnern Sie hier an «Ulenspiegel». Damit war fraglos die Dichtung ihres Mannes gemeint. Plötzlich stand vor ihrer Erinnerung jener Abend vor mehr als einem Jahre, an dem ihr Mann aus diesem seinem neuesten Werke einer kleinen Gesellschaft einige Stellen vorgelesen hatte. Wie kamen die Leute zu diesem Funkspruch? – In ihren Betrachtungen wurde sie durch die Stimme des Kommissars Hopf unterbrochen.

«Nun, Frau Grauhoff, wie finden Sie dieses Telegramm?»

«Ich finde es reichlich dunkel und geheimnisvoll und kann nur sagen, daß der betreffende Herr, an den dieses Telegramm gerichtet war, uns nie besuchte. Auf welche Weise unsere Namen und unsere Adresse dem Absender des Funkspruches bekanntgeworden sind, ist mir unklar. Von einer Funkverbindung, von der hier die Rede ist, weiß ich nichts.»

«Die Tatsache, daß Ihr Mann die Dichtung unter der Bezeichnung „Ulenspiegel" geschrieben hat, und der Umstand, daß drüben bei dem Absender dieses Funkspruches die Dichtung bekannt war und man sich unter Berufung auf diese Arbeit an Sie wenden will, beweist klar, daß Sie in Verbindung mit jenem geheimnisvollen Direktor gestanden haben müssen. Aber nun sagen Sie mir mal, was war denn das für ein Koffer, der eine Zeitlang bei Ihnen untergestellt war?»

«Ein Koffer?»

«Ja, ein kleiner Koffer. Ich könnte Ihnen sogar den Tag nennen, an dem er zu Ihnen gebracht wurde. Bei der Haussuchung wurde er jedoch nicht gefunden.»

«Ach so, der kleine Koffer! Er wurde von Bekannten aus Luftschutzgründen bei uns eingestellt.»

«So, so, aus Luftschutzgründen.»

«Er sollte sogar später in Spandau vergraben werden.»

«In Spandau? Sehr interessant. Hat Herr Kent ihn abgeholt?»

«Wer, bitte?»

«Herr Kent. Sie kennen ihn doch. Wann war er zuletzt in Berlin?»

«Ich höre diesen Namen heute zum erstenmal.»

«Vielleicht haben Sie den Mann hier anders genannt; ich meine den Herrn aus Brüssel. Wann sahen Sie ihn?»

«Ich kenne den Mann nicht, habe ihn nie gesehen.»

«Merkwürdig, Frau Grauhoff! Er war doch einer der prominentesten Männer Ihrer Gruppe. Sagen Sie, ist Ihnen von einem Funkverkehr, den Herr Müller-Boyd mit einer ausländischen Station unterhielt, etwas bekannt?»

«Nein.»

«Hat Ihr Mann nicht zuweilen Nachrichten an Herrn Müller-Boyd geliefert, die nach dem Auslande gefunkt wurden?»

«Davon weiß ich nichts.»

«Wie schade. Ich werde also Ihrem Gedächtnis etwas nachhelfen müssen. Sehen Sie sich mal diese Mappe hier an. Sie ist ziemlich dick. Und das, was sie enthält, sind Funksprüche Ihrer Arbeitsgruppe, die an jene ausländische Station gingen. Lesen Sie doch mal diese Telegramme hier durch.»

Greta Grauhoff nahm die Mappe und begann zu lesen. Es waren Meldungen, die alle Einzelheiten der Arbeit der Kampfgruppe schilderten. Es war ein niederschmetterndes Belastungsmaterial. Greta Grauhoffs Herzschlag fing an zu stocken, vor ihren Augen flimmerte es. Aber sie gab den Kampf nicht auf. Die Mappe zurückreichend, bemerkte sie: «Es sind höchst interessante Telegramme, und ich weiß nicht, wie sie zu Ihnen kommen und wer sie aufgab. Mit mir und meinem Mann haben sie aber nichts zu tun.»

«Wie erklären Sie sich aber, daß der Vorname Ihres Mannes oftmals als Quelle der Nachrichten angegeben wird?»

«Es gibt sehr viele Männer, die Adam heißen. Und es ist zudem noch fraglich, ob es sich hier nicht um einen Decknamen für einen Menschen handelt, der in Wirklichkeit ganz anders heißt.»

«Aber der Inhalt betrifft doch Leute, die in Kreisen der Künstlerschaft eine gewisse Rolle spielen.»

«Es gibt viele Menschen, die mit Bühnenkünstlern und Filmleuten in Verbindung stehen.»

«Ihr Mann war doch wiederholt in Prag?»

«Ja. Dort wurde er offenbar auch verhaftet.»

«Nun, hier sind Telegramme, die sich mit der Widerstandsbewegung in Prag befassen und als deren Quelle wiederum Adam angegeben ist.»

Greta Grauhoff nahm die Mappe zur Hand. Der Inhalt der entzifferten Funksprüche ließ kaum einen Zweifel zu, daß nur ihr Mann als Zubringer jener Nachrichten in Frage kommen konnte. Ein Schwächegefühl überkam sie. Sie mußte den Kopf mit der Hand stützen.

«Ich sehe, Frau Grauhoff, Sie sind leicht erschüttert. Sie können aber Ihr eigenes Los und das Ihres Mannes sehr erleichtern, wenn Sie vernünftig sind und alles offen gestehen.»

«Herr Kommissar, ich bemühe mich immerzu, vernünftig zu sein, aber Sie verlangen von mir Unmögliches. Ich soll Ihnen Auskünfte geben, zu denen ich nicht in der Lage bin. Sie haben mir den Text von Funksprüchen gezeigt, die Herr Müller-Boyd angeblich irgendwohin gerichtet haben soll. Warum fragen Sie nicht Herrn Müller-Boyd darüber aus? In meiner Wohnung hat kein Funkgerät gestanden. Ich selbst habe weder von meiner Wohnung noch von einer anderen aus gefunkt, kann es auch gar nicht. Ich habe Herrn Müller-Boyd keine Funksprüche überbracht.»

«Sie gehören aber zu seiner Gruppe!»

«Ich gehöre mit meinem Manne zu dem intellektuellen Zirkel, den Herr Hartmann und Herr Müller-Boyd ins Leben riefen.»

«Es war eine gesetzwidrige Verschwörergruppe.»

Hopf hatte Model angerufen und zu einer Besprechung nach der Prinz-Albrecht-Straße gebeten. Die Verhaftungen und Vernehmungen der letzten dreieinhalb Wochen gaben genügend Stoff für neuerlichen Gedankenaustausch.

Am selben Tage, an dem in Paris Gilbert mit seinem Sekretär die Neuregelung seines Funknetzes und die Maßnahmen zur Sicherung der Organisation besprach, fast zur gleichen Stunde, erschien Hauptmann von Model im Reichs-Sicherheitsamt. Hopf erwartete ihn bereits.

«Nun, Herr Hauptmann», empfing er diesen, «ich muß gestehen, daß die neuesten Rado-Telegramme, die Sie mir schickten, mir zuweilen die Luft verschlagen. Gemessen an diesen Funksprüchen ist ja das Wirken der ganzen Berliner Gruppe eine bescheidene Angelegenheit.»

«Wie man's anschaut», erwiderte Model. «Mir würden auch Kents und Coros Telegramme genügen; sie umfassen einen weit größeren Fragenkomplex.»

«Stimmt», entgegnete Hopf. «Mir graut schon jeden Morgen vor dem Weg ins Büro, denn dort erwarten mich dann immer einige Dutzend Funksprüche, bei deren Lektüre sich meine wenigen Haare sträuben. Wenn außer diesen von uns aufgedeckten Gruppen noch andere gleichwertige am Werke sind, dann gute Nacht, Marie!»

«Es gibt Dutzende davon», seufzte Model. «Und ihre Zahl wächst ständig.»

«Umso härter und entschlossener müssen wir vorgehen,» entschied Hopf. «Bei der Bekämpfung dieses Treibens muß uns jedes Mittel recht sein.»

«Wird nicht viel helfen», meinte Model. «Wir können immer erst dann rücksichtslos vorgehen, wenn wir die Leute in greifbarer Nähe haben, und damit hat es jeweils seine gute Zeit. Vom Augenblick, in dem eine Agentengruppe mit ihrer Arbeit beginnt, bis zu dem Moment, in dem wir sie ausheben, vergehen Monate; manchmal dauert es ein Jahr oder mehr. In der Zwischenzeit gehen Hunderte oder gar Tausende von Nachrichten über alle Grenzen, ohne daß wir es verhindern können.»

«Können wir denn diese Funkverkehre nicht stören?» fragte Hopf.

«Ausgeschlossen! Man kann zwei, drei, fünf Wellen stören, wobei der Erfolg immer noch fraglich ist. Aber Hunderte von Wellen Tag und Nacht zu stören, ist undenkbar. Zudem haben die Leute immer die Möglichkeit, stets neue Frequenzen zu suchen und zu benutzen!»

Hopf schlug mit der Faust auf den Tisch. «Dann müssen wir abschrecken», rief er. «Das Schicksal der Festgenommenen muß so sein, daß es vor jeder Tätigkeit dieser Art aufs eindringlichste warnt.»

«Wie wollen Sie das erreichen? Wollen Sie foltern, peinigen, quälen? Gut, soweit es sich um die Verhafteten handelt, können Sie das tun. Davon erfahren doch aber die Hunderte der anderen draußen nichts. Oder wollen Sie das alles öffentlich bekanntgeben? Damit erreichen Sie nichts, machen eher noch Propaganda für die Leute. Hier handelt es sich um die Austragung von irregeleiteten Weltanschauungen, und ein solcher fanatisierter Kampf wird durch keine Abschreckung liquidiert.»

Model machte eine resignierte Bewegung mit der Hand. Dann wandte er sich wieder an Hopf: «Versuchen Sie doch noch einmal, etwas über die Fredericiastraße herauszubekommen. Ich habe das Gefühl, als ob jene Gruppe heute noch irgendwo arbeitet. Alle Spuren sind verwischt. Wir müssen sie wieder auffinden.»

«Will es versuchen», nickte Hopf.

«Wieviele Leute haben Sie mittlerweile verhaftet?»

«Einundachtzig. Die Männer sind hier in der Prinz-Albrecht-Straße inhaftiert, die Frauen drüben am Alexanderplatz im Polizeipräsidium. Wir mußten dort eine ganze Etage nur für die weiblichen Mitglieder der „Roten Kapelle" freimachen.»

«Wer führt die Vernehmungen?»

«Nur Organe der Gestapo; in den meisten Fällen mache ich es selbst. Es ist keine leichte Arbeit; die Leute sind von einer Verschwiegenheit und – ich möchte fast sagen – Pfiffigkeit, daß man kaum weiterkommt. Hätten wir die Funksprüche nicht, dann kämen wir keinen Schritt vorwärts. Dieser Müller-Boyd ist geradezu ein Genie. Er hat auf jeden Vorhalt eine plausible Antwort, die ihn völlig zu entlasten scheint. Er hat bis heute seine geistige Frische beibehalten. Ich bin ein alter, erfahrener Kriminalist; wenn ich nicht den Inhalt der dechiffrierten Telegramme kennen würde, müßte ich an seiner Schuld zweifeln. Bei den Vernehmungen ist es stets so, daß nach wenigen Sätzen nicht i c h die Führung des Gesprächs mehr habe, sondern e r sie an sich reißt! Er drängt mich geradezu in die Defensive.»

«Was haben Sie hinsichtlich des Funksystems herausbekommen können?» fragte Model.

«Etwas, das Sie bestimmt interessieren wird. Außer dem toten Gieseke gab es einen zweiten Funker, namens Paul Schulz; er führt den Arbeitsnamen Hans.»

«Sie erwähnten ihn schon einmal; er war wohl der Nachfolger des Gieseke?»

«Nein. Beide arbeiteten offenbar gleichzeitig, oder sie lösten einander ab. Es ist schade, daß Gieseke nicht mehr lebt, vielleicht hätte eine nachdrückliche Vernehmung nähere Aufschlüsse ergeben. Das Bemerkenswerteste ist aber, daß es noch einen dritten Funker gab, der die beiden erstgenannten gar nicht kannte und auch nichts von ihrer Existenz wußte, ebenso wie jene von diesem anscheinend keine Ahnung hatten.»

«Und wer war dieser dritte Funker?» erkundigte sich Model interessiert.

«Ein ehemaliger Presse-Korrespondent und Journalist namens John Bromberg. Er gehörte zu einer der Untergruppen, zwischen denen die Verbindung nur über Hartmann führte.»

«Arwid?» fragte Model.

«Ja, ganz recht. In seiner Hand vereinigten sich augenscheinlich alle Fäden. Er war das eigentliche Haupt der Bewegung.»

«Haben Sie eines der Funkgeräte sicherstellen können?»

«Nicht ein einziges», entgegnete Hopf. «Das ist es ja, was mir so schwere Sorgen bereitet. Sämtliche Apparaturen sind weggebracht worden; angeblich weiß keiner, wohin. Jeder steckt sich hinter einen unbekannten Verbindungsmann und behauptet, nur wenige Mitglieder der Arbeitsgruppe hätten einander gekannt. Es steht für mich fest, daß wir bei weitem nicht alle Angehörigen dieser Gruppe gefaßt haben und daß noch manche von ihnen sich tarnen konnten und eines Tages in dieser oder jener Form ihr Wirken aufnehmen werden.»

«Schöne Aussichten!» bemerkte Model. «Sind außer Müller-Boyd noch weitere Offiziere in die Affäre verwickelt?»

«Ja. Offen bleibt allerdings die Frage, inwieweit sie bewußt mit Coro zusammengearbeitet haben oder ihre Informationen ihm sozusagen stillschweigend unterschoben, um sich nicht direkt zu kompromittieren. Mir fiel bei der Durchsicht all der entschlüsselten Telegramme auf, daß sich darunter Nachrichten befinden, die Coro nur auf dem Wege über seine Vorgesetzten bekommen konnte. Ich ging dieser Frage nach und stellte fest, daß in der Tat verschiedene dieser Nachrichten von seinem Chef stammten; dieser behauptet nun, ein unbedingtes Vertrauen zu Müller-Boyd gehabt zu haben, was ihn veranlaßte, mit ihm über Dinge zu sprechen, die streng geheim zu halten waren. Bei einigen Ressortleitern war es ähnlich. Müller-Boyd war offenbar außerordentlich beliebt und geschätzt; er galt als besonders fähiger Offizier. Wie dem auch sei, alle diejenigen Offiziere, die Coro Informationen gaben, haben sich – so oder so – mitschuldig gemacht.»

«Sind sie ebenfalls verhaftet worden?»

«Die ganze Attachégruppe ist aufgeflogen. Es ist ein Riesenskandal, den geheim zu halten kaum möglich sein wird. Göring tobte, als er davon erfuhr, daß ausgerechnet in seinem Ministerium, das er für das beste und sicherste hielt, so etwas passieren konnte. Göring versucht jetzt, verschiedene Dinge auf das Oberkommando des Heeres abzuwälzen und dieses in die Angelegenheit mit hineinzuziehen; auch das OKW ist seiner Meinung nach mitbelastet. Aber dies nur nebenbei. Der eigentliche Grund, weshalb ich Sie zu mir bat, ist folgender: Unter den entzifferten Telegrammen Coros befinden sich zwei, die mir besonderes Kopfzerbrechen verursachen. Das eine ist an ihn gerichtet und datiert vom 20. Juni. Es hat folgenden Wortlaut: „Übergeben Sie das Material über Angelegenheit Sebaldus an Daniel, der für Weiterleitung sorgen wird. Vereinbaren Sie Treff über Piter." — Das zweite Telegramm ist am 25. 6. von Coro an den Direktor gerichtet und lautet: „Material Sebaldus gestern Daniel ausgehändigt." — Haben Sie eine Ahnung, um welcher Art Material es sich hier handeln kann?»

«Ich kenne die beiden Funksprüche, nahm aber bisher an, daß es sich um Telegramme handelt, die aus irgendeinem Grunde von Berlin aus nicht gefunkt werden konnten und an eine andere Station — vielleicht einen der holländischen Sender — weitergegeben wurden.»

«Das ist möglich», entgegnete Hopf. «Ich persönlich bin aber der Meinung, daß es sich um etwas anderes handeln muß. Damals arbeitete die Berliner Funkverbindung einwandfrei; es bestand also kein Anlaß, einen Teil des Informations-Materials über eine andere, weit abgelegene Station zu leiten. Ich neige daher zu der Auffassung, daß es sich um Orientierungsmaterial irgendwelcher Art gehandelt haben muß, das ins Ausland geschafft wurde. Nachrichten militärischer Art können es kaum gewesen sein, denn diese mußten damals zur Zeit der Einleitung der deutschen Sommeroffensive veralten.»

«Das ist anzunehmen», warf Model ein. «Es könnte sich aber um Informationen über Kriegsmaterialfabrikation gehandelt haben.»

«Denkbar», entgegnete Hopf. «Aber auch diese Erklärung

will mir nicht ganz passen, denn Coro meldete auch über Produktionsfragen auf dem Funkwege, und zwar oftmals sehr ausführlich. Ich vermute etwas ganz anderes. Coro mußte bei seiner Arbeit immer damit rechnen, daß er eines Tages festgenommen wird und seine ganze Gruppe auffliegt. In diesem Falle war es ganz klar, daß ihm größere Gefahr droht und sein Leben auf dem Spiel steht. Um sich eine Art Rückendeckung zu schaffen, hat er dann – meiner Ansicht nach – Originalmaterial ins Ausland befördert, das er eines Tages in erpresserischer Weise als Druckmittel uns gegenüber verwenden kann. Sehen Sie, ich habe mich bislang gefragt, was wohl diesem Manne trotz der Schwere seines Falles die Kraft und den Mut gibt, so sorglos und zuversichtlich zu bleiben. Er scheint nicht die geringste Furcht zu haben. Er fühlt sich offenbar ganz sicher. Meiner Ansicht nach muß er etwas in Reserve haben, was er im gegebenen Augenblick ausspielen kann, und zwar gegen uns, die Gestapo, in deren Händen er sich befindet.»

«Was könnte das sein?» fragte Model nachdenklich.

«Es könnte sich um Material über die Konzentrationslager oder andere Maßnahmen der Gestapo handeln, dessen Veröffentlichung im Ausland uns große Unannehmlichkeiten bereiten würde, oder zum mindesten höchst unerwünscht wäre. Wir müssen unbedingt herausfinden, um was für eine Art Material es sich hier handelt. Ist Ihnen der Name „Sebaldus" schon jemals begegnet?»

«Nein.»

«Mir auch nicht. Wahrscheinlich ist es ein vereinbartes Stichwort.»

«Haben Sie Coro schon gefragt?»

«Ja. Er verweigert aber jede Aussage darüber und lächelt maliziös, wenn das Gespräch darauf kommt. Jeder Versuch, über dieses Thema Klarheit zu gewinnen, ist bisher gescheitert. Ich sprach darüber mit dem Oberst-Kriegsgerichtsrat Dr. Rödel, der die Untersuchung des Falles leitet.»

Model schwieg eine Weile gedankenvoll. «Wissen Sie, Herr Kriminalkommissar», meinte er dann, «für mich sind diese Leute im Grunde genommen nichts anderes als militärische Gegner, die zu bekämpfen meine Pflicht als Soldat ist.»

«Diese Männer und Frauen sind durch ihr Handeln der kämpfenden Front in den Rücken gefallen; sie haben durch ihre Zusammenarbeit mit dem Feinde den Tod von Tausenden deutscher Kämpfer verursacht. Kann man verräterischer am eigenen Volke handeln?! Kann man sich feindseliger zu ihm stellen?»

«Es liegt mir fern, eine Verteidigung zu versuchen. Ich bin lediglich auf der Suche nach einer Erklärung für ihr Handeln.»

«Es gibt keine Erklärung», rief Hopf, «es sei denn die, daß es sich um ganz nichtswürdige vaterlandslose Lumpen handelt! Sie mußten sich der Tragweite ihres Handelns bewußt sein, waren es auch. Und haben Monat für Monat die geheimsten Informationen dem Gegner geliefert. Kann man hier noch ein Gefühl der Menschlichkeit diesen Leuten gegenüber empfinden, die so unmenschlich am eigenen Volke handelten? Kann man sie noch als ehrliche Gegner werten?»

«Herr Kriminalkommissar», wandte Model beschwichtigend ein, «es geht hier nicht um die subjektive Bewertung dieser Leute, sondern um den Versuch der Erklärung ihrer Handlungsweise. Menschen wie die Mitglieder der „Roten Kapelle" gibt es heute zu Tausenden in ganz Europa. Wir leben heute in einer Epoche der weltanschaulichen Auseinandersetzungen, die ganz anders geartet sind als die früheren nationalen Kriege. Der Kampf wird heute nicht nur an den Fronten geführt wie ehemals, sondern überdeckt die gesamte Menschheit.»

Kriminalkommissar Hopf zog die Augenbrauen hoch.

«Möglich, daß Sie recht haben. Von Ihrem Gesichtspunkt aus mag die Sache so aussehen.»

Model nickte vor sich hin, und Hopf fuhr fort: «Wir dürfen diese Leute nicht mit den Augen des Soldaten sehen. Sie sagten selbst, daß der Kampf sich auf das Gebiet des Überstaatlichen, des Weltanschaulichen verlagert hat. Gut, dann müssen auch wir den Kampf mit der ganzen Härte führen. Hier steht nicht nur das Interesse des Staates, sondern dessen Existenz auf dem Spiele. Wenn jene Leute fanatisch für ihre Idee eintreten, dann müssen auch wir es tun.»

Die männlichen Mitglieder der „Roten Kapelle" waren in der Prinz-Albrecht-Straße in Einzelzellen untergebracht worden. Die Vernehmungen ergaben ein derartig widerspruchsvolles Bild, daß Hopf keine Klarheit über den Aufbau, die Gliederung und die Arbeitsweise der Organisation gewann. Erst als er die Befragung Vickys einleitete, änderte sich die Situation. Diese zäh am Leben hängende Frau glaubte mit einem freimütigen Geständnis von sich und ihrem Manne das Schlimmste abwenden zu können. Ihre Aussagen gaben Hopf die Handhabe, den anderen Inhaftierten ganz präzise Vorhalte zu machen und sie in ein immer enger werdendes Netz von Ausflüchten zu drängen. Er mußte aber bald erkennen, daß Vicky keineswegs eine klare Vorstellung von dem Zusammenspiel der einzelnen Untergruppen hatte und deren Mitglieder nur zu einem kleinen Teil kannte. Nur Harro, Arwid Hartmann und Adam Grauhoff schienen weitreichende Einblicke zu haben. Für Hopf war Eile geboten, wollte er nicht die bisher noch nicht gefaßten Mitglieder der Widerstandsgruppe hoffnungslos aus dem Bereich der Zugriffsmöglichkeit entkommen lassen.

*

Ein strahlend schöner Spätsommertag ging über den Dächern Berlins auf. Es mochte sechs Uhr morgens sein, als Harro auf seinem hartgelegenen Strohsack erwachte und zum Fenster blickte. Der Schein der Sonne beleuchtete die Dachfirste der gegenüberliegenden Gebäude und spiegelte sich in den kleinen Fensterscheiben der Mansarden. Vom Park des Prinz-Albrecht-Palais tönte das Zwitschern der Vögel. Drüben auf dem Anhalter Bahnhof pfiff eine Lokomotive und weckte Erinnerungen an früher gemachte Reisen.

Ein Schlüsselbund klapperte. Die Tür wurde geöffnet. Hopf trat mit zwei Gestapomännern in den Raum. «Fesseln lösen!» befahl er kurz den beiden Begleitern, während er auf einem Schemel Platz nahm.

Harro versuchte sich aufzurichten; sein Rücken schmerzte. Er rieb ihn mit den Handflächen und betrachtete dann die Handgelenke. Die Fesseln hatten einen entzündeten Streifen hinterlassen.

Hopf sah interessiert zu. «Unangenehm, was?» erkundigte er sich.

«Ja», bestätigte Harro. «Dennoch möchte ich nicht mit Ihnen tauschen. Ich habe es bald hinter mir, Sie aber vor sich.»

«Auch Sie haben noch mancherlei vor sich, wenn Sie nicht endlich vernünftig werden», bemerkte Hopf trocken.

«Vernünftig?» lachte Harro. «Oh, Herr Kommissar, um der Vernunft willen bin ich ja hier. Was ist Vernunft? Ist es die Fähigkeit zur klaren Erkenntnis der Dinge? Oder zum Ausschalten aller Gefühlsmomente aus dem Denken? Oder die bewußte Pflege des Selbsterhaltungstriebes? Aber das wäre in gewissen Lagen nichts anderes als angewandte Feigheit. Haben Sie die schon einmal bei mir bemerkt?»

«Ich bin nicht gekommen, mit Ihnen zu philosophieren», erwiderte Hopf. «Ich erwarte heute von Ihnen ganz konkrete Antworten auf einige Fragen. Welcher Art sind die

Dokumente, die Sie vor einem Vierteljahr ins Ausland schaffen ließen, und wo befinden sich diese?»

«Sehen Sie, Herr Kommissar, Sie erwarten bei mir eine individuelle Angst zu sehen. Dabei muß ich feststellen, daß eine generelle Angst und Sorge Sie selbst beseelt. Verborgen ist uns des Lebens tiefster Sinn. Hatte die Gestapo es bisher notwendig, bei ihren Nachforschungen meine Hilfe in Anspruch zu nehmen? Sie behaupten doch, ich wäre seit Monaten auf Schritt und Tritt beobachtet worden. Sollte da Ihren Schergen einiges entgangen sein?»

«Wollen Sie keine Angaben machen?»

«Was gilt mein Wille, Herr Kommissar? Und doch sagt man, der Wille sei Macht. Schopenhauer hat ein ganzes Weltbild auf dem Prinzip von Wille und Vorstellung konstruiert.»

«Nun, dann werde ich Ihnen einmal ein anderes Weltbild konstruieren», rief Hopf. «Los!» wandte er sich an seine beiden Begleiter. «Stalinzimmer!» –

Harro kannte die Bedeutung des Namens „Stalinzimmer", hatte schon davon gehört. In diesem Raume wurde vor einem Jahr der Sohn Stalins ‚peinlich verhört'.

Hopf hatte seinen großen Tag. Nach der gestrigen Behandlung im Stalinzimmer waren die drei Männer wesentlich geneigter, auszusagen. Man muß das Eisen schmieden, solange es noch heiß ist. Und Hopf schmiedete. Er lief von Zelle zu Zelle und stellte Fragen, plauderte zwischendurch leutselig und ermunternd, verteilte ein paar Zigaretten. Mit hundert neuen Steinchen vervollständigte er sein Mosaikbild. Es war mühevoll, aber es gelang, so manche Lücke zu schließen. Dann fuhr er zum Alexanderplatz und besuchte Erika von Benkendorff, Vicky und Greta Grauhoff.

Als er zur letzteren in die Zelle trat, saß sie auf dem Rande ihres einfachen Feldbettes, den Kopf in die Hände gestützt, in Gedanken versunken. Sie sprang auf, als Hopf die Tür öffnete. «Was ist mit meinem Manne, wie geht es ihm? Lebt er? Wann haben Sie ihn gesehen? Wie erträgt er die Haft?»

«Ruhe, Ruhe, liebe Frau Grauhoff! Kein Anlaß zu Besorgnis. Erst wollen wir uns eine Zigarette anzünden und dann in Gemütsruhe plaudern. Hier bitte!»

Greta Grauhoff nahm eine der dargebotenen Zigaretten und setzte sie in Brand. Hopf nahm auf einem Schemel am Fenster Platz und legte seine Mappe auf den kleinen Tisch. «Ich komme soeben von Ihrem Manne. Er lebt und läßt Sie grüßen. Wir haben uns lange angeregt unterhalten. Selbstverständlich leidet er unter der Haft, aber im allgemeinen geht es ihm durchaus gut; er schläft jetzt viel und ist froh, wenn ich zu ihm komme und wir zusammen plaudern. Er ist sehr vernünftig und hat seinen früheren Widerstand ganz aufgegeben.»

«Das kann ich mir nicht denken.»

«Aber, Frau Grauhoff, warum so mißtrauisch? Ihr Mann hat eingesehen, daß alles Schweigen im Grunde genommen zwecklos ist; wir bekommen trotzdem alles heraus, was wir ermitteln wollen. Sie, Frau Grauhoff, sehen in mir immer Ihren erbitterten Feind. Dazu haben Sie bis zu einem gewissen Grade Anlaß. Aber wirklich nur bis zu einem gewissen Grade! Ich habe für die Arbeit Ihrer Organisation in bestimmtem Umfange sogar Verständnis, wenn ich sie auch nicht billige. Sie gehören einer gewissen politischen Richtung an und haben aus Überzeugung gehandelt. Ohne niedrige egoistische Nebengedanken. Es war ein — wenn auch irregeleiteter — Idealismus. Ich kann dem meine Achtung nicht ganz versagen. Man hat Sie drüben fallen gelassen — Sie tun mir daher leid.»

«Es ist nicht wahr, daß man uns drüben fallen ließ.»

«Was zwingt Sie zu dieser Annahme?»

«Der Umstand, daß wir in loyaler Weise unsere Arbeit bis zum Schluß leisteten.»

«Gut, das ist ein ehrliches Bekenntnis. Und dennoch ist es so, daß man Sie von drüben aus über die Klinge springen ließ. Wir wären ja sonst gar nicht auf Ihre Spur gekommen!»

«Sie haben die Sender gepeilt!»

«Stimmt. Aber wir haben sie nie ermitteln können. Erst als wir die kompromittierenden Angaben von drüben erhielten, kamen wir auf Ihre Spur.»

«Ich kann das nicht glauben.»

«Es ist aber so. Sie dürfen zudem die Bedeutung Ihrer Organisation nicht überschätzen. Sie haben allerlei getan — ich gebe das ohne weiteres zu. Aber wir haben inzwischen eine andere Gruppe gefaßt, die wesentlich wichtigere Angaben nach drüben lieferte; gemessen an dieser war Ihre Arbeit fast unbedeutend. Wir haben mittlerweile alle Ihre sechs Untergruppen ausgehoben.»

Greta Grauhoff lächelte überlegen. «Es waren ja nur vier.»

«Und Hermann Wiesner?»

«Arbeitete unabhängig.»

«Sie standen doch aber in Fühlung mit ihm.»

«Nur lose.»

«Wann verließ er eigentlich Berlin?»

«Es war Anfang November.»

«Und wer übernahm seine Nachfolge?»

«Niemand. Er hat sein altes Netz beibehalten.»

«Das konnte er doch von Brüssel aus schlecht.»

«Es blieb ein Verbindungsmann zurück.»

«Ich weiß. Ihr Mann erzählte mir davon. Er ging aber dann woanders hin. Ihr Mann nannte mir den Ort, ich glaube es war — — Moment mal — — er machte noch so einen drolligen Scherz dabei — nach — — nach — — »

«Sie meinen Leipzig?»

«Ganz recht. Jetzt fällt es mir wieder ein. Leipzig.»

Hopf streifte die Asche seiner Zigarette ab und blickte mit etwas schräg gehaltenem Kopf Greta Grauhoff an. «Sehen Sie, liebe Frau Grauhoff, was mir bei Ihnen imponiert, ist Ihr fanatischer Idealismus. Anders war es bei Leuten wie jenem Mann vom Auswärtigen Amt, der sich als ein bezahlter Agent erwies.»

«Meinen Sie Schiele?»

«Erstens den und dann Livonius.»

«Das ist nicht wahr. Sie sind beide genau so Idealisten wie wir.»

«Auch Schiele?»

«Der ganz besonders.»

«Zu wessen Bereich gehörte er?»

«Zu Fuchs.»

«Ach ja, stimmt. Das sagte er ja selbst. Halten Sie auch den Professor Werner Kern für einen Idealisten? Er lieferte doch nach verschiedenen Seiten Material. Ich halte ihn für ein bezahltes Element.»

«Ausgeschlossen! Kommt gar nicht in Frage. Er tat weiter nichts, als daß er zusammen mit Hartmann Instruktions- und Aufklärungskurse abhielt.»

«Wo?»

«In Berlin und Marburg.»

«Das tat doch Ihr Mann ebenfalls?»

«Nein. Mein Mann arbeitete nur im Bereiche der Künstlerschaft.»

«Er hatte aber Beziehungen zu verschiedenen höheren Offizieren.»

«Nein.»

«Doch. Alles läßt darauf schließen. Gerade dieser Umstand wiegt besonders schwer. Wir haben Beweise, daß von Ihrer Organisation aus eine Parallelverbindung zu einer Gruppe, die wir bereits kennen, führte. Und alles deutet darauf hin, daß dies über Ihren Mann geschah. Wenn wir diesen Verdacht von ihm nehmen könnten, wäre seine Lage wesentlich hoffnungsvoller. An sich ist die Verbindung bekannt, die Beteiligten sind geständig. Aber Ihr Mann steht in stärkstem Verdacht, hierbei mitgewirkt zu haben. Dadurch gerät er in zwei Prozesse hinein. Aus dem ersten könnte er eventuell nur leicht beschädigt hervorgehen; der zweite dürfte für ihn verhängnisvoll werden.»

«Aber es ist doch gar nicht der Fall! Diese Verbindung führte ja nicht über meinen Mann.»

«Ich möchte Ihrem Manne helfen. Wie kann das geschehen? Wer versah die Verbindung?»

«Fragen Sie Fuchs.»

«Das habe ich getan; er bestreitet es und schiebt alles auf Ihren Gatten.»

«Was! Das ist doch unerhört! Er soll dies einmal in meiner Gegenwart tun! Er selbst war — — — nun — — fragen Sie ihn nur nochmals aus.»

«Ich werde es gern tun. Ich habe zuweilen den Eindruck, als sei Ihre Gruppe in zweierlei Hinsicht das leidende Opfer geworden. Einerseits von drüben her, wo man Sie schnöderweise zu guter Letzt fallen ließ, dann aber auch von Seiten jener Verschwörung, die Sie alle ausnutzte, um für sich eine günstige Situation vorzubereiten. Und Sie gingen samt und sonders den Leuten ins Garn. Jetzt, nachdem die Sache schief liegt, versuchen die Herren zu kneifen und alles auf Sie abzuwälzen.»

«Wer tut das?»

«Erstens einige Herren des OKW, dann mehrere vom OKH und auch diverse vom Reichsluftfahrtministerium, darunter Müller-Boyds ehemaliger Chef, Oberst Kuntz.»

«Das ist doch nicht möglich!» rief Greta Grauhoff empört.

«Und dennoch ist es so. Er stand doch früher auf sehr vertrautem Fuße mit Müller-Boyd. Beide schätzten einander sehr.»

«Natürlich. Kuntz war doch mehrfach Gast in der Altenburger Allee.»

«Sehen Sie – so etwas vergißt man, wenn es gefährlich wird. Wann sahen Sie Kuntz zum letztenmal bei Müller-Boyd?»

«Das war – – – ich weiß es nicht – – ich ging in der letzten Zeit selten hin.»

«Ich weiß, Sie vertrugen sich nicht gut mit der jungen Frau. Auch diese versucht, Sie und Ihren Gatten stark zu belasten. Ich habe aber sofort den Eindruck gehabt, daß hier ein persönlicher Gegensatz besteht. Darüber werden wir uns noch unterhalten. Jetzt muß ich Sie verlassen. Ich komme in den nächsten Tagen wieder.»

Greta Grauhoff nickte stumm. «Übrigens», meinte Hopf, indem er sich erhob, «Ihr Mann hat mir freimütig die Spandauer Adresse genannt.»

Frau Grauhoff sprang auf, ihr Gesicht war fahl. «Welche Spandauer Adresse?» stammelte sie.

«Na, die von Wittmanns.»

Die Frau faßte mit der einen Hand zum Herzen, mit der andern an ihren Hals. «Wittmanns?» hauchte sie tonlos. «Haben Sie die etwa auch verhaftet?»

«Man ist unterwegs, sie zu holen. Aber Sie sagten doch, es wären nur harmlose Bekannte von Ihnen. Dann besteht ja keine Gefahr für sie.»

Greta Grauhoff sank kraftlos auf ihr Bett. Vor ihren Augen flimmerte es. «Wittmanns», murmelte sie. «Wittmanns – – ich – – ich bin schuld – – ich habe – – »

Als sie aufblickte, war sie allein im Zimmer.

Model und Schuster hatten in den letzten Wochen nur selten Gelegenheit gehabt, miteinander zu sprechen. Der Dienst hielt jeden von ihnen restlos gefangen. Wenn sich Berührungspunkte ergaben, dann besprach man sich sachlich und kurz und begab sich wieder an den eigenen Schreibtisch.

In den neun Monaten, in denen er bei der Zentrale der „Funkabwehr" seinen Dienst versah, war Model sehr ernst und nachdenklich geworden. Er sieht seine Aufgabe heute mit anderen Augen als damals, kurz vor Weihnachten, als Bollmann ihm die Weisung gab, „die Schweinerei im Westen" raschestens zu bereinigen.

Er hatte seine Arbeit in der Annahme begonnen, es handle sich um eine Aufgabe, die mit zäher, rastloser Tätigkeit eines Tages erfüllt und abgeschlossen werden könne. Inzwischen hatte er einsehen müssen, daß das Kampfgebiet von Woche zu Woche wuchs, um sich griff, immer komplizierter und schwieriger wurde. Nicht e r war mit seiner Organisation der Angreifende, er muß sich gestehen, daß er sich in einer hoffnungslosen Defensive befindet.

Schuster war in letzter Zeit still und verschlossen geworden. Er wich jeder Unterhaltung aus. Model hatte das Empfinden, als bedrücke ihn etwas und als trage er eine schwere Last mit sich herum. Er schätzte seinen Kameraden sehr, möchte keine Entfremdung aufkommen lassen und beschloß, ihn wieder zu einem abendlichen Plauderstündchen in seine Wohnung einzuladen. Er sprach mit Schuster darüber. Dieser wollte ausweichen, aber Model gab nicht nach. Man einigte sich auf den nächsten Samstag.

Model begrüßte seinen Gast herzlich. Man nahm im Herrenzimmer Platz, zündete sich eine Pfeife an und schlürfte den kaltgestellten Moselwein. Berlin hatte die ersten schwereren Luftangriffe erlebt, das gab Stoff für einen Gedankenaustausch. Dann glitt das Gespräch auf die allgemeine Kriegslage über. Im Osten war die deutsche Offensive seit sechs Wochen völlig festgefahren. Die Lage in Rußland wurde von einem einzigen Namen beherrscht: Stalingrad!

Als Model die zweite Flasche Wein entkorkte, bemerkte er: «Wissen Sie, Schuster, wir waren doch damals, als Coro bei Vauth anrief, rechte Esel. Wir wurden nervös und ließen uns dazu verleiten, vorzeitig loszuschlagen. Es hat sich nämlich herausgestellt, daß der Anruf durchaus nicht den Charakter eines Versuchsballons trug. Es war ein reiner Zufall. Wir hätten in Ruhe unsere Recherchen und Ermittlungen fortsetzen können. Nun müssen wir damit rechnen, daß durch unseren übereilten Zugriff verschiedene Mitglieder der Organisation gewarnt wurden und sich rechtzeitig in Sicherheit bringen konnten.»

«Höchstwahrscheinlich! Aber der mysteriöse Anruf zwang einfach dazu. Offen ist zudem die Frage, was besser gewesen wäre, denn Gülzow und Heidemann hätten bei längerem Warten weiterhin Gelegenheit gehabt, Coro alle möglichen Informationen zu geben. Eines Tages wären ihnen die Telegramme Kents und Coros vor Augen gekommen, sie hätten Coro gewarnt, und dieser hätte seine Gruppe in Sicherheit bringen können.»

Model schüttelte den Kopf. «Die beiden wußten nicht, daß Coro und Müller-Boyd identisch sind. Sie kannten den Decknamen Müllers gar nicht.»

«Sie hätten ihm aber bestimmt den Inhalt der entzifferten Funksprüche mitgeteilt, und dieser wäre sofort im Bilde gewesen. Ich glaube, es war schon richtig so, wie es geschah. Allerdings muß ich gestehen, daß die beiden jungen Kerle mir leid tun. Sie sind so richtig in die Affäre hineingezogen worden, ohne es zu ahnen. Der eine von ihnen war meiner Meinung nach völlig harmlos.»

«Ja. Aber er gab Informationen an Coro, und das bricht ihm das Genick.»

Schuster blickte vor sich hin. «Schade um die Jungens. Haben Sie übrigens Coro inzwischen gesehen?»

«Ja, gestern.»

«Wie sieht er denn aus?»

«Groß, schlank, hohe Stirn, blaue scharfblickende Augen, schmaler Mund, energisches Kinn, bleich –»

«Sympathisch?» fragte Schuster interessiert.

«Durchaus. Er hat etwas Jungenhaftes, strahlt dabei aber etwas Zwingendes aus, so daß man leicht in seinen Bann gerät.»

Schuster nickte zustimmend. Dann saßen die beiden schweigend und hingen ihren Gedanken nach. Plötzlich lachte Model hell auf und schüttelte dabei den Kopf. Schuster blickte erstaunt zu ihm hinüber. «Nanu, was erscheint Ihnen denn so lächerlich, lieber Model?»

«Zu komisch», meinte dieser, «zu komisch die ganze Kiste! Stellen Sie sich vor, da ist nun unser Freund Coro in den Händen der Gestapo, und man sollte nun meinen, daß ihm einigermaßen bange ums Herz ist. Statt dessen ist es genau umgekehrt: Coro trägt einen imponierenden Stolz zur Schau, und diejenigen, denen man ein unbehagliches Gefühl anmerkt, sind die Herren der Gestapo.»

«Inwiefern?» erkundigte sich Schuster.

«Ja, sehen Sie, da ist doch diese merkwürdige Geschichte mit den beiden sonderbaren Telegrammen, über die wir schon sprachen. Man vermutet, daß Coro irgendwelches Originalmaterial ins Ausland schaffte, das die Gestapo stark kompromittiert oder richtiger: kompromittieren könnte, falls Coro den Augenblick für gekommen hält, es zu veröffentlichen. Es müßte natürlich schon etwas besonders Handfestes sein, was diese robusten Herren außer Fassung bringen würde, aber sei dem, wie es mag – man zerbricht sich in auffallender Weise den Kopf über jenes angeblich ins Ausland geschaffte und dort deponierte Material, und Coro hüllt sich in Schweigen. Anscheinend hat man bei der Gestapo einen ganz bestimmten Verdacht und fürchtet, er könne sich bewahrheiten. Coro dagegen läßt die Leute in ihren Seelennöten und spielt Katze und Maus mit ihnen, so daß er trotz seiner verzweifelten Lage in gewissem Sinne Herr der Situation ist.»

«Höchst interessant», stellte Schuster fest, «nur schätze ich, daß man ihn eines Tages zum Reden zwingen wird. Man hat ja dort – – sagen wir: – neuzeitliche Methoden der Befragung.»

«Das schon», stimmte Model zu, «aber Coro hat einen eisernen Willen. Er ist wie aus Stahl, der beim Schmieden mit jedem Hieb nur noch härter wird.»

«Was ist denn aus Coros Chef geworden?»

«Verhaftet. Die Attachégruppe ist so ziemlich geplatzt. Ich bin allerdings überzeugt, daß die meisten der Offiziere mit der Geschichte nichts zu tun hatten. Sicher sind sie unschuldig.»

«Schuld und Unschuld – das sind Fragen der Relativität.»

Model horchte auf. «Nanu, mein Lieber, wollen Sie – –»

Aber Schuster winkte ab. «Ich will nichts – ich philosophiere nur – – das kommt in letzter Zeit bei mir zuweilen vor – – etwas komisch für mich, nicht wahr?»

«Nicht unbedingt», entgegnete Model gedankenverloren. Eine Weile saßen beide Männer schweigend einander gegenüber. «Es ist doch erstaunlich, welchen Umfang dieser Kampf im Dunkeln – oder im Äther, wenn man so will – angenommen hat», stellte Model nachdenklich fest.

«Ich finde das eigentlich gar nicht so erstaunlich», widersprach Schuster. «Der Kampf verlagert sich immer mehr vom Nationalen auf das Weltanschauliche. Der nationale Gedanke befindet sich im Niedergange, und zwar ist das nicht etwa nur eine momentane Zeiterscheinung, sondern es ist eine der Charakteristiken der kommenden Kulturepoche. Es ist heute gänzlich belanglos, welchem Volksstamm der eine oder andere angehört. Wichtig ist dagegen, ob er sich zum Gedanken des Liberalismus, der Diktatur, der Demokratie, dem Terror, dem Kapitalismus, Sozialismus oder

Kommunismus bekennt und dementsprechend handelt. Das bringt eine ideologische Aufspaltung der Völker, bei welcher der Riß mitten durch die verschiedenen Volkskörper geht, sie vertikal zerschneidet, andererseits aber wiederum die verschiedenen Völker oder Volksgruppen weltanschaulich und horizontal untereinander verbindet. Daher ist der Kampf, wie wir ihn heute führen, gänzlich unnatürlich; denn ein Teil unseres eigenen Volkes steht zum mindesten in seiner seelischen Bereitschaft auf der Gegenseite.»

«Leider haben Sie recht», bestätigte Model. «Zu dieser Erkenntnis kommt man sehr bald bei unserer Arbeit.»

In dem großen Auswertesaal der „Funkabwehr" am Matthäikirchplatz in Berlin, wo Reger mit seinen Leuten arbeitet, standen Model und Schuster vor der großen Karte, auf der die letzten Peilergebnisse vermerkt waren. Kleine Nadeln mit großen bunten Köpfen kennzeichneten die ermittelten ungefähren Standorte der Agentensender. Reger berichtete über seine neuesten Feststellungen. Zwei Sender arbeiten von Belgien aus und scheinen die Nachfolge des PTX übernommen zu haben; der eine steht in Brüssel, er hat einen besonders lebhaften Funkverkehr.

Model blickte Schuster an. Beide hatten vor einigen Tagen den Bericht des Kommissars Hopf über die Aussagen Hartmanns und Grauhoffs gelesen. Hopf hatte vorgeschlagen, eine Aktion durchzuführen, um die Reste der «Roten Kapelle» zu fassen.

«Wird wohl Hermann Wiesner sein, der in Brüssel arbeitet», vermutete Model, und Schuster stimmte zu. «Ich habe das bestimmte Gefühl, daß wir bei einem erfolgreichen Zugriff den Schlüssel zur Aufrollung der ganzen Kiste finden», fuhr Model fort. «Bisher haben wir nur die Gruppen Coro und Arwid treffen können. Kent und Gilbert sind nach wie vor in Freiheit und arbeiten weiter. Gilbert von Paris aus und Kent — — ja, wo mag dieser Bursche jetzt stecken?»

«Vielleicht in Südfrankreich, Herr Hauptmann», warf Reger ein.

«Wieso?» fragte Model, aber Schuster nickte zustimmend und antwortete für Reger:

«Auch ich bin der Ansicht, daß Kent sich in Südfrankreich befinden muß. Seine Brüsseler Station wurde im Dezember ausgehoben; keine der später in Belgien,Holland oder Nordfrankreich aufgetretenen Funkstellen erwies sich als diejene Kents. Seit Anfang März beobachten wir aber einen Sender in der Gegend von Marseille, der haargenau die gleichen Merkmale trägt wie seinerzeit der PTX. Einige Wochen später trat eine ähnliche Station bei Nizza auf, dann gesellte sich hierzu eine weitere in Annecy. Sie sehen, alle diese Stationen befinden sich im unbesetzten Teil Frankreichs, entziehen sich somit unserem Zugriff. Sie haben den genau gleichen Verkehr wie damls PTX. Ich schließe daraus, daß Kent sich nach Südfrankreich begeben hat und dort Zug um Zug ein neues Netz aufbaut. Es ist eine Vermutung meinerseits — —»

«Sie hat sehr viel Wahrscheinlichkeit. Vielleicht bekommen wir bei der Brüsseler Aktion hierüber Klarheit. Ich werde die Kiste selbst in Bearbeitung nehmen. Diesmal gehen wir mit recht guten Vorkenntnissen an die Sache heran, da Hartmann und Grauhoff die Namen und Adressen der drei Brüsseler Männer preisgegeben haben; wir wissen, daß Wiesner in Verbindung mit Gilbert steht. Da Kent früher mit dem letzteren in Verbindung stand, ist anzunehmen, daß dies auch heute noch der Fall ist. Fassen wir Wiesner, so müssen wir die Spuren Kents und Gilberts finden. Wichtig ist, daß wir jetzt den richtigen Namen Kents kennen.»

Schuster stimmte zu. «Ich könnte mir denken, daß wir nunmehr an drei Stellen gleichzeitig zum Angriff übergehen: In Brüssel, in Paris und in Südfrankreich.»

«Die Brüsseler Aktion nehme ich selbst in die Hand», erklärte Model. «Ich mache das wieder mit dem Peilzug Moser. In Brüssel hoffe ich die Spuren zu Gilbert und Kent zu finden. Währenddessen läuft die Peil- und Beobachtungsaktion in Paris weiter, die uns bald genügend Material geliefert haben wird. Sobald ich in Brüssel fertig bin, fahre ich nach Paris und rücke Gilbert auf den Pelz.»

«Und ich», versicherte Schuster, «werde alles tun, um zu erreichen, daß ich im unbesetzten Südfrankreich mit einigen Peiltrupps Bewegungsfreiheit bekomme.»

Brüssel

Am Abend des 8. Oktober traf Model in Brüssel ein. Er wurde von Moser am Bahnhof empfangen. Die beiden Herren begaben sich nach der Leopoldskaserne, um die Peilaktion in ihren Einzelheiten durchzusprechen.

Schon am Morgen des nächsten Tages ging Moser in der gewohnten Art an den Aufbau seiner Peiler und hatte nach zwei Tagen ermittelt, daß der Sender, der täglich dreimal auftrat, bei jedem Funkverkehr von einem anderen Standort aus arbeitete. Es war nicht abzusehen, wie lange es dauern mochte, bis man zu einer Aushebung schreiten konnte, wenn man auf dem bisherigen Wege weiter vorging.

Model beschloß daher, die Angelegenheit von einer anderen Seite aus anzufassen. Zusammen mit mehreren gewandten Leuten des Moserschen Peilzuges, denen er Zivilkleidung verschaffte, beobachtete er mehrere Tage hindurch das Haus Nr. 12 in der Rue de Namur, das Arwid bei seiner Vernehmung als Quartier Wiesners bezeichnet hatte. Er stellte fest, daß dieser seine Wohnung täglich in den Morgenstunden mit einem Handkoffer verließ und erst am späten Abend heimkehrte. Model entschloß sich zu einem direkten raschen Zugriff. Als am 16. Oktober spät abends Wiesner mit seinem Koffer zurückgekehrt war, wurde das einsam stehende kleine Haus von den Männern des Moserschen Peilzuges umstellt, und Model drang zusammen mit Moser und einigen der Leute in die Wohnung ein.

Die Aktion ging so bitzschnell und lautlos vor sich, daß sowohl Wiesner als auch zwei weitere anwesende Männer völlig überrascht wurden. Sie waren so arglos gewesen, daß kaum irgendwelche Sicherungsmaßnahmen getroffen worden waren. Das Koffergerät stand im Vorraum der Wohnung und wurde sofort von Moser sichergestellt und untersucht. Dann ging es in eiliger Fahrt zur Leopoldskaserne.

«Ich will es kurz machen, Wiesner. Meine Zeit ist bemessen. Morgen muß ich weiter. Sie haben eine Chance. Eine einmalige Chance, Wiesner! Entweder Sie sind klug und nutzen sie, oder Sie tun es nicht. Dann müssen Sie sich die Folgen selbst zuschreiben.»

«Ich verrate nichts!» brummte Wiesner.

«Ist auch gar nicht nötig, denn ich weiß mehr als Sie glauben. Zunächst einmal weiß ich, daß Sie der Hermann Wiesner sind, der beim Reichstagsbrand mitwirkte. Damals haben Sie sich mit der Gestapo eingelassen, und als man Ihnen Ihre Belohnung verabreichen wollte, waren Sie verduftet. Warum eigentlich? Jetzt sucht die Gestapo Sie händeringend, um Ihnen den versprochenen Lohn aushändigen zu können.»

Wiesner war blaß geworden und sah Model erschreckt an. «Ich habe damals nur — —»

«Schon gut, mein Lieber. Die ganze Kiste von damals interessiert mich augenblicklich nicht. Geht mich auch nichts an. Ich wollte Ihnen nur sagen, daß gewisse Leute eine brennende Sehnsucht nach Ihnen haben. Es ist nun Ihre Sache, zu wählen, ob Sie diese Leute sehr bald wiedersehen wollen oder ob Sie Wert darauf legen, in Sicherheit zu bleiben.»

«Wie soll ich das verstehen?»

«Das werde ich Ihnen gleich auseinanderposamentieren. Hier, trinken Sie erst mal einen Cognac. Und nun passen Sie auf: Stellen Sie sich zu Ihrem Entsetzen ruhig vor, daß ich so gut wie alles von Ihnen weiß. Es hat keinen Sinn zu leugnen. Der Funkkoffer ist zudem ein konkretes Beweismittel, das Sie nicht bestreiten oder fortzaubern können. Wir haben seit Monaten Ihren Funkverkehr abgehört und entziffert. Wir wissen, wer für Sie Informationen über die Lage in Belgien sammelte und wer die Verbindung mit Holland versieht. Und wir wissen vor allem, daß Sie, mein Lieber, Verbindungen mit Gilbert und Kent haben.»

Bei den letzten Worten Models riß Wiesner die Augen auf und starrte sein Gegenüber voller Entsetzen an. «Gilbert und Kent?»

«Ja, mein Guter. Sie sehen, wir sind im Bilde!»

«Ich weiß nicht, wen Sie meinen.»

«Oh, das wissen Sie sehr gut. Hier, trinken Sie noch einen Cognac, der stärkt das Gedächtnis. Der gute Onkel Kent war doch früher sogar in Brüssel wohnhaft gewesen. Soll ich Ihnen sagen, wo seine Wohnung war und wo sich sein Sender befand? Aber ich denke, das können wir uns schenken. Wiesner, versuchen Sie nicht erst zu leugnen, sonst gebe ich es auf, und Sie befinden sich morgen in den Händen der Gestapo. Seien Sie vernünftig. Wir kennen Herrn Kent sehr genau; falls Sie seinen richtigen Namen hören wollen – er lautet: Jean Morel. So, nun sind Sie im Bilde. Jetzt erzählen Sie mir, wann und wo Sie Kent das letztemal gesehen haben.»

«Kent war seit Dezember nicht mehr hier.»

«Das weiß ich. Aber Sie waren bei ihm.»

«Nein. Ich hatte nur einen Treff mit ihm.»

«Wann?»

«Im Juli, als die neue Funkregelung erfolgte.»

«Und wo geschah es?»

«In Südfrankreich.»

«Das weiß ich wohl, Sie sollen mir den Ort nennen.»

«Es war in der Nähe von Marseille.»

«Schwindel, Mann! Es war direkt in Marseille. In Ihrer Brieftasche fand sich ja noch eine Fahrkarte der Marseiller Straßenbahn. Also los, Wiesner, wo war es genau?»

«Na schön. Es war am Bahnhof Prado.»

«Was besprachen Sie dort?»

«Das neue Funkverfahren und dann die neue Geheimschrift.»

«So! Und das erledigten Sie, indem Sie am Bahnhof herumspazierten? Mensch, halten Sie mich für so dumm, daß ich Ihnen das glauben könnte?! Eine solch komplizierte Angelegenheit erledigt man nicht, indem man am Bahnhof oder rings um eine Kirche herumpromeniert! Dazu braucht man einen Raum, in welchem man in Ruhe die ganze Kiste durchsprechen kann. Los, Wiesner, wo war es?»

«Wir trafen uns tatsächlich am Bahnhof Prado.»

«Schön, und wohin gingen Sie dann?»

«Kent hatte ein Treffquartier dort in der Nähe. Da mußte ich auch übernachten.»

«So, und wo war das Quartier?»

«Ich kann es nicht genau beschreiben.»

«Wenn Sie dort übernachteten, dann wissen Sie, wo es sich befand. Also!»

«Es war in der Rue des Jardins; die Nummer kann ich Ihnen wirklich nicht nennen. Es war ein Eckgebäude, dicht am Bahnhofplatz.»

«Wann sahen Sie Gilbert das letztemal?»

«Gilbert sieht niemand. Zu Treffs kommen immer nur Verbindungsmänner.»

«Mit wem trafen Sie sich?»

«Mit seinem Sekretär.»

«Was brachten Sie ihm?»

«Es war ein Funkplan.»

«Was für ein Funkplan?»

«Er trug die Bezeichnung „Funkplan für Harry".»

«Wer ist Harry?»

«Ich habe keine Ahnung. Vielleicht ein neuer Mitarbeiter Gilberts.»

«So. Und nun wollen wir mal zum Kern der Geschichte kommen. Sie haben eine Chance, Wiesner, eine einmalige gute Chance, wie ich Ihnen schon sagte. Nämlich die Chance, der Gestapo nochmals durch die Lappen zu gehen. Sie werden ab morgen in genau der gleichen Weise, wie Sie bisher Ihren Funkverkehr abwickelten, dies auch weiter tun. Nur mit dem Unterschied, daß es sich um Telegramme handeln wird, die Sie von uns bekommen. Sie kriegen hier in der Kaserne ein Stübchen eingerichtet, dort wird der Sender aufgebaut, und Sie bedienen ihn. Aber ohne Warnzeichen an die Zentrale, verstehen Sie?! Beim ersten Anzeichen, daß Sie krumme Geschichten machen, werden Sie und ihre Frau der Gestapo ausgeliefert. Das Weitere überlasse ich Ihrer Phantasie. Arbeiten Sie dagegen loyal, dann stehen Sie unter dem Schutze der Wehrmacht und bleiben unbehelligt.»

«Sie wollen mich also umdrehen?»

«Ja, Wiesner, und es bleibt Ihnen in Ihrer Lage nichts anderes übrig, als anzunehmen.»

«Ich muß mir das überlegen.»

«Nein, Wiesner. Zum Überlegen haben wir keine Zeit. Morgen früh muß ich weiter. Heute nacht muß hier alles geregelt werden. Nehmen Sie mein Angebot nicht an, dann übergebe ich Sie in einer Stunde dem SD, der Sie an die Gestapo in Berlin weiterleitet. Seien Sie kein Narr, Mann. Es geht um Ihr Leben und das Ihrer Frau. Im übrigen erreichen Sie durch Ihre Weigerung gar nichts, denn wenn Sie den Sender nicht weiterbedienen, dann tun wir es selbst;

wir kennen die Geheimschrift, das Verkehrsverfahren und das Erkennungsmerkmal. Ihre Mitarbeiter sind verhaftet, es kann daher niemand die Zentrale warnen. Wiesner, kapitulieren Sie, dann sind Sie außer Gefahr. Eure Arbeitsgruppe ist ohnehin verloren; Kent und Gilbert sind eingekreist und werden in wenigen Tagen hochgenommen. Ihr Spiel ist verloren. Denken Sie jetzt an sich und Ihre Frau. Oder wollen Sie sie in den Händen der Gestapo sehen?»

«Nein.»

«So billig wie auf diesem Wege können Sie sich nie wieder aus der Affäre ziehen. Also Wiesner! Machen Sie mit?»

«Ich werde wohl müssen.»

«Klar, Mann. Das ist vernünftig. Und nun sagen Sie mir noch rasch, für wann und wo der nächste Treff in Paris vorgesehen ist.»

«Für den 29. Oktober am Rond Point.»

«Erkennungszeichen?»

«Weißes Taschentuch in der linken Hand.»

«Uhrzeit?»

«Zwei Uhr nachmittags.»

«Wo steht der zweite Sender in Belgien? Rasch, Wiesner, ich habe es eilig!»

«In Namur.»

«Straße?»

«Meist in der Rue de Luxembourg.»

«Nummer?»

«Fünfzehn.»

«Wer bedient ihn?»

«Ich kenne nur den Arbeitsnamen Jean.»

«Wann sind die Treffzeiten am Bahnhof Prado?»

«Immer mittwochs.»

«Uhrzeit?»

«Abends um 18 Uhr.»

«Kommt Kent persönlich?»

«Ja.»

«Wo wohnt er?»

«Irgendwo in der Nähe.»

«Wie ist die Postadresse?»

«Rue des Jardins Nr. 17.»

«Name?»

«Alvarado.»

«Na also, Wiesner! Warum nicht gleich? Und nun geben Sie acht! Sie bleiben hier in der Kaserne in sicherem Gewahrsam und versehen den Funkverkehr mit der Zentrale. Machen Sie Schwierigkeiten oder stellen Ihre Angaben sich als unwahr heraus, übergeben wir Sie mit Ihrer Frau der Gestapo. Verhalten Sie sich loyal, dann können Sie mit Erleichterungen rechnen. Und nun will ich mich mal etwas mit Ihren beiden Kollegen unterhalten.»

Namur

Im Morgengrauen des 17. Oktober jagte Model mit Moser und seinem Peilzug nach Namur. Bogner war mit zwei Mann zurückgeblieben, um die neue Funkverbindung Wiesners einzurichten. Die Brüsseler Spionage-Abwehrstelle sollte die zu befördernden Täuschungsfunksprüche formulieren.

Die Aussagen der beiden Mitarbeiter Wiesners hatten mehrere ergänzende Einzelheiten erbracht. Model war trotz der durchwachten Nacht in bester Stimmung, als er mit Moser im Wagen saß. Der erste Schlag war gelungen. Nun mußte man die Glückssträhne ausnutzen und in Namur zu einem Erfolg kommen. Und dann: Auf nach Paris! Zu Gilbert! Zu Pierre Larousse!

*

Die Aktion in Namur verlief mit der gleichen Präzision wie in Brüssel. Am Abend des 19. Oktober wurde die Station während der Verkehrszeit des Funkers ausgehoben. Die Vernehmung des Mannes, die fast die ganze Nacht in Anspruch nahm, ergab eine Reihe brauchbarer Hinweise hinsichtlich der Verbindung nach Holland und zu Gilbert. Models Notizbuch füllte sich mit Eintragungen. Seine Ahnung, er werde in Belgien den „Schlüssel zur Aufrollung der ganzen Kiste" finden, schien sich überraschend gut zu bewahrheiten.

Am Nachmittag des 20. Oktober reiste er nach Paris ab, während Moser sich bereit machte, eine neue Peilaktion gegen einen auf holländischem Gebiet arbeitenden Agentensender einzuleiten.

*

Model saß in die weichen Polster zurückgelehnt und rauchte eine kräftige Henry Clay; er hatte sich in Namur ein Kistchen davon erstehen können und freute sich des Genusses dieses würzigen Krautes.

Während der Wagen durch die Gegend rollte, gab er sich seinen Betrachtungen hin. Wie merkwürdig es doch im Leben immer wieder geht! Da arbeitet man und arbeitet, versucht dies und jenes und kommt kaum vorwärts, tappt immer auf der gleichen Stelle herum und möchte fast an der Erreichung des Zieles verzweifeln. Dann kommt es über Nacht so, daß die Dinge sich ohne viel Dazutun fast von selbst entwickeln und ins Rollen kommen; man braucht nur ein wenig nachzuhelfen, und der Erfolg fliegt einem zu. Das sind die vermeintlichen Glückssträhnen, die die Pechsträhnen ablösen. Vielleicht sagt dieser oder jener, es seien

Zufälle. Aber auch die Zufälle unterliegen einer Gesetzmäßigkeit. Sie kommen nicht willkürlich und unvermittelt; sie begegnen uns nur, wenn wir sie suchen oder die Voraussetzungen für ihr Auftreten schaffen.

Wie meisterhaft hatten Coro und Arwid und all die anderen ihre Organisation aufgebaut! Nach menschlichem Dafürhalten hätte keine Kompromittierung drohen können. Ein zufälliger Funkspruch, das zufällige Hören einer Funkstelle, ein zufälliger Telephonanruf und viele andere kleine Zufälligkeiten haben es gestattet, dieses fein gesponnene Netz zu zerreißen. Und nun der Zufall mit Wiesner! Wäre der Mann nicht damals vor neun Jahren von der SA oder der Gestapo in jene fingierte Reichstagbrandstiftung verwickelt worden und hätte ihm nicht jederzeit die Gefahr gedroht, von der Gestapo „gleichgeschaltet" zu werden, damit ein lästiger Zeuge jener sonderbaren Affäre verschwindet – niemals hätte er so rasch eingewilligt, sich „umdrehen" zu lassen und mancherlei auszusagen. Jeder Mensch hat irgendeinen dunklen oder leicht angedunkelten Punkt in seinem Leben. Kennt man ihn zufällig, dann hat man leichtes Spiel und kann den Mann sich gefügig machen.

Und dennoch – – – wenn er an Coro oder Arwid dachte – – diese beiden und auch die meisten anderen würden sich nicht haben zwingen lassen.

Draußen glitt die Landschaft vorüber; Bergen und Maubeuge blieben rechts liegen; dann tauchte St. Quentin auf. Es dunkelte bereits, und Model beschloß, hier zu übernachten. Er speiste mit seinem Begleiter zu Abend und ging dann früh zu Bett; er mußte den in den letzten Nächten versäumten Schlaf nachholen, und morgen sollte es in aller Frühe weitergehen.

Aber trotz seiner Müdigkeit fand Model keinen Schlaf. Die Ereignisse der letzten Tage und Nächte hatten ihn in einen Zustand fieberhafter Spannung versetzt. Und vor ihm liegt greifbar nahe die große Entscheidung: Wird es gelingen, in raschem Anlauf Gilbert und seine Gruppe zu fassen, oder muß die langsame, mühevolle und nervenraubende Kleinarbeit weitergehen? Wird die Glückssträhne sich in Paris fortsetzen oder werden Enttäuschungen warten?

Die Gesamtlage im Agentenfunknetz hatte sich immer mehr kompliziert. In Westeuropa standen sechsundfünfzig feste Funklinien des LCA-Netzes in ständigem Verkehr. Immer wirksamere Tarnmaßnahmen wurden durchgeführt. Auch bei den mit der „Zentrale" im Verkehr stehenden Stationen. Die letzten Berichte der Funküberwachungskompanie waren nicht allzu hoffnungsvoll. Die bisherigen regelmäßigen Verkehrszeiten der Sender waren durch unregelmäßige ersetzt worden; offenbar werden sie jeweils durch Funksprüche für den nächsten Verkehr verschlüsselt angegeben. Für die Übermittlung der Nachrichten werden räumlich auseinanderliegende Stationen benutzt. Da soll der Teufel imstande sein, diese Funknetze so klar zu erkennen, daß ein wirksamer Zugriff möglich wird!

Und dennoch muß es gelingen! Gegen jedes Kampfmittel gibt es Gegenmittel, – es ist ein alter Erfahrungssatz. Was Menschengeist ersann, muß durch Menschengeist zu bezwingen sein.

Erst gegen Morgen fand Model die ersehnte Ruhe. Doch schon um sechs Uhr weckte ihn sein Begleiter, und eine Stunde darauf saßen beide wieder im Wagen und steuerten auf Paris zu.

Die Fahrt ging durch Noyon, dann tauchte nach einer Weile südlich der Straße Compiegne auf – die Gegend des Waffenstillstandes von 1918 und 1940. Um einhalb elf Uhr erreichte der Wagen St. Denis, die nördliche große Vorstadt von Paris. Bald würde Model an seinem Ziele sein.

Hauptmann Stillmann saß in seinem Büro, das er in einer der Kasernen am Rande der Weltstadt eingerichtet hatte, und stopfte sich mißmutig seine Bruyère-Pfeife. Nun ist er schon seit dem 24. Juli hier in Paris auf der Peiljagd nach den verfluchten Agentensendern und ist noch nicht viel weiter als zu Beginn der Aktion. In der ersten Zeit schien es, als ob man rasch vorankommen würde. Als Hauptmann Model Mitte September ihn besuchte, hatte er bereits achtzehn Stationen einwandfrei gepeilt, und die restlichen noch aufzuspürenden sechs Sender konnten keine besonderen Schwierigkeiten bereiten, wie er meinte. Er glaubte damals, in vierzehn Tagen seine Aufgabe lösen zu können.

Aber dann kam jene dreimal verdammte Überraschung – Stillmann warf die Zündholzschachtel auf den Tisch, daß sie scheppernd in großem Bogen auf den Fußboden sprang. «Mist, elender!» brummte er verärgert. «Diese Satanskerle, diese — — ! Welcher Ungeist mag sie nur auf den Gedanken gebracht haben, jene kuriose Funkregelung einzuführen, die das gesamte Beobachtungsfeld verwirrt?»

Hauptmann Model hatte sich fernmündlich aus Namur für heute nachmittag angemeldet. Sicher erwartet er positive Feststellungen und entscheidende Erfolge. Und nun muß er, Stillmann, bekennen, daß trotz aller Wachsamkeit und Mühe eine Klärung in dem erforderlichen Umfange bei weitem noch nicht gelungen ist.

Schon oft hatte er mit seiner Kompanie Jagd auf Geheimsender gemacht und sich eine Menge Erfahrungen erarbeitet und gute Erfolge erzielt. Aber hier hatte sich ein unbegreifliches Novum aufgetan, ein Sendesystem, dem mit den bisherigen Methoden einfach nicht beizukommen war. Man könnte — — — !

Es klopfte, und gleich darauf trat Model in das Zimmer. «So, da bin ich, lieber Stillmann! Habe eine schöne Fahrt hinter mir. Gegessen habe ich bereits, aber ein guter Cognac hätte unter Umständen schon noch Raum in meinem Magen.»

«Freut mich, daß Sie da sind. Hier ist der Cognac. Eine Zigarre gefällig? Soweit ich mich erinnere, sind Sie passionierter Raucher.»

«Bin ich, mein Lieber! Gott sei gedankt – oder leider! Ganz wie Sie wollen! Aber ich habe mich drüben, im Lande des Königs der Belgier, ausreichend versorgt. Darf ich Ihnen meinerseits eine anbieten?»

«Vielen Dank.»

«So, edler Fürst, ich hoffe, Sie haben gute Nachrichten für mich.»

«Ich wünschte, es wäre so. Leider habe ich aber das Empfinden, als wäre ich so ziemlich festgefahren.»

«Nanu, mein Lieber?! Nur nicht entmutigen lassen, immer feste weitermarschieren! Werden die Kiste schon kleinkriegen! Und nun berichten Sie mal. Bin gekommen, um zu helfen. Vielleicht finden zwei Köpfe eher eine Lösung als einer.»

«Als Sie das letzte Mal hier waren, hatten wir die Masse der Stationen gepeilt. Es blieben nur noch sechs übrig. Davon ermittelten wir bald darauf drei, so daß wir Ende September bis auf drei unsere Aufgabe gelöst hatten.»

«Ja, das weiß ich. Sie berichteten damals darüber.»

«Mit dem 1. Oktober trat etwas Unerwartetes ein.»

«Soll vorkommen», meinte Model, die Asche seiner Zigarre abstreifend.

«An die Stelle der bis dahin festgestellten 24 Sender traten deren 27.»

«Das ist doch kein Unglück.»

«Nein, das wäre es nicht gewesen, wenn sich nicht etwas anderes daran geknüpft hätte, das man schon eher als ein Unglück bezeichnen kann.»

«Und das war?»

«Die Funkstellen arbeiten von jetzt ab nicht mehr jede für sich, sondern gewissermaßen mit verteilten Rollen.»

«Was wollen Sie damit sagen?»

«Es dauerte eine Weile, bis wir dahinterkamen. Zuerst war es ganz verrückt. Die Sender gaben ein paar Gruppen, hörten dann auf und fingen kurz darauf wieder an, schwiegen ein Weilchen und traten erneut auf. Wir glaubten anfangs, daß sie den Verkehr auf diese Weise nur künstlich hinausziehen wollten und die Pausen einlegten, um eine Peilung zu erschweren. Dann merkten wir aber, daß in den Pausen eine andere Station Gruppen gab, bis wir dahinterkamen, daß diese andere Station den Verkehr der ersten fortsetzte. Aber auch diese Rechnung ging nicht ganz auf, denn die Rollenverteilung erstreckte sich noch auf eine dritte Station, so daß also jeweils drei Sender einen und denselben Funkspruch nach und nach absetzten.»

«Verdammt geschickt das!» entfuhr es Model.

«Wir wären nie darauf gekommen, wenn wir nicht schon wochenlang die Beobachtung der Sender durchgeführt hätten. Aber unsere bisherigen Erfahrungen hatten schon hinreichende Feststellungen ergeben, um diese Methode zu durchschauen. Damit war uns jedoch nicht viel gedient, denn es kam gleich darauf eine neue Infamie hinzu.»

«Was denn?»

«Ja, die ganze Neuregelung hätte uns keine Sorgen bereitet, wenn die Stationen an den gleichen Aufbauplätzen geblieben wären, denn diese hatten wir fast restlos ermittelt. Nun begannen die Burschen damit, ihre sämtlichen Sender örtlich umzugruppieren.»

«Schöne Bescherung!»

«Inzwischen sind so gut wie sämtliche früheren Funkquartiere aufgegeben worden. Ich bin überzeugt, die Organisation hat von unserer Peilaktion Wind bekommen und sich daraufhin in neuer Form zu tarnen versucht. Und das ist den Leuten auch in weitgehendem Umfange gelungen.»

«Bei der Dauer des Peilansatzes war eine Kompromittierung kaum zu vermeiden.»

«Wir haben mehrere der neuen Aufbauplätze inzwischen ermitteln können, kommen aber mit dieser Arbeit nur langsam voran, denn es dauert längere Zeit, bis wir eine nach dem neuen System arbeitende Station durch Peilung einwandfrei festgestellt haben. Zudem befürchte ich, daß in dem Augenblick, in dem wir alle Standorte erkannt haben werden, ein neuer Stellungswechsel erfolgt.»

«Damit muß man rechnen.»

«Die neu ermittelten Funker werden natürlich beobachtet, ebenso die alten, die jetzt nicht mehr arbeiten, vielleicht aber eines Tages neu eingesetzt werden.»

«Das ist gut», stimmte Model zu. Nach kurzer Überlegung fragte er dann: «Sagen Sie, lieber Stillmann, auf welche Weise lassen Sie jetzt die Sender beobachten?»

«Ich habe neun Trupps, von denen jeder ein Peilgerät und eine Empfangsapparatur hat. Da die Stationen glücklicherweise mit feststehenden Frequenzen arbeiten, habe ich jeden Trupp auf eine bestimmte Frequenz eingestellt. Es wird also jeder Sender von nur e i n e m Peiltrupp beobachtet und gemessen. Unsere Trupps machen nach jedem gehörten Verkehr Stellungswechsel und schrauben sich nach und nach an die Station heran. Es dauert aber immerhin eine gute Woche, bis man den Standort einigermaßen sicher ermittelt hat, denn die kurzen Verkehre gestatten immer nur eine sehr rohe Peilung.»

«Hm», meinte Model, «das kann lange dauern, bis wir sämtliche 27 Funkstellen ermittelt haben.»

«Bisher kennen wir die Standorte von nur zehn.»

«Bleiben also noch 17.»

«Ja. Das Funksystem haben wir nur in groben Zügen erkannt, denn die Gruppierung der Sender ist bei jedem Verkehr eine andere; eine Gesetzmäßigkeit der Reihenfolge war noch nie zu errechnen.»

Model versank in tiefes Nachdenken. Es stand für ihn fest, daß rasch gehandelt werden mußte, wenn man zu einem Erfolg kommen wollte. Das bisherige Arbeitsverfahren der Peiler war zu schwerfällig. Man mußte ein neues System finden.

«Außerdem», setzte Stillmann seine Ausführungen fort, «sind die Verkehrszeiten ganz unregelmäßig und vorher nicht zu erkennen. Plötzlich ist der Sender da, und im gleichen Augenblick muß der Peiler schon mit der Arbeit beginnen können. Das erschwert die Beobachtung.»

«Genau wie im LCA-Netz», warf Model ein.

Er blies dichte Rauchwolken vor sich hin und saß in sich gekehrt auf dem Stuhle. «Ein neues Funksystem», dachte er, «also ein neues Peilsystem! Aber welches? Neun Trupps, jeder arbeitet für sich. Jeder hat einen Peilrahmen und eine Empfangsapparatur. Und schraubt sich mühsam an den beobachteten Sender heran. Dabei können nur neun Stationen überwacht werden. Die anderen achtzehn arbeiten unkontrolliert weiter — — — So geht das nicht! — — — — Damit kommen wir nicht voran. — Ein neues Funksystem! — — Verdammte Kiste! — — Halt!» rief er plötzlich und vergaß dabei, die Zigarre aus dem Munde zu nehmen, die auf den Boden rollte. «Ich hab's, Stillmann!»

«Was denn?» fragte dieser überrascht.

«Das neue Peilverfahren!»

«Ein neues Peilverfahren? Nein, um ein neues Funkverfahren handelt es sich, Herr von Model.»

«Richtig, mein Guter! Ein neues Funkverfahren der Gegenseite muß bei uns ein neues Peilverfahren auslösen.»

«Und zwar?»

«Wir werden es gleich haben! Wir müssen die ganze Kiste umbauen. Haben Sie einen Sender?»

«Ja, einen kleinen 5-Watt-Sender.»

«Genügt vollständig. Gehört auch ein Empfänger dazu?»

«Jawohl.»

«Wunderbar. Dann klappt die Geschichte. Passen Sie auf: Sie bauen diesen Sender hier im Hofe der Kaserne auf. Können Sie ein halbes Dutzend Empfänger beschaffen?»

«Ja. In Versailles beim Nachrichtengerätedepot.»

«Haben Sie noch ein paar Leute in Reserve?»

«Ich könnte eventuell zwölf Mann freimachen.»

«Famos, Mann! Jetzt kriegen wir die Kiste. Sie richten hier im Hofe der Kaserne in einem großen Zelt eine Empfangszentrale ein. Sechs Empfangsapparaturen suchen ständig die Agentenstationen und überwachen deren Arbeit. Der siebente Empfänger wartet auf die Station, die wir als erste zu unserem Opfer erwählen. Die Empfänger bei den Peiltrupps stehen nicht mehr auf Empfang der Agentensender, sondern sind auf Ihren 5-Watt-Sender hier eingestellt. Sobald die erste Agentenfunkstelle mit der Arbeit beginnt, gibt Ihr Sender ein kurzes Signal, das draußen von den Empfängern gehört wird, und die Peiler drehen sämtlich sofort ihre Rahmen in Richtung der arbeitenden Agentenstation. Auf diese Weise wird die Funkstelle sofort von neun Peilern gemessen, und dabei muß sich ein sehr guter Schnittpunkt ergeben.»

«Das leuchtet mir ein.»

«Sofort nach der ersten Peilung machen Ihre Peiltrupps Stellungswechsel und rücken dem ermittelten Schnittpunkt näher. Beim nächsten Auftreten der Station wiederholt sich das gleiche Spiel. Beim drittenmal ist der Aufbauplatz erkannt. Wie oft tritt jede Station in Verkehr?»

«Im Durchschnitt dreimal täglich.»

«Prima. Dann können wir jeden Tag einen Standort klären. Wir können es noch vereinfachen. Sie teilen Ihre Trupps in zwei Gruppen. Die eine besteht aus vier, die andere aus fünf Peiltrupps. Das genügt auch. Dadurch schaffen wir es, täglich zwei Aufbauplätze zu ermitteln.»

«Ja, das wird gehen; ich werde sofort Befehl geben, die Neuorganisation durchzuführen.»

Stillmann ging hinaus, um die notwendigen Maßnahmen anzuordnen. Dann kehrte er wieder zu Model zurück. «Ein erstklassiger Gedanke, Herr von Model! Ich glaube, jetzt werden wir Erfolg haben, und zwar rascher als bisher.»

«Wir schaffen es, Stillmann, glauben Sie mir. Es ist ja gar nicht wichtig, daß wir das ganze Funksystem in allen Einzelheiten erkennen. Wir brauchen nur die Aufbauplätze zu ermitteln. Es können kaum mehr als dreißig Sender im Höchstfalle sein. Die Funker werden überwacht. Es darf keiner verhaftet werden, bis alles geklärt ist. Auch die Nachrichtenzubringer werden nach wie vor verfolgt. Mein Hauptaugenmerk richtet sich jetzt auf den Kopf der Organisation. Erst wenn wir diesen eindeutig erkundet haben, wird zugegriffen. Ich übernehme es, die Firma „Pierre Larousse et Fils" in der Rue Marbeuf einzukreisen.»

«Jeder Versuch der Organisation Todt, mit ihr in Verbindung zu kommen, ist gescheitert.»

«Macht nichts; wir schaffen es dennoch.»

«Der Chef der Firma ist nie zu sehen oder zu sprechen. Es wurde schon alles Erdenkliche versucht, um ihn aus dem Hinterhalt zu locken. Der Mann ist wie ein Gespenst! Er ist einfach nicht zu Gesicht zu bekommen. Existiert dieser geheimnisvolle Gilbert eigentlich in Wirklichkeit?»

«Ganz sicher. Und es kann niemand anders sein als der Chef der Firma.»

«Ob Gilbert es ist?»

«Das werden wir schon herausbekommen. Ich will veranlassen, daß der gesamte Fernsprechverkehr der Firma überwacht wird. Dann werden wir ja ermitteln, ob der Mann im Hause ist und mit wem er telefoniert. So erkennen wir seine Gepflogenheiten und können unter Umständen ein Telefongespräch mit ihm unter fingierten Vorwänden zustandebringen.»

«Auch das ist ein guter Gedanke. Übrigens ist in letzter Zeit ein Mann beobachtet worden, der ein Nachrichtenzubringer oder etwas ähnliches zu sein scheint. Er kommt öfter in die Rue Marbeuf und auch zu verschiedenen Treffs in der Stadt. Er wohnt in Versailles. Mit Vorliebe trifft er sich mit anderen Leuten im Louvre.»

«Oho! Das ist interessant. Sollte das vielleicht Harry sein?»

«Wer ist Harry?»

«Ja, wenn ich das wüßte!»

«Wir haben zudem seit zwei Wochen einen ganz neuen Funkverkehr beobachtet, der mit dem der bisher gehörten Stationen nichts zu tun hat. Die eine Station scheint in Versailles, die andere in Lille zu stehen.»

«Wit wem verkehren sie?»

«Mit MSK.»

«Seit zwei Wochen? – – Warten Sie mal – – Wiesner sagte doch – – – Harry – – ob das nicht doch Harry – – gut, Stillmann, auch diese Station werden wir beobachten. Ich glaube, wir finden hier eine Brücke. – – Harry – – das wäre ja – – ob die Glückssträhne weiter hält?»

«Konnte bisher noch keines der gehörten Telegramme entziffert werden, Herr von Model?»

«Leider nicht. Seit drei Wochen sind drei verschiedene Geheimschriften zur gleichen Zeit in Anwendung. Jeder Versuch, sie zu lösen, ist bislang gescheitert. Vermutlich gehört die Chiffreänderung ebenfalls zu dem neuen Tarnsystem.»

«Die Kenntnis des Inhalts der Funksprüche würde uns mancherlei Erleichterungen bringen.»

«Das dürfte feststehen. Aber wie wollen Sie diese Kiste knacken, wenn unser lieber Dr. Vauth es nicht schafft? Die Verwendung von Schlüsselbüchern macht eine analytische Dechiffrierung fast unmöglich.»

*

Auch diese Nacht fand Model nur wenig Ruhe. Er ging früh zu Bett, aber bald nach Mitternacht wachte er auf. Sofort waren seine Gedanken bei Stillmann und der Unterhaltung am Nachmittag. Das neue Peilverfahren wird sich zweifellos bewähren. Dadurch werden die Aufbauplätze ermittelt. Aber der Einbruch in das Hauptquartier der Organisation muß noch besser vorbereitet werden. Schlägt dieser Zugriff fehl und wird Gilbert nicht gefaßt, dann nützt die Aushebung der Funkstellen nichts.

«Ein pfiffiger Kerl, dieser Gilbert», dachte Model. «Es ist der gerissenste Junge von allen, die wir bisher kennenlernten. Stillmann hat nicht unrecht—der Inhalt der Telegramme würde uns die erforderliche Klarheit geben — — wenn man — — Aber wie soll man das schaffen? Ohne Kenntnis des Schlüsselbuches ist es unmöglich. Wenn man die Titel dieser Bücher — — oder wenigstens eines von ihnen — — —

Sicher werden die Funksprüche in Gilberts Büro chiffriert. Also kennt die Schlüsselbücher nur jemand, der dort sitzt — der Sekretär vermutlich — — Wiesner traf sich mit ihm. Der Sekretär — — das muß der Ansatzpunkt sein. Aber der Mann ist sicher genau so vorsichtig wie Gilbert selbst. Wenn man Wiesner irgendwie einschalten — —»

Mit einem Satz sprang Model aus dem Bett. Er knipste die Nachttischlampe an. Daß er daran noch nicht gedacht hatte! Wiesner! Der Mann, der die fingierten Telegramme an die „Zentrale" funkt! Wiesner mußte einen oder zwei Funksprüche durchgeben, die — —

Model hängte den Mantel um die Schultern und setzte sich an den Schreibtisch. Er holte ein Blatt Papier und einen Bleistift aus der Aktenmappe und überlegte. Ein Telegramm an die „Zentrale"! Ein Telegramm, das etwas auslöst, was man für den Einbruch in die Pariser Leitung der Organisation verwerten könnte — — —. Wiesner hatte sich vor einiger Zeit mit dem Sekretär Gilberts getroffen; wenn man das noch einmal herbeiführen könnte — — —

Plötzlich fuhr Model zusammen. Ja, das müßte gehen! Dann schrieb er:

An Zentrale. 23. 10. 42. – Nr. – – Rdo.
Eilt sehr!
Verbindung mit Gilbert auf bisherigem Wege kompromittiert. Geben Sie Weisung für Neuregelung Treffs an mich und Gilbert. Bei Treffs muß Verbindungsweg neu geregelt werden. Halte baldigen Treff mit G. oder Vertreter für erforderlich. Hermann

An Zentrale. 23. 10. 42. – Nr. – – Rdo.
Sehr dringend.
Aussage eines deutschen Funkers läßt konkret darauf schließen, daß Schlüsselbücher Gilberts bloßgestellt. Habe meinerseits Gilbert in Anbetracht vermutlicher Kompromittierung meines Verbindungsweges zu ihm noch nicht benachrichtigt. Meine Verbindung mit Ihnen geht in Ordnung. Hier keine Anzeichen einer Beobachtung. Wie soll ich mich Gilbert gegenüber verhalten? Bitte dringend Antwort. Hermann.

«So, das dürfte genügen», dachte Model. «Morgen früh fahre ich nach Brüssel, sorge dafür, daß die Telegramme gleich durchgegeben werden und regle die Übermittlung aller von der Zentrale an Wiesner gehenden Funksprüche hierher nach Paris. Wenn alles glatt geht, kann ich übermorgen abend wieder hier sein.»

Model war nach Brüssel gefahren, hatte dort das Chiffrieren und Durchgeben der beiden Funksprüche überwacht, hatte angeordnet, daß täglich ein Kurier alle von der «Zentrale» eingehenden Depeschen nach Paris bringt und war danach eilig wieder nach dort zurückgekehrt. Hier hatte er sofort Stillmanns neue Empfangsanlage aufgesucht und festgestellt, daß das neue Peilverfahren sich gut bewährte.

In den beiden Tagen seiner Abwesenheit waren die Aufbauplätze von vier Sendern ermittelt worden; die Nahfeldpeiltrupps hatten nur noch die Quartiere herauszufinden, von denen aus das Senden erfolgte. Doch das ging nun am „laufenden Bande" und funktionierte tadellos. Am 25. Oktober waren bereits 14 Stationen klar erkannt.

Stillmann hatte inzwischen drei neue Peilapparaturen beschaffen können und sich noch ein paar Spezialisten für ihre Bedienung ausgeborgt; er ging daran, drei Gruppen zu bilden, die die Peiljagd durchführen sollten. Auf diese Weise konnte er fortan täglich – wenn keine besonderen Schwierigkeiten auftraten – drei Sender ermitteln. Die Vorarbeit der vergangenen drei Monate leistete dabei gute Dienste.

Model beschloß jetzt, Gilbert auf den Leib zu rücken. Die Überwachung des Fernsprechverkehrs der Firma Larousse hatte bereits einige brauchbare Fingerzeige ergeben. Aber er sollte eine greifbare Gewißheit haben, daß dies die Stelle war, von der aus der ungeheure Apparat gesteuert wird.

Wiesner hatte das Aussehen des Sekretärs Gilberts beschrieben. Es galt, diese Angaben nachzuprüfen. Stimmte die Beschreibung, dann war man auf dem rechten Wege.

Am 27. Oktober faßte Model in den Morgenstunden beim Rasieren den Entschluß, die Höhle des Löwen aufzusuchen. Er zog Zivilkleider an und war um neun Uhr in der Rue Marbeuf. «Pierre Larousse et Fils» las er auf dem Firmenschild.

Er betrat das Büro und erklärte dem ihn empfangenden jungen Mann, er komme aus Brüssel und müsse Herrn Larousse persönlich sprechen; er sei von der SIMEX-Gesellschaft hierher verwiesen worden.

Der junge Mann musterte ihn scharf und bat ihn, sich einen Augenblick zu gedulden. Wie zu erwarten war, kam er nach wenigen Minuten mit der Auskunft, Herr Larousse sei verreist und käme erst in einigen Tagen wieder. Model wußte aber aus den abgehörten Telephongesprächen, daß Herr Larousse gar nicht daran dachte, zu verreisen.

Model war zufrieden, denn es ging ihm zunächst darum, den Sekretär kennenzulernen. Er ließ durchblicken, daß er noch am gleichen Tage weiterfahren müsse, und bat dringend, den persönlichen Sekretär des Chefs sprechen zu dürfen; es handle sich um eine dringende Angelegenheit.

Wieder verschwand der junge Mann, dann öffnete sich eine Nebentür, und Herr Suchet betrat den Raum. Model hatte sich Wiesners Beschreibung fest eingeprägt und verglich blitzschnell das Aussehen des vor ihm stehenden Mannes mit jener Schilderung: Groß, schlank, schwarzes Haar, dunkle Augen, stechender Blick, große gebogene Nase, Narbe an der Unterlippe. Es stimmte alles. Kein Zweifel, es war nicht nur der Sekretär des Chefs der Firma Larousse, sondern auch derjenige „Gilberts". Wiesner hatte nicht gelogen.

«Sie wünschen?» erkundigte sich Herr Suchet, nachdem er sich vorgestellt hatte.

Model nannte irgendeinen Namen und erklärte, er komme soeben aus Brüssel, wo er längere Zeit hindurch mit der SIMEX-Gesellschaft in Geschäftsbeziehungen gestanden habe. Er müsse nun eine Zeitlang in Nordfrankreich arbeiten und habe die Absicht, eine Anzahl Holzbaracken zu kaufen. Von der SIMEX-Gesellschaft sei ihm die Firma Larousse bestens empfohlen worden.

«Sind Sie Belgier?»

«Ganz wie man's anschaut», bemerkte Model belustigt. «Meine Mutter war Belgierin, mein Vater Deutscher, und aufgewachsen bin ich in den Vereinigten Staaten. Dort war ich bis kurz vor Kriegsbeginn.»

«Arbeiten Sie schon lange mit der SIMEX-Gesellschaft zusammen?»

«Oh, schon seit mehr als zwei Jahren. Ich kannte noch sehr gut Herrn» – beinahe hätte Model „Kent" gesagt, aber er besann sich rechtzeitig – «Herrn Jean Morel».

Model hatte die beiden Namen sehr deutlich und mit leichter Betonung ausgesprochen und sah Herrn Suchet dabei lächelnd an. Auch dieser lächelte und verbeugte sich.

«Herr Morel ist leider nicht mehr in Brüssel», fuhr Model fort. «Er verließ die Firma vor etwa anderthalb Jahren.»

«Ja, ich weiß», bemerkte Suchet. «Wir arbeiteten sehr eng und gut mit ihm zusammen.»

«Es war ein sehr angenehmer Herr», bestätigte Model. «Ich hoffe, ich werde mit Ihnen in gleicher Weise ins Geschäft kommen.»

«Hat man Ihnen seitens der SIMEX eine Nachricht für uns mitgegeben?» erkundigte sich Suchet.

«Ich soll Herrn Larousse einen kollegialen Gruß übermitteln und sagen, in den nächsten Tagen werde ein Herr der Firma Sie besuchen.»

«Besten Dank, mein Herr. Die Angelegenheit hinsichtlich der Baracken muß ich mit dem Chef besprechen, sobald er von der Reise zurück ist. Wieviel benötigen Sie?»

«Ungefähr zwanzig, vielleicht mehr.»

«Wohin darf ich Ihnen Nachricht geben?»

«Das ist zurzeit nicht gut möglich, weil ich augenblicklich viel unterwegs bin. Ich werde in etwa zehn Tagen wieder bei Ihnen vorsprechen.»

«Sehr gut, mein Herr. Ich hoffe, Ihnen dann dienen zu können. Es handelt sich wohl um die üblichen Wohnbaracken?»

«Ganz recht.»

«Gut, dann erwarte ich Ihren baldigen Besuch.»

Model empfahl sich. Er war zufrieden. Nun hatte er die Gewißheit, die er für seine weiteren Schritte brauchte.

Der Kapitän zur See Erich Müller saß in seinem Arbeitszimmer in Den Haag und blätterte in den Schriftstücken, die seinen Schreibtisch bedeckten. Seit mehr als anderthalb Jahren versah er hier einen gleichförmigen Dienst, der eher dem eines Beamten als eines Seeoffiziers glich.

Er war im ersten Weltkrieg aktiver Marineoffizier gewesen und hatte dann in der zweiten Hälfte jenes Krieges eine große Funkabhörzentrale in Flandern geleitet. Nach dem Zusammenbruch im Jahre 1918 hatte er den militärischen Dienst quittiert und war in ein westdeutsches Industrieunternehmen eingetreten. Der zweite Weltkrieg hatte ihn aus dieser friedlichen Arbeit wieder herausgerissen, und nun trug er abermals die Uniform von einst und hatte in manchen Augenblicken das Empfinden, als seien die letzten zwanzig Jahre nur ein Traum gewesen, als nehme der erste Weltkrieg seinen Fortgang, als habe er genau dort neu angefangen, wo er einundzwanzig Jahre zuvor endete oder zu enden schien.

Es war Freitag, der 9. Oktober. Den ganzen Vormittag hatte Müller Besprechungen und Verhandlungen über zweitrangige Fragen der Verwaltung durchstehen müssen; nun hoffte er, ungestört einige Schriftstücke, die die Befestigung der Küste Hollands betrafen, erledigen zu können.

Draußen zog ein milchiger Nebel durch die Straßen. Kapitän Müller mußte seine grüne Schreibtischlampe einschalten. Dann holte er sich seine Pfeife, stopfte sie bedächtig und setzte sie umständlich in Brand.

Es klopfte. Ein Mann von der Fernschreibestelle trat herein und überbrachte Müller mehrere Telegramme. Müller legte sie achtlos auf den Schreibtisch. Telegramme waren nichts Seltenes in seinem Dienst; sie kamen täglich zu Dutzenden. Bevor er diese hier durchsah, wollte er jenen Bericht über die Küstenbefestigung bearbeiten.

Er setzte sich in seinen Sessel und ordnete die Papiere. Sein Blick fiel dabei wieder auf das kleine Päckchen der soeben eingegangenen Depeschen. Plötzlich stutzte er. Das obenaufliegende Fernschreiben war privater Natur. Er griff danach und überflog den Text: «Bitte sofort Berlin Nr. 814 537 anrufen, da schlechte Nachrichten wegen Sohn. – Selma Hansen.

Bei der Fernsprechvermittlung meldete er ein dringendes Gespräch mit Berlin an. Bald war die Verbindung hergestellt. Eine Frauenstimme meldete sich.

«Hier Erich. Ich habe dein Telegramm soeben bekommen. Was ist geschehen?»

«Ich weiß es nicht. Ahne es nur. Harro ist seit Wochen nicht auffindbar. Niemand weiß, wo er ist.»

«Was macht Vicky?»

«Ist ebenfalls verschwunden. Auch Else, die Schwester deiner Frau, ist seit drei Wochen wie vom Erdboden verschlungen.»

«Sonderbar.»

«Kannst du nicht herkommen? Vielleicht gibt man dir eher eine Auskunft. Ich bekomme nur fadenscheinige Ausflüchte zu hören.»

«Ich fahre noch heute nacht. Morgen früh bin ich in Berlin. Wir sehen uns dann.»

Berlin

Am folgenden Morgen war Müller in Berlin. Er begab sich sofort ins Luftfahrtministerium in der Wilhelmstraße, um dort Näheres zu erfahren. Aber sämtliche Räume der Attachégruppe waren leer. Die Abteilung, so hieß es, sei wegverlegt. Nur ein Offizier war „zur Regelung der Abwicklungsarbeit" zurückgeblieben oder neu eingesetzt. Er gab dem Vater die offiziell vorgeschriebene Lesart bekannt. Harro sei Ende August plötzlich zu einer anderen Dienststelle kommandiert worden, jedoch sei er dort nicht eingetroffen. Auf Anfragen des Ministeriums sei geantwortet worden, Nachforschungen solcher Art hätten zu unterbleiben. Der Offizier ließ die persönliche Vermutung durchblicken, daß Harro in den Händen der Gestapo sei.

Müller ging zum Tirpitzufer. Dort befand sich die Abwehrabteilung. Er kannte deren Chef noch aus der Zeit des ersten Weltkrieges; er war ein Mann, der alles wußte, der seine Fäden in tausendfältigen Verästelungen überall dorthin gespannt hatte, wo es galt, Nachrichten zu beschaffen oder Nachrichten zu schützen.

Aber der Chef des deutschen Spionagedienstes befand sich auf einer seiner zahlreichen Reisen. Sein Vertreter, Oberst von Benti, war jedoch gut unterrichtet. In anteilnehmender, freundschaftlicher Form teilte er dem Vater mit, daß es sich bei seinem Sohn um eine überaus ernste Sache handle. Nur das Reichs-Sicherheits-Hauptamt in der Prinz-Albrecht-Straße könne nähere Auskunft erteilen. Zuständiger Bearbeiter der Angelegenheit wäre der Regierungsrat Pantzer.

Kapitän Müller dankte und verabschiedete sich. Mechanisch ging er die Treppe hinunter, gab beim Pförtner seinen Anmeldezettel ab und stand wieder auf der Straße. Vor ihm zog träge der Landwehrkanal vorüber; ein paar Enten schwammen darauf. Langsam kam ein mit Ziegeln beladener Frachtkahn dahergezogen. Auf dem Tirpitzufer fuhren die Autos in rascher Folge in Richtung zum Lützowplatz. Von den Kastanienbäumen flatterten einzelne welke Blätter zur Erde.

Er sah alles. Er sah auch, daß die Sonne wunderbar warm an diesem Herbsttage schien und daß der Himmel blau und heiter herniederblickte. Und er wunderte sich, daß dies alles so sein konnte, während sein Sohn – – –

Es war einhalb zwölf Uhr, als er das Gebäude in der Prinz-Albrecht-Straße betrat und sich bei Pantzer melden ließ. Dieser empfing ihn mit unverbindlicher Höflichkeit.

«Ich habe mit Ihrem Besuch schon gerechnet, Herr Kapitän. Es konnte Ihnen ja nicht lange verborgen bleiben, daß Ihr Sohn nicht mehr in Freiheit ist.»

«Bis vor kurzem hatte ich immer angenommen, daß er mit Arbeit überlastet sei.»

«Das war er auch immer! Nur handelte es sich um eine Art der Arbeit, die mit seinem Dienst wenig zu tun hatte.»

«Würden Sie mir erklären, weshalb er verhaftet worden ist?»

«Wir haben Ihren Sohn schon seit Jahren überwacht und beobachtet. Er war uns seit 1933 kein Unbekannter mehr, wie Sie wissen. Nur langsam konnten wir Einblick in sein Treiben gewinnen, Als wir schlagendes Beweismaterial in Händen hatten, griffen wir zu.»

«Ist der Fall ernst?»

«Nicht nur ernst, Herr Kapitän. Nach meinem Dafürhalten ist er wohl hoffnungslos.»

«Wie stellt mein Sohn sich zu den gegen ihn erhobenen Anschuldigungen?»

«Er hat bereits ein umfassendes eindeutiges Bekenntnis abgelegt und zugegeben, daß er sich staatsfeindlich und hochverräterisch betätigt habe.»

«Darf ich meinen Sohn nicht sehen?»

«Wenn Sie ehrenwörtlich versichern, völliges Stillschweigen über dieses Treffen und alles, was dabei zur Sprache kommt, zu wahren, dann könnte ich es gestatten.»

«Ich nehme die Bedingung an.»

«Gut. Sagen wir: morgen nachmittag.»

*

Es war drei Uhr nachmittags, als Harros Vater am nächsten Tage das Haus in der Prinz-Albrecht-Straße zum zweitenmal betrat. Hopf brachte ihn in das oberste Stockwerk und führte ihn durch lange Gänge in ein Zimmer, dem man sofort ansah, daß es unbewohnt war. Vorn am Fenster stand schräg in der Ecke ein leerer Schreibtisch. An der Längsseite des Raumes befand sich links ein Sofa. Ein kleiner runder Tisch und zwei einfache Sessel vervollständigten die Einrichtung.

Hopf bat den Kapitän, Platz zu nehmen und sich etwas zu gedulden. Er werde Harro herbeiholen. Dieser wisse übrigens, daß sein Vater im Hause wäre.

Minuten vergingen. Plötzlich öffnete sich eine Nebentür des Zimmers. Harro trat ein, begleitet von Hopf und einem anderen Beamten. Er kam mit schweren Schritten, als sei er des Gehens ungewohnt, aber steif aufgerichtet, beide Hände hinter dem Rücken. Es schien, als sei er gefesselt; aber dann nahm er langsam die Hände nach vorn. Die Bewegung war müde und bereitete ihm sichtlich Schmerzen.

Die beiden Beamten setzten sich hinter den Schreibtisch und beobachteten. Hopf blickte scheinbar gelangweilt vor sich hin. Aber man spürte, daß auch die kleinste Bewegung seinem Blick nicht entging. Sein Begleiter schien zu protokollieren.

Müller hatte den Stuhl so gedreht, daß die Beamten sein Gesicht nicht sehen konnten. Er ließ einige Augenblicke verstreichen, bevor er das Wort an seinen Sohn richtete.

«Ich bin als dein Vater gekommen um dir zu helfen. Und von dir möchte ich hören, wie das geschehen kann.»

«Danke dir, Vater, für deinen Besuch und deinen Willen, mir zu helfen. Aber es ist unmöglich.»

«Was ist unmöglich?»

«Mir zu helfen. Jeder Versuch wäre aussichtslos und würde nur dich selbst in Gefahr bringen.»

«Aber ums Himmels willen, was hast du denn getan?»

«Ich habe seit Jahren gegen den heutigen Staat gekämpft, wo immer ich nur konnte. Damit habe ich bewußt Hochverrat getrieben.»

«Warst du dir nicht über die Folgen dieses Handelns im klaren?»

«Doch, Vater, durchaus. Ich habe im vollen Bewußtsein der Gefahr gehandelt und bin nunmehr auch entschlossen, die Folgen auf mich zu nehmen.»

«Hast du nicht an deine Frau gedacht und an uns, deine Eltern?»

«Mit Vicky war ich in meiner Arbeit und in meinen Zielen einig. Wir gingen den Weg gemeinsam. Nur euch, dir und Mutter gegenüber, fühle ich mich schuldig; sonst stehe ich für mein Handeln ein und bereue es nicht.»

Harro sprach ruhig und bestimmt. Meist blickte er unbeweglich vor sich hin, um die beiden beobachtenden Beamten nicht sehen zu müssen.

Plötzlich meldete Hopf sich zum Wort. Er hatte bisher schweigend zugehört und auf den Augenblick gewartet, die Frage anbringen zu können, die ihn schon lange quälte. «Herr Müller-Boyd, Sie wissen doch, daß bei uns gewisse Anzeichen dafür vorliegen, daß Sie vor Ihrer Verhaftung wichtige Dokumente durch Mittelsleute ins Ausland haben schaffen lassen. Ich nehme an, Sie taten es, um für Ihre Freunde und sich selbst eine Art Rückendeckung für den Fall der Aufdeckung der Verschwörung zu schaffen. Bisher haben Sie jede Aussage darüber verweigert. Sind Sie geneigt, jetzt eine Aussage hierzu zu machen?»

«Ich denke gar nicht daran, mich zu dieser Frage auch nur mit einem Worte zu äußern.»

«Sie geben aber zu, daß die Papiere ins Ausland befördert worden sind?»

«Nein.»

«Wollen Sie damit sagen, daß keinerlei Dokumente über die Grenze geschafft wurden?»

«Ich will damit sagen, daß ich auf diese Frage jede Antwort verweigere.»

«Auch darüber, wo die Dokumente sich gegenwärtig befinden?»

«Jawohl, auch darüber.»

Kapitän Müller war nach Den Haag zurückgekehrt. Er hatte Berlin in dem Bewußtsein verlassen, seinen Sohn zum letztenmal gesehen zu haben. Er hatte sich in seine Arbeit vertieft, um seine Gedanken von der Prinz-Albrecht-Straße abzulenken. Aber mitten in Besprechungen, Konferenzen und Diktaten tauchte das Bild Harros vor ihm auf: Aufgerichtet stand er zwischen Hopf und dem anderen Gestapobeamten und blickte dem Vater nach.

Eine Woche verging; da bekam er die telegraphische Mitteilung vom Oberkommando der Marine, er habe sich auf Ansuchen der Gestapo abermals nach Berlin zu begeben. Sein Sohn wünsche ihn noch einmal zu sprechen. Wieder fuhr er mit dem Nachtschnellzug nach der Reichshauptstadt.

Regierungsrat Pantzer empfing ihn in seinem Arbeitszimmer. «Herr Kapitän, ich habe Sie herbemühen müssen, weil wir Ihre Mitwirkung in einer äußerst wichtigen Angelegenheit brauchen.»

«Meine Mitwirkung?»

«Ganz recht. Es handelt sich um die Dokumentenangelegenheit. Sie erinnern sich wohl dieser Frage, die ich schon bei Ihrem ersten Besuch andeuten ließ. Der Fall ist für uns außerordentlich wichtig. Ihr Sohn hat sich inzwischen bereit erklärt, in diesem Punkte auszusagen.»

«Und wozu brauchen Sie mich, wenn Harro bereit ist, auszusagen?»

«Ihr Sohn macht die Bedingung, daß Sie bei der Aussage als Zeuge zugegen sein sollen.»

«Als Zeuge?»

«Ja. Die Sache verhält sich folgendermaßen: Ihr Sohn ist bereit, über den Verbleib der Papiere auszusagen, aber er hat zur Hauptbedingung gemacht, daß man für seine mitverhafteten Freunde Aufschub der Vollstreckung der Todesstrafe bis zum 31. Dezember 1943 zusichere. Die maßgebenden höchsten Stellen haben im Staatsinteresse schweren Herzens dieser ungewöhnlichen Abmachung zugestimmt und die Zusage sogar auf die Person Ihres Sohnes ausgedehnt.»

«Ach!»

«Ja. Insofern wäre die Angelegenheit geklärt. Nun will aber Ihr Sohn seine Aussage nur machen, wenn Sie als Zeuge zugegen sind. Andererseits fordert die Gestapo Ihre Anwesenheit als Bürgen für die Wahrheit der Aussagen Ihres Sohnes.»

Wieder ging es endlos die Treppen hinauf bis zum obersten Stockwerk. Dann führte der Weg durch die gleichen langen Gänge und endete vor derselben Tür wie am vergangenen Samstag. Auch diesmal mußte der alte Herr sich einige Minuten in dem Zimmer gedulden, das die bitterste Erinnerung für ihn barg. Dann öffnete sich die Nebentür. Harro betrat mit dem gleichen Beamten wie damals das Zimmer.

Er ließ sich bestätigen, daß die Vereinbarung über den Aufschub der Hinrichtung in Kraft trete, sobald er eine wahrheitsgemäße Erklärung über den Verbleib der Dokumente abgegeben hätte, gleichgültig, an welchem Orte sich diese befänden.

«Es kommt Ihnen, meine Herren, doch nur darauf an, daß durch meine Aussage die Gestapo der Sorge enthoben wird, es könne mit Geheimpapieren Mißbrauch getrieben werden!»

«Ganz richtig», bestätigte Hopf. «Sie geben eine wahrheitsgemäße Erklärung über den Verbleib der Dokumente ab, und wir sichern Ihnen in Gegenwart Ihres Vaters hier zu, daß die Abmachung damit ihre Gültigkeit bekommt.»

«Gut, meine Herren! Dann ist alles klar. Ich gebe hiermit die absolut wahrheitsgemäße Versicherung ab, daß ich niemals, weder selbst, noch durch Mittelsmänner, irgendwelche Geheimberichte oder geheimen Schriftstücke ins Ausland geschafft habe. Ich habe auch niemals Papiere irgendwelcher Art entwendet. Alle Dienstakten, mit denen ich zu tun hatte, befanden sich bei meiner Verhaftung ordnungsgemäß an ihren Plätzen in den Panzerschränken des Ministeriums. Eine Veröffentlichung von Dokumenten, die die Regierung belasten würden, ist von mir und meinen Freunden weder veranlaßt noch vorbereitet worden.»

Die beiden Beamten waren verblüfft und sahen sich gegenseitig ratlos an. Hopf fand als erster die Sprache wieder:

«Ja, aber – Sie hatten uns doch bisher sogar in der Annahme bestärkt, daß es geschehen sei! Damit belasteten Sie sich doch selbst! Und nun soll das gar nicht der Fall gewesen sein?!»

«Ich habe Ihre Annahme, zu der ich ursprünglich keinen Anlaß gab, unwidersprochen gelassen und damit wachgehalten und den Verdacht auf mich genommen, um Ihre Mutmaßung im Interesse meiner Mitgefangenen als Druckmittel zu benutzen und um bei der Gestapo das Gefühl der Unsicherheit und Unruhe zu erzeugen und aufrechtzuerhalten. Mit Genugtuung habe ich feststellen können, daß mir dies gelungen ist. Ich habe erreicht, was ich wollte. Das Leben meiner Freunde ist für ein Jahr gesichert.»

Hopf erhob sich. «Der Ausgang dieser Besprechung ist zwar ein anderer, als wir erwartet hatten. Aber ich bestätige, daß die Bedingungen des Abkommens erfüllt sind und die Zusage daher in Kraft tritt.» –

*

Vierter Teil

DIE LETZTEN TAGE

Marseille

Seit drei Tagen war Schuster in Marseille. Er war am Spätabend des 29. Oktober eingetroffen und hatte in der ehemaligen Caserne de la Douane einen ihm zur Verfügung gestellten Flügel bezogen.

In Paris hatte Schuster wertvolle Informationen von Model bekommen. Er kennt nun den Decknamen, unter dem Jean Morel sich hier verbirgt, kennt einen der Treffpunkte und weiß, daß Jean Morel wahrscheinlich nicht allein in Marseille weilt. Das sind wichtige Fingerzeige. Alles weitere muß sich von selbst ergeben.

Die Beobachtungen der letzten Zeit hatten gezeigt, daß das aufzuspürende Funknetz in Südfrankreich sich immer weiter entwickelte. Es zählte bereits acht Stationen. Schuster hatte seine fünf Peiltrupps in drei Gruppen geteilt. Eine Gruppe, bestehend aus zwei Trupps, hatte er in Richtung zur spanischen Grenze in Marsch gesetzt. Dort waren drei Stationen auszukundschaften. Die zweite Gruppe führte er selbst. Sie hatte zum Ziele, die in Marseille, Lyon, Annecy und Rochetaillée festgestellten Stationen zu ermitteln.

Die dritte Gruppe bestand aus nur einem Peiltrupp. Dieser sollte die in Nizza vermutete Funkstelle verfolgen. Ein routinierter, älterer Wachtmeister führte den Trupp. Er hatte keine leichte Aufgabe zu bewältigen, denn Schusters Plan ging dahin, Bollmann, der sich angemeldet hatte, nach seinem Eintreffen zu bewegen, nach Nizza zu gehen und von dort aus zu wirken.

Der Peiltrupp, der in der Gegend von Nizza arbeiten sollte, hatte also eine doppelte Aufgabe. Er sollte die in jener Gegend befindliche Agentenstation ausfindig machen und gleichzeitig Bollmanns Tatenlust abfangen.

Am Abend des 1. November traf Bollmann in Marseille ein und wurde von Schuster am Bahnhof in Empfang genommen. Er kam aus Paris, wo er Model besuchte und von diesem mit mehreren Besichtigungsfahrten durch die Stadt und Besuchen guter Weinlokale beschäftigt worden war. Dann hatte Model den Chef zur Bahn gebracht und ihm einen angenehmen und erfolgreichen Aufenthalt am Mittelmeer gewünscht.

Nun hatte Schuster das gleiche zu tun. Er hatte es eilig, denn allzulange können die Trupps in dem unbesetzten Teil Frankreichs nicht arbeiten, ohne daß die Angelegenheit irgendwie ruchbar wird. Aber Schuster hat einen guten Verbündeten: Das ist Nizza! Die Côte d'Azur! Die Riviera! Bollmanns Traum seit fast einem Monat!

Schon am Abend des nächsten Tages reiste er zusammen mit dem für Nizza bestimmten Peiltrupp ab. Schuster atmete auf.

In Marseille hatte Schuster schon am Tage nach seinem Eintreffen damit begonnen, den dort vermuteten Sender aufzuspüren. Die Marseiller Station war offenbar die wichtigste und hatte den stärksten Funkverkehr.

Am Abend des 31. Oktober war Schuster in der Lage, sagen zu können, daß der gesuchte Sender im Raume zwischen der Caserne de Cavallerie und dem Gare du Prado stehen müsse. Er setzte einen Mann mit einem Suchkoffergerät gegen die Station an und schickte seine beiden Peiltrupps nach Annecy.

Es dunkelte bereits stark, als Schuster die Avenue de Toulon, vom Place Castellane kommend, langsam entlangschlenderte und gegenüber der einmündenden Rue des Jardins stehen blieb. Die Straße machte hier einen Knick und bildete eine Art Sackgasse, von der aus man unauffällig die beiden Eckgebäude der Rue des Jardins beobachten konnte. Gerade als Schuster um die Ecke bog, um sich hinter einem der vielen Hausvorsprünge einen geeigneten Winkel auszusuchen, gewahrte er eine Gestalt, die – auf den Stufen des Hauseinganges sitzend – sich mit einer Werkzeugtasche zu schaffen machte. Ein rascher Blick überzeugte ihn davon, daß es sich um den Mann mit dem Suchkoffer handelte.

«Nanu, Althoff, Sie hier?»

«Jawohl», erwiderte dieser mit gedämpfter Stimme. «Ich sah Sie schon die Straße entlangkommen, Herr Hauptmann. Hier ist ein idealer Winkel; der vorspringende Gartenzaun deckt uns ganz gegen Sicht, während man selbst gut beobachten kann. Wollen Sie nicht Platz nehmen? Es muß bald losgehen.»

«Machen Sie eine Kontrollbeobachtung?»

«Ja. Um 17.25 tritt der Sender regelmäßig auf und arbeitet etwa fünf bis acht Minuten. Ich möchte auf keinen Fall den Anschluß verlieren.»

«Sehr gut, Althoff. Wo steht Ihrer Ansicht nach der Apparat?»

«Sehen Sie dort drüben das linke Eckgebäude? Oben im dritten Stockwerk, dort wo der Balkon ist, muß er stehen. Am Tage kann man sogar die kleine Antenne erkennen. Wenn Sie genau hinschauen, können Sie bemerken, daß im

Zimmer Licht ist. Es schimmert durch die schadhafte Verdunkelungsvorrichtung.»

«Wo ist denn der Eingang zu diesem Hause? Ich sehe keine Tür.»

«Sie befindet sich in der Rue des Jardins. Das Gebäude ist nicht sehr groß; es hat nur jenen Eingang.»

«Welche Nummer hat das Haus?»

«Einundzwanzig. Es ist eine Pension. Weiter scheint in dem Bau nichts zu sein.»

«Einundzwanzig?» wiederholte Schuster fragend, und Althoff nickte. «Schade», fuhr er dann fort, «ich hatte eigentlich mit Nummer siebzehn gerechnet.»

«Wieso? Wohnt dort jemand, den Sie in Verdacht haben?»

«Ja. Ich nehme stark an, daß unser Freund dort wohnt, kann mich aber irren. Haben Sie das Haus Nummer siebzehn schon betrachtet?»

«Heute erst wieder. Es ist ebenfalls eine Pension, und zwar scheint sie derselben Inhaberin zu gehören wie die in Nummer einundzwanzig.»

«Aha! Dann kommen wir der Lösung schon einen Schritt näher. In diesem Falle wäre hier drüben in dem Eckgebäude wahrscheinlich nur das Funkquartier anzunehmen, vielleicht auch die Wohnung des Funkers. Der Chef hat aber augenscheinlich seinen Wohnsitz in Nummer siebzehn. Stehen die beiden Häuser irgendwie in Verbindung miteinander?»

«Ja, durch den dahinter befindlichen Garten.»

«So, so! Das ist interessant. Haben Sie die Gebäude hinsichtlich ihrer Bewohner schon beobachten können?»

«Ja. Aber es kam dabei nicht viel heraus. Der Fremdenverkehr ist gegenwärtig nur sehr gering; die meisten Zimmer scheinen leer zu stehen. Einige sind offenbar von Dauermietern bewohnt. Drüben in Nummer siebzehn wohnt zum Beispiel eine auffallend hübsche, junge Frau, die täglich mit ihrem Kinde spazieren — — »

«Was sagen Sie, Althoff? Eine hübsche junge Frau mit einem Kinde? Wie sieht sie denn aus?»

«Tiefdunkles Haar, bräunlicher Teint, südländische Erscheinung! Aus der ersten Jugend heraus. Prima Sache! Etwas für Feinschmecker!»

«Und das Kind?»

«Ein Mädelchen. Auch sehr niedlich – –aber halt! Da kommt der Sender! – – Moment, bitte! – –Sehr klar und sehr laut. – – Ich werde nochmals die Richtung ausmessen. – – Sehen Sie – – genau auf den Balkon zu! Kein Zweifel, dort oben steht er – – Gehen wir rasch nach der anderen Ecke hinüber, dort machen wir die Gegenprobe.»

Schuster und Althoff eilten die menschenleere Avenue de Toulon entlang und blieben nach etwa sechzig Schritten an einem Torweg stehen. Althoff drehte wieder an seinem Koffer herum. «Da – bitte! – wieder die Richtung auf das Haus und genau auf das Eckzimmer im dritten Stock! Sie können mich erschlagen, wenn der Sender nicht in jenem Zimmer steht. – So, jetzt ist er fertig. – Sehen Sie, schon erlischt oben in dem Balkonzimmer das Licht.»

«Wann ist der nächste Verkehr?»

«Heute abend um dreiviertel zehn. Ich bin dann wieder hier.»

«Auch ich werde vermutlich hier sein. Jetzt möchte ich mir noch die beiden Häuser betrachten, so gut das in der Dunkelheit möglich ist. Gehen wir langsam hinüber und dann die Rue des Jardins entlang. Die Straße führt direkt zum Bahnhofplatz?»

«Ja. Er ist kaum fünf Minuten von hier entfernt. Da kommt übrigens gerade jemand aus dem Eckhause heraus! Gehen wir ruhig weiter. Es sind zwei Herren. Ja, jetzt erkenne ich sie trotz der schwachen Beleuchtung. Ich habe die beiden schon einigemal aus dem Gebäude kommen sehen und kenne die Gestalten schon an ihren Umrissen. Sie gehen jetzt in Richtung zum Bahnhof.»

«Danke Ihnen, Althoff. Trennen wir uns jetzt. Ich werde die beiden verfolgen. Um dreiviertel zehn bin ich wieder an der alten Stelle. Versuchen Sie in der Zwischenzeit die beiden Häuser hier im Auge zu behalten.»

Schuster hatte sich am Zeitungsstand im Bahnhof Prado eine englische Zeitung gekauft und kam wieder langsam die Rue des Jardins entlang. Er hatte die beiden Männer eine zeitlang beobachten können, bis sie plötzlich in der Dunkelheit verschwanden. Dann überlegte er seine nächsten Schritte. Althoff hatte erzählt, die Pension sei nur schwach belegt; also waren Zimmer frei und zu vermieten. Wie wäre es, wenn man selbst es versuchte — — vielleicht ist es verrückt, aber dennoch — — oft sind die verrücktesten Gedanken die einzig richtigen — — .

Raschen Schrittes überquerte er die Straße und betrat die Empfangsdiele der Pension. Er mußte ein Weilchen warten, bis eine etwas ältliche Dame erschien und sich nach den Wünschen des Gastes erkundigte.

«Ich — oh — ich suche ein ruhiges Zimmer für — — für einige Tage.»

«Sie sind Engländer, mein Herr?»

«O, yes, eigentlich — ja — es wäre mir aber lieb — —»

«Ich verstehe, mein Herr! Haben Sie keine Sorge, bei uns sind Sie in besten Händen. Ich merkte es sofort an der Sprache. — — Wünschen Sie ein einfaches Zimmer?»

«Mit Bad, wenn möglich. Nicht zu einfach.»

«Wollen Sie bitte Ihren Namen hier eintragen. So ungefähr — — wenn ich bitten darf — es ist wegen der Polizei — »

Schuster nahm den Tintenstift und machte die Eintragungen. „John Forester, Ingenieur", vermerkte er in den Spalten.

«Mein Gepäck lasse ich heute abend noch herüberbringen», fügte er dann erklärend hinzu.

«Gewiß, mein Herr! Darf ich Ihnen Ihr Zimmer zeigen?»

Schuster stieg die Stufen zum oberen Geschoß empor. Das Zimmer war nach der Gartenseite zu gelegen; er nickte zufrieden und zahlte den geforderten Pensionspreis für eine ganze Woche im voraus und ließ sich eine Flasche Cassis heraufbringen. Eine halbe Stunde später verließ er die Pension, um seinen Koffer zu holen und die nötigen Weisungen zu hinterlassen. Pünktlich um dreiviertel zehn stand er an der gleichen Stelle, an der er gegen Abend Althoff traf. Dieser saß bereits mit seinem Meßgerät auf der Steintreppe. Ein feiner Regen ging hernieder. Die Straßen wirkten ausgestorben.

«Gleich geht's los», bemerkte Althoff mit leiser Stimme. «Haben Sie vorhin die Kerle verfolgen können?»

«Teilweise. Sie trennten sich bald, und nur einer von ihnen ging zum Bahnhof.»

«Wahrscheinlich derselbe, den ich schon einmal dort gesehen habe.»

«Er traf sich am Zeitungskiosk mit einem anderen Mann; dann waren sie beide plötzlich verschwunden.»

«Hm! Ich weiß sogar, wohin sie verschwanden.»

«Wirklich?»

«Ja. Etwa eine Viertelstunde, nachdem wir uns getrennt hatten, kam unser Freund eilig die Straße herauf und verschwand mit ihm im Hause Nummer siebzehn.»

«Also doch!»

«Es war das erstemal, daß ich den Mann in dieses Haus gehen sah. Ich erkannte ihn an der Gestalt, als er die Tür öffnete. Ich saß dort drüben in dem kleinen Vorgarten. Ich konnte auch beobachten, wie Sie bald darauf kamen und einige Zeit später das Haus betraten. Ich schloß daraus, daß Sie wußten, wohin die beiden Männer gegangen waren.»

«Stimmt, Althoff, ich ging hinein; aber ich wußte nicht, daß die beiden schon im Hause waren. Verließen sie es wieder?»

«Anscheinend sind sie jetzt noch dort. Dagegen konnte ich vor einer Stunde sehen, daß der zweite Herr, der gegen sechs Uhr das Haus Nummer einundzwanzig verlassen hatte, wieder nach dort zurückkehrte. Ich zweifle nicht daran, daß dies der Funker ist.«

«Althoff, die letzten Stunden haben mich weit vorangebracht. Ich bin dem Chef der Organisation auf der Spur. Vor zwei Stunden habe ich mich in dieser Pension eingemietet. Ich will ein wenig Detektiv spielen.»

Schuster hatte eine gute Nacht verbracht. Er hatte sich in dem Bewußtsein zu Bett gelegt, bei der Lösung seiner Aufgabe ein bemerkenswertes Stück vorangekommen zu sein. Der Tag hatte ihm mehr Aufschlüsse gebracht, als er je erwartete. Nun war kaum mehr daran zu zweifeln, daß der entscheidende Schlag gegen die Gruppe der „Roten Kapelle" bald erfolgreich geführt werden konnte.

Er zog die Jalousie hoch und blickte durch das Fenster. Ein prächtiger, sonniger, warmer Herbsttag strahlte ihm entgegen. Vor sich sah er einen langgestreckten Garten, der mit allerlei südländischen Blumen bestanden war, nicht sehr gepflegt zwar, aber dennoch leidlich in Ordnung. Ein schmaler W.eg führte von dem Hause Nr. 17 hinüber nach dem Eckhaus an der Avenue de Toulon; es war unschwer zu erkennen, daß dieser Weg viel begangen wurde. Ein anderer Pfad führte senkrecht dazu nach dem gegenüberliegenden Grundstück und bot somit die Möglichkeit, nach der parallel zur Rue des Jardins verlaufenden Rue Hoeffer zu gelangen.

«Geschickt ausgesucht», dachte Schuster anerkennend, dann blickte er auf die Uhr. Es war einhalb acht, vor Ablauf einer halben Stunde hatte es wenig Sinn, in das Frühstückszimmer zu gehen. Schöne junge Frauen pflegen nicht sehr zeitig den Morgenkaffee einzunehmen.

Er unterzog seinen Koffer einer Prüfung; alles, was auf die Person des Inhabers schließen lassen könnte, nahm er heraus und packte es in seine Aktenmappe. Nur ein Anzug, Wäsche und einige Toilettenartikel blieben darin. Es stand außer Zweifel, daß der Koffer genau untersucht werden würde, sobald sein Besitzer das Haus verließ. Die Hotelzettel von Brüssel, Amsterdam, Lille und Paris konnten ruhig bleiben; sie waren eine gute Empfehlung.

Kurz nach acht Uhr ging Schuster in das Frühstückzimmer; er wählte seinen Platz in einem Winkel am Fenster. Von hier aus konnte er den ganzen Raum unauffällig überblicken. Die Pensionsinhaberin erschien und erkundigte sich nach dem Befinden des Gastes. Dieser entfaltete den „Manchester Guardian" und vertiefte sich in die Lektüre.

Außer ihm saßen nur zwei ältere Damen und ein korpulenter, müde dreinblickender Herr in dem Zimmer. Etwas später erschienen zwei Herren – offenbar Geschäftsleute –, die sich lebhaft über Preisfragen und den Kurs des französischen Francs im Auslande unterhielten.

«Hier also muß Wiesner gewohnt haben», dachte Schuster. «Hier hatte er seine Besprechung mit Kent oder Jean Morel oder Alvarado oder wie dieser Mann jetzt heißen mochte.»

Plötzlich wurden Stimmen vernehmbar. Ein Kind plapperte munter und stellte Fragen, die von einer warm und sympathisch klingenden Frauenstimme beantwortet wurden. Dann betraten drei Personen den Raum. Voran eine Dame mit einem kleinen Mädchen an der Hand. Ihnen folgte ein Herr, der einen kleinen Koffer trug. Alle drei begaben sich an einen Tisch, an dem sie offenbar zu speisen gewohnt waren.

Schuster hatte seinen Platz gut gewählt. Er konnte den Tisch unauffällig beobachten. Es war ohne Zweifel der Herr von gestern abend: die gleiche hohe, schlanke Figur, derselbe herbe Gesichtsschnitt, das dunkle Haar, der lebhafte Blick. «Das also ist der Herr Kent, der seit einem vollen Jahr unser Wachen und Träumen beschäftigt!» dachte Schuster. «Eine imponierende Gestalt! Dieser Mann weiß, was er will und kennt sein Ziel und seine Aufgabe.»

Aber Schusters Augen richteten sich immer wieder zu der ihm gegenüber sitzenden Frau. Es strömte so viel Weiblichkeit und Anmut von ihr aus, so viel beherrschte Heiterkeit, daß Schuster zu verstehen begann, warum jener Mann, der ihr gegenüber saß, sich nicht von ihr trennte, als er den gefährdeten Boden Belgiens verlassen mußte. Vorsichtig holte er aus seiner Brieftasche die Photographie, die Model ihm gegeben hatte, und verglich sie. Ein Irrtum war undenkbar: Vor ihm saß die Frau, die mit Kent in Brüssel lebte!

Schuster erhob sich und verließ den Frühstücksraum. Auf der Treppe begegnete ihm die Pensionsinhaberin. «Ich werde heute vielleicht für einen oder zwei Tage verreisen, Madame. Das Zimmer lassen Sie bitte zu meiner Verfügung. Mein Gepäck bleibt hier.»

«Aber gewiß, Monsieur Forester. Haben Sie irgendwelche Wünsche?»

«Nein, Madame. Übrigens, eine vielleicht etwas indiskrete Frage: Wer ist der Herr, der unten im Frühstückszimmer mit der reizenden jungen Frau und dem Kinde sitzt?»

«Oh, das ist Senor Alfonso de Barientos, ein Kaufmann aus Uruguay. Eine sehr nette Familie. Die Leute wohnen schon fast 3 Jahre hier und können nicht in ihre Heimat zurück».

«Sie entschuldigen meine Neugier, Madame. Ich erwarte einen Herrn namens Alvarado, mit dem ich mich treffen wollte. Wohnt dieser in Ihrer Pension? Ich glaubte anfangs es sei der Herr, von dem wir soeben sprachen.»

Die Pensionsinhaberin hatte Schuster bei der Nennung des Namens Alvarado aufmerksam angeblickt. Nach kurzer Pause meinte sie zögernd: «Nein – ja, Monsieur Alvarado wohnt zuweilen hier – falls Sie eine Nachricht für ihn haben – – – ich könnte sie vielleicht vermitteln.»

«Sehr liebenswürdig, indeed. Ich schreibe gleich ein Billett und gebe es Ihnen nachher.»

Schuster ging in sein Zimmer und postierte sich hinter der Gardine am Fenster. Er beobachtete den Garten. Wenn Althoff recht berichtete, müßte Herr Barientos bald erscheinen, um sich zu dem Eckhaus zu begeben. Nach etwa zehn Minuten hörte er unten eine Tür ins Schloß fallen. Schuster spähte hinab. Dort unten ging der „uruguayische Kaufmann" eiligen Schrittes in Richtung zum Nachbargebäude.

Zwei Tage hatte Schuster in Rochetaillée zugebracht und dort den Aufbauplatz eines Nebensenders Kents aufgespürt. Nun saß er wieder in seinem Zimmer in der Rue des Jardins, rauchte seine Pfeife und überlegte sich die nun zu unternehmenden Schritte. Aus Toulouse lagen Meldungen vor, daß man der dortigen Station auf der Spur sei. Auch in Lyon schien man bereits einige Erfolge erzielt zu haben. Aus Nizza lagen noch keine Nachrichten vor.

Die Hälfte der Aufgabe wäre demnach gelöst, aber Schuster verhehlte sich nicht, daß die zweite Hälfte die weitaus schwierigere sei. Man stand schon oft vor dem Zugriff und faßte schließlich nur in Nebel.

Schuster klopfte die ausgebrannte Pfeife aus und holte eine Karte von Südfrankreich hervor. Mit dicken roten Punkten markierte er die bisher erkannten Stationen des „Kent-Netzes", wie er es bezeichnete. Ob es alle waren – wer mochte es entscheiden?

Er faltete die Karte wieder zusammen und begann im Zimmer auf und ab zu gehen. Er dachte an Kent. Wo mochte dieser jetzt sein? Gestern hatte er ihn in Allemond gesehen, – vielleicht machte er seine Rundreise zu allen seinen Stationen? Und die junge Frau wartete inzwischen geduldig auf seine Rückkehr. Irgendwie erfaßte ihn plötzlich ein Gefühl der Sympathie für diese Frau. Er war sich klar, daß sie keine aktive Rolle in diesem Konzert der „Roten Kapelle" spielte.

Es klopfte. Schuster ging mit raschen Schritten zur Tür und öffnete. Draußen stand – Senor Alfonso de Barientos, der Kaufmann aus Uruguay, und verbeugte sich grüßend. Dann wies er sozusagen als Legitimation ein Blatt Papier vor. Schuster blickte darauf: es war das kurze Billett, das er der Pensionsinhaberin vor drei Tagen gab.

Er bat den Herrn einzutreten und schloß die Tür sorgsam ab. «Please, Sir, nehmen Sie Platz. Ich habe Sie erwartet, wenngleich ich nicht wußte, wann Sie Zeit haben würden, mich aufzusuchen. Eine Zigarre gefällig?»

Der Besuch lehnte dankend ab. «Sie haben Nachricht von Hermann?»

«O yes – – ich sah ihn vor etwa zehn Tagen. Es drohte ihm in Brüssel Gefahr – – vielleicht fürchtete er sich ohne Grund, obwohl er keinen nervösen Eindruck machte. Nun scheint aber die Sorge behoben zu sein; er hat jedoch sein Quartier gewechselt.»

«Wohin hat er es verlegt?»

«Das wird er Ihnen wohl selbst sagen wollen – – Sie verstehen – – – Er läßt Ihnen ausrichten, daß er sich so bald wie möglich mit Ihnen treffen möchte.»

«Woher kennen Sie Hermann? Arbeiten Sie mit ihm zusammen?»

«O no – – nur ganz indirekt, sozusagen – – ich arbeite in einem andern Rahmen, aber das Ziel, die Aufgaben sind die gleichen. Ich habe hier im Süden eine neue Sache übernommen — — keine Konkurrenz für Sie, ganz im Gegenteil — — Ja, Hermann muß einige wichtige Fragen mit Ihnen besprechen und bittet um Nachricht hinsichtlich eines Treffs.»

«Hermann kennt die Treffs und braucht doch keine Vermittlung.»

«Kein Zweifel — das ist richtig. Aber Hermann hat anscheinend Gründe, die alten Treffs zu meiden. Er will einen neuen Punkt und eine Zeitangabe.»

«Warum läßt er mir diese Nachricht nicht über die Zentrale zukommen?»

«Er hört die Zentrale seit fast zwei Wochen nur sehr unregelmäßig und setzt seine Nachrichten oft blind ab. Ich vermute, daß dies den Hauptgrund für seinen Wunsch darstellt, Sie zu treffen.»

«Er hat aber die Möglichkeit, über einen anderen Sender mit der Zentrale in Verbindung zu kommen.»

«Wahrscheinlich hat er Gründe, den Kontakt mit jener anderen Station gegenwärtig zu meiden. Aber Sie verzeihen — — ich bin darüber nicht informiert worden, habe lediglich den Auftrag, Ihnen Hermanns Bitte zu übermitteln. Die Schlußfolgerungen und Entscheidungen müssen ganz bei Ihnen bleiben.»

«Fahren Sie wieder nach — — »

«Yes, Sir, in drei oder vier Tagen.»

«Wollen Sie sich dann mit Hermann treffen?»

«Ich selbst nicht. Aber ich habe einen besonderen Verbindungsweg, um ihm Nachricht zukommen zu lassen.»

«Gut, sagen Sie ihm: Wenn er zu der Zahl der Buchstaben seines wahren Namens 14 hinzuzählt, dann hat er das Datum des Treffs; wenn er die Zahl 12 zu jener Buchstabenzahl addiert, dann hat er die Uhrzeit. Wenn er die Zahl 10 zu der Uhrzeit hinzufügt, dann erhält er die Nummer der Straßenbahnlinie, an deren Endstation der Treff stattfinden soll; kommt dieser an jenem Tage nicht zustande, dann am nächsten oder übernächsten. Wollen Sie bitte die Zahlen notieren?!»

Schuster zog sein Notizbuch hervor und machte einige Vermerke. «Ein gutes System!» bemerkte er lächelnd.

Senor Barientos erhob sich. «Ich danke Ihnen für die Übermittlung der Nachricht von Hermann. Darf ich Sie um Nennung Ihres Arbeitsnamens bitten?»

«Essex.»

Schuster war wieder allein. Er blickte nach der Tür, die sich hinter dem späten Besucher schloß. „Eine historische Begegnung", dachte er kopfschüttelnd. „Obwohl Morel sehr vorsichtig war, bekam ich dennoch den letzten Beweis, den ich brauchte. Jetzt steht die Identität Kent = Alvarado außer Frage; die Verbindung zwischen ihm und Hermann war das letzte Glied der Kette, das ich feststellen mußte."

Schuster hatte seine Wanderungen durch das Zimmer wieder aufgenommen. „Es war ein etwas gewagtes Spiel", meinte er vor sich hin. „Aber ohne Wagnis ist selten ein Erfolg zu erzielen. Was wird nun geschehen? Kent wird der Zentrale Mitteilung machen und den beabsichtigten Treff mit Wiesner melden. Die Zentrale wird Rückfragen wegen der Person des fremden Besuchers stellen. Fest steht jedenfalls, daß die mit dem Brüsseler Sender durchgeführte Täuschung von der Zentrale noch nicht durchschaut worden ist, sonst wäre Kent gewarnt worden. In diesem Falle würde er auf mein Billett anders reagiert haben. Wiesner hat also bisher das Funkspiel „ehrlich" mitgemacht. Morgen wird Kent an die Zentrale berichten. Die Zentrale wird übermorgen bei Hermann anfragen. Und Hermann muß — —" Schuster ging eilig an den runden Tisch und blätterte im Kursbuch. Um 23.15 Uhr ging ein Schnellzug nach Paris und er wäre morgen gegen zwölf Uhr mittags dort. Model hat unmittelbare Fernschreibverbindung mit Brüssel. Althoff muß noch heute abend nach Paris fahren und einen für Hermanns Sender bestimmten Funkspruch Model überbringen. Er, Schuster, mußte im Falle einer Rückfrage der Zentrale bei Kent legitimiert werden, damit kein Verdacht aufkommt und das Spiel weitergehen kann.

Aber Schuster war sich darüber im klaren, daß er fortan wahrscheinlich überwacht würde. Es galt, vorsichtig zu sein. Die Dunkelheit des Abends mußte helfen.

Er ging zum Bahnhof Prado, kaufte eine Zeitung und wandte nach einigem Umhergehen Kents Trick mit dem Nebenausgang an. Draußen wartete er eine Viertelstunde hinter einem Vorsprung des Gebäudes. Niemand schien ihm zu folgen.

Dann ging er bis zur Avenue Cantini und fuhr mit der Straßenbahn zur Caserne de la Douane.

Die Canebière, die den Alten Hafen Marseilles mit dem Zentrum der Stadt verbindet, ist seit Menschengedenken der Stolz eines jeden echten Bürgers dieser Stadt. Man ging früher soweit, zu behaupten, „si Paris avait une Canebière, Paris serait un petit Marseille".

Dort, wo die Canebière bei der Kirche St. Vincent de Paul endet, trifft sie sich im spitzen Winkel mit der breiten Allee Léon Gambetta, einer der schönsten Straßen dieser großen Stadt.

Am Abend des 8. November saßen in einem geräumigen und behaglich ausgestatteten Zimmer im ersten Stock des Hotels de Bourgogne in den Allées Léon Gambetta Nr. 31 drei Männer an einem Tisch, der mit Karten, Plänen und verschiedenen anderen Papieren bedeckt war. Die tief herabgezogene Deckenlampe beleuchtete hell den Tisch und ließ die Gesichter der drei Männer im Halbdunkel.

In dem großen Kamin, der fast die Hälfte der einen Wand einnahm und über dem ein mit vergoldetem Rahmen eingefaßter Facettenspiegel angebracht war, knisterte ein wärmendes Holzfeuer und warf einen flackernden rötlichen Schein über die kleine Gruppe inmitten des Raumes. Von der nahen Kirche tönten gedämpft die langanhaltenden Schläge der neunten Stunde herüber.

«Meine Herren, wir stehen an der Schwelle entscheidender Ereignisse. Bei Stalingrad öffnet sich das Grab für die deutsche 6. Armee. Ohne die vielen tausend von uns gesammelter und gemeldeter Nachrichten wäre die Rote Armee nicht in der Lage gewesen, ihre gewaltigen Schläge so zielsicher zu führen, wie es geschah und weiter geschehen wird.»

Der Sprecher machte eine große Pause, blickte auf eine vor ihm liegende Karte und fuhr dann fort: «Die letzten Ereignisse in Nordafrika sind Ihnen bekannt, meine Herren. Im Zusammenhange damit bereiten sich weitere Dinge im Mittelmeerraum vor.»

«Sehr interessant!» warf einer der Herren ein und lehnte sich in seinem Sessel erwartungsvoll zurück.

«Ja, es wird interessant werden. Aber ich muß Sie enttäuschen, falls Sie annehmen, ich könnte Ihnen heute schon nähere Ausführungen hierüber machen. Nur so viel will ich Ihnen sagen: Die kommenden Geschehnisse werden Hitler zwingen, Südfrankreich zu besetzen.»

«Ah!» rief der rechts neben dem Sprecher sitzende Herr. «Jetzt wird es kritisch!»

«Vielleicht. Um aber keine Krise aufkommen zu lassen, müssen wir uns rüsten. Es ist unsere Aufgabe, den kommenden Ereignissen Rechnung zu tragen. Wird Südfrankreich und damit unser derzeitiger Arbeitsraum von deutschen Truppen besetzt, dann erscheinen in kürzester Zeit die Organe der deutschen „Funkabwehr", die auf unsere Sender Jagd machen. Verhehlen wir uns nicht, daß unsere Stationen von den Deutschen längst gehört und gepeilt sind! Es muß daher im gleichen Augenblick, in dem die deutschen Truppen in Südfrankreich einrücken, ein neues Funksystem an die Stelle des alten treten. Die Vorbereitungen dazu sind meinerseits schon getroffen.»

«Großartig!» bemerkte der Herr, der links neben dem Sprecher saß. «Wenn jemand die Anerkennung der Zentrale verdient, dann sind Sie es, Chef!»

Der als „Chef" Angeredete winkte ab. «Ich habe folgenden Weg gewählt: Die Zahl der Stationen bleibt die bisherige. Die Personen der Funker ändern sich nicht. Auch die Wellen und Frequenzen erfahren keinen Wechsel. Lediglich die Quartiere, das heißt die Standorte der Sender werden geändert. Ich habe für jeden unserer Sender zwölf Quartiere längs günstiger Verbindungswege erkundet und vorbereitet. Um bei der Benutzung dieser Aufbauplätze keine dem Gegner Aufschluß gebende Gesetzmäßigkeit entstehen zu lassen, erfolgt ihr Aufsuchen nach dem Würfelsystem.»

«Nach dem Würfelsystem?» warf der dem Sprecher gegenübersitzende Herr ein. «Wie ist das zu verstehen?»

«Ganz einfach. Jedes Quartier hat eine Nummer, und jeder Funker bekommt zwei Würfel – ganz gewöhnliche Würfel, wie sie zum Spiel benutzt werden. Sie bieten die Möglichkeit, bis zur Zahl 12 zu würfeln. Für jede bevorstehende Verkehrszeit sucht der Funker seinen Standort aus, indem er die Würfel wirft. Er weiß also am Tage vorher selbst noch nicht, wo er am nächsten Tage seinen Sender in Aktion setzt. Da die so gewonnene Auswahl der Quartiere ganz willkürlich und planlos erscheint, ist eine Aufspürung der Funkstellen erst nach sehr langer Beobachtungszeit möglich. Bis dahin werden neue Punkte vorbereitet.»

«Ausgezeichnet!» rief der Mann zur Rechten. «Das ist fraglos eine gute Lösung und gibt uns ein hohes Maß an Sicherheit.»

«Davon bin ich überzeugt. Da ich annehme, daß die von

mir vorhin angedeuteten Ereignisse erst nach dem 15. November eintreten werden, lassen wir das neue System am 15. dieses Monats um 00.01 Uhr in Kraft treten. Die bisherigen Quartiere werden restlos aufgegeben. Ich selbst bleibe weiter in Marseille. Sollte ich eines Tages aus irgendeinem Grunde ausfallen, so geschieht folgendes: Jede Gruppe arbeitet völlig selbständig nach den Weisungen der Zentrale. Droht Ihnen Gefahr und ich bin ausgeschaltet, so haben Sie nach folgender Richtlinie vorzugehen: Sie, Herr Berard, gehen nach Barcelona und melden sich in der Calle de Madrid Nr. 17 bei senor Juan Juste, wo Sie weitere Weisungen bekommen. Sie, Herr Noailles, begeben sich auf den Ihnen bekannten Wegen nach Lausanne und melden sich bei dem Herrn, dessen Namen und Adresse Sie in diesem Kuvert finden; Sie treten dann unter die direkte Leitung dieses Mannes.»

Marseille

Am Nachmittag des 8. November liefen bei Schuster Meldungen ein, daß die Sender in Lyon und Toulouse ausfindig gemacht wären. Die Funker würden beobachtet. Für den Zugriff sei alles fertig.

Aber die in Carcassone festgestellte Station des Kent-Netzes schwieg seit zwei Tagen. Eine Beobachtung und genaue Peilung war daher nicht möglich. Aus Nizza lagen noch immer keine Nachrichten vor.

Schuster hatte das Empfinden, als dränge die Zeit und als müßte rasch gehandelt werden. Kent war die Hauptperson und Seele der Organisation. Gelänge es, ihn auszuschalten, dann bräche das System zusammen und müßte neu aufgebaut werden. Das dauert längere Zeit. Würden von den acht

Stationen sechs ausgehoben, dann wären die restlichen beiden nicht mehr gefährlich.

Noch am Spätnachmittag des gleichen Tages begab sich Schuster zum Marseiller Polizeipräfekten. Er kannte den Mann von seinem kurzen Besuch an jenem Tage, an dem er in Marseille eintraf und mit seinen Nachforschungen begann. Ein liebenswürdiger, lebhafter Südfranzose, gewandt und undurchsichtig.

Es war bereits kurz vor Büroschluß, als Schuster in der Präfektur erschien. Der Herr Präfekt empfing ihn auf das freundlichste.

«Ah, mon capitaine! Ich bin entzückt, Sie zu sehen. Wie geht es Ihnen? Sind Sie mit Ihrem Quartier zufrieden? Und wie gefällt Ihnen Marseille? Oh, Marseille, mon capitaine, es ist eine einzigartige Stadt, eine historische Stadt! Wissen Sie, wann sie gegründet wurde? Um 600 vor Christus, mon capitaine, von kleinasiatischen Griechen aus Phokäa.»

Aber Schuster hatte im Augenblick nur wenig Sinn für historische Vorträge. «Herr Präfekt, ich hoffe später einmal die Schönheiten und Geschichte dieser Stadt gebührend würdigen zu können. Augenblicklich bin ich im Dienst — —»

«Oh, bien sure, mon capitaine, ich weiß. Ich habe Nachricht aus Vichy. Sie suchen einen Spion, und ich soll die Durchführung Ihrer Aufgabe erleichtern. Stets zu Ihrer Verfügung, mon capitaine. Ich habe Anweisung gegeben, daß man Sie in keiner Weise behindert. Sie können sich nach Belieben frei bewegen und Ihre Nachforschungen betreiben. Ich hoffe, Sie haben keine Klagen über irgendwelche Schwierigkeiten — —»

«Keineswegs.»

«Ausgezeichnet! Haben Sie bereits Erfolg gehabt, wenn ich fragen darf?»

«Wir haben die Spuren gefunden und kennen die Leute.»

«Ah, es sind also mehrere?!»

«Ja, es ist eine weitverzweigte Gruppe.»

«Und alle diese Leute sind in Marseille?»

«Nein, hier ist nur das Haupt der Organisation. Die anderen Mitglieder befinden sich in verschiedenen anderen Orten.»

«Ah, ich bin froh! Es wäre mir peinlich, wenn gerade hier in Marseille ein größerer Kreis – – – Sie verzeihen – – darf ich fragen, ob diese Leute für England oder die Vereinigten Staaten – –»

«Weder – noch!»

«Ich verstehe! Ja, mon capitaine, was mich betrifft, so bin ich lediglich für Marseille zuständig, kann also nur in diesem Falle von Nutzen sein. Sie kennen nunmehr den Mann?»

«Ja.»

«Und was haben Sie gegen ihn vorzubringen?»

«Er sammelt Informationen und gibt sie mit Hilfe einer Funkapparatur an eine uns feindliche Macht weiter.»

«Wie interessant! Haben Sie Beweise für seine Tätigkeit?»

«Wir haben seine Station regelmäßig beobachtet und gepeilt und kennen nunmehr den Standort.»

«Wo befindet sich dieser?»

«Sie verzeihen, das darf ich erst in dem Augenblick sagen, in dem Ihr Polizeikommando mit mir zur Aushebung des Mannes ausrückt.»

«Ich verstehe. Aber ich kann dieses Kommando erst stellen, wenn einwandfreie Beweise für diese von Ihnen genannte Tätigkeit des Mannes vorliegen. Welche Beweise haben Sie?»

«Der Mann betreibt unter Mitwirkung einer zweiten Person einen Sender, der im Verkehr mit einer Macht steht, mit der sich Deutschland im Kriegszustand befindet.»

«Haben Sie diesen Sender gesehen?»

«Nein, wir haben ihn gehört und den Aufbauplatz gepeilt.»

«Also mit technischen Mitteln festgestellt?»

«Ja.»

«Mit technischen Mitteln getroffene Feststellungen gelten in der Rechtsprechung nicht als vollgültige Beweismittel, weil sie leicht Irrtümern unterworfen sind. Nur der Augenzeuge steht außer Zweifel. Befindet sich nach Ihren Ermittlungen der Sender in dem gleichen Hause, in dem der von Ihnen als Haupt der Spionageorganisation bezeichnete Herr wohnt?»

«Nein. Aber er geht in diesem Hause aus und ein.»

«Das kann einen sehr harmlosen Grund haben. Wir können daraus nicht ohne weiteres schließen, daß der Mann zu dem Sender in Beziehung steht.»

«Wir kennen diesen Mann aus seiner früheren Tätigkeit in einem anderen Lande. Er flüchtete hierher, als wir ihm auf die Spur kamen.»

«Haben Sie den Mann in das Zimmer jenes Funkers hineingehen sehen, oder haben Sie das Funkgerät gesehen, oder sahen Sie den Funker jenen Mann besuchen?»

«Nein.»

«Ist es ein Franzose?»

«Er gibt sich als Angehöriger eines südamerikanischen Staates aus.»

«Oh, also handelt es sich um einen Ausländer, einen fremden Staatsangehörigen — —»

«Das ist keineswegs sicher. Vielleicht gibt der Mann das nur vor und ist in Wirklichkeit — —»

«Nein, mon capitaine», unterbrach der Präfekt lächelnd. «Wenn der Mann in dem Hotel als Ausländer wohnt, dann hat die Angelegenheit ihre Richtigkeit. Ohne einen ordnungsgemäßen Paß kann in Marseille niemand in einem Hotel wohnen.»

Schuster hatte andere Erfahrungen gemacht. Aber er konnte dies jetzt nicht zur Sprache bringen. «Herr Präfekt, es ist für uns völlig gleichgültig, welche wahre oder fingierte

Staatsangehörigkeit der Mann geltend macht. Tatsache ist, daß er von hier aus eine für uns äußerst nachteilige Tätigkeit ausübt. Er muß daher schnellstens unschädlich gemacht werden.»

«Gewiß, mon capitaine. Aber Sie müssen bedenken, daß bei einem Vorgehen gegen diesen Mann diplomatische Verwicklungen entstehen können, falls wir nicht in der Lage sind, seine Schuld schlagend zu beweisen.»

«Sie können sich immer auf die Forderungen der Besatzungsmacht berufen.»

«Verzeihung, mon capitaine, das träfe in dem besetzten Teil Frankreichs wohl zu. Der unbesetzte Teil stellt aber einen völlig selbständigen freien Staat dar, der eigene diplomatische Beziehungen unterhält und sich den anderen Staaten und ihren Bürgern gegenüber nach den Regeln der internationalen Gepflogenheiten verhalten muß. Ich könnte auf keinen Fall die Aktion eigenmächtig durchführen, sondern muß klare Weisungen der Regierung in Vichy einholen.»

«Herr Präfekt, ich muß Sie ersuchen, sich unverzüglich mit Ihrer Regierung in Verbindung zu setzen und die Ermächtigung zur Vornahme der Verhaftung des Hauptagenten und seines Funkers einzuholen ... »

«Gern, mon capitaine, sobald ich ausreichende konkrete Beweise für die Schuld jener beiden Männer habe.»

«Die konkreten Beweise ergeben sich sofort bei der Verhaftung, Herr Präfekt.»

«Vielleicht, vielleicht auch nicht.»

«Das Belastungsmaterial findet sich ohne jeden Zweifel vor. Schon das Vorhandensein des Funkgerätes ist ausreichend.»

«Im Falle des Funkers wohl. Wie wollen Sie aber die Verbindung zwischen jenem Hauptagenten und dem Funker nachweisen, falls beide sie bestreiten?»

«Wir nehmen die Verhaftung in dem Augenblick vor,

in dem der Hauptagent sich bei dem Funker befindet. Ich bitte Sie nochmals, die erforderlichen Ermächtigungen schnellstens einzuholen. Morgen nachmittag werde ich bei Ihnen vorsprechen und hoffe, daß bis dahin alles für die Aktion geregelt ist.»

Am nächsten Morgen wurde Schuster von einem seiner Leute geweckt, der ihm die Nachricht überbrachte, es sei soeben im Radio die Landung alliierter Truppen in Nordafrika bekanntgegeben worden.

Er fuhr empor. Da war es, das Gespenst der zweiten Front, das seit Monaten herumgeisterte und das nur die Einleitung zu dem großen Finale bedeuten konnte!

In Rußland das Festlaufen der Offensive, in Ägypten der Durchbruch durch Rommels Linien, in Algerien die Landung der Amerikaner und Engländer.

Der Mittelmeerraum war zum Leben erwacht. Das schafft auch für Südfrankreich eine neue Lage. Jetzt gewinnt Kents Aufgabengebiet erheblich an Bedeutung.

Als Schuster am Nachmittag bei dem Präfekten erschien, war dieser äußerst aufgeräumt und liebenswürdig. Aus Vichy läge die Nachricht vor, man müsse sich nochmals mit der Waffenstillstandskommission in Verbindung setzen.

«Dann kann noch eine Woche vergehen, bis die Ermächtigung zum Zugriff bei Ihnen vorliegt!»

Der Präfekt zuckte die Achseln. «Es tut mir leid, aber ich kann ohne Befehl aus Vichy nichts veranlassen. Würden Sie mir nicht den Namen des Hotels, in dem jener Mann wohnt, nennen, damit wir inzwischen Recherchen anstellen können?»

Aber nun war es an Schuster, die Achseln zu zucken und zu bedauern. Er überlegte, ob er selbst nach Vichy fahren sollte. Aber ein Hauptmann war eine zu unbedeutende Persönlichkeit, als daß mit einem raschen Erfolg gerechnet werden könnte. Nun hat Bollmann endlich Gelegenheit, sich einmal wirksam zu produzieren.

Eine Stunde später reiste er nach Nizza ab. –

Nizza

Wenn Bollmann morgens erwachte, dann überkam ihn regelmäßig eine Welle stolzer Dankbarkeit dem Schicksal gegenüber, das sich ihm so wohlwollend offenbarte. Noch vor acht Jahren hatte er in Berlin in einer Lebensversicherungsgesellschaft den harten Bürostuhl gedrückt und davon geträumt, wie er dereinst als Kämpfer im Baltikum die wilde Romantik eines abenteuerlichen Lebens an sich vorüberziehen lassen würde. Als junger Fähnrich war er dann heimgekehrt, hatte sich hier und dort bei Freikorps und allerlei Organisationen herumgetrieben, bis er schließlich bei der Versicherungsgesellschaft «Brandenburgia» eine Anstellung bekam.

Aus irgendeinem ihm selbst unbewußten dunklen Drange heraus hatte er früher einmal angefangen, die spanische Sprache zu erlernen. Nun sollte die aufgewendete Mühe hundertfältige Zinsen tragen. Im August 1936 meldete er sich zur „Legion Condor".

Wenn Fritz Bollmann bei seinen Reminiszenzen an dieser Stelle angelangt war, dann mußte er sich immer – teils mit Genugtuung, teils mit leichter Wehmut – gestehen, daß in jenen Augusttagen vor sechs Jahren die Beschaulichkeit seines bürgerlichen Daseins endete und einem neuen, bewegteren Leben Platz machte.

Nun war er Oberstleutnant, wartete auf den zweiten Stern für seine Achselstücke und befand sich in geheimer Mission in Nizza.

«In geheimer Mission in Nizza!» Bollmann wiederholte diese fünf Worte jeden Morgen halblaut vor sich hin. Sie umfaßten eine Welle äußeren und inneren Erlebens und erzeugten ein Gefühl, das ihn wohlig erschauern machte.

In geheimer Mission – das bedeutet, daß man Zivil tragen muß. Ungleich schöner wäre es, auf der „Promenade des Anglais" in glänzender Uniform mit Ordensschnalle, Handschuhen und leise klirrenden Sporen spazieren zu gehen. Aber man muß dem Genuß des Reizes der „geheimen Mission" ein Opfer bringen!

Für alle Fälle hatte Bollmann jedoch seine Uniform eingepackt; sie lag zu unterst im Koffer. Und wartete. Ebenso wie ihr Besitzer.

Er hätte die Worte „in geheimer Mission" am liebsten in das Hotelbuch hinter seinen Namen gesetzt. Aber er hatte der Versuchung widerstanden. Das war umso leichter, als er sich mit einem spanischen Paß legitimierte und auf den Anmeldezettel als Don Juan Velasquez de Puerto Carrero eintrug. Ein solcher Name wiegt ebensoviel wie eine geheime Mission.

Bollmann war im Savoy-Hotel abgestiegen. Vor seinen Fenstern breitete sich die weite Fläche des Mittelländischen Meeres aus, im Osten durch das vorspringende Cap Ferrat leicht begrenzt. Auf der Uferpromenade herrschte das gleiche buntbewegte Treiben wie jemals vor dem Kriege.

Im Hotel war Bollmanns Erscheinen nicht unbeachtet geblieben. Ein Spanier mit einer von der Stirn bis in den Nacken reichenden glänzend leuchtenden Glatze war immerhin eine Seltenheit. Auch die sonstige äußere Erscheinung des neuen Gastes verriet wenig Spanisches.

Schon nach zwei Tagen wußte man im Hotel allgemein, daß Don Puerto Carrero eine große Karte Frankreichs in seinem Zimmer an der Wand befestigt hatte und täglich zweimal von einem Manne besucht wurde.

Bollmann hatte aus Berlin seinen Dackel mitgebracht, den

er an einem langen Lederriemen mit sich herumführte. Er ahnte nicht, daß er schon in den ersten Tagen den Spitznamen „der Kleine mit dem Dackel" verliehen bekommen hatte. Er ließ sich auf der Promenade und vor dem Hotel photographieren, kaufte Ansichtspostkarten und betrachtete angelegentlich die elegant bestrumpften Damenbeine, die das bewegte Bild dieser Stadt zu beherrschen schienen.

Wachtmeister Biedermann hatte sich mit seinen Leuten im Stadtteil Barimasson einquartiert. Er hatte sich täglich zweimal bei Bollmann zum Rapport und zur Entgegennahme von Weisungen zu melden. Früh um acht Uhr und nachmittags um vier.

Schuster hatte Biedermann eine Weisung gegeben, die gegen alle Gesetze militärischer Tradition verstieß und beinahe an versteckte Meuterei grenzte: Biedermann sollte völlig nach eigenem Gutdünken arbeiten. Lediglich abends sollte er nach den Befehlen Bollmanns handeln...

Biedermann hatte eine feine Witterung. Er war sich bereits nach vierundzwanzig Stunden darüber im klaren, daß seine Besuche bei Bollmann das Geheimhaltungsmoment gefährdeten. Er beschloß, die praktische Durchführung der Peilaktion einem seiner beiden Unteroffiziere anzuvertrauen und vermied es, gemeinsam mit seinen Leuten durch die Gegend zu streifen.

Bollmann hatte inzwischen eine bildhübsche, junge Französin kennengelernt, machte mit ihr Spaziergänge und erzählte ihr von Sevilla und Granada. Er bewunderte mit ihr den prunkvollen Neubau des Palais de la Méditerranée und besuchte in ihrer Begleitung die Konzerte der Stadtkapelle im Jardin du Roi Albert. Ihre neugierigen Fragen nach seinem Beruf beantwortete Bollmann, indem er sich ängstlich umsah und etwas Unklares über Diplomatie und Staatsgeheimnis stammelte. Ganz nebenbei ließ er seine Begleiterin einen Blick in die mit 500-Franc-Scheinen gefüllte Brieftasche tun, was sein Ansehen wesentlich hob und einen

Besuch der Dame in seinem Hotelzimmer am Abend des 8. November zur Folge hatte. Bollmann war selig, bestellte Champagner und orakelte von einem netten kleinen Landhaus, das er sich nach dem Kriege in der Nähe von Nizza bauen lassen wolle.

Mademoiselle Jeanette war entzückt und versicherte, sie werde sich glücklich preisen, dort oft und ausgiebig Gast sein zu dürfen.

Am nächsten Tage war Nizza in Aufruhr. Die Nachricht von der Landung der Alliierten hatte sich wie ein Lauffeuer verbreitet. Viele Gäste packten ihre Koffer und reisten ab. Man sprach von Absichten der Amerikaner, an der Riviera Landungskommandos einzusetzen. Wilde Gerüchte schwirrten umher, wurden dementiert und durch neue ersetzt. Es gibt bekanntlich keinen Unsinn, der von aufgeregten Gemütern nicht geglaubt würde.

Bollmann war zunächst vor Entsetzen wie gelähmt; die Nachricht zerschlug ihm alle Dispositionen. Dann aber kehrte das Leben in ihn zurück, er lief geschäftig hin und her, versuchte mit Paris zu telefonieren, erkundigte sich nach den Zugsverbindungen, packte seine Sachen ein und wieder aus und war froh, als gegen elf Uhr Fräulein Jeannette erschien. Sie war über die Unruhe in der Stadt verwundert, frug, ob Algerien weit entfernt liege und gegen wen die Amerikaner dort kämpfen würden, und bat ihren Juanito, doch um Himmelswillen nicht ebenfalls abzureisen und sie im Stiche zu lassen.

Jetzt hatte Bollmann einen Menschen, mit dessen Hilfe er seine innere Aufregung sublimieren konnte. Er besann sich darauf, daß er seine Haltung wiedergewinnen müsse. Landung in Nordafrika – ein lächerliches Unternehmen – er hatte es längst gewußt – – keine Gefahr für Nizza – – selbstredend bliebe er hier – vorläufig – bis wichtige Missionen ihn an eine andere Stelle berufen würden. Wahrscheinlich müsse er jetzt von hier aus einige Reisen unternehmen – geheim natürlich – aber Jeannette könne unbesorgt sein. Solange er hier sei, bestehe keine Gefahr – –

Am Nachmittag ließ er Biedermann kommen und beauftragte ihn, einen Mann nach Marseille zu schicken und Hauptmann Schuster einen Brief zu überbringen. Schuster sollte im Laufe des morgigen Tages nach Nizza kommen.

Eine Verbindung mit Paris war nicht zu erreichen. Bollmann verschob alle weiteren Überlegungen und Entscheidungen auf den nächsten Tag und beschloß, für den Rest des heutigen Tages alle Sorgen auszuschalten. Jeannette sollte ihm dabei helfen. Die schönen Tage näherten sich zweifellos ihrem Ende, also galt es, die Stunden zu nutzen!

Nach einem ausgedehnten Bummel auf dem Boulevard Victor Hugo und einem kurzen Besuch des Spielkasinos begab sich Bollmann mit seiner Begleiterin in das Schlemmerlokal „Queen's Silver Grill", wo er unter Assistenz des Oberkellners für sich und seine Dame ein erstklassiges Essen zusammenstellte und zu jedem Gang sich einen passenden Wein empfehlen ließ.

Den Auftakt bildeten Austern mit Sekt. Ihnen folgte eine Gänseleberpastete mit Toast und Butter. Bollmann schmatzte genießerisch und blinzelte seiner Tischdame mit kurzsichtigen Augen zu. Den nächsten Gang bildeten kleine Krebsschwänze, die von einer köstlich garnierten Poularde abgelöst wurden.

Bollmanns Augen begannen zu glänzen; er schob seinen Kopf vor und schien die Platte mit dem kulinarischen Kunstwerk mit den Augen verschlingen zu wollen Jeannette nickte ihm anerkennend zu und wurde als Erwiderung verstohlen am linken Oberschenkel gestreichelt, worauf man Bollmann in den Handrücken kneifte.

Für seinen Dackel, der den Tisch zu umkreisen versuchte und dabei den langen Lederriemen um die Stuhl- und Tischbeine wickelte, hatte Bollmann ein Reisfleisch bestellt. Ab und zu reichte er dem Hunde einen Bissen vom eigenen

Teller und klopfte ihm das Fell; dann wandte er sich wieder dem Genuß der Poularde zu.

Es folgte ein Schnitzel à la Stroganoff. Jeannette versuchte zu streiken, wurde aber nachdrücklich animiert, weiter mitzutun. Bollmann schob die Bissen feierlich in den Mund und ließ seine Augen wohlgefällig über das Tischarrangement und die große silberne Platte mit den Speisen gleiten. Zwischendurch hob er sein Glas, verbeugte sich knapp und korrekt vor Jeannette und trank einen Schluck.

Je weiter das Mahl fortschritt, desto zeremoniöser und eckiger wurden Bollmanns Verbeugungen und die einzelnen Phasen des Weingenusses; er schien eine sakrale Handlung zu begehen, wenn er sich seinem Glase zuwandte. Zunächst versetzte er durch eine kaum merkliche Drehung des Glases den Inhalt in leicht rotierende Bewegung. Dann beugte er sich darüber und schnupperte wohlig das Bouquet des Weines in sich hinein. Langsam lehnte er dann den Kopf zurück, führte das Glas an die Lippen und schlürfte hörbar. Während seine Augen weltentrückt sich mit dem Blick nach innen zu wenden schienen, zerrieb er jeden Tropfen zwischen Zunge und Gaumen, schnalzte und schmatzte vor Behagen. Langsam kehrte der Ausdruck des Auges wieder in die umgebende Wirklichkeit zurück. Bollmann nickte zufrieden, machte einige rasche nervöse Kopfbewegungen und griff zu Gabel und Messer, um die versäumte Zeit einzuholen.

Als nächster Gang folgten verschiedene pikante Salate, die von einer reichhaltigen Käseplatte abgelöst wurden. Den Beschluß bildeten Kaffee mit Sahne und Cointreau.

Er war rührend sentimental geworden, küßte Jeannette immer wieder die Linke, und während seine Augen in feuchter Wonne schwammen, glitt für ihn alles Weltgeschehen in weite Ferne. Irgendwo soll es Krieg geben, in Afrika hatten achthundert Schiffe ihre Landungsfracht ausgeladen – wie unwirklich war das in dieser Stunde! Die Musikkapelle spielte unbekannte Melodien, einige Gäste summten dazu, es mußten patriotische französische Lieder sein.

Einmal, als er zu dem Geiger hinüberblickte, kam ihm das Wort von der „Roten Kapelle" in den Sinn, aber im gleichen Augenblick machte Jeannette eine scherzhafte Bemerkung, und jede dienstliche Gedankenverbindung zerflatterte.

Plötzlich kam Bollmann in große Fahrt; Jeannette hatte die Frage aufgeworfen, ob wohl der viele Wein ihm gut bekäme. Sein Ehrgefühl war geweckt, jetzt wollte er zeigen, was ein echter Spanier vertrüge. Er machte den Vorschlag, zu „Maxim's" zu gehen.

„Maxim's" war eines der beiden eleganten Nachtlokale an der Avenue des Phocéens, ganz in der Nähe des Strandes. Jeannettes Einwände wurden niedergewalzt. Bollmann zahlte, warf dem Kellner eine 500-Franc-Note als zusätzliches Trinkgeld hin und ließ sich die Garderobe bringen.

Draußen war es dunkel, und eine feucht-warme Brise wehte vom Meer herüber. Bollmann fing an, von abenteuerlichen Seereisen zu fabeln, die er angeblich gemacht hatte, und versuchte, an einer Straßenecke Jeannette in handgreiflicher Form klarzumachen, worin der figürliche Unterschied zwischen einer Malaiin und einer Europäerin bestehe. Jedoch Jeannette bat ihn dringend, diesen biologischen Unterricht auf später zu verschieben und brachte ihre Kleidung wieder in Ordnung. –

Im „Maxim's" herrschte lebhafter Betrieb. Bollmann fand schließlich in einer Ecke des Saales einen freien Tisch und bestellte Champagner. Jeannette ließ sich eine Schachtel Konfekt bringen und wechselte mit zwei jungen Damen am Nebentisch einen kurzen Gruß. Bollmann lud darauf die beiden Mädchen an seinen Tisch. «Jeannettes Freundinnen sind auch die meinigen», versicherte er treuherzig und bestellte eine zweite Flasche.

Plötzlich erklärte er, er sei imstande, mit Hilfe eines

Schluckes Champagner jede beliebige Nationalhymne oder ein ähnliches Lied zu gurgeln. Die Mädchen lachten ungläubig. Man stritt über die technische Durchführbarkeit eines derartigen Vokalkonzertes, und Bollmann erbat sich, den Beweis zu liefern.

An den Nebentischen wurde man aufmerksam. Auch weiter entfernt sitzende Gäste wandten sich interessiert herüber und machten ihre Bemerkungen. Bollmann war ungewollt zum Mittelpunkt des Lokals geworden. Die Frage wurde erörtert, welche Melodie „der Kleine mit dem Dakkel" vorgurgeln soll. Schließlich einigte man sich auf den Yankee-Doodle. Der Kapellmeister erklärte sich bereit, die musikalische Untermalung zu geben.

Bollmann wurde es schwül, und er versuchte, sich zu sträuben. Er brachte keine plausible Ausrede über die Zunge, wurde mit sanfter Gewalt nach vorn geleitet und stand plötzlich mit einem Glas Sekt in der Hand auf der Estrade. Für einen Augenblick überkam ihn der Wunsch, davonzulaufen; dann aber raffte er sich zusammen: Nur nicht feige werden! Es wäre eine grenzenlose Blamage! Ganz Nizza würde morgen mit Fingern auf ihn zeigen!

Bollmann besprach sich kurz mit dem Kapellmeister, dann nahm er einen Schluck aus dem Glase. Im Lokal war es still geworden.

Der Kapellmeister hob den Taktstock, Bollmann ließ zuerst mit weitgeöffnetem Munde eine Roulade ertönen, dann setzte die Musik ein, und in kurzen raschen Stößen gurgelte Bollmann die bekannte Melodie. Nach dem dreißigsten Takt setzte ein wahrer Orkan der Begeisterung ein. Bollmanns Gurgeltöne gingen in dem allgemeinen Gesang unter ...

*

Am andern Morgen saß Bollmann mit Jeannette beim Frühstück, als es klopfte. Während der Dackel bellend zur Tür sprang, öffnete sich diese langsam; auf der Schwelle stand Schuster, der sich zögernd verneigte.

Bollmann ließ das gerade in die Hand genommene Brötchen auf den Teller fallen. Seine Kinnlade klappte herunter und seine Augen waren voll starren Entsetzens auf den Eintretenden gerichtet. Aber im nächsten Augenblick hatte er die Geistesgegenwart wiedergewonnen. Spanische Sätze hervorsprudelnd eilte er zur Tür. Schuster wurde sanft hinausgedrängt. «Wichtige Angelegenheit!» flüsterte Bollmann aufgeregt. «Dauert noch eine halbe Stunde. Warten Sie unten im Vestibül. Biedermann muß gleich kommen. Fangen Sie ihn ab! Ich komme nachher hinunter.»

Jeannette war enttäuscht, als Bollmann ihr eröffnete, er habe wichtigen Besuch bekommen, und seine freie Zeit werde heute knapp bemessen sein. Dennoch hoffe er, am Nachmittag — —

Dann eilte Bollmann ins Vestibül, wo er Schuster in lebhafter Unterhaltung mit Biedermann antraf. «So, mein Lieber, nun bin ich frei. Aber sagen Sie mal, wie um alles in der Welt haben Sie es geschafft, so rasch hier zu erscheinen? Ich erwartete Sie nicht vor heute abend. Wann haben Sie meinen Brief bekommen?»

«Einen Brief?»

«Ja natürlich. Den Brief, der Sie hierher rief?»

«Ich habe keinen Brief bekommen. Ich kam aus eigenem Antrieb, weil die Entwicklung der Dinge mir diese Reise nahelegte. Wir müssen jetzt rasch handeln.»

«Immer mit der Ruhe, mein Guter. Hat die Landung in Algerien Sie nervös gemacht?»

«Nein, aber sie schafft eine neue Situation, mit der wir rechnen müssen. Ich habe die Ermittlungen so weit vorangebracht, daß der Zugriff bei fast allen Stationen möglich ist. Es muß schnellstens gehandelt werden. Kent ist ausfindig gemacht. Der Marseiller Präfekt macht aber Schwierigkeiten hinsichtlich einer Festnahme.»

«Wieso?»

«Weil Kent mit einem uruguayischen Paß reist.»

«Aha! Und was weiter?»

«Vichy hat erklärt, man müsse erst mit der Waffenstillstandskommission in Verbindung treten.»

«Nun, und — — ?»

«Darüber geht zu viel Zeit verloren. Kent kann angesichts der veränderten Lage uns ein zweitesmal entkommen. Ich bin der Ansicht, daß Sie sofort nach Vichy reisen müssen, um dort den Befehl an den Marseiller Präfekten zu erwirken.»

«Aber mein lieber Schuster, wie denken Sie sich das? Ich habe doch keine Vollmacht für Vichy.»

«Es muß ohne Vollmacht gehen. Eile ist geboten. Kent muß raschestens verhaftet werden.»

Bollmann blickte sich in der menschenleeren Halle um. Er suchte nach einem Angelpunkt. Die Sache war ihm peinlich. Nicht nur, weil er sofort von Nizza abreisen müßte, sondern auch aus anderen Gründen. Schuster hatte leicht reden! Nach Vichy zu fahren war eine einfache Angelegenheit. Es wäre sogar möglich, daß er Erfolg hätte. Aber das Ganze wäre eine eigenmächtige Handlung. Eine hochpolitische Aktion ohne Befehl! Bollmann hatte in seinem ganzen Leben noch nichts getan, ohne den Befehl dazu zu haben. Ihm grauste vor den möglichen Folgen. Schließlich versaut er sich wieder die Beförderung. Das würde gerade noch fehlen!

Immer wieder dieser Schuster! Wenn der Mann wenigstens offensichtlich unrecht hätte! Aber man muß zugeben, daß sein Vorschlag eine gewisse Berechtigung hat. Das war ja gerade das Unangenehme an diesem Menschen, daß er fast immer im Recht war und einem dennoch stets Ungelegenheiten bereitete!

Plötzlich kam Bollmann ein Gedanke. Das wäre die Lösung! Komisch, daß er jetzt erst daran dachte! Er war ganz aufgeregt, zappelte und stotterte. «Sagen Sie – – sagen Sie, lieber Schuster – – die – – die Landung der Alliierten erfolgte doch gestern schon in – in aller Frühe, nicht wahr?»

«Ja, sie begann bereits am 8. November, also schon vorgestern.»

«Und – – und gestern – – gestern – – war der 9. November, da pflegt doch der Führer seine große – – seine große Rede zu halten.»

«Ganz recht. Ich konnte sie mir aber nicht mitanhören, weil ich vor meiner Abreise noch verschiedenes zu regeln hatte. Die Rede wird aber heute abend um acht Uhr nochmals übertragen.»

«Wunderbar, lieber Schuster! Ganz ausgezeichnet! Der Führer muß in seiner Rede auf die Ereignisse in Nordafrika und die dadurch entstandene Lage Bezug genommen haben. Er hat sicher in Verbindung damit grundlegende Ausführungen gemacht. Diese muß ich kennen, bevor ich Ihrem Gedanken nähertrete. Ihr Vorschlag ist durchaus beachtlich, und ich danke Ihnen dafür. Bevor ich mich aber entscheide, möchte ich die Führerrede kennen. Biedermann, Sie bauen einen Empfangsapparat heute nachmittag in meinem Hotelzimmer ein! Ich möchte am Abend einen tadellosen Empfang der Rede haben.»

Bollmann erhob sich. Die Audienz war beendet. Schuster und Biedermann verließen das Savoy-Hotel und schlenderten die Promenade in Richtung nach Barrimasson entlang. Sie hatten viel zu besprechen. –

Schuster saß mit Bollmann in dessen Zimmer im Savoy-Hotel. Der Funkempfänger war eingeschaltet. Gleich müßte die Übertragung der gestrigen Rede Hitlers beginnen.

Bollmann saß mit gespannter Erwartung vor dem Apparat. Schuster hatte seine Pfeife in Brand gesetzt und es sich bequem gemacht. «Zunächst werden wohl die alten Ägypter an die Reihe kommen», dachte er, «dann die Germanen und der Dreißigjährige Krieg – »

Aber Schuster wurde enttäuscht. Die Rede begann mit dem „unbekannten Namenlosen" und der Zeit nach 1918. Dann erschienen die Juden, Freimaurer, Marxisten und Bolschewisten. Die Schuld des Kaisers im Jahre 1918 wurde kurz gestreift, und dann kam die kräftige Wendung: «Unsere Gegner können überzeugt sein: Das Deutschland von einst hat um $^{3}/_{4}$12 die Waffen niedergelegt – ich höre grundsätzlich immer erst fünf Minuten nach zwölf auf!»

Während tosender Beifall der alten Parteigenossen aus dem Lautsprecher tönte, nickte Bollmann eifrig und machte sich Notizen. Bald kam ein neuer markanter Satz: «Es gibt nur eins – einer muß fallen, entweder wir oder sie! Wir werden nicht fallen – folglich fallen die anderen!»

Schuster fand die hier zum Ausdruck kommende Logik nicht unbedingt überzeugend, Bollmann dagegen rieb sich zufrieden die Hände und blinzelte zu ihm hinüber.

«Wo wir in diesem Kriege in Europa stehen, kommt ein anderer nicht mehr hin!»

Bollmann machte ein martialisches Gesicht. «Schlagen, schlagen und wieder schlagen!» rief es im Lautsprecher, und Bollmann ballte die rechte Faust und ließ sie auf den Tisch knallen.

Endlich kam Hitler auf die Ereignisse in Nordafrika zu sprechen. Es war nicht viel, klang aber doch programmatisch. Bollmann notierte fieberhaft: «Wir werden alle unsere Schläge vorbereiten – wie immer gründlich. Sie sind stets noch zur rechten Zeit gekommen, und kein Schlag, den der andere gegen uns zu führen gedachte, hat bisher zum Erfolg geführt. Es kommt die Stunde, da schlage ich zu und dann mit Zins und Zinseszins.»

Bollmann strahlte und nickte. Er hatte wieder recht behalten! Nur keine Hast! Der Führer selbst gibt die Richtlinie für Geduld und gründliche Vorbereitung. Der Schlag muß zur „rechten Zeit" geführt werden.

«Sehen Sie, lieber Schuster, da haben wir die Marschroute ganz klar vorgezeichnet», meinte Bollmann, als die Rede beendet war. «Der Führer spricht die gleichen Gedankengänge aus, wie ich sie hatte. Gehen wir, ohne uns beirren zu lassen, weiter systematisch vor. Die Einzelheiten beraten wir morgen. Mir sagt mein kleiner Finger, daß wir in den nächsten Tagen Ereignisse erleben werden, die unserer Arbeit bald den gewünschten Erfolg bringen.»

Bollmanns kleiner Finger behielt recht. Als Schuster am folgenden Tage im Hotel erschien, saß sein Chef vor dem Radioapparat und hörte die Nachricht, daß Hitler den Befehl gegeben hatte, das bisher unbesetzte Gebiet Südfrankreichs militärisch zu besetzen. Die Exekutive geht auf die deutsche Wehrmacht über. Ein langatmiger Aufruf Hitlers an das französische Volk und die französische Wehrmacht gab die Gründe zu diesem Schritt bekannt.

Bollmann schaltete den Empfänger ab und stand hochaufgerichtet vor Schuster. «So, mein Lieber! Nun werden Sie wohl überzeugt sein, wie recht ich hatte, als ich gestern nicht sofort Hals über Kopf auf Ihren Vorschlag einging und nach Vichy reiste. Ich habe diese Entwicklung vorausgesehen. Jetzt werden Sie sich geschlagen geben müssen!»

Schuster gab sich geschlagen, und Bollmann strahlte. Dann holte er seinen Koffer und verschwand im Badezimmer. Nach einigen Minuten kam er zurück. Er verkörperte dienstliche Würde und tatkräftige Entschlossenheit. «So, Schuster, und nun an die Arbeit! Jetzt wird gehandelt! Ich gehe sofort zum Bürgermeister und verlange die Gestellung von drei Kraftfahrzeugen. Sie, Schuster, gehen zu Biedermann und seinen Leuten und bereiten mit ihnen alles für die Aushebung der Nizzaer Station und die Festnahme des Funkers vor. Wir führen die Verhaftung noch heute abend durch. Anschließend fahren wir nach Marseille. Dort nehmen wir Kent und seine Mitarbeiter fest. Und dann geht es weiter!»

Bollmann verließ das Hotel, am Portier und Empfangschef vorbei, die wie vor einem Gespenst zurückprallten, als „der Kleine mit dem Dackel" plötzlich in voller Kriegsbemalung an ihnen vorbeischritt.

Nicht weniger Aufsehen löste Bollmanns Erscheinen auf der Promenade des Anglais aus. Man traute seinen Augen nicht: Der Gurgelkünstler von vorgestern – ein deutscher Offizier! Wahrscheinlich vom deutschen Intelligence-Service. Wer hätte das gedacht?! Ein geschickter Bursche. Wie raffiniert er die Szene im Maxim's arrangiert hatte, um sich den Anstrich eines ganz harmlosen Kurgastes zu geben! Jetzt weiß man, daß er einer von denen ist, die den deutschen Einmarsch in Südfrankreich vorbereiteten. Und wer weiß, was er sonst noch für Funktionen hatte?!

An der Ecke der Avenue des Phocéens prallte Bollmann mit Jeannette zusammen. Es gab eine etwas peinliche Szene, und Bollmann war froh, daß er die Möglichkeit fand, sich mit Anstand herauszulavieren. Damit hatte das Nizzaer Privatleben aufgehört. Bollmann spürte den Marschtritt der einrückenden deutschen Bataillone. Mit ihnen würde die Organisation kommen, in deren Rahmen zu arbeiten er gewohnt war. Er war nicht mehr allein auf sich gestellt. Er war wieder ein Rad in dem Uhrwerk der gewaltigen Maschine militärischer Macht.

*

Am Westrande des Parc Imperial, dort wo die gepflegten Tennisplätze von Nizza neben- und hintereinander liegen, stand eine Gruppe von Männern. Es war halb neun Uhr abends. Der Park und die angrenzenden Boulevards und Avenuen waren menschenleer. Am nachtblauen Himmel zogen dichte Wolken entlang und verdeckten von Zeit zu Zeit die Scheibe des Vollmondes, der immer wieder hervorzubrechen versuchte und die Gegend für Augenblicke mit einem fahlen, kalten Licht überstrahlte, um gleich darauf abermals zu verschwinden.

«Ist alles fertig, Schuster?» fragte einer der Männer, der einen weiten Regenmantel umgehängt hatte und auf dem Kopfe eine flache, karierte Reisemütze trug.

«Jawohl, Herr Oberstleutnant. Biedermann kauert in einem Gebüsch gegenüber dem Eingang zur Kirche. Sobald der Fuchs im Bau ist, bekomme ich ein Signal.»

«Wo ist der Mann mit dem Horchgerät?»

«Dort drüben in jenem Musikpavillon.»

«Gut, Schuster. Ich gehe jetzt zur Avenue d'Angleterre, dort stehen die zwölf Polizisten bereit. Ich hole sie her und bin in zehn Minuten zurück. Wenn Sie das Signal von Biedermann bekommen, wird die Kirche sofort umstellt. Aber wie kommen wir hinein? Der Mann schließt doch sicher die Tür ab, wenn er hineingegangen ist.»

«Das tut er regelmäßig. Er betritt die Kirche immer durch eine kleine Nebentür. Ich habe vorhin versucht, sie mit einem Dietrich zu öffnen. Es geht. Außerdem habe ich eines der Seitenfenster von innen geöffnet, es ist nur angelehnt, man kann bequem von außen hineingelangen.»

«Und wo befindet sich der Sender?»

«Er muß im Glockenturm stehen.»

«Hm! Hoffentlich führt keine knarrende Holzstiege hinauf!»

«Nein, es ist eine schmale, steinerne Wendeltreppe.»

«Gut, abgemacht! Ich bin in zehn Minuten wieder hier.»

Bollmann entfernte sich geräuschlos und war nach wenigen Augenblicken in der Dunkelheit verschwunden. Schuster glitt vorsichtig von Baum zu Baum und stand bald darauf neben Biedermann. «Schon etwas bemerkt?» frug er flüsternd.

«Nein. Er muß aber gleich kommen. Dort drüben neben der breiten Zeder taucht er gewöhnlich auf und pflegt dann regelmäßig ein paar Minuten herumzuäugen. Er kann uns unmöglich sehen; wir haben den Mond hinter uns und sind im Schatten, während er über den freien hellen Vorplatz gehen muß. Den Apparat trägt — — — Halt, da ist er!»

«Wo?» hauchte Schuster.

«Sehen Sie? Links von der Zeder, dort wo die beiden weißen Bänke stehen. Jetzt setzt er sich auf die rechte Bank.»

«Wieso wissen Sie, daß dies unser Mann sein muß?»

«Er trägt einen hellgrauen Koffer, darin muß sich der Sender befinden.»

«Donnerwetter, haben Sie ein scharfes Auge, Mann. Ich kann kaum erkennen, daß dort jemand sitzt.»

«Berufseigenschaft, Herr Hauptmann. Ich bin im Zivil Förster. Achtung! Jetzt steht er auf — — — noch ist er im Schatten — gleich wird er — —»

In diesem Augenblick schob sich eine große dunkle Wolke vor die Mondscheibe und tauchte den ganzen freien Platz ins Dunkel. Lautlos schlich, kaum vernehmbar, eine Gestalt zur Kirche; ein schwaches, metallisches Geräusch drang herüber, dann war der Mann verschwunden, und der kleine Platz lag wieder verlassen inmitten des Parks.

Schuster atmete hörbar auf. «So, Biedermann, der Junge ist uns sicher. Sie stellen sich drüben neben die Tür und warten. Die Kirche wird jetzt umstellt, dann kann es losgehen!»

Wenige Sekunden später stand Schuster wieder an der alten Stelle. Am Rande der Tennisplätze sah er Bollmann herangleiten; in seinem weiten Regenmantel wirkte er aus der Entfernung wie eine Fledermaus. Ihm folgte, weit auseinandergezogen, eine lange Reihe von Polizisten. Am Treffpunkt angekommen, ließ Bollmann den Regenmantel von den Schultern gleiten und zog seine Feldmütze aus der Tasche; den Mantel gab er einem der Polizisten. «Nun, Schuster, alles in Ordnung?»

«Jawohl. Der Mann ist vor fünf Minuten gekommen; jetzt muß er bereits oben sein.»

«Dann also los!» Ein paar halblaute Weisungen, und die Kette der Polizisten schob sich in weitem Bogen an die Kirche heran. Bollmann und Schuster gingen zum Musikpavillon, wo der Mann mit dem Horchgerät auf einer Bank saß. Er drehte eifrig an den kleinen Knöpfen und lauschte angestrengt. Ein leises Pfeifen ertönte, dann folgten deutlich hörbar Morsezeichen. Der Funker wandte sich den beiden Männern zu und nickte eifrig. Bollmann faßte Schuster am Rockärmel und zog ihn mit sich fort. «Kommen Sie, rasch!»

Wie eine Tigerkatze jagte er über den Vorplatz, blieb an der kleinen Tür neben Biedermann stehen, überzeugte sich rasch, daß das Bauwerk umstellt war. Er deutete mit einer Handbewegung Schuster an, die Tür zu öffnen; dieser zog einen Dietrich aus der Tasche und begann zu hantieren. Ein leises Schnappen, dann drehte die Tür sich in den Angeln.

«Sie bleiben hier, Schuster», wandte Bollmann sich an diesen, «und sichern die Absperrung! Der Mann darf uns nicht entkommen. Ich gehe mit Biedermann allein hinauf.»

Schuster blickte seinen Chef erstaunt an, aber dieser hatte bereits den Wachtmeister am Handgelenk gefaßt und mit ihm das Innere des Kirchenraumes betreten. «Wo ist der Aufgang zum Turm?» fragte er flüsternd.

«Dort drüben in der Ecke, hinter dem Heiligenbild.»

«Wir gehen beide in kurzem Abstand hintereinander hinauf. Ich habe bemerkt, daß Sie einen leichten Gang haben.

Wir dürfen kein Geräusch machen. Falls die Tür oben verschlossen ist, werfen wir uns beide dagegen und brechen sie auf. Es muß ganz rasch gehen! Hier ist ein kleines Stemmeisen, nehmen Sie es. Und nun vorwärts!»

Bollmann schaltete eine abgeblendete Taschenlampe ein und glitt lautlos über die Steinfliesen. Biedermann folgte ihm in geringem Abstand. Bollmanns Augen funkelten vor Jagdlust, sie schienen in der Dunkelheit zu leuchten. Er ging wie zum Sprunge geduckt und vermied das leiseste Geräusch. Die Treppe führte in endlosen Windungen nach oben, sie schien bis in die Ewigkeit zu führen.

Plötzlich blieb Bollmann mit einem Ruck stehen, er griff nach rückwärts und krallte sich in Biedermanns linken Oberarm, so daß dieser vor Schmerz zusammenzuckte. Dann standen die beiden Männer still und lauschten: deutlich war der Tastenklick zu hören! Man konnte die einzelnen Morsezeichen, die von hier durchgegeben wurden, klar unterscheiden: 05763 76214 24641 44706 – –

Jetzt bückte sich Biedermann und deutete nach halbrechts oben. Ein kaum sichtbarer feiner Lichtstrahl drang aus einer Ritze. Bollmann leuchtete vorsichtig hinüber. Eine kleine Holztür wurde erkennbar, der Schlüssel dazu steckte außen im Schloß.

Die Männer stiegen die sechs Stufen, die zu ihr und dem davor gelegenen schmalen Treppenabsatz führten, leise empor, dann zog Bollmann seine Pistole aus der Tasche; Biedermann tat das gleiche. Die Taschenlampe hatte Bollmann eingesteckt. Wieder lauschten die beiden Männer: 76124 56092 54710 – ar FRW de OPT 55421.

Man hörte das Klappern der herabgenommenen Kopfhörer und das Rücken eines Stuhles.

Nun faßte Bollmann tastend zur Türklinke, drückte sie behutsam herunter und riß die Tür auf. Mit einem wahren Panthersatz sprang er mit emporgehaltener Pistole in den Raum. Es war ein sechseckiges Turmstübchen, in dem nur ein Tisch und ein Stuhl standen. Ein junger Mann war eben im Begriff, die Funkapparatur in den am Boden stehenden kleinen Koffer zu packen.

Bei dem plötzlichen Geräusch schnellte er aus seiner gebückten Haltung empor. Mit weit aufgerissenen Augen starrte er auf die jähe Erscheinung; jedoch nur für den Bruchteil einer Sekunde; dann packte er den vor ihm stehenden Stuhl, aber im selben Moment hatte Biedermann seinen linken Arm erfaßt und mit einem raschen Jiu-Jitsu-Griff lahmgelegt. Aufstöhnend lehnte der Mann sich gegen den Tisch, während Biedermann die Handschellen aus der Tasche zog und ihn fesselte. Die ganze Szene hatte kaum fünf Sekunden gedauert.

Schuster hatte in der Zwischenzeit mit banger Erwartung die Sicherungsmaßnahmen überwacht und war aufs höchste erstaunt, als Bollmann und der Wachtmeister mit dem gefesselten Funker erschienen. Biedermann trug den grauen Koffer mit dem Funkgerät.

«Hoffentlich hat der Bursche kein Warnzeichen an die Zentrale gegeben», bemerkte Schuster.

«Keine Spur! Ich habe gewartet, bis er den Verkehr beendet hatte. Damit ist die Sache in Ordnung. Jetzt fahren wir zu seiner Wohnung und holen uns dort alle vorhandenen Aufzeichnungen. Und dann geht es sofort nach Marseille!»

Marseille

Mit abgeblendeten Scheinwerfern rollte die kleine Autokolonne der Küstenstraße entlang. Im vordersten Wagen saßen Bollmann und Schuster. Eilige Wolken trieben am Monde vorbei, der huschende Lichter auf die rasch wechselnde Landschaft warf.

Bollmann lehnte behaglich in der Wagenecke und rauchte seine unvermeidliche Zigarre. Er dachte selbstzufrieden an die hinter ihm liegende Nizzaer Zeit. Alles war zu seiner Genugtuung verlaufen. Zuerst waren da die köstlichen Tage der Erholung, dann Jeannette und dann dieser rein persönliche Erfolg. Schade eigentlich, daß bei der Aushebungsszene nicht geschossen worden war. Es wäre doppelt schön gewesen, aus einem kleinen Feuergefecht unverletzt hervorzugehen. Nun, vielleicht war es besser so. Man kann nie wissen! — —

Erst wenige Stunden waren es her, seit er zusammen mit Biedermann den Sender in der alten russischen Kirche am Westrande des Parc Imperial ausgehoben hatte. Biedermann hatte den Aufbauplatz seit langem genau ermittelt, seine Feststellungen aber erst Schuster nach seinem Eintreffen anvertraut.

Schuster hatte bei dieser nächtlichen Fahrt seinem Chef im stillen für vieles Abbitte geleistet. Dieser ewige Zögerer war über Nacht zu einem Tatmenschen geworden. Als die Situation ein rasches Handeln erfordert hatte, war er plötzlich wie vom Blitz geladen. Schuster anerkannte Bollmanns Initiative und seinen Mut. Er fragte sich aber, inwieweit man dies für die bevorstehenden Tage begrüßen dürfte, und welche Gedankengänge bei Bollmann richtunggebend waren und seine Aktivität erklärten. Mut kann mancherlei Motive und Stimmungen zur Grundlage haben, er hatte so seine Erfahrungen auf diesem Gebiete. —

«Na, mein lieber Schuster», wandte sich Bollmann ihm plötzlich zu, «das war doch ein Erfolg, der sich sehen lassen kann?!»

Schuster nickte zustimmend. «Durchaus, Herr Oberstleutnant.»

«Ja, mein Guter, so haben wir es im Baltikum und in Spanien immer gehalten: Ruhig abwarten und den richtigen Augenblick herankommen lassen, und dann zupacken!»

Bollmann machte mit der rechten Hand eine heftige Bewegung des Zupackens und ließ seine Augengläser funkeln. Er begann, teils wahre, teils erfundene Beispiele aus seinem Leben aufmarschieren zu lassen, er wurde immer lebhafter. Ein schweigender Zuhörer fördert Phantasie und Tätigkeitsbedürfnis. Er wollte am liebsten schon gleich eine neue Tat vollbringen, aber er mußte sich bis Marseille gedulden. Augenblicklich konnte er nur theoretisch handeln und auf Grund des Erfolges vorausschauende Pläne entwickeln.

Als er von dem Jiu-Jitsu-Griff erzählte, den er sich zu einem Teil selbst zu eigen machte, schluckte er vor Vergnügen. Er empfahl dieses Verfahren als das allein richtige in derartigen Fällen und wollte einen Jiu-Jitsu-Lehrgang für alle Angehörigen der „Funkabwehr" einrichten.

Dann entwickelte er seine Pläne für die nächsten Tage. «Wir müssen sofort den Angriff auf die Funkstellen durchführen, Schuster! Nicht erst versuchen, die ganzen hinter ihnen stehenden Organisationen zu fassen. Das dauert viel zu lange. Immer ran an die Funkstellen! Angreifen, terrorisieren! Keine Zeit verlieren, sondern unablässig einschüchtern! Dann hört dieses Treiben ganz von selbst auf, weil kein Funker das Risiko mehr eingehen wird!»

Schuster hatte einige Bedenken, aber Bollmann war für «schlagen und wieder schlagen», getreu der Parole des Führers.

Als er seinen Vortrag beendet hatte, versank er in gewichtiges Nachdenken. Er lehnte sich in seine Ecke zurück und begann, abgerissene Satzbruchstücke vor sich hinzumurmeln; er hatte eine verruchte Art, Selbstgespräche zu führen, die den mit ihm im gleichen Raume Anwesenden nervös machte, weil er nicht wußte, ob die Worte an ihn gerichtet waren oder nur ein lautes Denken bekundeten. Schuster entschied sich für die letztere Auffassung, schloß die Augen und gab sich einem leichten Schlummer hin.

Plötzlich fuhr er zusammen; Bollmann hatte ihn heftig

am Arme gepackt. «Wir haben doch heute den zwölften November?!»

Da dem nicht zu widersprechen war, beschränkte Schuster sich darauf, ein «Jawohl» zu brummen und sich bequemer zurechtzusetzen.

«Dann hat ja der General heute Geburtstag!»

Auch diese Feststellung nahm Schuster gelassen hin, aber Bollmann wurde von neuer Erregung geschüttelt. «Ich muß unbedingt dem General heute gratulieren, unbedingt! Aber wie? Vielleicht durch Funkspruch? Dabei könnte ich ihm gleich meinen gestrigen Erfolg melden. So etwas macht immer einen guten Eindruck.»

Er tastete auf seinem Rock nach der Stelle, auf der das silberne Kriegsverdienstkreuz erster Klasse Platz hätte.

Schuster sah ihn verständnislos an. Für einen Augenblick hatte Bollmann sich gezeigt, wie er wirklich war. Doch gleich nahm er wieder jene Maske an, die zu tragen er gewohnt war und die im militärischen Leben zur Pflege der vorgeschriebenen Haltung gehört.

Die Dämmerung der Nacht begann zu schwinden, die Sterne verblaßten, ein paar Nebelschwaden dampften über die Gegend, und frischer Tau lag auf den Gräsern.

Der Dackel auf dem Polstersitz drückte sich fröstelnd an seinen Herrn, und auch dieser zog den Mantel fester an und beschloß, den Rest der Fahrt mit einer Mütze voll Schlaf – wie er es nannte – auszufüllen.

Schuster hatte in Marseille sofort seine Leute aufgesucht. Althoff erstattete Bericht über seine Beobachtungen an den letzten drei Tagen. Kent und sein Funker befanden sich nach wie vor in ihren Quartieren in der Rue des Jardins. Der

Sender arbeitete unverändert weiter. Aber Althoff hatte eine weitere Entdeckung gemacht: Kent besuchte öfters einen Mann namens Louis Granet in der Rue Diderot Nr. 5. Offenbar holte er dort Informationen ab. Das Haus wurde nun seit vorgestern überwacht. Kent begab sich an den Vormittagen regelmäßig um neun Uhr zu seinem Funker im Eckhause, blieb dort etwa eine Stunde und verließ dann das Haus. Das war ein guter Anhaltspunkt für den geplanten Zugriff.

Bollmann hatte sich inzwischen vom Führer der in Marseilles frisch eingetroffenen Funkkompanie einen Kraftwagen und acht Mann ausgebeten; sie sollten bei der Aushebung mitwirken. Nachdem er seinen Funkspruch an den General aufgegeben hatte, erschien er bei Schuster und Althoff und ließ sich an Hand einer rasch angefertigten Skizze die Situation ausführlich erklären. Dann entwickelte er seinen Plan: er wolle mit Althoff und sechs Mann Kent und seinen Funker selbst ausheben, und zwar noch heute früh zwischen neun und zehn Uhr, wenn die beiden beisammen sind. Schuster soll mit dem Rest der Leute Herrn Granet festnehmen.

Aufgeregt gestikulierend ging Bollmann in dem Kasernenzimmer auf und ab und dozierte über seinen Angriffsplan, der Dackel immer hinter ihm her. Schuster gab zu bedenken, daß Kent diesmal unter keinen Umständen entkommen dürfe, da sonst alle Mühe vergeblich gewesen wäre. Aber Bollmann war voller Zuversicht. «Wir haben die Frau und das Kind als Sicherheitsfaktor. Kent wird diese nicht im Stiche und ihrem Schicksal überlassen. Noch ist er offensichtlich sorglos, aber Eile ist geboten, bevor er unter dem Eindruck der Besetzung der Stadt sein Quartier wechselt.»

Er entwickelte weitere Einzelheiten seiner Aktion, aber Schuster hörte ihm längst nicht mehr zu. Er sah sich im Geiste in dem von ihm bewohnten Pensionszimmer und überlegte alle Möglichkeiten, die Kent eine Chance geben könnten, zu entkommen. Er war überzeugt, daß dieser hinsichtlich der Frau und des Kindes längst vorgebeugt hatte.

Punkt neun Uhr starteten die Autos. Bollmann saß mit Althoff in dem Chevrolet, der Dackel zwischen ihnen. In rascher Fahrt ging es den Boulevard de Strasbourg entlang in Richtung zum Gare de Prado. Um neun Uhr zwanzig Minuten hielten die drei Wagen in der Avenue de Toulon vor dem Eckhause. Vier Mann bezogen die ihnen angewiesenen Posten, und Bollmann betrat mit Althoff und zwei weiteren Begleitern das Eckhaus.

Er hatte die Absicht, den Hund im Wagen zu belassen, aber dieser war ihm zwischen den Beinen durchgeschlüpft und nicht mehr zu fangen. Die Zeit drängte, man mußte das Tier gewähren lassen. Bollmann beschränkte sich darauf, die Eingangstür hinter sich und den ihn begleitenden Männern zuzuschlagen, und sperrte den Hund aus.

Die vier Männer eilten auf den verdutzt dreinblickenden Pförtner zu und zwangen diesen, das Haus sofort zu verlassen; draußen wurde er von einem der Leute in Empfang genommen. Dann stürmten Bollmann und Althoff die Treppe hinauf, während die beiden anderen Männer sich eilig auf die Suche nach dem Schaltbrett der elektrischen Lichtanlage begaben und sofort alle Sicherungen herausschraubten. Im dritten Stock ging es zunächst durch einen schier endlosen Gang, dann standen die beiden unversehens in strahlendem Sonnenlicht, das durch ein Eckfenster hereinströmte.

Plötzlich ertönte lautes Bellen. Der Dackel hatte Einlaß gefunden und die Spur seines Herrn entdeckt, er raste mit seinen kurzen Beinen in komischen Sprüngen die Treppen hinauf. Bollmann und Althoff suchten die Tür, die zu dem Zimmer des Funkers führte, sie mußte ganz in der Nähe sein. Althoff rekonstruierte in seinem Gedächtnis eilig die Lage des gesuchten Raumes.

Der Dackel hatte inzwischen den Korridor erreicht, fegte heran, bellte wie verrückt und machte einen Spektakel, der im umgekehrten Verhältnis zu seiner Größe stand. Nun hielt Althoff vor einer Tür und deutete hastig darauf. Aber schon war auch der Hund zur Stelle. Die Bestie schien sich die Seele aus dem Leib bellen zu wollen und sprang wie irrsinnig herum. Althoff wollte ihr einen Fußtritt versetzen, aber der Respekt vor dem hohen Dienstgrad seines Herrn hinderte ihn daran.

Bollmann sprang auf die bewußte Tür zu und versuchte sie zu öffnen, sie war jedoch verschlossen. Mit aller Gewalt warfen die beiden Männer sich dagegen. Bollmann klemmte ein kleines Stemmeisen zwischen Schloß und Rahmen, endlich flog die Tür auf. Am Fenster stand, mit dem Rücken zum Schreibtisch, ein Herr in mittleren Jahren und starrte die Hereinpolternden mit großen Augen an.

Mit einem Satz stand Bollmann, die Pistole in der Hand, vor ihm.

«Wo ist er?» brüllte er ihm ins Gesicht.

«Pardon, Monsieur, was meinen Sie, wen suchen Sie?»

«Wo ist Kent?» fragte Bollmann langsam und eindringlich.

«Kent? Ich glaube — —»

«Was Sie glauben, ist mir einerlei. Wo ist der Mann, der soeben noch bei Ihnen im Zimmer war?»

«Monsieur, Sie sind im Irrtum, hier — —»

«Wo ist der Mann? Rasch!»

Der Herr am Schreibtisch sah zu Bollmann herab, zuckte die Achseln und wandte sich dem Fenster zu.

Althoff hatte inzwischen eine eilige Durchsuchung des Raumes begonnen. Von einem Funkgerät war nichts zu sehen. Sollte er sich im Zimmer geirrt haben? Die Haare schienen sich ihm bei diesem Gedanken zu sträuben. Aber nein, es war unmöglich! Dort war der Balkon und da — — da war die Antenneneinführung, dicht neben dem Schreibtisch, der Bananenstecker hing an dem Kupferdraht hinter der Gardine herab. Und über dem Schreibtisch befand sich die Steckdose der elektrischen Stromleitung. Der Stecker der Schreibtischlampe lag auf dem Tisch, als sei er vor kurzem herausgezogen worden.

Althoff sauste wie ein Wirbelwind durch das Zimmer. Plötzlich entdeckte er eine Tapetentüre, sie führte in ein Badezimmer. Er stürzte hinein und blickte sich um. Eine zweite Tür führte aus dem Badezimmer heraus, sie war unverschlossen und ging auf einen engen Treppenflur. Unten hörte man das Zuschlagen einer Tür.

Althoff eilte zu Bollmann zurück und keuchte: «Dort — — dort, Herr Oberstleutnant — — die Tür — — die Treppe — —»

Bollmann glotzte ihn mit wilden Augen an und war mit einigen Sätzen draußen im Treppenflur. Dort gurgelte er zunächst eine solche Flut von Verwünschungen heraus, daß Althoff mit offenem Munde ihn anstaunen mußte. Darauf herrschte er diesen an: «Hierbleiben! Kerl bewachen! Funkgerät suchen!»

So rasch seine Beine ihn zu tragen vermochten, eilte er die Stufen hinab. Der Dackel hinter ihm her.

Senor Alfonso de Barientos hatte sich an diesem Tage früher als üblich in das Nachbargebäude begeben. Er war etwas nervös, obgleich er an keine akute Gefahr glaubte. Gestern abend hatte er mit Elja eilig die Koffer gepackt und wollte nun das längst vorbereitete Ausweichquartier im Zentrum der Stadt beziehen. Vorher sollten die neuesten Berichte an die Zentrale durchgegeben werden. Die veränderte Situation brachte eine Fülle neuer Arbeit.

Um neun Uhr fünf Minuten begann der Funker mit der Durchgabe der Telegramme. Senor Barientos saß neben ihm und machte sich Notizen. Ab und zu warf er einen Blick auf die kleine Kontrollampe an der Apparatur, die im Rhythmus des Tastens aufleuchtete und erlosch. Plötzlich blieb sie unvermittelt dunkel. Der Funker drehte an einigen Schrauben und Stiften und drückte wieder auf die Taste. Das Lämpchen leuchtete nicht mehr auf, und auch der Zeiger des Voltmeters bewegte sich nicht. Beide Männer sahen sich überrascht an. Einen Augenblick lang saßen sie unbeweglich auf ihren Stühlen und schauten auf den Kasten mit der Sendeapparatur. Da tönte jäh ein lautes Bellen durch das Haus und kam rasch näher.

Barientos sprang auf. «Apparat weg!» zischte er dem Funker zu. Dieser winkte beruhigend ab, löste aber dennoch mit raschen Griffen die Verbindungen und nahm den Kasten vom Tisch. Das Bellen war inzwischen ganz dicht herangekommen und machte anscheinend vor der Tür halt.

Mit einem Sprung war Barientos an der Tapetentür, riß sie auf, durchquerte das kleine Badezimmer und raste die schmale Treppe hinab. Unzählige Male hatte er im Geiste diese Flucht, von der er wußte, daß sie einmal Wirklichkeit werden würde, geübt. Nun zwang er sich zur inneren Ruhe, damit er keinen Fehler beginge. Die Stufen hinab, dann durch die kleine Tür auf den Garten hinaus, am Gebäude entlang, durch das Gebüsch hindurch, hinüber zu jenem kleinen Pförtchen, zu dessen Schloß er den Schlüssel stets in der rechten Rocktasche trug. Hatte er diese Tür passiert, dann mochte man ihn suchen wie den Wind auf dem Felde!

Schon während er die Treppe hinabjagte, hatte er den Schlüssel aus der Tasche gezogen; er hielt ihn so in der Hand, daß er ihn raschestens in das Schloß stecken konnte. Noch war von einer Verfolgung nichts zu merken.

Seine Gummisohlen eilten geräuschlos über den schmalen Pfad, der zwischen den Sträuchern und Magnolienbäumen hindurchführte. Drüben, hinter der dichten Buchsbaumhecke, war die Gartentür. Noch einmal warf er einen Blick hinter sich, dann sprang er um das Gebüsch und prallte jäh zurück. Jeder Tropfen Blut wich aus seinem Gesicht, die rechte Hand sank kraftlos herab, der Schlüssel fiel mit leisem Klirren zu Boden. «Essex!» hauchte er tonlos.

Schuster ließ die Hand mit dem Revolver langsam sinken.

«Ja, Herr Kent, ex est! Und nun seien Sie vernünftig, schon um der Frau willen. Auch das beste Spiel geht einmal zu Ende. Sie haben gut gespielt, Kent! Sie können in Ehren kapitulieren!»

«Schonen Sie meine – – schonen Sie die Frau – – sie hat keine Ahnung – –»

«Ich weiß es, will es jedenfalls annehmen. Es soll ihr nichts geschehen, solange Sie uns keine Schwierigkeiten machen. Und nun geben Sie mir Ihren Revolver.»

Kent holte wortlos die Waffe aus der Tasche und reichte sie Schuster, der sie einsteckte. In diesem Augenblick kam es durch den Garten angefegt! Bollmanns kurze Beine eilten wie rasch bewegte Trommelschlegel über den Boden. Als er Schusters ansichtig wurde, der ruhig neben Kent stand, blieb er atemlos und wie angewurzelt stehen, dann sprang er heftig gestikulierend auf Kent zu. «Sie – – Sie – – sind verhaftet!»

Kent lächelte verbindlich und machte eine knappe Verbeugung. Bollmann hatte inzwischen seine Fassung wiedergewonnen und wandte sich Schuster zu:

«Wie – – wie kommen Sie denn hierher?»

«Mit dem Auto, Herr Oberstleutnant, und ich glaube, es geschah noch zur rechten Zeit.»

Bollmann verzog sein Gesicht und meinte etwas kleinlaut:

«Es scheint – ich war doch ein Kamel.»

«Herr Oberstleutnant belieben nur ganz selten zu übertreiben», bemerkte Schuster trocken.

Während die drei Männer den Weg durch den Garten langsam wieder zurückgingen, entspann sich zwischen Bollmann und Schuster ein herzhafter Meinungsaustausch über den Wert oder Unwert von Nichtbefolgung militärischer Befehle, aber Bollmann stellte seine Autorität schnell wieder her, indem er ablenkte und Kent alle Strafen der Hölle für seine Tätigkeit weissagte. Dieser ging ernst und gefaßt neben den beiden Männern. Nur einmal warf er einen Blick zu den Fenstern, hinter denen er Elja und Mary wußte. Dann war man an der kleinen Tür angelangt und stieg die Stufen der Treppe langsam empor, über die wenige Minuten vorher zuerst Kent und dann Bollmann in rasendem Lauf abwärts gerannt waren.

Oben in dem Zimmer, das vor einer Viertelstunde Bollmann und Althoff eine so schwere Enttäuschung bereitet hatte, herrschte jetzt geschäftiges Leben. Der Festgenommene, der sich als Pierre Goudard legitimiert hatte, saß mit überschlagenen Beinen in einem Sessel. Neben ihm stand einer der beiden Soldaten, die Althoff durch ein Signal vom Fenster aus herbeigerufen hatte. Der andere war zusammen mit Althoff damit beschäftigt, das Zimmer zu durchsuchen. Man hatte den Kleiderschrank und zwei Handkoffer durchstöbert, hatte den Schreibtisch peinlich genau durchsucht, die Wände abgeklopft, den Tisch umgekippt und das Innere des Badeofens untersucht. Es war vergeblich, das Funkgerät war nicht zu finden, und Monsieur Goudard schwieg.

Althoff war gerade dabei, den Kamin zu inspizieren, er kletterte in das Innere hinein und tastete überall herum. Schwarz wie ein Schornsteinfeger kehrte er, ohne einen Erfolg erzielt zu haben, in das Zimmer zurück. Er schien ein Zwiegespräch zu führen, aber es waren nur Verwünschungen, die er in ununterbrochener Folge vor sich hinmurmelte.

In diesem Augenblick erschienen Bollmann und Schuster mit Kent. Monsieur Goudard erbleichte, als er ihn gewahr wurde. Der Ernst der Situation wurde durch das Gelächter der beiden Offiziere übertönt, als diese den schwarzbemalten Althoff erblickten; selbst Kent konnte sich eines Lächelns nicht erwehren.

«Menschenskind, Sie haben wohl Kaminkehrer gespielt?» rief Bollmann.

«Jawohl», knurrte Althoff, «aber außer einem total versauten Anzug habe ich nichts erzielt. Der Böse mag wissen, wo die Schufte den Apparat verstaut haben.»

«Haben Sie den Schreibtisch schon abgerückt?» erkundigte sich Schuster, der vor Lachen husten mußte.

«Nein, noch nicht, aber das können wir gleich einmal tun.»

Die beiden Männer begannen, das Möbel beiseite zu schieben. Aber weder in der Rückseite des Schreibtisches noch in dem freigelegten Teil der Wand fand sich eine Spur.

Mit einemmal begann der Dackel, der inzwischen mühsam die Treppe emporgekeucht war, an einem kleinen Teppich, der vor einem Tischchen lag, zu zerren. Er biß sich förmlich darin fest und tobte wie wild umher. Monsieur Goudard, der bisher ruhig in seinem Sessel gesessen hatte, versuchte durch Schnippen mit den Fingern und durch Pfeifen die Aufmerksamkeit des Tieres auf sich zu lenken, aber der Hund würdigte ihn keiner Beachtung und zog und riß an dem Teppich herum.

Nun ging Kent auf ihn zu und wollte ihn beruhigen, aber der Dackel schnappte nach seiner Hand. Kent nahm einen Stuhl, stellte diesen auf den Teppich und setzte sich darauf. Er schien die Absicht zu haben, sich in eine Neckerei mit dem Hunde einzulassen.

Schuster hatte die kleine Szene mit Interesse beobachtet. Dann ging er auf Kent zu und legte seine Rechte auf dessen Schulter.

«Es gibt Augenblicke, Herr Kent, in denen die Tiere mehr Verstand zeigen, als die Menschen. Kommen Sie, setzen Sie sich bitte drüben auf den Stuhl an der Wand.»

Kent gehorchte. Dann gab Schuster dem nähergetretenen

Althoff einen Wink; dieser zog den Teppich beiseite und untersuchte den Fußboden. Plötzlich stieß er einen leisen Pfiff aus, holte sein Taschenmesser hervor, klemmte die Klinge in eine Ritze der Dielen und hob eine von ihnen empor. Eine zweite folgte. In der sichtbar gewordenen Aushöhlung stand ein kleiner Holzkasten, daneben lag ein ganzer Stoß Schriftstücke und Mappen.

Schuster und Bollmann untersuchten den Fund. Es war das Sendegerät mit allem Zubehör, die Papiere enthielten die Geheimschrift, den Funkplan und alle sonstigen Betriebsunterlagen. Und schließlich kamen die Klartexte der vor einer Stunde gefunkten Telegramme zum Vorschein ..

Bollmann war über die Disziplinwidrigkeit Schusters, der anstatt Herrn Granet festzunehmen, nach der Rue des Jardins eilte, gar nicht mehr böse. Schuster hatte ihm dadurch die Chance gegeben, die offizielle Festnahme Kents trotz dessen versuchter Flucht durchzuführen. Es eröffnete sich ihm die weitere Möglichkeit, Monsieur Granet ebenfalls selbst zu verhaften; dann wären es – zusammen mit dem Manne in Nizza – vier Zugriffe, die Bollmann auf die Fahne seines persönlichen Ruhmes schreiben konnte.

Althoff wurde mit dem verhafteten Funker Goudard nach der Caserne de la Douane beordert. Schuster mußte in einem der Kraftwagen mit Kent nach der Rue Diderot fahren.

Kent bekam eingeschärft, daß jeder Fluchtversuch oder sonstiger aktiver oder passiver Widerstand die sofortige Festnahme der Frau, die zu ihm gehört, auslösen würde. In sehr gedrückter Stimmung nahm er die Weisungen entgegen, die Bollmann ihm erteilte. Dann bestiegen die beiden Herren den Wagen und fuhren los. In einigem Abstand folgte Bollmann in dem zweiten Auto.

Althoff hatte berichtet, daß Kent jeden zweiten Tag um elf Uhr vormittags in der Rue Diderot Nr. 5 vorzusprechen pflegte. In einer Viertelstunde war dieser Besuch heute wieder fällig.

Pünktlich um elf Uhr hielt der Wagen mit Schuster und Kent in der Rue Diderot vor dem Hause Nr. 11. Die wenigen Schritte zu dem Hause, in dem Louis Granet wohnte, wurden zu Fuß zurückgelegt. Dann stiegen die beiden langsam die Treppe zur dritten Etage empor. Schuster drückte auf den Klingelknopf und blickte Kent bedeutsam an und steckte die rechte Hand in die Manteltasche. Nach wenigen Augenblicken wurde die Tür von einem Herrn Mitte der Vierziger geöffnet. Schuster hatte sich etwas abseits gestellt, so daß er zunächst nicht bemerkt werden konnte.

«Ah, bonjour Monsieur Alvarado!» wurde Kent lebhaft begrüßt. «Ich habe viel Ware für Sie geliefert bekommen und warte voll Ungeduld — ». Plötzlich erblickte Granet Schuster. «Pardon — — ich wußte nicht — — wer — — ? »

«Ein Arbeitskollege», bemerkte Kent, dem Befehl Bollmanns folgend. «Er darf mit hereinkommen — — ist über alles unterrichtet — — sein Name ist — — Essex.»

«Bitte, meine Herren, treten Sie näher.»

«Herr — — Essex — — übernimmt fortan meine Stelle — — ich werde — — »

«Wie, Sie wollen uns verlassen?»

«Ich muß es leider», erklärte Kent, «ich bin — ich habe —»

«Herr Alvarado hat eine neue Aufgabe zugewiesen bekommen», griff Schuster rasch ein. «Die Zentrale — — Sie verstehen, Herr Granet, Befehl ist Befehl! Ich habe angesichts der veränderten Situation den Auftrag, sofort mit Ihnen und den anderen Mitarbeitern in Verbindung zu treten und mir von Ihnen die neuesten Informationen für die Zentrale geben zu lassen. Darf ich bitten — — »

Irgendetwas erschien Herrn Granet sonderbar. Er sah Kent forschend an, aber dieser nickte nur stumm und zog rasch ein Taschentuch hervor, in das er sich laut und umständlich schneuzte.

Herr Granet ging zum Schreibtisch und holte eine Anzahl Blätter aus der Schublade, die er vor sich ausbreitete. «Hier habe ich gestern abend eine Übersicht über die — — »

Es klingelte. Granet zuckte zusammen und blickte zu Kent hinüber. Dieser sah Schuster an. «Wahrscheinlich Ihr Mitarbeiter», meinte er. «Wir erwarten nämlich noch einen zweiten Herrn», fügte er zu Granet gewendet hinzu.

Dieser raffte die Papiere eifrig zusammen und schob sie in das Schubfach. Dann ging er zur Tür und öffnete. Starr vor Entsetzen sah er einen deutschen Offizier vor sich stehen. Es hatte den Anschein, als wolle er zum Sprunge ansetzen oder die Tür wieder zuwerfen, aber Bollmann hatte bereits einen Fuß vorgestellt und drängte sich in den kleinen Vorraum. «Sie sind verhaftet!» schrie er und fuchtelte mit der Pistole. «Im Namen der deutschen Wehrmacht, im Namen des Führers — — »

Granet warf blitzschnell einen Blick hinter sich. Im Rahmen der Tür, die von der Diele zum Zimmer führte, stand Schuster, ebenfalls den schußbereiten Revolver in der Rechten.

Granet ließ die Arme sinken, er taumelte in das Zimmer zurück und sah mit haßerfüllten Augen zu Kent hinüber.

«Oh Sie — — Sie — — »

Kent hatte den Kopf in die Hände gestützt. Aus seinen Augen perlten Tränen. Er war bisher ein Handelnder und war nun zu einem Werkzeug geworden, zum Werkzeug gegen die eigene Organisation. Als gebrochener Mann saß er am Schreibtisch, auf dem gleichen Stuhl, von dem aus er Weisungen, Befehle und Direktiven zu geben pflegte. Seine persönliche Niederlage hatte er mit Fassung hingenommen. Jetzt mußte er an einem seiner Mitarbeiter zum Verräter werden!

Schuster hatte die Papiere, die vorhin auf dem Schreibtisch lagen, wieder hervorgeholt. Zwei inzwischen erschienene Soldaten durchsuchten den Raum. Das erbeutete Material war beträchtlich.

Am Abend des gleichen Tages nahmen Schuster und Althoff den Sender Kents in Betrieb. Die letzten Nachrichten Granets wurden mit einigen Korrekturen und Änderungen an die Zentrale durchgegeben. Gleichzeitig wurde mitgeteilt, daß angesichts der neuen Lage und der Befürchtung eines Zugriffs der Sender bis auf weiteres nur jeden dritten Tag in Aktion treten werde.

Von der Zentrale kam zustimmende Antwort. Es stand fest, daß eine Warnung dort nicht vorlag. Durch das Herausschrauben der Sicherungen war verhindert worden, daß ein Warnsignal durchgegeben werden konnte. Nun konnte ein Täuschungsfunkverkehr, ein „Funkspiel", wie Bollmann es nannte, einsetzen.

Bis spät in die Nacht hinein berieten Bollmann und Schuster den Plan für das weitere Vorgehen. Bollmann schien keine Müdigkeit zu kennen. Er war voll lebendiger Geschäftigkeit, rauchte wie ein Fabrikschornstein und sprang quecksilbrig von einem Gedanken zum anderen hinüber. Er reservierte für sich die Aushebung in Annecy und Lyon.

Althoff sollte ihn begleiten. In spätestens einer Woche wollte er wieder in Marseille sein.

Bollmann rüstete zur Heimkehr nach Berlin. Er war von den Ergebnissen seiner Reise nach Südfrankreich tief befriedigt und freute sich auf seinen Vortrag beim General. Sechzehn volle Monate hindurch hatte man vergeblich versucht, Kent und seine Gruppe zu fassen. In weniger als drei Wochen hatte er, Bollmann, die ganze Organisation zerschlagen und Kent und eine Reihe seiner Mitarbeiter selbst festgenommen.

Besonders stolz war Bollmann auf seinen Erfolg in Lyon. Dort versuchte der überraschte Funker sich mit einer Pistole zur Wehr zu setzen. Bollmann hatte ihn niedergestreckt. Ob er sich von dem Bauchschuß erholen würde, war fraglich. Das kleine Loch in seinem Ärmel, das die Kugel riß, wollte Bollmann nicht stopfen lassen. Er trug es wie einen hohen Orden.

In Annecy war es einfacher. Aber hier kam ihm Althoff dummerweise zuvor und riß die Ehre der Festnahme des Mannes an sich. Man würde ihn zur Auszeichnung vormerken müssen. Auch Schuster mußte einen Orden bekommen. Bollmann war nicht kleinlich. Sein Pluskonto war gewaltig angestiegen. Er hatte sein Heft mit auf die Reise genommen und Abend für Abend gewissenhaft notiert. Nur die ersten zehn Tage in Nizza wurden überschlagen.

Man hatte zwar überall nur die Funker gefaßt, aber ohne diese waren auch ihre Nachrichtenzubringer in ihrer Arbeit lahmgelegt. Bis sie wieder neue Funkverbindungen errichten konnten, würde eine gewisse Zeit vergehen.

Bollmann belastete sich nicht mit schweren Gedanken darüber. Er sah nur die Pluspunkte. Sein ganzer Körper schien zu strahlen. Er lud Schuster zu einem Abschiedsausflug ein. Schuster hatte in Marseille noch einiges hinsichtlich der Täuschungsaktion zu regeln.

Mit dem Auto ging es durch die Stadt, am alten Hafen, dem Vieux Port vorbei zur Küste des Mittelländischen Meeres. Am Ufer der Anse des Catalans wurde haltgemacht. Dann spazierten die beiden Männer den einsamen Strandweg entlang, die Batterie du Pharo rechts auf der Anhöhe liegen lassend. Ein leichter Wind rauschte in den Zweigen der wenigen Bäume, die hier standen.

Bollmann erzählte von der erfolgreichen Aushebung in Lyon und brüllte vor Lachen, als er die Einzelheiten der Aktion drastisch zu schildern versuchte. Er fand alles urkomisch, lachte und prustete, bis er fürchterlich husten mußte.

Schuster war trotz der erzielten Erfolge weniger heiter gestimmt.

«Gewiß, Herr Oberstleutnant», meinte er, «wir haben einen wirksamen Schlag führen können, und zu allen unseren Erfolgen einen neuen großen hinzugefügt. Aber dürfen wir uns dieses Sieges freuen? Haben wir damit den Gegner auf der ganzen Linie geworfen? All diese Leute, diese Kämpfer im Dunkeln, sie stürzen wie Bäume im Sturm, aber in den entstehenden Lücken liegen bereits die Keime im nährenden Boden, um sie wieder auszufüllen.»

«Mag sein», entgegnete Bollmann. «Der Kampf geht dann eben so lange unerbittlich weiter, bis dieses schleichende Übel mit Stumpf und Stiel ausgerottet ist. Model nähert sich mit seiner Arbeit ebenfalls dem Ende. Dann wollen wir in Berlin ein Exempel statuieren und dieser „Roten Kapelle" das verdiente Schicksal bereiten. Es wird abschreckend wirken, dafür garantiere ich Ihnen!»

Schuster sah Bollmann an. «Herr Oberstleutnant, haben Sie schon die Männer und Frauen der „Roten Kapelle", die in Berlin als Gefangene des Reichs-Sicherheits-Hauptamtes sitzen, persönlich kennengelernt?»

«Ja, mein Lieber, das habe ich, sowohl die Männer als auch die Frauen. Und ich darf Ihnen versichern, diese Leute haben mir in keiner Weise imponiert, ganz besonders die zahlreichen Frauen nicht. Da ist zum Beispiel diese — — wie heißt sie doch? — — Diese Greta Grauhoff! Eine sogenannte „Frau mit Ziel und Tatkraft"! Ich kann Ihnen nur sagen: Frauen, die sich zu Männern machen, sind unnatürlich und mir zuwider. Gewiß, sie hat Geist, aber er ist hemmungslos und ungelenkt; ihr Denken bewegt sich im Chaos, ist fanatisch, theoretisch konstruktiv, praktisch aber destruktiv, zugleich beseelt von Haß und der Sucht, das Bestehende zu stürzen und etwas Vages an dessen Stelle zu setzen. Verstehen Sie mich recht, ich spreche jetzt nicht von Leuten wie Kent oder Granet. Ich denke hauptsächlich an die Kreise um Coro, Arwid und so weiter. Ihr Tun ist von dem von Kent oder Gilbert – und wie sie alle heißen – grundverschieden.»

«Die Masse jener Mitglieder der „Roten Kapelle" setzt sich merkwürdigerweise aus hochgebildeten Menschen zusammen.»

«Aus hochgebildeten? Sagen Sie: aus Intellektuellen, das ist nämlich ein Unterschied! Diese Intellektuellen sind sich der Tragweite ihres sogenannten Wollens gar nicht bewußt. Sie ersaufen in ihren eigenen wirren Spekulationen. Sie schwelgen in Theorien und taumeln an den Realitäten des Lebens vorbei. Man könnte ihnen das verzeihen, wenn sie sich darauf beschränken würden, an ihren Debattier- und Diskutierabenden einander die Köpfe dummzureden und dann zu Bett zu gehen. Aber das tun sie nicht. Sie sind von dem krankhaften Ehrgeiz befallen, das Schicksal der Welt gestalten zu wollen – und da hört der Spaß auf! Ihr Wirken ist demagogisch. Sie zerdenken und zerreden alles, was anderen Menschen und ganzen Völkern heilig oder wertvoll ist. Sie negieren immer das Bestehende, verdammen das Gewesene und phantasieren über das Kommende. Sie sind wie Eiterbeulen am Volkskörper; man muß sie mit dem scharfen Messer des Chirurgen radikal beseitigen!»

«Ob das wohl restlos gelingen wird?» gab Schuster zu bedenken. Aber Bollmann winkte ab.

«Die Masse des Volkes denkt real, ohne immerfort herumzunörgeln und zu kritisieren. Nicht die Kritik baut Staaten auf und hält sie zusammen, sondern die begeisterte Tat. Diese Intellektuellen aber können nichts als Denken und Planen, und die Folgen ihres unfruchtbaren Denkens und

Planens sind nicht nur gefährlich, sondern verderbenbringend. Was wollen diese Menschen eigentlich? Beseelt sie ein Gefühl der Verbundenheit mit Staat und Volk? Keineswegs! Jede ernste Verantwortung liegt ihnen fern. Sie haben keine Ahnung, wohin ihr Handeln führt, wohin die durch sie entfesselte Strömung sie selbst trägt. Für sie ist die Hauptsache, daß sie überhaupt eine Strömung auslösen, die irgendwohin führt, ganz gleich zu welchen Gestaden; es müssen nur n e u e Gestade sein!»

«Es sind verwegene und hemmungslose Idealisten», bemerkte Schuster.

«Idealisten sind Narren, und Narren sind schädlich, und wer schädlich ist, muß ausgemerzt werden.» Bollmann machte eine heftige Bewegung des Wegwischens. Dann fuhr er fort: «Wir müssen dem Ideenchaos ein Ende bereiten. Ideen müssen gelenkt werden. Sie müssen auf das Positive und nicht auf das Negative gerichtet sein. Aber diese Leute wollen aus Grundsatz davon nichts wissen. Sie unterwühlen den Boden, durchbrechen alle Schranken und halten sich dennoch für Patrioten! Für Patrioten, Schuster! Das haben sie selbst bei einem Verhör mir gegenüber behauptet! Haben Sie Worte?»

«Die Volksgrenzen haben sich nach innen und nach außen verwischt. Die Maßstäbe, nach denen man früher urteilte, scheinen heute nicht immer ihre Gültigkeit zu haben.»

«Unsinn! Sie sind heute genau so gültig wie je zuvor. Ich will Ihnen sagen, was diese Leute erfüllt: Es ist ein sinnloser Haß gegen die Führungsschicht, wie sie in dieser oder jener Form in jedem Staate vorhanden ist. Dabei vergessen diese Menschen, daß ein führendes Element in jedem Volke notwendig ist. Das ist immer so gewesen und wird auch so bleiben. Waren es einst die Fürsten und der Adel, später Industriebarone und Finanzmagnaten, so sind es jetzt eben andere Leute. Immer ist eine Schicht im Volke da, die die

Führung für sich beansprucht. Oder glauben Sie, im bolschewistischen Rußland gäbe es keine neuentstandene Aristokratie?»

Schuster hing seinen eigenen Gedanken nach. Schweigend gingen die beiden Männer vom Leuchtturm an der Einfahrt zum Hafen den Weg zurück und fuhren wieder zur Kaserne.

Paris

In den letzten Wochen hatte die technische Ausstattung des geheimen Privatbüros Gilberts ganz erhebliche Änderungen erfahren. Der Raum machte nun den Eindruck eines wissenschaftlichen Laboratoriums. An den Wänden befanden sich verschiedene Schalttafeln mit Hebeln, Voltmetern, Lämpchen und Schaltern. Gummikabel führten von hier zu mehreren Apparaturen, die auf dem großen Schreibtisch standen.

Durch Fallschirmabwürfe hatte Gilbert das nötige Material bekommen. Weit außerhalb Paris war der Platz, auf dem jede Woche einmal nachts zwischen drei und vier Uhr ein großer Kanister lautlos herabschwebte und von den bereitstehenden Männern eilig in einen Schuppen getragen wurde. Von dort wurden die einzelnen Pakete noch vor Tagesanbruch an die Stellen befördert, die mit Nummern bezeichnet waren. Die Zusammenarbeit mit Harry hatte Gilbert neu geregelt. Er versah sie ganz selbständig. Nicht einmal sein Sekretär war daran beteiligt; auch die Treffs nahm er seit drei Wochen selbst wahr.

Harrys Auffangorganisation war fertig und arbeitsbereit. Ein Uhrwerksender auf Gilberts Schreibtisch gab automatisch alle fünfzig Minuten ein kurzes drahtloses Zeichen an Harry. Der Sender war so eingestellt, daß er vierundzwanzig

Stunden arbeitete und dann mit einem kleinen Spezialschlüssel, der wie ein Zigarrenabschneider aussah und auf dem Schreibtisch harmlos herumlag, von Gilbert aufgezogen werden mußte. Dies war Gilberts erste Handlung, wenn er morgens sein geheimes Arbeitszimmer betrat.

Gilbert wußte, daß ihm Gefahr drohte. Er wollte ihr ausweichen oder ihr trotzen, solange dies möglich war. Aber er hatte alles getan, im Falle seiner Ausschaltung die Arbeit automatisch auf Harrys Organisation übergehen zu lassen.

Die von Harry aufgezogene Reserveorganisation hatte sich bisher durch völlige Funkstille tarnen können. Sie würde erst dann in Aktion treten, wenn Gilberts Uhrwerksender vierundzwanzig Stunden schweigen sollte. Dann galt das Ausbleiben der kurzen Signale als Beweis dafür, daß Gilbert ausgehoben worden wäre.

Aus der Erfahrung mit den ausgehobenen drei Stationen in Holland, die von den Deutschen im Täuschungsverkehr betrieben wurden, hatte Gilbert seine Folgerungen gezogen. Er ließ alle Sendungen der eigenen Gruppen und der Gruppen Kent und Rado durch einen Funker mithören. Er hatte eine eigene Funkhorchstation eingerichtet. Er wollte unterrichtet sein, wenn irgendwo Störungen auftreten sollten.

Auf allen Gebieten hatte er die genauesten Vorsichtsmaßregeln getroffen. Aber er war noch verschlossener geworden, als er es bisher schon war. Selbst Suchet erfuhr längst nicht mehr alles. Gilberts Gesicht wurde hart und undurchdringlich. Es war unmöglich, zu erraten, was er jeweils dachte. Er hatte nur noch ein Ziel: sicherzustellen, daß die Zentrale jetzt und in Zukunft alle Nachrichten bekomme, die sie benötigte.

Gilbert trat an die Karte des östlichen Kriegsschauplatzes und schaltete die Lichtstrahler ein. Dann steckte er mit roten Markierungsnadeln die Front auf Grund der vor einer Stunde eingegangenen Meldungen ab. Sein Interesse galt dem Südteil der Kampflinie. Dort hatte sich das Bild wieder stark geändert. Bei Stalingrad schnürte sich der Ring immer enger zusammen. Es gab keine geschlossen verlaufende Front mehr. An ihrer Stelle waren deren zwei entstanden. Die 6. deutsche Armee war eingeschlossen. Ihr Schicksal war nicht mehr zweifelhaft. Die Würfel waren gefallen. Und er, Gilbert, hatte mitgeholfen, den Wurf glücklich für die Rote Armee zu gestalten.

Ein Lächeln der Genugtuung huschte über Gilberts Züge. Dann ging er zu seinem Schreibtisch zurück und drückte auf einen der Klingelknöpfe. Suchet erschien mit seiner dicken Mappe und legte sie vor sich auf den Tisch.

«Nun, mon cher, Sie machen ein so müdes Gesicht. Viel Arbeit, was?»

«Es reicht, Herr Gilbert. Heute nacht sind eine ganze Menge Funksprüche eingelaufen. Allein das Entziffern — —»

«Ich weiß, Suchet. Wie macht sich die Sache mit den neuen Schlüsselbüchern?»

«Bisher funktioniert alles tadellos. Ich muß gestehen, als Wiesner mir am 29. Oktober die Nachricht der Zentrale überbrachte, daß die Schlüsselbücher gewechselt werden sollten, hatte ich ein sonderbares Empfinden. Die alten Bücher waren ja erst vier Wochen in Benutzung. Eine Kompromittierung erschien mir kaum wahrscheinlich. Wiesner machte mir einen etwas unsicheren Eindruck, er schien irgendwie ängstlich.»

«Kann ich verstehen, Suchet. Die Sache mit den ausgehobenen Sendern steckte ihm noch in den Gliedern. Aber seither ging doch alles glatt?»

«Bis auf die verschiedenen Meldungen über die Beobachtung von — —»

«Darüber reden wir nachher. Zunächst wollen wir rasch die eingegangenen Funksprüche durchgehen. Also los!»

«Hier ist zunächst ein neuer Auftrag; ich glaube, das ist etwas für Edouard:

KRO de VSA. 1211. 2210. 43 wds. qbt.
AN GILBERT VON DIREKTOR.
PRÜFEN, OB GUDERIAN SICH WIRKLICH AN OSTFRONT BEFINDET. UNTERSTEHEN IHM 2. UND 3. ARMEE ?
WIRD 4. PANZERARMEE ZUR ARMEEGRUPPE, DIE JODL UNTERSTEHT, GEHÖREN, ODER WIRD DIESER GRUPPE ANDERE PANZERARMEE ZUGETEILT? WELCHE ?
– qbt. Nr. 921. ar.
KRO de VSA.

«Ganz recht, Suchet. Geben Sie noch heute Auftrag an Edouard. Er soll die Frage eilig klären. Alles, was die Ostfront betrifft, muß vordringlich bearbeitet werden. Weiter bitte!»

«Ein anderer Auftrag, der meiner Meinung nach klar und eindeutig erledigt ist.»

«Zeigen Sie her!»

KRO de VSA. 1211. 2215. 22 wds. qbt.
AN GILBERT VON DIREKTOR.
HAT PANZERDIVISION NR. 7 WIRKLICH FRANKREICH VERLASSEN ? WOHIN ? WANN KAM NEUER STAB EINER DEUTSCHEN DIVISION NACH CHERBOURG ? NUMMER ?
–qbt. Nr. 922. ar.
KRO de VSA.

«Sofort an Jacques geben. Nochmals nachprüfen. Wenn die Zentrale Zweifel hat, dann hat sie ihre Gründe dazu. Keine Meldung darf unsererseits als absolut richtig betrachtet werden, bevor sie nicht zweimal kontrolliert wurde. Weiter!»

KRO de VSA. 1211. 2220. 18 wds. qbt.
AN GILBERT VON DIREKTOR.
GEBEN SIE BERICHT ÜBER 26. PANZERDIVISION, DIE IN FRANKREICH NEU FORMIERT WIRD. EILT. rdo. qbt. Nr. 923. ar. KRO de VSA.

«Auch dies soll Jacques klären. Außerdem Auftrag hierzu an Max geben. Weiter!»

.....

Hauptmann Stillmann hatte mit seiner Funk-Überwachungskompanie alle bisherigen Arbeitsmethoden über Bord geworfen. In den letzten drei Wochen hatte er sich technisch und organisatorisch vollständig umstellen müssen und war mit seinen Leuten in einen Arbeitsstrudel hineingekommen, der ihm bisher fremd war. Wenn er früher auf Agentensender Jagd machte, dann war es eine Jagd auf Hasen gewesen, die dafür berühmt waren, sich – so gut es ging – zu tarnen, die sich vor der Gefahr duckten, die Löffel einzogen und warteten, bis die Gefahr vorüber war oder aber das Letzte über sie hereinbrach.

Hier war es anders. Stillmann jagte in Paris keine Hasen. Dies war ein alter schlauer Fuchs, den er vor sich hatte. Und dieser Fuchs hatte sich zum Kampfe gestellt. Er versäumte keine Chance, die ihm einen Vorteil bringen oder den Gegner irreführen konnte. Er verfolgte unbeirrt seinen Weg und verteidigte sich nicht nur passiv. Er griff an. Er war in einer Weise aktiv geworden, wie man es bislang bei keiner der festgestellten Organisationen beobachten konnte.

Models Anregungen hatten Stillmanns Jagdlust zur leidenschaftlichen Flamme angefacht. Er war entschlossen, in diesem Kampfe der Geister Sieger zu bleiben.

Im Hofe der Kaserne am Rande der Weltstadt hatte er ein Zelt aufbauen lassen, das äußerlich beinahe an ein Zirkuszelt erinnerte. Aber im Innern machte es einen anderen Eindruck. In einem großen Halbkreis standen sieben Tische; auf jedem von ihnen befand sich eine Horch-Empfangsapparatur, die mit einer Außenantenne verbunden war.

Die ersten sechs Empfänger beobachteten die Gesamtheit der Gilbert'schen Sender. Sie suchten alle Wellenbänder ab und verfolgten das Spiel im Äther. Auf kleinen Zetteln notierten die Funker ihre Feststellungen und gaben sie an einen Offizier, der die Beobachtungen miteinander verglich und das System der Zusammengehörigkeit und des Betriebes dieser Stationen zu erkennen versuchte.

Der Mann an dem siebenten Empfangsgerät hatte die Quintessenz jener vergleichenden Berechnungen vor sich liegen. Er saß an seinem Apparat wie der Jäger auf dem Anstand und wartete auf die ersten Signale desjenigen Senders, den er sich als nächstes Jagdziel ausersehen hatte. Neben ihm saß der Funker, der den 5-Watt-Sender bediente; auch diese Apparatur war ununterbrochen arbeitsbereit und wartete auf den Tastendruck des sie bedienenden Mannes.

Es war Sonntag, der 15. November, acht Uhr abends. Stillmann hatte soeben gemeinsam mit Model sein Nachtmahl eingenommen und war wieder in sein Zelt geeilt. Als er es betrat, hob der Mann am Empfänger 7 die linke Hand und blickte zu seinem Nachbarn hinüber. Dieser saß wie sprungbereit, die rechte Hand an der Taste.

«Zehn – sieben – fünfzehn!» rief der Mann am Empfänger.

«Zehn – sieben – fünfzehn», wiederholte der Funker an der Taste, während seine Hand in raschem Tempo den Buchstaben X und die Zahl 51701 durchgab.

«Zehn – sieben – fünfzehn», hatte im selben Augenblick der Mann vor sich hingesagt, der inmitten des Zeltes an einer Peilapparatur saß. Mit raschem Griff hatte er die Frequenz eingestellt und das Rad seines Peilrahmens herumgeworfen; ein paar Drehungen, dann klemmte er es fest.

«Wieviel?» fragte Stillmann, der hinter seinen Stuhl getreten war.

«Dreiundachzig!»

Stillmann ging zu der großen Karte, die auf einem Tisch neben dem Peiler lag; er zog den Faden in der angegebenen Richtung aus und nickte vor sich hin. Das Peilergebnis schien ihn zu befriedigen. Er sah in Gedanken vier Peilrahmen an vier verschiedenen Stellen von Paris auf das soeben gegebene Peilkommando hin sich in Richtung auf die Station drehen, die jetzt auf 10715 kHz arbeitete.

Die Karte, vor der Stillmann jetzt stand, war mit vielen kleinen Nadeln mit großen bunten Köpfen besteckt; jede von ihnen kennzeichnete den Aufbauplatz eines Senders Gilberts. Die verschiedenen Farben deuteten die Gruppierungen an, oder aber sie ließen erkennen, wann dieser Standort zum letztenmal gepeilt worden war.

Ein lautloses Kommen und Gehen herrschte in dem Zelt. Ein intensives zielbewußtes Arbeiten war hier an die Stelle des üblichen militärischen Dienstes getreten. Model hatte dafür gesorgt, daß alle Spuren vorschriftsmäßigen Kommißbetriebes verschwunden waren. Freilich – eine Besichtigung durch einen Vorgesetzten hätte nicht stattfinden dürfen, sonst hätte es peinliche Beanstandungen der Grußdisziplin gegeben. Aber Bollmann war fern, und im übrigen – – –

Der Sender auf Welle 10715 kHz wurde jezt zum drittenmal von der Peilgruppe III gemessen. Wenn vier fahrbare Peiler von zwölf verschiedenen Punkten aus zusammen mit einem stationären Meßgerät zu drei verschiedenen Tageszeiten sich gleichzeitig auf eine Funkstelle richten, dann muß das einen guten Schnittpunkt ergeben.

Stillmann ging zu den einzelnen Empfängern und beobachtete ihre Arbeit. Es funktionierte alles auf das genaueste. Kein Sender blieb unbeobachtet. Die Empfangsgeräte und Peiler der Kompanie hatten sich wie Polypenarme nach ihnen ausgestreckt. Täglich wurden die Standorte von drei Stationen vermessen.

Aber Gilberts neues bewegliches System machte jeden Tag einen großen Teil der Arbeit Stillmanns und seiner Leute zunichte. Sobald man sich mit Hilfe der elektrischen Nächstfeldbestimmung an eine Station herangepirscht hatte, dauerte es zuweilen nur einen oder zwei Tage, und sie hatten ihren Standort gewechselt. Wenn Stillmann nach Ablauf von drei Tagen neun Aufbauplätze ermittelt hatte, dann mußte er tags darauf erkennen, daß in sechs oder sieben Fällen das Ergebnis nicht mehr zutraf. Seit dem 23. Oktober, an dem mit dem neuen Peilverfahren begonnen wurde, waren 22 Tage verstrichen. Siebenundsechzig Standorte hatte Stillmann mit seinen Leuten festgestellt. Sechsundvierzig dieser Punkte stimmten nicht mehr. Aber langsam und sicher bekam Stillmann einen Vorsprung. Noch eine knappe Woche, dann würde er Gilbert eingeholt haben und in der Lage sein, täglich mit allen auftretenden Änderungen Schritt zu halten. Gilbert konnte nicht jeden Tag alle siebundzwanzig Aufbauplätze wechseln lassen. Models Idee hatte sich glänzend bewährt, wenn auch nicht im anfänglich gedachten Tempo.

Stillmann blickte auf seine Armbanduhr. In wenigen Minuten müßten die Meldungen der vier Peiler eintreffen. Er ging zur Karte und betrachtete nochmals die bunten Markierungen. Die roten Nadeln kennzeichneten diejenigen Standorte, die momentan in Aktion waren. Gleich würde sich zu diesen 21 roten Punkten ein 22. gesellen.

Ein Mann trat in das Zelt und überreichte dem Kompaniechef einen Zettel.

«10715 kHz. 15. 11. 20.12 Uhr.
Peiler a meldet 102°
Peiler d meldet 45°»

stand darauf. Stillmann legte die beiden Fäden aus und fügte die Richtungslinie des stationären Peilers mit 83° hinzu; die drei Strahlen ergaben an ihrem Schnittpunkt ein kleines Dreieck.

Wieder erschien ein Mann und meldete, daß Peiler c 166° gemessen hatte. Gleich darauf kam auch das Ergebnis des Peilers b; es waren 132°. Der Kreuzungspunkt war einwandfrei. Stillmann drückte auf einen Klingelknopf. Dem eintretenden Mann händigte er eine kleine Bleistiftskizze aus. «Hier Meier! Sender 10715 kHz; arbeitete soeben von diesem Punkt aus. Kommt heute abend höchstwahrscheinlich um 23.48 oder 0.17 Uhr wieder. Nächstfeldbestimmung machen! Los.»

Der Mann verschwand. Gleich darauf hob der Mann am Empfänger 7 wieder die linke Hand. «Elf – acht – fünfzig!» rief er dem Peilfunker zu.

«Elf – acht – fünfzig», wiederholte dieser mechanisch und tastete das Peilkommando. Die vier Peiler der I. Gruppe bekamen Arbeit.

«Elf – acht fünfzig», murmelte der Mann am stationären Peilapparat, drehte wieder seinen Rahmen, klemmte ihn fest und las die Gradzahl ab.

«Zweiundvierzig», meldete er Stillmann sachlich und machte eine nochmalige Kontrollpeilung.

So ging es drei Wochen Tag und Nacht. Plötzlich war der Sender zu hören, und im selben Moment mußten die Peiler mit ihrer Arbeit beginnen können. Eine wache Bereitschaft, mit den modernsten Apparaten ausgerüstet. Eine Schar von technischen Jägern, eine Meute von elektrischen Spürhunden, eine Konzentration des Geistes, aufgeboten gegen die Organisation, die vom Willen eines einzigen Mannes gelenkt, gesteuert, geführt und beseelt wurde.

Es war ein Zweikampf im Äther. Keiner der Gegner sah oder kannte den anderen. Er wußte nur von seiner Existenz, suchte ihn und hatte nur e i n Ziel vor sich: den andern zu vernichten.

*

Model hatte seinen Arbeitsplatz bis auf weiteres nach Paris verlegt. In der Kaserne, in deren Hof Stillmanns „Zirkuszelt" stand, hatte er sich ein großes Zimmer eingerichtet. Hier saß er mit den beiden Entzifferern, die Dr. Vauth ihm schickte, und trug Sandkorn für Sandkorn jenen Berg von Indizien zusammen, den er brauchte, wenn er den großen Schlag gegen Gilbert und seine Gruppe mit Erfolg führen wollte.

Die Berliner Arbeit hatte Model seinem Vertreter übergeben. Er selbst fühlte sich von Gilbert wie von einem Magneten angezogen. Er hatte sich die Aufrollung der Pariser Gruppe zum Ziele gesetzt und ließ nicht mehr locker. Jeden Morgen versicherten Model und Stillmann einander, man werde „die Kiste knacken". Und dann gingen die beiden an ihr Werk, und jeder von ihnen fraß sich in sein Arbeitsgebiet hinein, als wäre es ein Kuchenberg.

Seit dem 1. November war Model mit seinen beiden Entzifferern in der Lage, die drei von den Sendern benutzten Geheimschriften mitzulesen. Sein Trick mit den beiden fingierten Funksprüchen, die Wiesner durchgeben mußte, war ganz nach Wunsch verlaufen. Die Zentrale hatte über Wiesner Chiffrewechsel für Gilbert angeordnet und die Titel der drei Schlüsselbücher zur Weitergabe mitgeteilt.

Wiesner hatte unter unauffälliger Bewachung den Auftrag zu Models Zufriedenheit erledigt. Die Schlüsselbücher – drei bekannte französische Romane – konnten in Paris ohne Schwierigkeiten beschafft werden. Und nun konnte Model Gilberts Funksprüche im selben Augenblick entziffern, in dem dies auch bei der Zentrale geschah.

Stillmann sorgte dafür, daß ihm kein Funkspruch entging; dies war die Voraussetzung für eine fortlaufende Entschlüsselungsarbeit. Abend für Abend saß er eine halbe Stunde bei Model und las kopfschüttelnd die entzifferten Telegramme durch. Er war entsetzt über das, was täglich an die Zentrale gemeldet wurde. Unfaßbar erschien es ihm, daß die geheimsten Nachrichten ohne Unterlaß hinübergefunkt wurden, als gäbe es den Begriff der Geheimhaltung in der deutschen Wehrmacht überhaupt nicht, und als sei Gilbert bei sämtlichen deutschen Dienststellen auf Lieferung aller Informationen abonniert.

Model dagegen war sehr zufrieden. Er war von den Telegrammen Kents, Coros und Arwids her kräftige Kost gewöhnt. Er war zufrieden, weil die entzifferten Funksprüche ihn Schritt für Schritt in seiner Spürarbeit vorwärtsbrachten. Es waren winzige Mosaiksteinchen, aus denen er sein Bild zusammenbauen mußte. Aber schließlich fügte sich eins zum andern, und am Ende häufte sich das ganz schön zusammen.

Gestern hatte Stillmann nach dem Abendessen wieder mit Model die Tagesergebnisse der beiden Dechiffreure durchgelesen. Es waren verschiedene „Rosinen", wie Model sich ausdrückte, darunter, und Stillmann rang die Hände und blickte verzweifelt zu ihm hinüber.

«Die Woche fängt gut an! Hören Sie mal, Herr von Model, der Mann verkauft uns ja mit Haut und Haaren! Was wird er denn noch alles herausbekommen und verraten?!»

«Fragen Sie lieber, was er n i c h t herausbekommt und ob es in diesem Kriege etwas gibt, das dem Nachrichtendienst des Gegners verborgen bleibt. Übrigens wird die Woche wahrscheinlich besser aufhören, als sie anfing!»

«Meinen Sie? Haben Sie schon — —?»

«Ich bin inzwischen sehr weit gekommen. In dem Augenblick, in dem Sie die letzten noch ungeklärten Aufbauplätze der Sender ermittelt haben, bin ich bereit, die ganze Kiste hochzunehmen.»

«Wann kommt Wiesner nach Paris?»

«Am Donnerstag. Dann steigt der erste Akt des Dramas. Ich muß Ihnen gestehen, daß Wiesner den Eckstein im Gebäude unserer hiesigen Arbeit darstellt. Anscheinend war ich an jenem Tage, als ich Wiesner festnahm, von allen guten Geistern gesegnet. Der Junge ist für uns unbezahlbar. Als ich damals den Treff mit Suchet arrangierte, hatte ich einige Sorge, ob der Bursche uns nicht verpfeifen würde. Es wäre ihm zwar schlecht bekommen, denn wir hätten den Schwindel bald erkannt. Es wäre immerhin denkbar gewesen, es geschah aber nicht.

Nun haben wir den ganzen Nachrichtenaustausch Gilberts unter Kontrolle. Und alle von der Zentrale an Wiesner gehenden Weisungen bekomme ich seit vier Wochen ebenfalls. Übrigens habe ich feststellen können, daß der Sender Sobelsohns ursprünglich zur Kentgruppe gehörte, dann aber als Nebenlinie zur Organisation Gilberts übergegangen war. Dagegen war der Sender Wiesners – funktechnisch gesehen – der Nachfolger der ersten Station Kents, die im Dezember in Molenbeek ausgehoben wurde, nämlich des sogenannten „PTX". Nur mit dem Unterschiede, daß Kent mittlerweile woanders sein Quartier aufgeschlagen hatte und die Bedeutung des neuen Senders nicht mehr so überragend war. Interessant ist, daß wir durch unseren Täuschungsverkehr mehrere Adressen in Holland herausbekamen und zwei Stationen dort ausheben konnten.»

«Arbeitete Wiesner eigentlich selbständig?»

«Diese Frage hatte ich mir anfangs immerzu vorgelegt, ohne zu einer sicheren Lösung zu kommen. Wiesner hüllte sich in diesem Punkt in Schweigen. Ich konnte mich des Gefühls nicht erwehren, daß unmittelbar hinter Wiesner ein Mann stehen mußte, der ihm von Zeit zu Zeit wichtige Informationen zur Weitergabe zuleitete.»

«Vielleicht rechnete Wiesner damit, daß dieser Mann von der Aushebung der Station erfährt und von sich aus auf irgendeinem Wege die Zentrale warnt.»

«Möglich. Ich kalkuliere nun so: Kent war weit fort, konnte also nicht für die unmittelbare Zusammenarbeit mit Wiesner in Frage kommen. Bei Gilbert lag der Fall ähnlich. Zudem hatte dieser seine eigene Organisation, und die Verbindung war nur ganz allgemein und ziemlich lose. Es mußte noch einen Mann geben, der sich irgendwo in Wiesners Nähe befand, nur selten in Erscheinung trat und dennoch eine wichtige Rolle spielte.»

«Also gewissermaßen der Flötist der „Roten Kapelle"», bemerkte Stillmann lächelnd.

«Ja. Diesen Mann galt es ausfindig zu machen. Wie aber sollte das geschehen? Eine Treffbeobachtung kam nicht in Frage, denn dazu hätte es der Mitarbeit Wiesners bedurft, und in diesem Falle konnte ich ihn nicht zwingen, da ich keine positiven Anhaltspunkte hatte. Das Ganze war ja schließlich nicht mehr als eine Vermutung von mir. Und nun sagen Sie mir mal, lieber Stillmann, glauben Sie an so etwas wie ein „Periodisches System der Zufälle"?»

«Klingt zwar drollig, ich muß aber zugeben, daß ich verschiedentlich in meinem Leben ganz sonderbare Beobachtungen gemacht habe.»

«Ich will Ihnen etwas sagen, Herr Stillmann: Ich bin ein verdammt nüchterner Mensch. Jeder Aberglaube liegt mir fern. Dem Zufall irgendwelche Gesetzmäßigkeiten zuzuerkennen, kam mir nie in den Sinn. Aber die „Rote Kapelle" hat mich eines anderen belehrt. Ohne Zufälligkeiten wären wir in dieser ganzen Angelegenheit noch keinen Schritt vorangekommen. Hören Sie, was in Brüssel nach der Aushebung der Station Wiesners passierte: Am 16. Oktober hatte ich zugegriffen. Am 23. fuhr ich nochmals hin — — »

«Um die beiden Funksprüche aufzugeben?»

«Ganz recht. Ich kehrte aber gleich darauf nach Paris zurück. Am 27. abends geschieht folgendes: In einem Stadtteil von Brüssel werden bei einer Razzia etwa 50 Personen festgenommen. Da man auf der Polizeistation keinen Raum für die Unterbringung dieser vielen Kostgänger hat, entschließt man sich, sie nach der Kaserne zu schaffen, in der sich auch der Raum befindet, in dem Wiesner wohnt.»

«Er steht aber doch unter Bewachung?»

«Selbstredend. Tagsüber kann er sich innerhalb des Kasernenblocks frei bewegen; er muß mehrere Räume sauberhalten und verrichtet kleine Dienste. Zwischendurch funkt er unsere Telegramme. Abends wird seine Stube geschlossen, und wenn er irgendeinen Wunsch hat, dann muß er klingeln. Also kurzum, an jenem Abend des 27. Oktober hat unser Wiesner einen Wunsch; er läutet und wird schließlich von einem Mann nach dem Ende des Korridors geleitet. In diesem Augenblick kommt die ganze Horde der Festgenommenen in Begleitung von Sicherheitspolizisten die Treppe heraufgepoltert und biegt um die Ecke. Wiesner und sein Begleiter bleiben stehen und betrachten interessiert das Schauspiel. Plötzlich stockt einer der vorbeistapfenden Männer und starrt Wiesner entgeistert an; dieser ist schrekkensbleich geworden, und seine Augen scheinen herausquellen zu wollen.

Sein Begleiter hat die kurze Szene bemerkt; er wittert Zusammenhänge, sichert sich den Mann und läßt die beiden im Kreuzverhör vernehmen. Es stellt sich heraus, daß man den Hintermann Wiesners gefaßt hat. Durch reinen Zufall!»

«Unglaublich!» bemerkte Stillmann.

«Die Durchsuchung des Mannes fördert die Chiffre zutage, die er für die Übermittlung besonderer Nachrichten benutzte. Und nun gelingt es, durch diesen Funkschlüssel auf die Spur einer ganzen Reihe von Agenten in Belgien und Holland zu kommen, sie festzunehmen und in Amsterdam einen weiteren Sender auszuheben. Jetzt stehen bereits sieben Stationen im Täuschungsverkehr mit der Zentrale.»

«Hoffentlich mit Erfolg!»

«Bisher ja. Aber das ist auf die Dauer nicht das allein Entscheidende. Wichtig ist, daß wir die Zentrale so oder so in Verwirrung bringen. Und das geschieht.»

«Ich muß gestehen, mir raucht der Kopf, wenn ich an all diese Zusammenhänge und Verästelungen denke. Ich finde da kaum noch durch und frage mich, welche weiteren

Zweiglinien wohl noch bestehen mögen, die wir noch nicht erkannt haben und vielleicht nie aufspüren werden. Wo mag der Kreis der „Roten Kapelle" seine endgültigen Abgrenzungen haben?»

«Nirgends, mein Lieber. Und das gilt nicht nur für den Fall „Rote Kapelle"! Ich habe einmal eine Definition des Begriffes vom Weltall gelesen; sie ging dahin, daß es sich um einen gekrümmten, begrenzten und dennoch unendlichen Raum handle. Verstehen Sie das? Ich nicht! Und dennoch kommt mir diese Kennzeichnung immer wieder in den Sinn, wenn ich an die „Rote Kapelle" und ähnliche Gruppen denke. – Wir werden kaum jemals einen großen „Fall" so restlos klären können, daß es uns gelingt, a l l e Beteiligten zu fassen. Die Verästelungen der einzelnen Funkagentengruppen sind so weitreichend und so kompliziert, daß man nur selten bestimmen kann, wo der eine „Fall" aufhört und der andere beginnt. Wir können noch so gründlich vorgehen und das Netz noch so fein spinnen – immer werden ein paar Leute zuguterletzt draußen bleiben und entschlüpfen. Ich bin mir darüber im klaren, daß wir nicht imstande sind, diese Organisation so zu treffen, daß wir sie völlig zerschlagen. Vor einem Jahr war dies noch möglich, heute nicht mehr.»

Model machte eine resignierende Bewegung und blickte zu Stillmann hinüber. Dann fuhr er fort: «Nehmen Sie zum Beispiel allein das Problem „Harry"! Wir wissen, daß Harry existiert. Er ist ein Mann, der eine wichtige Rolle im Rahmen der Organisation spielen muß. Wir haben verschiedene Fingerzeige und Anhaltspunkte, aber wir haben nichts Konkretes. Es wäre zweifellos gut, wenn wir Harry zugleich mit Gilbert fassen könnten. Aber können wir es uns leisten, so lange zu warten, bis Harry eingekreist ist?»

Stillmann schüttelte verneinend den Kopf, und Model fuhr in seinen Betrachtungen nach kurzer Pause fort: «Sie sehen ja, über wieviel Zufälle und auf welchen Umwegen wir uns an die einzelnen Gruppen und Personen der „Roten Kapelle" heranarbeiten müssen! Das kostet Zeit! Inzwischen geht Gilberts Arbeit weiter! Und – gesetzt der Fall, wir spüren nach einiger Zeit Harry auf – wer bürgt uns dafür, daß wir dabei nicht auf einen „Pierre" oder „Jonny" oder „Maurice', stoßen, dessen Aushebung uns in diesem Zusammenhange ebenso notwendig erscheint wie jetzt die Harrys?»

«Sie haben durchaus recht! Wir müssen uns Ziele und Grenzen setzen und dort zufassen, wo sich die Gelegenheit ergibt und wo sie am lohnendsten erscheint.»

«Ja, Stillmann. Vor einem halben Jahr war ich noch anderer Meinung. Damals glaubte ich, die ganzen Organisationen treffen zu können, wenn ich mit Geduld und weitausholend vorging. Heute muß ich bekennen, daß Bollmann im Recht ist, wenn er empfiehlt, sofort dort zuzuschlagen, wo der Gegner auftaucht. Das Bessere ist der Feind des Guten; wir müssen uns mit diesem letzteren begnügen.»

«Übrigens haben wir den Mann aus Versailles, der früher die Treffs im Louvre hatte, ganz aus dem Blickfeld verloren. Und die in Versailles gepeilte Station schweigt seit etwa zehn Tagen.»

«Ich weiß. Und ich bin nach wie vor der Auffassung, daß dies alles mit Harry zusammenhängt. Wir werden auf ihn Jagd machen, wenn Gilbert erledigt ist.»

«Wann gedenken Sie zuzuschlagen?»

«Noch in dieser Woche. Halten Sie Ihre Leute bereit, am Spätnachmittag des Donnerstag sämtliche festgestellten Sender auszuheben. Meine Einkreisung der Firma Pierre Larousse et Fils ist so gut wie abgeschlossen. Das Abhören des Fernsprechverkehrs der Firma hat sich gelohnt. Gilbert ist ständig im Hause, bleibt aber unsichtbar; es war bisher unmöglich, ihn aus dem Hinterhalt zu locken. Am Donnerstag wird sein Sekretär festgenommen. Und dann kommt die Lawine ins Rollen!»

*

Man schrieb Donnerstag, den 19. November 1941. Ein dunstiger Nebel lag über der Stadt und füllte die Straßen mit kalter Feuchtigkeit. Während Stillmann sich im Hofe der Kaserne mißmutig den Mantelkragen hochschlug und die Nässe von den Augengläsern wischte, war Model über das Wetter entzückt: genau so hatte er es sich gewünscht! Man konnte trotz des frühen Nachmittags kaum zehn Schritt weit sehen. Und das war es, was Model brauchte.

Er schien das Schlafen sich abgewöhnt zu haben. Seit sechsunddreißig Stunden war er nicht mehr aus den Kleidern gekommen und hatte kaum etwas gegessen. Aber er war bei bester Laune. Die Großoffensive gegen Gilbert hatte begonnen; Model war von Jagdlust beseelt. Er ging mit Stillmann im Kasernenhofe auf und ab. In einer halben Stunde würde er mit dem Führer der Horchkompanie in die Stadt fahren. Das Auto stand bereit. Aus dem „Zirkuszelt" hörte man ab und zu die Rufe der Funker. «Einhundertzwoundzwanzig!» tönte es gedämpft herüber, und die beiden Offiziere wußten, daß im gleichen Augenblick vier Peilrahmen sich drehten und den Standpunkt eines seit Wochen beobachteten Senders maßen.

«Seit vorgestern habe ich Sie nicht mehr gesehen, mein Lieber», stellte Model fest, indem er sich gemächlich eine Zigarre anzündete. «Es ist Verschiedenes inzwischen geschehen. Wie steht es mit den Stationen?»

«Sind sämtlich erkannt und festgestellt. Von mir aus kann es losgehen.»

«Von mir aus ebenfalls; es ist sogar schon losgegangen.»

«Inwiefern?»

«Insofern, als bereits zwei Leute der Gilbertgruppe festgenommen worden sind.»

«Funker?»

«Ein Verbindungsmann und ein Nachrichtenzubringer.

Ich hatte nämlich bei der Überwachung des Fernsprechverkehrs der Firma Larousse, und zwar der Gespräche des Sekretärs Suchet, festgestellt, daß dieser an eine ganze Reihe von Leuten sonderbare, geheimnisvolle Mitteilungen und Weisungen durchgab. Zwei der Telefonanschlüsse, die er besonders häufig anrief, konnte ich ermitteln; die betreffenden Wohnungen wurden ausfindig gemacht, und gestern in den Abendstunden erfolgte die Aushebung.»

«Das war also der Grund, warum Sie so gänzlich unsichtbar geworden waren und nicht einmal diese Nacht hier schliefen. Ich glaubte schon, das Pariser Leben habe auch Sie in seinen Bann gezogen!»

«Am Pariser Leben interessiert mich gegenwärtig nur unser Freund Gilbert mit seiner ganzen Organisation. Wir haben also die beiden Männer in St. Denis festgenommen und verhört. Zunächst wollten sie natürlich nicht mit der Sprache heraus, aber ich konnte ihnen so viele Dinge auf den Kopf zu sagen, daß sie der Meinung waren, die ganze Arbeitsgruppe sei geplatzt und es lohne sich nicht mehr, lange Verstecken zu spielen. Verschiedene der Aussagen sind für mich ungemein wertvoll. Ich zweifle nicht daran, daß wir die ganze Gruppe in ihrem Kern jetzt treffen.»

«Dann schlägt also bald die große Stunde?»

«Ja. Sie hat bereits zu schlagen angefangen. Noch eine andere Verhaftung haben wir in der vergangenen Nacht vornehmen können. Sie erzählten mir doch vor einiger Zeit, daß einer Ihrer Funker Ihnen gemeldet habe, es versuche eine Frau in verdächtiger Weise ihn auszufragen. Diese Frau haben wir beobachtet und nun ebenfalls verhaftet. Sie hat nach langem Sträuben den Namen ihres Auftraggebers genannt.»

«Und wer ist es?»

«Suchet! Sie sollte Einzelheiten über die Arbeit Ihrer Kompanie erkunden. Anscheinend hat man Wind bekommen und wollte sich Gewißheit verschaffen.»

«Daß die Leute irgendwie Verdacht geschöpft haben, spürte ich schon längst. Nun haben wir also den Beweis.»

«Sofern es noch eines Beweises bedurfte. Ich habe aber nun auch den Beweis hinsichtlich Suchets. Das wird eine Vernehmung dieses Mannes sehr erleichtern.»

«Sie glauben also, daß wir ihn nachher zu Gesicht bekommen werden?»

«Nicht nur zu Gesicht, sondern in unsere Hände, mein Lieber», schmunzelte Model. «Jetzt geht die ganze Kiste hoch. Hoffentlich fassen wir auch den Chef.»

«In dieser Hinsicht habe ich noch gewisse Zweifel.»

«Ich auch. Aber dennoch hoffe ich, daß es diesmal glückt. Und selbst, wenn es nicht glücken sollte – es muß gehandelt werden. Auf jeden Fall legen wir Gilbert lahm, und das muß nun endlich geschehen. Sie wissen ja selbst, in welch verderbenbringender Weise der Mann sich betätigt. Denken Sie nur an die Funksprüche vom Sonntag und Montag! Wir dürfen nicht warten.»

«Wie soll sich das nun nachher abspielen?»

«Wiesner hat um 14.30 Uhr einen Treff mit Suchet im Lido.»

Hin und her wogte der Strom der Käufer und Schaulustigen in der großen Passage des Lido. Hier trifft man sich, promeniert einige Minuten, setzt sich zu einer Tasse Kaffee an eines der kleinen Tischchen, trinkt ein Gläschen Wein und macht Einkäufe. Die großen erleuchteten Schaufenster zeigen in ihren Auslagen verlockende Dinge. Aus den Coiffeur- und Parfümeriegeschäften dringt der Duft feiner Parfüms und Pomaden.

Ein Herr, der bisher an einem der runden Marmortischchen vor dem Café Impérial gesessen und das bunte Treiben interessiert beobachtet hatte, erhob sich, blickte auf seine

Armbanduhr und klemmte die Zeitung, die er bis dahin vor sich auf dem Tischchen liegen gehabt hatte, unter den linken Arm. Dann schlenderte er nach der gegenüberliegenden Seite und betrachtete angelegentlich die Titel der Bücher im Schaufenster eines Buchladens. Zwischendurch warf er einen Blick um sich.

Plötzlich berührte jemand seine Schulter. Der Herr zuckte zusammen und fuhr herum. «Keine Sorge, Monsieur Hermann, ich bin es. Wie geht es Ihnen?»

«Oh danke — — gut — — ich glaubte — — ich hatte nur nach der Zeitung als unserem Erkennungszeichen Ausschau gehalten.»

«Ich hielt es für überflüssig, eine zu nehmen. Erstens kennen wir uns bereits, und zweitens ist es weniger auffällig. Sie haben Material für mich?»

«Ja — — ich bekam verschiedenes — — ich habe hier für Sie — aber bitte, gehen wir an jenes andere Schaufenster, dort ist es ungenierter.»

«Wie Sie wünschen.»

«Hier habe ich eine neue Frequenztafel für — — für Harry übermittelt bekommen.»

«Für Harry? Er hat doch längst eine! Von wem erhielten Sie diese?»

«Ich bekam sie auf einem — — einem besonderen Wege zugestellt. Harry soll die alte Tafel vernichten, sie ist — sie soll kompromittiert sein.»

«Kompromittiert?» fragte Suchet erstaunt. «Das ist doch unmöglich. Er hat doch überhaupt noch nicht — — zeigen Sie mal her.»

«Hier, bitte, aber entfalten Sie sie nicht, es könnte Aufmerksamkeit erregen. Ich habe außerdem die Weisung, Harry zu treffen. Können Sie mir für morgen einen Treff arrangieren?»

«Nein. Dazu brauche ich eine unmittelbare Mitteilung der Zentrale und einen Befehl des Chefs.»

«Ich wurde von der Zentrale benachrichtigt, Sie könnten mir diesen Treff vermitteln.»

Suchet betrachtete Wiesner verwundert. Ein unbehagliches Gefühl stieg in ihm hoch. Wiesner gefiel ihm plötzlich nicht mehr. Aber bevor er sich dessen recht bewußt war, sah er sich von vier oder fünf Männern umringt. Einer von ihnen zog eine Erkennungsmarke hervor.

«Kein Aufsehen, bitte! Kommen Sie! Rasch!»

«Hund!» zischte Suchet, aber Wiesner war bereits von drei anderen Männern beiseitegedrängt worden.

In dem Kasernenblock, in dessen Hof Stillmanns Horchzentrale aufgebaut war, hatte man eine ganze Etage freigemacht, um die Leute unterzubringen, deren Festnahme man jetzt durchzuführen gedachte. Drei der Räume hatten bereits ihre Insassen aufgenommen, und Dutzende wurden heute noch erwartet.

Am Ende des langen Korridors war das Vernehmungszimmer eingerichtet worden. Hinter einem großen Tisch saßen Model und Stillmann. Vor ihnen stand Suchet. Unaufhörlich hämmerten die Fragen auf ihn ein. Suchet schwieg oder gab ausweichende Antworten. Aber Model hatte eine solche Menge Material zusammengetragen, daß der Verhaftete bald einsehen mußte, daß es nicht mehr viel zu verbergen gab.

Model zitierte die von Suchet in den letzten Wochen geführten Telephongespräche, nannte Namen, erzählte ihm, daß ein Teil der Mitglieder der Arbeitsgruppe bereits verhaftet sei und Geständnisse abgelegt hätte, schilderte ihm, wie er selbst ihn bei Treffs im Louvre und anderwärts beobachtet hätte, las ihm die Texte der letzten gesendeten und empfangenen Funksprüche vor.

Suchet sah klar, daß das Spiel verloren war. Aber er merkte bald, an welchem Punkt Model bei seinen Ermittlungen noch nicht vorwärts gekommen war und wohin er mit seinen Fragen steuerte. Der Aufenthaltsort des Chefs und Harry waren die beiden Punkte, auf die die Vernehmung hinzielte. Und er beschloß, in diesen Fragen den Kampf aufzunehmen. In bezug auf Harry gab er vor, nicht zu wissen, um wen es sich handle und wo dieser sich aufhalte. Model mußte schließlich einsehen, daß er in diesem Punkte zunächst nicht weiterkommen würde. Hinsichtlich Gilbert erklärte Suchet freimütig, man könne ihm nicht zumuten, seinen Chef zu verraten.

Er wußte, daß trotz aller Beobachtungen das Rätsel um Gilberts Aufenthalt und den geheimen Zugang nicht gelöst worden war. Es galt, Zeit zu gewinnen, damit Gilbert sich in Sicherheit bringen konnte. Denn sein — Suchets — langes Ausbleiben mußte bald Verdacht wecken.

Für Model waren jedoch die Minuten kostbar. Er mußte versuchen, ohne Suchet zum Ziele zu kommen. Fieberhaft überlegte er alle Möglichkeiten. Da kam ihm unvermittelt ein Gedanke. Er hatte genügend Einblicke, die ihm gestatteten, ein Telephongespräch mit fingiertem Inhalt zu führen. Da er die französische Sprache vollkommen beherrschte, konnte er den Versuch wagen. Eilig begab er sich in sein Arbeitszimmer und ließ sich telephonisch mit der Firma Larousse verbinden. Dort verlangte er Fräulein Annette Jourdan dringend an den Apparat. Als diese sich meldete, gab er das Kennwort eines der festgenommenen Männer von St. Denis durch und erklärte in fliegender Hast, er müsse sofort den Chef sprechen, da er wichtige Nachrichten von Suchet hätte.

Die Sekretärin gab die Auskunft, der Chef sei nicht im Hause.

«Doch, doch, Fräulein Annette», rief Model, «er ist da! Suchet sagte es mir. Es ist dringend und im höchsten Grade wichtig. Ich komme sofort hin.»

«Das wäre nutzlos; er ist wirklich nicht hier. Er ging vor etwa fünf Minuten fort.»

«Wohin?»

«Zu seinem Zahnarzt.»

«Wann kommt er zurück?»

«Nicht vor einer Stunde. Es handelt sich um eine Zahnoperation.»

Model legte den Hörer auf. Seine Gedanken arbeiteten. Beim Zahnarzt – also hatte er seinen Fuchsbau verlassen. Um welchen Zahnarzt mochte es sich handeln? – Suchet wüßte es bestimmt – vielleicht auch einer der Männer von St. Denis – – Diese Chance durfte nicht unversucht bleiben. Er mußte die beiden befragen.

Aber der erste von ihnen, den er auszuhorchen versuchte, wußte offenbar keine Angaben zu machen. Mehr Erfolg hatte Model bei dem zweiten. Er kannte zufällig den Namen des Zahnarztes, nicht aber dessen Adresse. Ein Blick in das Fernsprechverzeichnis belehrte Model, daß es in Paris drei Zahnärzte dieses Namens gab.

Nun nahm Model noch einmal Suchet vor. Ein neuer Hagel von Fragen trommelte auf den Sekretär ein. Endlich war er in die Enge getrieben. Model erfuhr die Adresse von Gilberts Zahnarzt.

Seit zwei Tagen litt Gilbert an heftigen Zahnschmerzen. Er wußte, daß der Gang zum Zahnarzt unvermeidlich war, aber die Arbeit ließ ihm im Augenblick keine Zeit hiefür. Die Minuten des Tages waren peinlich genau eingeteilt und ausgefüllt; jedes Privatleben hatte für ihn aufgehört.

Augenblicklich beschäftigte ihn ein neues Projekt: die Errichtung einer Reserve-Funkverbindung mit der Zentrale. Die Vorarbeiten waren bereits weit gediehen; schon in den nächsten Tagen könnte diese Verbindung in Betrieb genommen werden. Der Funkschlüssel war zur Hälfte eingetroffen, zum anderen Teil fehlte er leider noch. Er war auf dem komplizierten Verbindungsweg anscheinend in Verlust geraten.

Gilbert hatte diese neue Ersatzverbindung organisiert, ohne Suchet nähere Einzelheiten darüber mitzuteilen. Er wollte alle Möglichkeiten einer Gefährdung von vornherein auf ein Mindestmaß herabsetzen. Das bedeutete aber viel persönliche Arbeit, viel Zeitaufwand und zusätzliche Mühe. Und gerade jetzt mußte dieser verdammte Zahn ihm so arg zu schaffen machen, daß er kaum einen klaren Gedanken fassen konnte!

Heute früh schien es, als wollte der bohrende Schmerz nachlassen, aber nach dem Mittagessen wurde er immer unerträglicher. Vorhin war Suchet zu seinem Treff mit Hermann fortgegangen. Gilbert hoffte, daß Hermann den Rest jenes Funkschlüssels bringen würde, auf den er ungeduldig wartete. Was sonst könnte der Anlaß zu dieser von Hermann als so dringend angekündigten Reise sein?

Gilbert verglich die im Laufe des Vormittags eingegangenen verschiedenen Nachrichten miteinander. Es waren wichtige Berichte darunter, die der Zentrale willkommene Informationen geben würden. Er nahm den Bleistift zur Hand und machte Notizen. Dann verglich er die Eintragungen auf den Karten und Tabellen, berichtigte und ergänzte. Aber bald mußte er die Arbeit unterbrechen, der Schmerz wurde immer wilder. Er nahm ein Beruhigungsmittel, ohne eine Linderung zu erzielen. Es war sinnlos, gegen das Übel anzukämpfen, er mußte sich dazu entschließen, den Zahnarzt aufzusuchen.

Resigniert legte er den Bleistift wieder beiseite und rief Dr. Voisin an. Er war ein alter Bekannter, der ebenfalls zur Widerstandsbewegung gehörte. Gilbert bekam Bescheid, er könne in einer halben Stunde vorsprechen.

Sorgsam schloß er alle wichtigen Papiere ein und teilte

Fräulein Annette seinen Entschluß mit. Er hoffe, in einer oder anderthalb Stunden wieder zurück sein zu können. Suchet solle auf jeden Fall warten. In sehr eiligen Angelegenheiten wäre er telephonisch bei Dr. Voisin erreichbar.

Fräulein Annette nickte zustimmend und setzte ihre Arbeit fort. Fast zwei Dutzend Funksprüche waren zu chiffrieren, es würde wohl später Abend werden, bis sie würde heimgehen können. Sicher wird Suchet wieder einen Berg neuer Aufgaben mitbringen. Wo er nur bleiben mochte? Seit fast zwei Stunden war er fort. Sonst pflegte er immer sehr rasch...

Schrill läutete das Telephon und schreckte sie aus ihren Betrachtungen auf. Mit der linken Hand nahm sie den Hörer ab, während ihre Rechte zu Stenogrammblock und Bleistift griff. Eine Männerstimme gab das Kennwort „Alliance" durch, dann teilte der Anrufende ziemlich aufgeregt mit, er müsse den Chef dringend sprechen, da er wichtige Nachrichten betreffend Suchet mitzuteilen hätte.

Annette zuckte zusammen. Irgend etwas mußte geschemußte den Anrufer vertrösten. Aber dieser wurde dringli- mußte den Anrufer vertrösten, Aber dieser wurde dringli-cher und wollte wissen, wo der Chef sei. Er hatte es offensichtlich eilig, anscheinend war Gefahr im Anzuge. Annette wurde unruhig. Ohne es direkt zu wollen, gab sie Auskunft, der Chef wäre beim Zahnarzt.

Der Anrufer hängte ein. Auch Annette legte den Hörer auf. Was mochte sich zugetragen haben? Daß mit Suchet etwas Unvorhergesehenes passiert war, stand außer Frage, sonst wäre er längst zurück. Wo mochte er nur sein? Der Mann sagte aber, er habe mit ihm gesprochen. Also konnte es wiederum nicht bedrohlich sein.

Annette nahm ihre Arbeit wieder auf. Zwischendurch blickte sie auf die Tischuhr vor sich. Wie langsam der Zeiger vorrückte! Was hatte sie dem Manne gesagt? Der Chef würde nicht vor einer Stunde zurück sein, das hieß also:

nicht vor fünf Uhr. Eben war es vier Uhr fünfzehn Minuten. Noch wenigstens dreiviertel Stunden würde es dauern, bis der Chef käme. Vielleicht länger. Wenn wirklich Gefahr drohte – – – –

Annette überlegte. Es mußte etwas geschehen sein. Sie mußte handeln. Um wieviel besser haben es die Deutschen in solchen Fällen! Bei ihnen gibt es für alle Lebenslagen und vorkommenden Fälle eine Vorschrift oder Bestimmung. Man braucht nur hineinzublicken und weiß, was man zu tun hat. Annette hatte es nicht so einfach. Vorschriften gab es hier nicht, es gab nur ein Ziel.

Wieder blickte sie nach der Uhr. Es wird gleich halb fünf. Entschlossen nahm sie den Hörer vom Apparat und wählte eine Nummer. Es meldete sich die Assistentin Dr. Voisins. Annette fragte, ob sie Herrn Larousse sprechen könne, bekam aber die Auskunft, ihr Chef säße im Operationssessel. Vor Ablauf einer Viertelstunde sei es ausgeschlossen, ihn an den Apparat zu holen, es handle sich um eine komplizierte Extraktion.

Annette ließ ausrichten, es läge eine wichtige Angelegenheit vor, die baldige Rückkehr des Chefs wäre sehr wünschenswert.

In rascher Fahrt rollten die beiden Wagen mit Model und seinen Leuten dem Stadtinnern zu. Model saß wie auf Kohlen. Alle Augenblicke sah er nach der Uhr und stellte Berechnungen an.

«Nicht vor einer Stunde, hat die Sekretärin gesagt. Eine halbe Stunde ist bereits verstrichen. Mindestens fünfzehn Minuten dauert es noch, bis das Haus erreicht ist, in dem Gilbert sich jetzt befindet. Wenn unterwegs eine Panne eintritt oder sonstwie eine Verzögerung entsteht, kann die ganze Aktion mißlingen. Kein Mensch weiß, wie Gilbert aussieht – wie soll man ihn da fassen?»

Plötzlich bemerkte Model, daß das zweite Auto in dem nebligen Wetter offenbar den Anschluß verloren hatte. Er ließ halten und wartete. Endlich kam es heran, und weiter ging die Fahrt. Es war vier Uhr siebenundvierzig, als die beiden Wagen etwa fünfzig Meter vor dem Hause des Zahnarztes hielten.

In der Zwischenzeit hatte Stillmann den Charakter seines Zeltes geändert. Aus einer Horchzentrale war eine Befehlsstelle geworden. Von hier aus dirigierte er drahtlos seine Aushebungskommandos. Sobald seine Sendergruppe in Tätigkeit war, gab er die entsprechenden Befehle an drei der motorisierten Spezialtrupps, die sich sofort in Bewegung setzten und zu den Aufbauplätzen der Stationen eilten. Im gleichen Augenblick, in dem die Sender mit ihrer Arbeit aufhörten, hatten die Männer in die Häuser einzudringen und die Funker und etwa noch vorhandene Nachrichtenzubringer zu überwältigen; dann ging die eilige Fahrt zur Kaserne zurück.

Dr. Voisin legte den kleinen Metallspiegel auf die Glasplatte und schob das Tischchen mit den Instrumenten beiseite.

«So, Herr Larousse, das war eine schwierige Sache. Sie haben leider etwas zu lange gezögert, mich aufzusuchen. Aber ich hoffe, daß sich keine Komplikationen einstellen. Wir müssen die Klammern noch etwa zehn Minuten belassen, dann sind Sie befreit.»

«Ihre Sekretärin rief vorhin an», bemerkte die Assistentin. «Sie wollte Sie sehr dringend sprechen. Ich gab ihr die Auskunft — —»

Laut und anhaltend ertönte die Flurglocke. «Ich nehme heute keine Patienten mehr an», erklärte Dr. Voisin stirnrunzelnd, indes die Assistentin zur Tür ging.

«Herr Doktor bedauert», wandte sie sich an die beiden Herren, die vor ihr im Treppenflur standen, «vielleicht können die Herren morgen — —»

«Nein, Mademoiselle, wir sind keine Patienten, wir kommen von der Firma Larousse und müssen sofort den Chef —»

«Ach so! Ja, es wurde vorhin schon angerufen. Herr Larousse sitzt noch im Operationsstuhl, wird aber gleich frei sein. Wenn die Herren inzwischen hier nebenan — —»

Aber die beiden Männer drängten sie plötzlich sehr formlos beiseite und bedeuteten ihr, sich völlig ruhig zu verhalten. Auf der Treppe wurden Schritte hörbar. Uniformen tauchten auf, die Tür zum Behandlungszimmer wurde aufgerissen, Model betrat als erster den Raum, ging ruhigen Schrittes auf den Mann im Operationsstuhl zu und legte ihm die Hand auf die Schulter.

«Monsieur Gilbert», meinte er lächelnd, «ich bedaure, Ihnen gerade in dieser Situation zu dem körperlichen Unbehagen noch ein seelisches hinzufügen zu müssen. Sie haben es mir nicht leicht gemacht, Sie zu finden.»

*

«Ja, lieber Schuster, es ist eine geraume Zeit verstrichen, seit wir zum letztenmal hier saßen und unsere Gedanken wälzten. Oder kommt es mir nur so vor? Wann war es eigentlich?»

«Am 3. Oktober, also genau vor zwei Monaten. Kein sehr

langer Zeitraum. Aber auch mir scheint es, als läge ein Jahr dazwischen. Es ist viel geschehen in diesen Wochen.»

«Ja. Wir können uns gegenseitig gratulieren. Die „Rote Kapelle" hat ausgespielt.»

«Sind Sie dessen so sicher, Herr von Model?»

«Sicher? Nun, General Fellhammer würde sagen: Wie man's anschaut! Und ich denke, er hätte recht. Daß die „Rote Kapelle" in ihrer alten Gestalt tot ist, daran kann man wohl nicht mehr zweifeln. Aber was heißt denn „Rote Kapelle"? Es ist doch lediglich eine von uns für eine Gruppe von Menschen gegebene Bezeichnung. Wo aber ist der Anfang und wo das Ende jener Gruppe? Gibt es überhaupt ein Ende? Greifen nicht all diese Widerstandsorganisationen irgendwie und irgendwo ineinander? Was wir mit der Bezeichnung „Rote Kapelle" belegten, ist ein Ausschnitt. Man könnte den Begriff beliebig weit spannen, halb Europa gehört schließlich zur „Roten Kapelle". Wir haben einige Glieder zerschlagen. Aber wo es Tote gibt, dort gibt es auch Erben.»

«— und diese Erben werden uns nicht weniger zu schaffen machen, als jene, von denen das Erbe stammt.»

Schuster lehnte sich in seinen Sessel zurück, blies einige Rauchwolken von sich und blickte ihnen nach.

«Wie war denn das zum Schluß in Paris?» wandte er sich fragend an seinen Kameraden.

«Es ging ziemlich hoch her an jenem letzten Tage. Vier der Funker setzten sich zur Wehr und schossen zwei unserer Leute nieder. Ein anderer beging Selbstmord. Entkommen ist wohl keiner. Am nächsten Tag liefen etwa ein Dutzend Verbindungsleute an, die wir festnahmen. Aber sicher gibt es in Paris und anderwärts noch viele, die wir nicht kennen und die nach wie vor in Freiheit sind.»

«Ohne Zweifel.»

«In Lille hoben wir drei Tage später ebenfalls eine Station aus; es war eine Nebenlinie Gilberts, die auf dem Sprunge war, nach Holland hinüberzuwechseln.»

«Wie benahm sich denn Gilbert bei seiner Verhaftung?»

«Oh, ganz groß. Selbst in dieser für ihn fatalen Situation blieb er Franzose. Er sah sofort, daß sein Spiel zu Ende war und fügte sich mit einem verbindlichen Lächeln.»

«Hat er ausgesagt?»

«Bisher noch nicht. Aber seinen Sekretär konnten wir etwas zum Sprechen bewegen, wobei fraglich ist, inwieweit seine Angaben stimmen. Bisher erwiesen sie sich zum großen Teil als falsch.»

«Werden die Gilbert-Sender weitergespielt?»

«Jetzt nicht mehr. Bis vor wenigen Tagen geschah es aber. Nun haben wir einen besseren Weg gefunden; wir konnten nämlich seine Reserveverbindung in Betrieb nehmen.»

«Reserveverbindung?»

«Ja. Wir fanden in Gilberts geheimem Büro, das wir durch einen Zufall entdeckten, Aufzeichnungen über die Errichtung einer Ersatz-Funklinie, die in Aktion treten sollte, falls alle anderen Sender ausfallen würden.»

«Dies galt für den Fall, daß Gilbert nicht gefaßt würde?»

«Ganz recht. Der Funkplan hierfür war aber nur zu einem Teil eingetroffen, und dieses Fragment hatte Gilbert irgendwo versteckt. Jedenfalls konnten wir nichts finden. Der Sekretär hatte jedoch vier Wochen zuvor diesen eingetroffenen Teil entschlüsselt, ohne zu wissen, für welchen Zweck der Plan bestimmt war; er machte aus dem Gedächtnis einige rohe Angaben, woraus sich die Rufzeichen als vielleicht richtig erwiesen –»

«Wieso?»

«Ja, das ist eine komische Geschichte. Hasemann, derselbe Funker, der damals im Juni vorigen Jahres die ersten Funkverkehre der Brüsseler Station Kents beobachtete, hatte einen Sender gehört, der regelmäßig Anrufe gab, ohne eine Antwort zu bekommen. Als wir diese Feststellungen mit den Angaben Suchets verglichen, fanden wir einige Übereinstimmungen hinsichtlich der Rufzeichen.»

«Und wie war es mit den Wellen?»

«Da lag eben der Hase im Pfeffer! Von den Wellen wußten wir nichts und Suchet ebenfalls nicht. Dieser Teil des Funkplanes war leider verlorengegangen. Nun lag uns aber viel daran, gerade diese Funklinie zu spielen, denn auf die Dauer konnten wir natürlich nicht siebenundzwanzig Sender allein in Paris betreiben, um die Zentrale zu täuschen. Ich hatte die Absicht, die neue Linie in Betrieb zu nehmen und der Zentrale eines Tages mitzuteilen, die anderen Sender seien ausgehoben respektive stillgelegt worden.»

«Kein schlechter Gedanke.»

«Wir rechneten damit, aus den von der Zentrale eingehenden Funksprüchen wichtige Fingerzeige über weitere in Nordfrankreich tätige Gruppen zu bekommen. Gilbert war ja eine der bedeutendsten Persönlichkeiten des Agentenapparates der Zentrale und hatte sehr weitreichende Beziehungen.»

«Und was geschah weiter?»

«An sich erschien der Versuch, auf dem neuen Wege in einen Funkverkehr mit der Zentrale zu kommen, nahezu aussichtslos, da die eigenen Wellen, auf denen gearbeitet werden sollte, unbekannt waren. Trotzdem gelang es, und zwar durch einen Zufall.»

«Immer wieder dasselbe!» warf Schuster kopfschüttelnd ein.

«Ja, es ist ganz sonderbar, welche Rolle der Zufall in unserer Arbeit spielt. Hier war es diesmal ganz ungewöhnlich. Die Zentrale hatte wieder einmal eine Zeitlang gerufen, ohne Antwort zu bekommen. Plötzlich befahl sie Wellenwechsel und gab eine Frequenz an. Normalerweise ist in einem solchen Falle die Zahl überschlüsselt, jedoch diesmal stimmte die Kiste; man hatte sie offen gegeben!»

«Interessant!»

«Wir griffen sofort die Chance auf und gaben unsere Signale durch. Jetzt wurde unser Sender drüben gehört. Wir bekamen die Aufforderung, unsere Funksprüche durchzugeben.»

«Die lagen natürlich längst bereit?!»

«Selbstredend! Wir teilten also zunächst der Zentrale mit, daß der Funkplan verstümmelt angekommen sei und baten um eine Wiederholung.»

«Per Funk?»

«Freilich. Aber auch jetzt noch war es fraglich, ob der Verkehr je wieder zustandekommen würde. Jedoch war die Zentrale so klug, beim nächsten Anruf wiederum eine Ausweichstelle zu kommandieren, und zwar abermals mit einer offenen Zahl, worauf dann ein neuer Funkplan durchkam.»

«Ich verstehe. Nun konnten Sie alle anderen Stationen stillegen?!»

«Ja. Aber nun, lieber Freund, erzählen Sie mir doch einiges über ihre Arbeit in Marseille, nachdem Sie Kent ausgehoben hatten.»

«Pardon, das war nicht ich, sondern Bollmann höchsteigenhändig. Aber dies nur nebenbei. – Meine Arbeit war ebenfalls ganz interessant. Es galt, den südfranzösischen Raum sozusagen abzuschirmen, das heißt die Zentrale mußte in dem Glauben gehalten werden, Kent arbeite mit seinen guten Verbindungen ungestört weiter.»

«Klar, das machen wir ja in Nordfrankreich mit Gilberts Kiste ebenfalls.»

«Gewiß. Ich beschloß aber einen etwas anderen Weg, als den bisher üblich gewesenen, einzuschlagen. Sehen Sie, Herr von Model, alle bisherigen Täuschungsspiele sind ja in gewissem Sinne unnatürlich. Irgendwo sitzt ein Mann am Schreibtisch und erdichtet einen Funkspruch um den andern, indem er sich von der Wahrheit möglichst weit entfernt. Die Zentrale muß aber doch eines Tages merken, daß diese so fabrizierten Nachrichten unecht sind. Das zwingt sie, neue Kontrollagenten einzusetzen, die also gewissermaßen von uns herbeigelockt werden.»

«Wie wollen Sie es aber anders machen?»

«Mir kam eines Abends ein vielleicht etwas absonderlicher Einfall. Ich sagte mir, es käme doch darauf an, das Täuschungsspiel nach Möglichkeit echt zu führen und die Zentrale auf die Dauer glaubwürdig bei der Stange zu halten. Daneben sei es aber nicht nur interessant, sondern auch höchst wichtig, zu wissen, was eine gute Spionageorganisation auf Grund ihrer Beobachtungen in Wahrheit über alle sich in Südfrankreich abspielenden Dinge erkunden kann. Ich entschloß mich also, eine wirkliche echte Spionagegruppe gegen uns selbst zu organisieren.»

«Eine verteufelt schlaue Idee!» bemerkte Model.

«Ich tarnte mich daher als Engländer und gewann sehr bald einen früheren lettischen General, der in Marseille als Emigrant lebte. Er war gegen anständige Bezahlung und Lebensmittelpakete sofort bereit, eine erstklassige Spionagegruppe auf die Beine zu stellen und schaffte es auch in kurzer Zeit. Auf diese Weise erkennen wir nun fortlaufend unsere eigenen Schwächen in der Geheimhaltung und wissen, was wir der Zentrale an echt erscheinenden Meldungen bieten können. Es ist eine ausgezeichnete Selbstkontrolle. Der Chef dieser Gruppe und seine Leute haben natürlich auch nicht die blasseste Ahnung, daß sie von uns finanziert werden. Und in den an die Zentrale gehenden Funksprüchen erscheint Kent, der längst in sicherem Gewahrsam sitzt — als Mann mit besten Beziehungen. Wir dagegen kennen alle Wünsche der Zentrale und wissen, welche Ziele und Berichte für sie besonders wichtig sind. Unsere Meldungen werden natürlich entsprechend frisiert, dies kann aber nunmehr in einer sehr glaubhaft erscheinenden Form geschehen.»

«Famos, Schuster! Ganz großartig! Übrigens hat Bollmann seinen Lorbeerkranz überreicht bekommen; seit heute mittag trägt er den zweiten Stern auf seinen Achseln und das Kriegsverdienstkreuz I. Klasse mit Schwertern auf dem Bauche.»

«Ich mißgönne ihm weder das eine noch das andere. Es gibt Dinge, die mich mehr interessieren als Bollmanns Sterne und Kreuze. Was ist mit Stalingrad?»

«Hitler hat erklärt, er wolle daraus kein zweites Verdun machen. Er wird Wort halten. Verdun kostete uns etwa einhundertfünfundzwanzigtausend Mann an Toten. Bei Stalingrad sind fast dreihundertdreißigtausend Mann eingeschlossen. Mit dem Befehl, zu kämpfen oder zu sterben! Ohne Aussicht auf Entsatz! Eine Kapitulation kommt nicht in Frage. Also wird es — — kein „Verdun" geben. Es gibt dafür ein — — S t a l i n g r a d !»

Beide Männer sahen sich einige Augenblicke stumm an. «Ist es nicht sonderbar», meinte Schuster nach einer Weile, «daß das Ende der „Roten Kapelle" genau mit dem Ende der deutschen Siege und mit dem Beginn unserer Niederlagen zusammenfällt?»

«Ich halte dies nicht für einen Zufall. Mit dem Ende der „Roten Kapelle" beginnen die Früchte ihrer Arbeit zu reifen. Wenn diese Leute jetzt sterben, dann tun sie es in der Überzeugung, das erreicht zu haben, was sie wollten. Auf jeden Fall haben sie durch ihr Handeln so nachhaltig den Ablauf des Geschehens beeinflußt, daß man in späteren Jahren die Geschichte des zweiten Weltkrieges nicht wird schreiben können, ohne die „Rote Kapelle" zu nennen und zu würdigen.»

*

Der Beginn des Prozesses gegen die Mitglieder der „Roten Kapelle" war auf den 17. Dezember festgesetzt worden.

Des Prozesses? — Nein, es wird keinen Prozeß geben, der dem Umfange dieser Organisation entsprechen würde. Soll man einen Monstreprozeß aufziehen und die Augen der Öffentlichkeit darauf lenken? Soll man Zuhörer zu den

Verhandlungen in Berlin vor dem Kriegsgericht zulassen und damit die Gefahr heraufbeschwören, daß Tausende oder gar Millionen von all dem erfahren, was hier geschah? Soll man das Risiko eingehen, daß die Gedankengänge der Angeklagten Verbreitung finden?

Es gibt deshalb keinen „Prozeß Rote Kapelle". Wohl aber gab es in Berlin, Brüssel und Paris zwei Dutzend oder mehr Einzelprozesse. In jedem von ihnen wurde gegen fünf, acht oder zehn, höchstens gegen fünfzehn Personen verhandelt. Sie folgten einander in Abständen von mehreren Wochen.

Harro hatte für sich und die Mitangeklagten der Berliner Gruppe ein Jahr Frist ausbedungen. Nun schön – die Gestapo wird ihre Zusage halten, wenn auch auf ihre Art. Ein Jahr wird es dauern, bis die letzten der Angeklagten vor ihre Richter treten. Die Hauptgruppe soll aber sofort abgeurteilt werden.

Den Anfang sollen in Berlin Harro und Arwid mit ihren Frauen und einige ihrer nächsten Mitarbeiter machen. Dreizehn Personen zählt diese erste Gruppe. Die Verhandlung findet vor dem Kriegsgericht in der Witzlebenstraße in Charlottenburg statt. Drei Tage soll dieser Prozeß dauern. Dann kommt der nächste an die Reihe.

Es s o l l keinen geben, der a l l e Zusammenhänge kennt. Darum wird jede Gruppe so behandelt, als gehe es bei ihr um eine völlig für sich stehende Angelegenheit. Es ist jedesmal ein neuer Fall. Mit neuen Angeklagten, neuen Richtern, neuen Beisitzern, neuen Akten und neuen Anklagen. Nur das Stichwort „Rote Kapelle" verbindet all diese Einzelprozesse, von denen jeder eine römische Zahl trägt.

Selbst die Gestapo hat innerhalb der eigenen Organisation das Prinzip verwirklicht, daß die rechte Hand nicht wissen darf, was die linke tut. Mehr noch: Auch die einzelnen Finger einer Hand dürfen voneinander nichts wissen.

Das Gesamtgetriebe der Staatsmaschinerie kennt kein logisches und organisches Ineinandergreifen aller Räder.

Es kennt nur Einzelzellen, nach e i n e m Ziel ausgerichtet und jede für sich darauf zusteuernd.

Es soll kein Mensch und keine Dienststelle zu viel wissen. Darum droht der Tod jedem, der zu viel nach rechts und links blickt.

Es darf niemand von dem anderen wissen, was abseits seines eigenen Weges liegt. Man braucht in einem totalitär regierten Staate keine lästigen Zeugen und Mitwisser. Was man braucht, das ist das Volk, bestehend aus Männern und Frauen, die gläubig zu dem herrschenden System aufblicken und die den Nachbarn für einen anständigen Menschen halten. Wohin würde es führen, wenn jeder einzelne auch von dem Kenntnis hätte, was im Interesse der Staatsraison besser verborgen bleibt – ?!

Hopf und seine Sekretärin waren inzwischen versetzt worden. Man brauchte ihr persönliches Zeugnis für den Prozeß nicht mehr. Ihre Ermittlungen sind aktenmäßig festgelegt. Model und Schuster werden nicht als Zeugen herangezogen. Auch sie sollen keinen Einblick in die letzten Dinge haben und die Gesamtheit der Angeklagten nicht kennenlernen. Mit den „technischen Aushebungen" ist ihre Arbeit getan.

Es gibt in diesem Prozeß überhaupt keine Zeugen – mit Ausnahme der eigenen Geständnisse der Angeklagten und der entzifferten Telegramme. Und diese wiegen hundert Zeugen auf. Sie geben dem Gericht die Möglichkeit, Behauptungen aufzustellen, gegen die die Angeklagten sich verteidigen sollen. Aber sie tun dies gar nicht. Sie beschränken sich darauf, die Motive für ihr Handeln zu nennen und ihre politischen Gedankengänge zu erläutern.

Sie wenden sich auch nicht dagagen, wenn das Gericht zu irrigen Kombinationen kommt und falsche Zusammenhänge zur Grundlage für die Prozeßführung macht. Sie haben keinen Anlaß, dem Gericht die wahren Zusammenhänge klarzulegen. Meist kennen sie sie selbst nicht.

Es ist das Prinzip der illegalen Arbeit, daß nur die Mitglieder kleinster Gruppen einander kennen und nur die Führer dieser Grüppchen voneinander wissen – soweit dies überhaupt erforderlich ist. Die meisten der Angeklagten hören erst jetzt, daß sie Mitglieder einer großen Organisation waren.

Erst jetzt, nach mehr als drei Monaten der Haft, sehen diese dreizehn Männer und Frauen einander wieder. Auch Harros Chef ist unter jenen, die in diesem ersten Prozeß abgeurteilt werden. Er hat ungewollt und unbewußt an Harro und seine Mitarbeiter Informationen gegeben. Nun trifft auch ihn das Verhängnis.

Eine knappe Stunde nach Verkündung der Urteile startet ein Flugzeug nach Berchtesgaden. Dort, auf dem Berghof, inmitten der majestätischen, gewaltigen Gebirgswelt, erfolgt die Unterzeichnung. –

«Werden wir es schaffen, Pilot?»

«Kaum, Genosse Oberst. Der rechte Motor setzt ständig aus; da der Wind von Osten bläst, ist es fast unmöglich, den Kurs zu halten. Zudem wird der Sturm immer heftiger.»

Als wollte das Wetter die Richtigkeit dieser letzten Äußerungen unter Beweis stellen, traf eine starke Bö das Flugzeug von der Seite und schüttelte den Apparat wie rasend. Der Pilot hatte alle Hände voll zu tun, um die Maschine im Gleichgewicht zu halten. «Hundewetter, elendes!» knurrte er mißmutig.

«Wie orientieren Sie sich eigentlich bei diesem unsichtigen Wetter?» fragte der Oberst.

«Bisher konnte ich den Flußlauf noch ab und zu erkennen, aber es beginnt bereits zu dunkeln, und die Sicht wird immer schwieriger. Sehen Sie, dort unten rechts, das ist – Kletzkaja. Und drüben macht der Don den scharfen Knick nach Nordosten. Ich will versuchen, bis Katschalinskaja zu kommen. Dort in der Nähe kenne ich einige Stellen, auf denen wir ohne Gefahr landen könnten. Wir müssen die Nacht über da bleiben. Morgen früh will ich sehen, daß ich den zweiten Motor wieder in Gang bekomme.»

«Sind Sie diese Strecke schon oft geflogen?»

«Es dürfte heute wohl das dreißigste Mal sein, Genosse Oberst. Unsere Staffel mußte im Dezember und Januar die 512. Division mit Nachschub aus der Luft versorgen. Diese Division rückte damals von Katschalinskaja längs des Don nach Süden vor; es war die erste Operation, die uns in den Rücken der 6. deutschen Armee führte.»

«Die Reste dieser Armee haben heute kapituliert.»

«Ich hörte es kurz vor unserem Start.»

Der Pilot hantierte an den Instrumenten und Griffen. Angestrengt blickte er zur Erde. Auch die beiden anderen im Flugzeug, von denen der eine sich bisher in Schweigen gehüllt hatte, ließen ihre Augen über die Gegend schweifen. Vor ihnen war nichts als weiße Weite. Es schien, als wäre die ganze Welt in Watte gehüllt. Langsam kroch eine graue Dämmerung heran.

«Dort liegt Katschalinskaja!» rief der Flugzeugführer plötzlich.

«Wo?»

«Rechts drüben! Ein halbes Dutzend Häuser ist von dem Ort noch übrig geblieben. Ich werde etwas nördlich davon landen. Dort ist der Boden sehr eben. Die dünne Schneedecke kann uns bei der Landung nicht gefährlich werden. Bitte anschnallen!»

In einer großen Schleife glitt die Maschine hinab, stellte sich gegen den Wind und setzte zur Landung an. Dann rollte sie auf dem hartgefrorenen Boden aus. Das gefährliche Manöver war glänzend gelungen.

«Bravo, Pilot, da wären wir nun. Aber was jetzt?» fragte der Oberst, nachdem der Flugzeugführer den Motor abgestellt hatte.

«Tja», meinte dieser, «ich muß nun wohl bei der Maschine bleiben. Vor acht oder neun Uhr morgens werden wir nicht starten können. Ich denke, Sie, Oberst, und Hauptmann Nekrassow versuchen drüben in dem Ort irgendwo unterzukommen. Es wird sich schon eine Möglichkeit finden. Jedenfalls können Sie da die Nacht besser verbringen als hier in der Maschine.»

«Sie haben recht. Probieren wir es. Kommen Sie, Nekrassow!»

Die beiden Offiziere nahmen ihre beiden Handkoffern und kletterten aus dem Flugzeug. Draußen empfing sie der eisige Wind, der aus den Weiten Sibiriens herüberfegte. Ringsum war alles gespenstisch lautlos, nur das Pfeifen in der Luft schwoll in Abständen an und verlor sich wieder.

Beide Männer hatten sich der fast ganz zerstörten Ortschaft zugewandt. Sie stapften durch den Schnee wie durch feinen, weißen, rieselnden Sand.

Der Flugzeugführer hatte die Maschine auf dem breiten Hochplateau gelandet, wo eine nur sehr dünne Schneeschicht den Boden bedeckte; nur wenige hundert Meter davon begannen die welligen weißen Wehen.

Das Gehen wurde schwierig. Immer höher wurde der Schnee. Zudem hatte ein feines glitzerndes Treiben eingesetzt, das die Sicht benahm.

Der ganze Weltenraum schien in unzähligen Kristallen herabzusinken. Keuchend bahnten die zwei sich Schritt für Schritt ihren Weg. Zuweilen blieben sie stehen und verschnauften. Dann hörte man aus unendlicher Ferne ein paar Wölfe heulen.

«Ja, Alexander Petrowitsch», bemerkte der Oberst, indem er seinen Koffer aufnahm und sich zum Gehen wandte, «so wie wir beide, so stampfen jetzt hunderttausend deutsche Kriegsgefangene nicht weit von hier durch die Gegend. Sie müssen sogar gegen den eisigen Wind ankämpfen, wir dagegen haben ihn wenigstens halb im Rücken.»

«Ob wohl viele von ihnen das lange durchhalten werden?» fragte Hauptmann Nekrassow.

Oberst Nikitin zuckte die Achseln. Dann trotteten sie weiter. Der Schnee rieselte herab. Ab und zu versuchte die Scheibe des Vollmondes durch den dichten weißen Schleier zu dringen und warf dann ihr kaltes Licht auf die unermeßlich weite eintönige Schneefläche, die so beklemmend still war, daß man das Empfinden hatte, schreien zu müssen, um dieses lastende Schweigen zu zerreißen.

Endlich tauchten die ausgebrannten Ruinen von Katschalinskaja auf. In der starren Schneelandschaft nahmen sie sich doppelt unheimlich aus und wirkten wie Bilder einer untergegangenen Welt. Von irgendwoher hörte man das klagende Winseln eines Hundes. Sonst schien alles tot und verlassen.

Die beiden Männer gingen zwischen den zerstörten Häusern umher. Plötzlich standen sie vor einem kleinen Gartenhäuschen, das wie durch ein unerklärliches Wunder dem Toben des menschlichen Vernichtungswahnsinns entgangen war. Die Tür war nicht verschlossen, die Inneneinrichtung unversehrt; selbst die Fensterscheiben waren intakt. Über dem Tisch inmitten der geräumigen Wohnstube hing eine halbgefüllte Petroleumlampe.

Nikitin holte ein Feuerzeug aus der Tasche und zündete den Docht an, dann setzte er den Glaszylinder auf; warmes Licht erfüllte den Raum. Nekrassow suchte einige Scheite Holz und machte in dem großen Lehmofen Feuer. Er räumte die herumstehenden Schemel und Stühle beiseite und zog die bunten Kattunvorhänge vor die kleinen Fenster. Man brauchte hier nicht mehr große Sorgfalt auf Verdunkelung zu legen, die Front war jetzt Hunderte von Kilometern entfernt.

Schweigend packten die beiden Männer ihre Koffer aus und holten ihren Reiseproviant hervor – geräucherten Schweinespeck und Roggenbrot. Nekrassow hatte über das offene Feuer einen kleinen Kessel mit Wasser gehängt, der langsam zu summen begann. Eine behagliche Wärme durchzog das Zimmer. Das brennende Holz knisterte. Draußen heulte der Wind.

Nikitin und sein Begleiter tranken Tee und schnitten schmale Speckstreifen herunter, die sie auf das Brot legten. «Es ist wie im Märchen», bemerkte Nekrassow kauend. «Ein Haus, das auf unseren Besuch zu warten schien. Es fehlte nur noch der bereits gedeckte Tisch.»

«Sie verlangen zuviel, mein Lieber. Ein klein wenig muß man schon selber dazutun, wenn ein Märchen in Erfüllung gehen soll. Aber Sie haben nicht ganz unrecht. Dort drüben auf der breiten Ofenbank werden wir ein warmes Nachtlager finden. Mehr könnten wir uns nicht wünschen.»

Als das Mahl beendet war, zog Nekrassow sich den Mantel wieder an und ging zur Tür. «Nanu, wohin wollen Sie denn noch? Einen Inspektionsgang machen?» fragte Nikitin.

«Nein, Oberst. Aber unser Holzvorrat geht zu Ende, und die Nacht ist lang. Ich will versuchen, etwas Brennbares zu beschaffen.»

«Das wird nicht schwer fallen. Aber warten Sie, ich komme mit; möchte mich in dem verlassenen Nest noch einmal umsehen.»

Beide Männer traten vor die Haustür. Es hatte zu schneien aufgehört. Der Himmel war ganz klar. Das fahle Mondlicht beleuchtete die Ruinen und warf deren Schatten hart und scharf in die Landschaft. Der Ort war in der Tat völlig verlassen, keine lebende Seele war wahrnehmbar.

«Wie wunderbar die Sterne scheinen», bemerkte Nekrassow, «so als mache es ihnen Freude, die Dinge auf unserer Erde zu betrachten.»

«Von weitem gesehen, mag sich das ganz interessant ausnehmen», brummte Nikitin, «hier unten ist man zu sehr von den Geschehnissen mitbetroffen, als daß man sie mit Philosophie betrachten könnte. Übrigens ist das Sternbild dort im Süden, das Sie so zu interessieren scheint, der Orion, eine der bemerkenswertesten Sterngruppen. Und genau darunter muß hinter der Horizontlinie Stalingrad liegen.»

«Ja — Stalingrad — — die Schicksalsstätte Hitlers — —»

«Es sind kaum vierzig Werst Luftlinie bis dorthin. Gestern noch muß der Kampflärm hier sehr deutlich hörbar gewesen sein. Nun herrscht Ruhe über dem Grabe der 6. deutschen Armee und den Hoffnungen Hitlers.»

Nikitin hatte mit seinem Mitarbeiter den Südrand des Ortes erreicht. Beide Männer blickten in die endlose Weite hinaus. Drüben in der Ferne lag Stalingrad. Fünf Monate hindurch hatte der Schlachtenlärm dort getobt. Heute schwiegen die Geschütze. Aber die beiden Offiziere, die hier vor den letzten zerstörten Häusern einer untergegangenen Ortschaft standen, hatten das Gefühl, als müßten die Seelen der Gefallenen weiter in der Luft kämpfen, wie einst auf den katalaunischen Feldern.

«Ja, Alexander Petrowitsch», unterbrach Nikitin das Schweigen, «die deutsche Führung wird manchmal ratlos vor der Frage gestanden haben, woher wir wohl die Kenntnisse von der Lage bei unserem Gegner hatten. Das System unseres modernen Informationsdienstes hat seine höchste Bewährung abgelegt und seine Krönung mit dem Siege von Stalingrad gefunden. Sie als Leiter jener Gruppen, die uns in so vollendeter Weise mit Nachrichten versorgten, stehen damit als eine historische Persönlichkeit in der Geschichte der Gegenwart.»

«Ich glaube, Oberst, es gibt in unserer Zeit keine historischen Persönlichkeiten, sondern historische Ideologien.»

Schweigend hatten die beiden Männer den Weg zu ihrem Quartier zurückgelegt und unterwegs sich mit Brennholz beladen. Als das Feuer in dem großen Ofen wieder lebhaft aufflammte, setzten sie sich davor und blickten sinnend in die prasselnde Glut.

«Ja», begann Nikitin nach einer Weile wieder das Gespräch, «die Berliner Gruppe zahlt nun mit dem Leben der meisten Mitglieder. Nur wenige werden ihrem Schicksal entgehen. Was aber wurde aus jenen Westgruppen der „Roten Kapelle", wie die Deutschen die Teile der Organisation bezeichneten, deren Ermittlung ihnen gelang?»

«Wiesner ist vor einer Woche entkommen.»

«Entkommen?»

«Ja, durch einen Husarenstreich. Er hatte schon einige Zeit vorher ein Warnzeichen durchgegeben, das uns die Täuschung offenbarte. Es gelang ihm eines Spätabends, den ihn bewachenden Mann in seinem Zimmer einzuschließen und das Freie zu gewinnen. Er wandte sich nach Holland und trat in Verbindung mit einer dort arbeitenden Gruppe, über die er mit uns Fühlung aufnahm. Ich habe aber nicht die Absicht, ihn nochmals für unsere Arbeit einzusetzen.»

«Sehr richtig! Und Gilbert?»

«Er wurde vor drei Tagen von einigen seiner Leute befreit. Dadurch ist das ganze Täuschungssystem der Deutschen zusammengebrochen.»

«Auf welche Weise hatten Sie erkannt, daß die Deutschen seine Station ausgehoben und ihn festgenommen hatten?»

«Durch Harry. Allerdings erst drei Wochen nach dem deutschen Zugriff. Die Deutschen hatten den Verkehr so geschickt gehandhabt, daß bei uns kein Verdacht aufkam; selbst die Kontrollzeichen gaben sie regelmäßig durch. Harry dagegen zögerte, seine Verbindung mit uns aufzunehmen, bevor er alle Sicherungen getroffen hatte. Erst Mitte Dezember tat er dies.»

«Arbeitet er jetzt ganz selbständig?»

«Nein, in Verbindung mit Rado.»

«Wissen die Deutschen von der Arbeit der Gruppe Rado schon etwas?»

«Ja, sie sind hinter ihm her, wie Hunde hinter einem Hirsch. Aber sie können nichts erreichen, weil er sich auf neutralem Gebiet – Sie wissen ja, in Genf – befindet. Sie bezeichnen seine Station mit dem Namen „Die Rote Drei". Aber ich glaube, sie werden über dieses Kennwort nicht weit hinauskommen.»

«Es darf auch nicht geschehen. Rado ist der wichtigste Mann, den wir drüben haben. Seine Arbeit ist unschätzbar.»

«Er hat die Reste der Gruppen Gilbert, Coro und Arwid übernommen und verfügt jetzt über mehr als achtzig verläßliche Mitarbeiter.»

«Was ist mit Kent?»

«Er arbeitet weiter. Ich bin aber nicht sicher, ob der Verkehr echt ist. Seine letzten Berichte haben Verdacht ausgelöst. Ich habe Harry beauftragt, in Marseille Nachforschungen anzustellen. Wenn wir heimkehren, hoffe ich das Ergebnis vorzufinden.»

«Ja, Alexander Petrowitsch, ähnlich ist es in Belgien und Holland. Wir wissen momentan noch nicht, welche der alten Funkverkehre echt sind und welche nicht. Aber Rado ist auf jeden Fall echt! Und er bleibt es auch! Gemessen an seiner gewaltigen Organisation sind die Gruppen der „Roten Kapelle" sehr bescheidene Anfänge. Die „Rote Kapelle" hat die Pionierarbeit geleistet; wir werden ihr ein ehrendes Gedenken bewahren. Die „Rote Drei" wird die große Aufgabe erfolgreich zu Ende führen.»

«Davon bin ich fest überzeugt.»

«Und Ihnen, lieber Genosse, gebührt das Verdienst, diese für uns so entscheidend wichtige Gruppe in aller Stille aufgebaut zu haben. Mit dem heutigen Tage, mit dem Abschluß des Kampfes um Stalingrad, ist der Krieg entschieden. Was jetzt folgt, ist nur noch der Ausklang eines gewaltigen Dramas, das hoffentlich das letzte in diesem Jahrhundert ist.»

Nekrassow sah seinen Chef zweifelnd an. «Vielleicht – wenn die Menschheit den Weg der Vernunft findet. Geschieht dies nicht, so könnte das nächste Drama leicht zur Tragödie für das Menschengeschlecht werden.»

«Möglich», gab Nikitin zu, «obwohl ich mich Ihrer Auffassung nicht ganz anschließen möchte. Solange es uns gelingt, die ideologische Kluft in allen Staaten der Welt aufrechtzuerhalten, solange haben wir die Chance, jeden Krieg zu gewinnen, ganz gleich, wer jemals sich gegen uns stellen sollte. Die „Rote Kapelle", die „Rote Drei" und all jene Gruppen, die für uns arbeiteten oder noch arbeiten, sind keine Einzelfälle und keine Zufälligkeiten mehr. Es sind Symptome und Symbole unserer Zeit. Sie zu erhalten, muß unsere Aufgabe für die Zukunft sein. Wenn dieser Krieg zu Ende gegangen sein wird, dann werden wir mit Energie und Umsicht darangehen, das vorzubereiten, was uns für spätere Fälle das Übergewicht geben muß. Wir werden nicht erst warten, bis die Schatten neuer Konflikte drohend am Himmel stehen. Die „Roten Kapellen" der Zukunft werden wir organisieren, noch ehe die Tinte der Unterschriften unter den kommenden Friedensverträgen trocken ist. Dann aber wollen wir ein Informationsnetz aufbauen, wie es die Welt noch nicht gesehen hat.»

NACHWORT

Die auf dem Schlachtfelde von Stalingrad von dem russischen Oberst Nikitin erwähnten Gedankengänge sind in den Jahren nach dem Zweiten Weltkriege von der Sowjetunion verwirklicht worden. Die geistige Aufspaltung der Völker ist unter Leitung Moskaus bis zum Übermaß gediehen. Sie ist die Grundlage einer Agentenarbeit größten Umfanges.

Während des Krieges nutzte der sowjetische Informationsdienst die Widerstandsbewegung gegen das Hitler-System vielfach mit Erfolg aus. Der Fall „Rote Kapelle" ist ein Beispiel dafür. Heute sucht man den Nährboden auf breiterer Basis, und man findet ihn überall, wo die ideologische Zerrissenheit die Menschen in ihrer seelischen Bereitschaft zu Werkzeugen der sowjetischen Spionage prägt.

Aus den Dutzenden der „Roten Kapelle" von einst sind Hunderte und Tausende geworden. Sie sitzen in den Redaktionsstuben, in den Zirkeln Intellektueller, in den Rundfunkzentralen, bei Post und Eisenbahn und überall dort, wo Nachrichten gewonnen oder verbreitet werden können. Noch drücken sie nicht auf die Taste, um ihre Funksprüche an den „Direktor" durchzugeben. Zu verhindern, daß es je geschieht, wäre gleichbedeutend mit der Bewahrung des Abendlandes vor dem Bolschewismus.

Schlüssel-Tafel

Erika v. Benkendorff = Erika v. Brockdorff. Ehefrau des Grafen Cay v. Brockdorff. Geborene Schönfeld. Tochter eines Briefträgers. War zuerst Mannequin, dann Bardame, führte einen Massagesalon. In ihrer Wohnung stand zeitweise der eine Berliner Sender. War Nachrichtenzubringerin, Verbindungsperson und Propagandistin. Wurde zum Tode verurteilt, dann aber zu zehn Jahren Gefängnis begnadigt. Starb im Gefängnis.

Bernard = Deckname eines Funkers Kents während seiner Tätigkeit in Belgien. Es gelang ihm, eine Anstellung als Mechaniker im Materialdepot des Höheren Nachrichtenführers in Brüssel zu bekommen. Lieferte eine Fülle wertvoller Nachrichten an Kent. Richtiger Name und Schicksal unbekannt.

Bogdan = Michail Makarow, sowjetrussischer Offizier. Decknamen: „Charles", „Chemnitz", „Carlos Alamo". Besaß einen falschen uruguayischen Paß. Kam Anfang 1939 über Stockholm–Kopenhagen–Ostende–Paris–Antwerpen nach Brüssel und trat dort in Verbindung mit anderen russischen Agenten, darunter Kent. Verbleib unbekannt, wurde vermutlich mit Daniloff wegen Spionage hingerichtet.

Carnot = Deckname eines unbekannt gebliebenen Funkers und Unteragenten von Gilbert in Paris.

Coro = Siehe Harro Müller-Boyd.

Dimitroff = Anton Daniloff. Sowjetrussischer Offizier. Vor seinem Einsatz in Brüssel bei Kent war er in der Sowjetbotschaft in Paris tätig gewesen. Verbleib unbekannt; wurde vermutlich wegen Spionage hingerichtet.

Elja = Margarete Barcza, geb. Singer. Deckname „Blonde". Freundin Kents. Konnte zusammen mit Kent bei der Aushebung der Brüsseler Station am 13. 12. 1941 entkommen, wurde im November 1942 in Marseille festgenommen. Lebt jetzt in Frankreich.

Erdberg, Alexander. War bei der Handelsvertretung der Sowjetunion in Berlin beschäftigt. Übergab an Adam Kuckhoff einen Sender und 12 000 Mark.

Esther = Sofia Poznanska. Chiffreurin von Kent in Brüssel. Wurde bei der Aushebung am 13. 12. 1941 in der Brüsseler Villa zusammen mit mehreren anderen Personen verhaftet. Beging Ende September 1942 in Brüssel Selbstmord.

Gieseke = Siehe Karl Hannemann.

Gilbert = Leopold Trepper. Benutzte auch den Decknamen Otto. Chef der Pariser Gruppe der „Roten Kapelle". 1930 in Palästina. 1931 in Paris, verschwand aber bald wieder. Hatte schon vor seiner Palästinareise bei der sowjetischen Botschaft in Paris gearbeitet. 1932/36 in Moskau. Baute im Anschluß daran in Belgien die dortige Gruppe der „Roten Kapelle" auf. Gründete 1938 die Simex-Gesellschaft als Tarnunternehmen für die Agentengruppe. Im Jahre darauf gründete er in Paris eine Zweigstelle der Simex, Boulevard Haussmann 24. Im Juni 1940 wieder in der Sowjetunion, kehrte bald darauf nach Paris zurück und arbeitete fortan als Chef der Pariser Gruppe, während die belgische Gruppe von Kent übernommen worden war. Ende 1942 verhaftet und umgedreht. Ende 1944 gelang es ihm zu entkommen. 1946 wieder in Paris aufgetaucht.

Louis Granet = Deckname eines Agenten Kents in Marseille. Keine Identifizierung.

Adam Grauhoff = Adam Kuckhoff. Film- und Bühnenschriftsteller. Besorgte die geistige Analyse der Künstlerschaft, d. h. die Feststellung, welche Künstler für die Aufgaben der „Roten Kapelle" verwendbar waren. In seiner Wohnung befand sich eine Zeitlang der eine Sender. Verhandelte persönlich mit Erdberg von der sowjetischen Handelsvertretung, der ihm den Sender und 12 000 Mark gab. Hatte eine Zeitlang die Kasse der Organisation der „Roten Kapelle". Kent war bei Kuckhoff und richtete bei ihm eine Agenten-Anlaufstelle ein. Kuckhoff wurde am 11. 9. 1942 in Prag verhaftet, im Jahre 1943 zum Tode verurteilt und hingerichtet.

Greta Grauhoff = Greta Kuckhoff, geb. Lorke. Ehefrau des Schriftstellers Adam Kuckhoff. Eine der fanatischsten Aktivistinnen der Deutschlandgruppe der „Roten Kapelle". Überzeugte Marxistin und Kommunistin. War Nachrichtenübermittlerin, Propagandistin, Verbindungsperson usw. Im Dezember 1942 zum Tode verurteilt, dann aber zu 10 Jahren Gefängnis begnadigt. Bei Kriegsende von den Russen befreit. Verfaßte nach dem Kriege mit Günther Weisenborn und anderen einen Kollektivbericht mit einseitiger Darstellung der Arbeit der „Roten Kapelle" im Sinne einer reinen Widerstandsbewegung. 1946 am Berliner Rundfunk tätig, 1947 Ministerialdirigentin im Auswärtigen Amt der sogenannten „Deutschen Demokratischen Republik". Seit 1951 Präsidentin der ostdeutschen Notenbank. War früher eine Zeitlang Mitarbeiterin an einer Zürcher Tageszeitung gewesen.

Pierre Goudard = Deckname des Funkers Kents in Marseille.

Gülzow = Hans Herbert Gollnow. Konsulatssekretär im Auswärtigen Amt, nebenbei Student an der Berliner Universität, Auslandswissenschaftliche Fakultät. Oberleutnant der Luftwaffe, Referent für Luftlande- und Fallschirmunternehmungen und Sabotage bei der Abwehrabteilung des OKW. Nahm englischen Unterricht bei Mildred Harnack, verliebte sich in die Frau und wurde von ihr ausgefragt. Verriet verschiedene Luftlandeeinsätze, ebenso Agenteneinsätze in England via Norwegen, ferner geplante Sabotageunternehmen gegen Clipper-Flugzeuge in Lissabon. Wurde zum Tode verurteilt und hingerichtet.

Hankel, Dipl.-Ing. = Hans Heinrich Kummerow. Dr., Dipl.-Ing. Ingenieur bei Lœwe-Opta-Radio, Berlin. Seit 1928 im Dienste des holländischen, belgischen und französischen Spionagedienstes. Ging dann zum sowjetischen Spionagedienst. Verbindung über die sowjetische Handelsvertretung. Sehr tätig, bekam viel Geld. Arbeitete in der Hauptsache selbständig. Kam durch Zufall in Verbindung mit Kreisen der „Roten Kapelle". Verriet Geheimnisse über deutsche Rüstungsarbeiten. Übergab Handskizze einer ferngesteuerten Bombe (ikonoskopische Bombe) an einen russischen Agenten während des Rußlandfeldzuges. Die Bombe wurde in der Gegend von Nauen hergestellt. Verriet „Luftengel"- und „Bodenengel"-Geräte. Verriet Wasserstoffsuperoxydantrieb für V-Waffen und Torpedos. Verriet ferner sämtliche Versuche der Auer-Gesellschaft in bezug auf chemische Kampfstoffe. Seine Frau war seine Mitarbeiterin gewesen. Beide wurden zum Tode verurteilt und hingerichtet.

Karl Hannemann = Gustav Gieseke. Richtiger Name Bruno oder Albert Hössler. Kommunistischer Funktionär. 1933 nach der Tschechoslowakei, später nach Holland und Belgien. Spanienkämpfer auf roter Seite. Dann politische und nachrichtendienstliche Ausbildung in der Sowjetunion. Bei Gomel mit Fallschirm abgesetzt; lief bei Schulze-Boysen an. Trat unter den Decknamen „Helmut Wiegner", „Franz Stein" und „Walter Stein" auf. Arbeitete als Funker mit Coppi aus der Wohnung der Erika v. Brockdorff.

Hans = Hans Coppi. Werkzeugmacher. War einer der Berliner Funker der Deutschlandgruppe der „Roten Kapelle". Sehr aktiv. Seine Ehefrau Hildegard war ebenfalls in der Organisation tätig. War Werkmeister und Funkmechaniker bei der Firma Radio-Lœwe, wo er Sabotage betrieb. Wurde ebenso wie seine Frau zum Tode verurteilt und hingerichtet.

Harry = Harry oder Henry Robinson, geb. 1897, in St. Gilles (oder in Frankfurt a. Main?). Benutzte soviele falsche Pässe, daß eine sichere Personalfeststellung sich als unmöglich erwies. Decknamen: Albert Bucher, Alfred Doyen, Harry, Baumann, Leon, Merian. War Funktionär der Kommunistischen Internationale. Später Angehöriger des technischen Apparates der Kommunistischen Internationale, Abt. Ausland, Westeuropäisches Büro. Lange Jahre in Berlin. Letzter Chef: Dimitroff. Dann als Agent in Paris. Spezialität: Werkspionage. Zusammenarbeit mit sowjetischem Militär-Attaché in Paris. 1940 mit Trepper in Brüssel; organisiert belgische Sektion der „Roten Kapelle". Dann Paris. Im Zusammenhange mit den Aushebungsaktionen gegen Gilbert später verhaftet. Konnte entkommen. Späteres Schicksal nicht ganz geklärt; anscheinend in kanadische Spionageaffäre verwickelt.

Arwid Hartmann = Dr. Arwid Harnack. Oberregierungsrat im Reichswirtschaftsministerium. Dr. phil. und Dr. rer. pol. Geistiges Haupt der Deutschlandgruppe der „Roten Kapelle". Richtete die Funkverbindungen nach der Sowjetunion ein; sie gingen später in die Regie von Schulze-Boysen über. Hatte viele Verbindungen nach den Weststaaten und den USA. War illegal Lehrer bei der Masch-Bewegung (Marxistische Arbeiter-Schulung). Bildete Wirtschaftsfunktionäre aus. Lieferte viele wichtige Informationen über die Lage der deutschen Kriegsindustrie nach Moskau. Wurde mit der ersten Gruppe im Dezember 1942 abgeurteilt und am 22. 12. 1942 hingerichtet.

Eugen Hasselbach = Richtiger Name Tohmfor, Direktor bei Lœwe-Opta. Stand in engstem Zusammenhang mit der Affäre Kummerow (siehe diesen). Wurde 1943 hingerichtet; seine Ehefrau erhielt eine Freiheitsstrafe.

Dr. Arwid Harnack

Dr. Adam Kuckhoff

Harro Schulze-Boysen

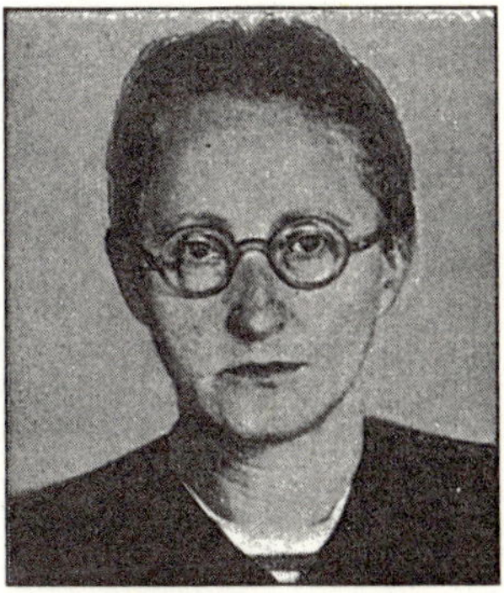

Dr. Elfriede Paul

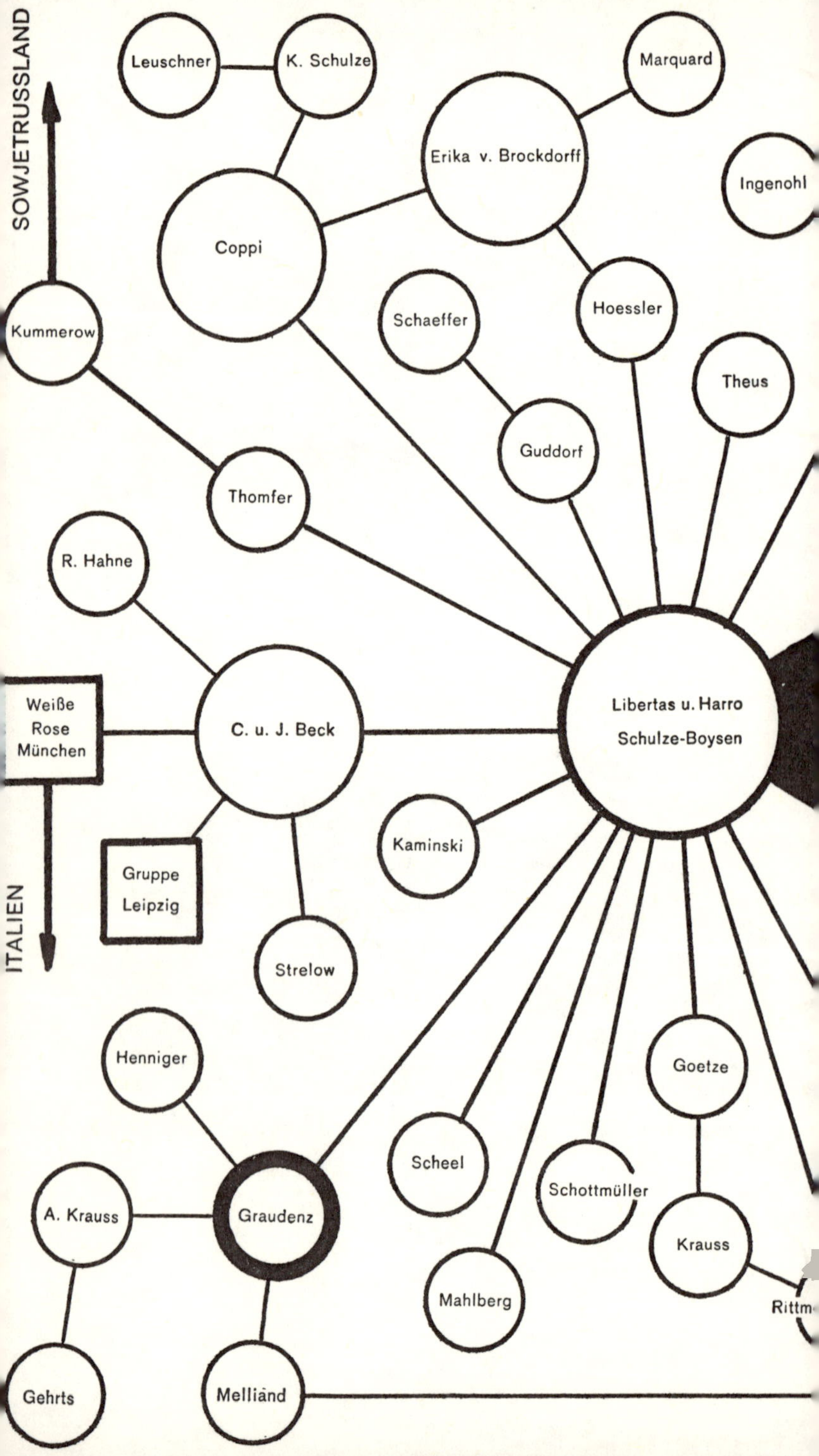
SOWJETRUSSLAND
Leuschner
K. Schulze
Marquard
Erika v. Brockdorff
Ingenohl
Coppi
Kummerow
Schaeffer
Hoessler
Theus
Guddorf
Thomfer
R. Hahne
Weiße Rose München
C. u. J. Beck
Libertas u. Harro Schulze-Boysen
Kaminski
Gruppe Leipzig
ITALIEN
Strelow
Henniger
Goetze
Scheel
Schottmüller
A. Krauss
Graudenz
Krauss
Mahlberg
Gehrts
Melliand

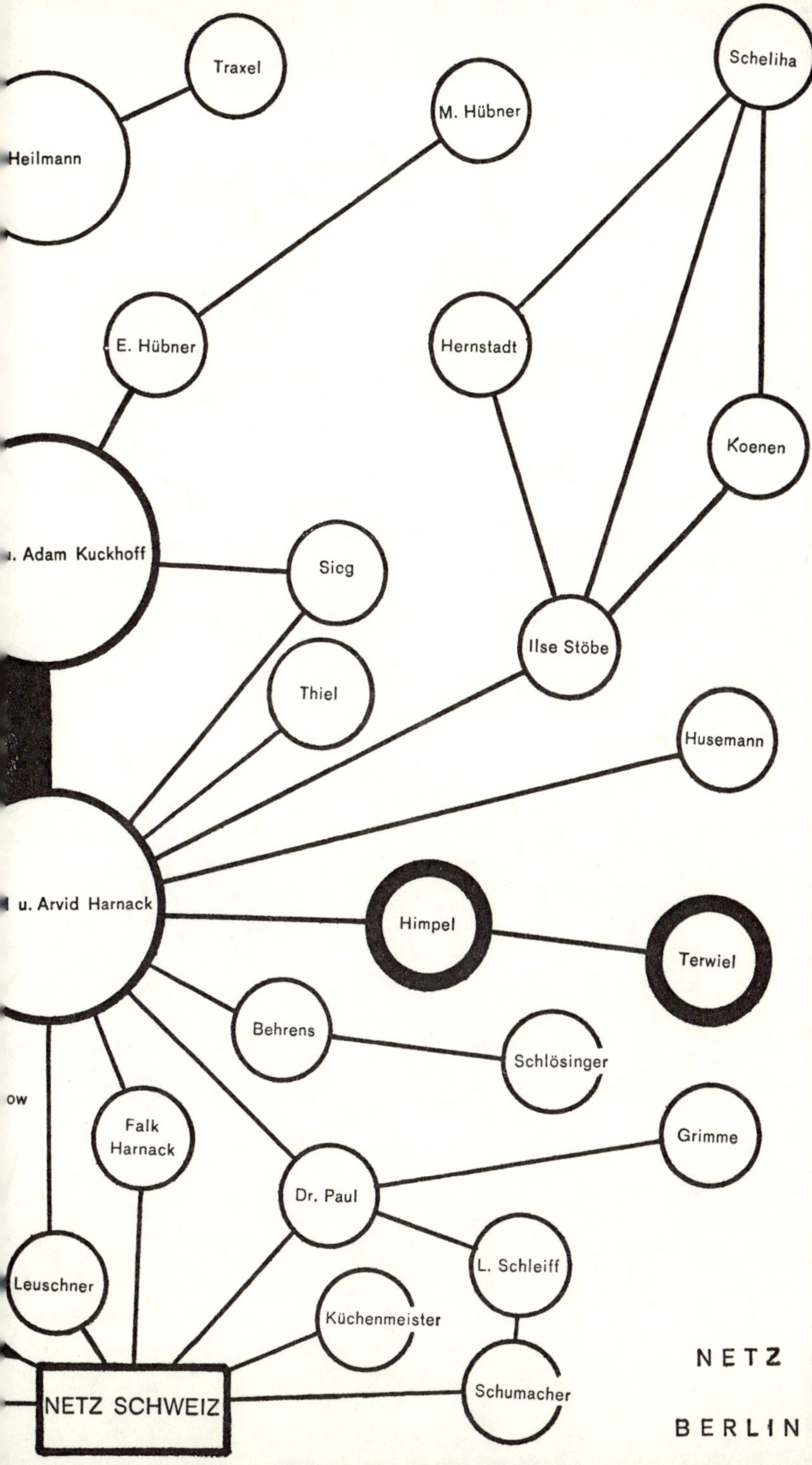

Traxel
Heilmann
M. Hübner
Scheliha
E. Hübner
Hernstadt
Koenen
Adam Kuckhoff
Sieg
Ilse Stöbe
Thiel
Husemann
u. Arvid Harnack
Himpel
Terwiel
Behrens
Schlösinger
Falk Harnack
Grimme
Dr. Paul
L. Schleiff
Leuschner
Küchenmeister
Schumacher
NETZ SCHWEIZ

NETZ

BERLIN

J. Springer

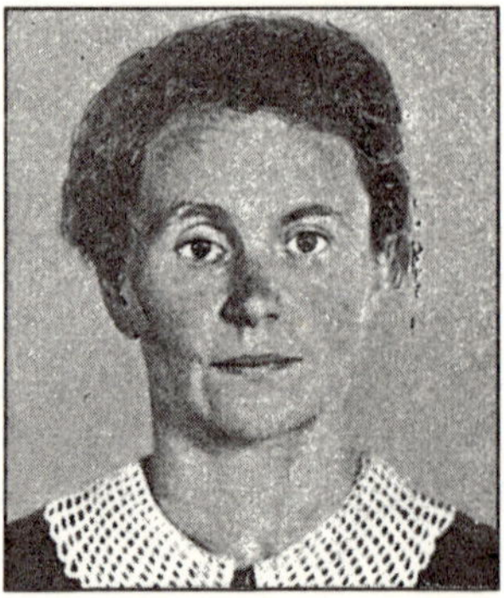

Lotte Schleiff

Traxel

Grimme

Victor Sukulow

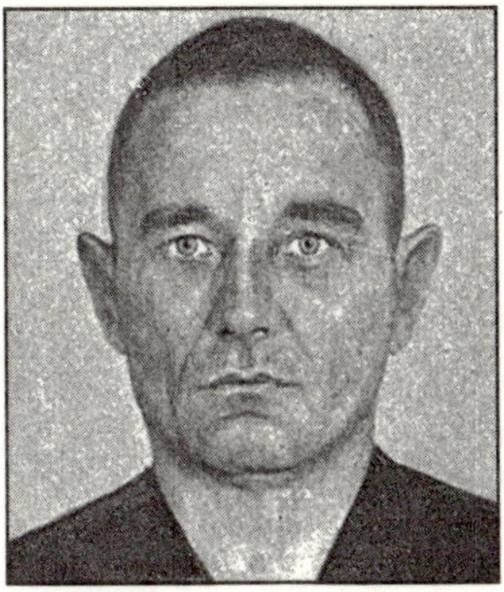

Johann Wenzel

Jefremow

Michail Makaroff

WESTEUROPÄISCHE
NETZ

(Frankreich / Belgien / Hollan

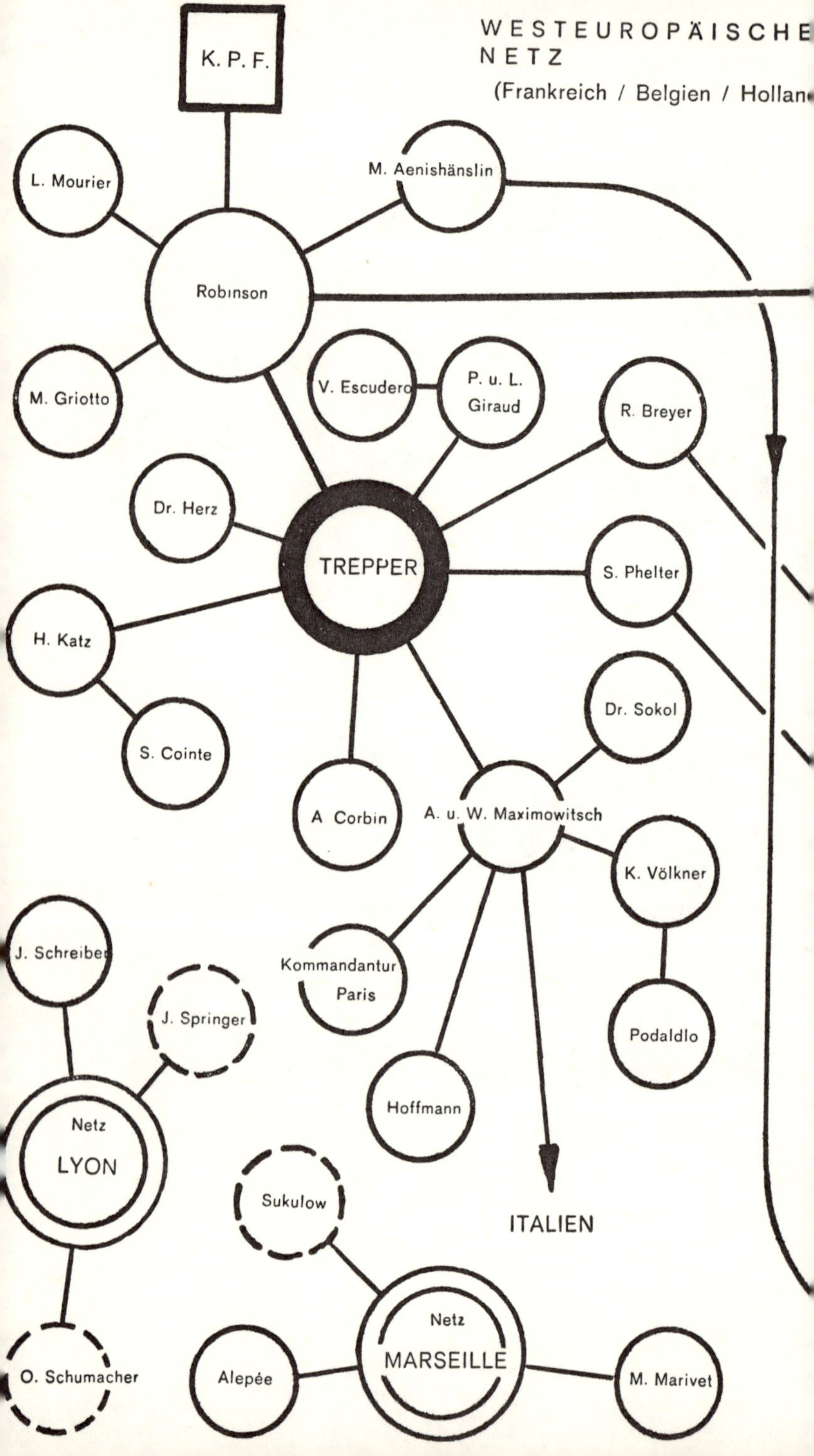

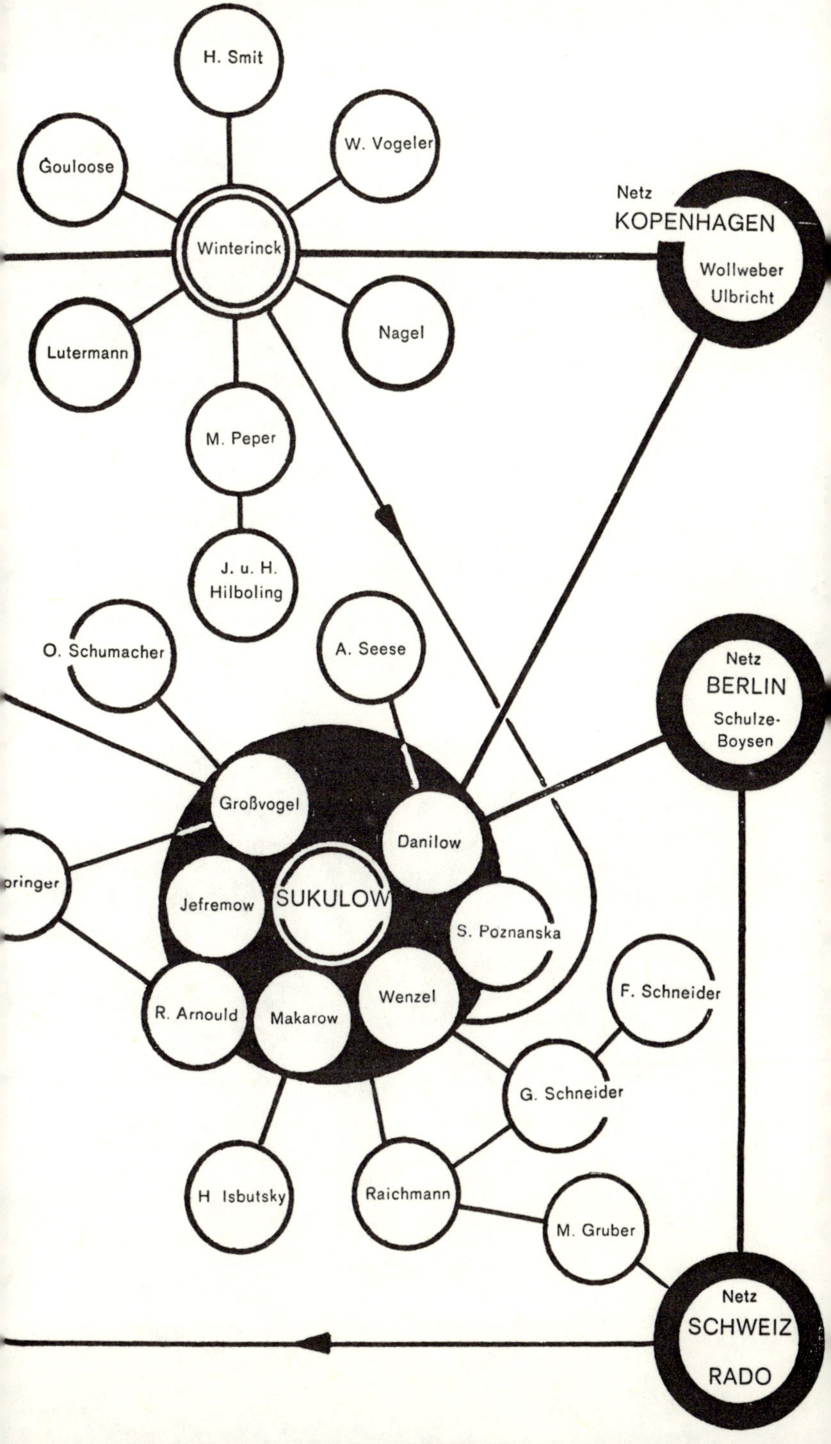
H. Smit
Gouloose
W. Vogeler
Winterinck
Netz
KOPENHAGEN
Wollweber
Ulbricht
Lutermann
Nagel
M. Peper
J. u. H.
Hilboling
O. Schumacher
A. Seese
Netz
BERLIN
Schulze-
Boysen
Großvogel
Danilow
Springer
Jefremow
SUKULOW
S. Poznanska
F. Schneider
R. Arnould
Makarow
Wenzel
G. Schneider
H Isbutsky
Raichmann
M. Gruber
Netz
SCHWEIZ
RADO

Leopold Trepper

Wintersinck

Herez Sokol

Miriam Sokol

Horst Heidemann = Horst Heilmann. Student an der Berliner Universität. Wurde in der Entzifferungsgruppe der Funkabwehr eingesetzt. Lieferte Informationen an Schulze-Boysen. Warnte am 30. 8. 1941 nach Verhaftung Harro Schulze-Boysens dessen Frau, da er Kents Funksprüche kannte und über die Arbeit Harros orientiert war. Wurde zum Tode verurteilt und hingerichtet. Heilmann brachte vor seiner Verhaftung das gesamte Aktenmateial Schulze-Boysens in Sicherheit.

Jean = Deckname eines der Funker Kents in Brüssel.

Kent, alias Dupont, alias Arthur, alias Dupuis, alias Lebrun, alias Jean Morel, alias Alfonso de Barientos, alias Urwitz, alias „Petit Chef", alias Sierra. Richtiger Name Victor Sukulow. Stammte aus Lettland. Hauptagent der russischen Spionagegruppen in Belgien. Kam 1937 nach Frankreich, nahm am spanischen Bürgerkrieg teil, tauchte 1940 in Brüssel auf (bei der Firma Simex), nachdem Trepper nach Frankreich gegangen war. Eine der aktivsten Persönlichkeiten der „Roten Kapelle". Wurde 1942 in Marseille verhaftet; es gelang ihm später zu entkommen. Arbeitet vermutlich nach wie vor als russischer Agent im Auslande.

Lucy = Rudolf Rössler. Einer der Hauptagenten der Spionagegruppe „Rote Drei" (Rado) in der Schweiz. Geboren 1897 in Deutschland. Schriftleiter. 1936 in die Schweiz emigriert. Nahm Aufenthalt in Luzern (daher später der Deckname „Lucy"). Leiter des Verlages „Vita Nova". 1937 aus Deutschland ausgebürgert. Hatte gute Verbindung zu Schweizer Generalstab, konnte dort viele Nachrichten sammeln. Stand in Verbindung mit ehemaligem deutschen Reichskanzler Dr. Joseph Wirth. Hatte Verbindungen zu Angehörigen der Deutschlandgruppe der „Roten Kapelle". Zusammenarbeit nach dem zweiten Weltkriege mit Dr. Schnieper, Unteragent des Rössler mit Standort Bonn. Gute Verbindungen zu verschiedenen Parteidienststellen in Deutschland. † 1960 in Luzern.

Maurice = Aenishänslin, Maurice, geb. in St. Denis. Ingenieur. Stand in Verbindung mit Gilbert, Robinson, mit der Agentengruppe Rado („Rote Drei") in der Schweiz und stellte sozusagen das Bindeglied zwischen der Frankreichgruppe der „Roten Kapelle" und der „Roten Drei" dar. Funkte Informationen über deutsche Truppenbelegungen in Frankreich, Truppenbewegungen innerhalb Frankreichs, Verschiebungen aus Frankreich nach dem Osten usw. Wurde im Mai 1943 ausgehoben. Es folgte ein Täuschungsspiel. Lebt heute noch in Frankreich und scheint weiterhin im alten Sinne tätig zu sein.

Max = Deckname eines Unteragenten Gilberts, der seinen Sitz in Paris hatte und eine Zeitlang mit Marcel Melliand in Verbindung stand. Marcel Melliand war Verleger einer Textilzeitschrift in Heidelberg. Schulze-Boysen nahm durch Mittelsmänner Kontakt mit ihm auf und gab Auftrag, in die Schweiz zu fahren und dort mit dem englischen Nachrichtendienst Verbindung aufzunehmen. Es sollte ein Weg arrangiert werden, um die Engländer laufend über geplante deutsche Angriffe auf Geleitzüge zu warnen. In der Schweiz kam Melliand in Verbindung mit der Gruppe der „Roten Drei". Später ergab sich eine Nachrichtenlinie zu Max. Wurde im Zuge der Aktion gegen die „Rote Kapelle" verhaftet, war aber nur bis 27. 1. 1943 in Gestapohaft. Wurde «umgedreht», um zur Gewinnung von Anhaltspunkten gegen die „Rote Drei" eingesetzt zu werden. Ist 1947 auf geheimnisvolle Weise gestorben, vermutlich ermordet oder mittelbar umgebracht.

Mildred = Ehefrau von Arwid Harnack. Geborene Amerikanerin namens Fish. Betrieb illegale Arbeiterschulung und marxistische Propaganda. War beteiligt an der Deutschlandgruppe der „Roten Kapelle". Wurde von Kent angelaufen. War bei der Besprechung mit Kent zugegen. Half ihrem Mann beim Chiffrieren. Beschaffte Nachrichten durch Ausfragen von Gollnow und anderer. Wurde am 22. Dezember 1942 hingerichtet.

Jean Morel = Siehe Kent.

Harro Müller-Boyd = Deckname „Coro". Richtiger Name: Harro Schulze-Boysen. Oberleutnant im Reichsluftfahrtministerium. Dozent an der Berliner Universität. Einer der Hauptorganisatoren der Deutschlandgruppe der „Roten Kapelle". War ihr aktivstes Mitglied. Lieferte Material direkt nach Moskau und später über Kent (Brüssel). Hatte Verbindung mit Schweden, England und der Schweiz. Wurde im Dezember 1942 in Berlin hingerichtet.

Roda = Alexander Rado. Deckname Dora. Gründer und Chef der Spionagegruppe „Rote Drei" in der Schweiz. Ungarischer Kartograph. Alter Sowjetagent. Teilhaber der Geo-Press in Genf, Rue de Lausanne Nr. 113. Sprach 6 Sprachen fließend, darunter auch deutsch. Bis 1933 in Berlin, dann zunächst Ungarn, von dort 1934 Paris; war hier für die Sowjetunion auf kartographischem Gebiete tätig. Fanatischer Anhänger der kommunistischen Idee. Kam 1937 nach der Schweiz. Errichtete dort etwa 60 Informationsquellen und Agenten. Verfügte über drei Sender für den Verkehr mit Moskau. Hatte Verbindung mit Kent. Nach Aushebung seiner Sender durch die Schweizer Behörden ging er nach Paris, von dort nach Kairo und organisierte später Spionagegruppen im Nahen Osten. Wohnt seit kurzem in Budapest, wo er als Kartograph tätig sein soll, während seine Frau und seine Söhne in Frankreich leben.

Rudolf = Deckname eines Reiseagenten der Gruppe Kent in Belgien. Zusammenhang mit Simex-Gesellschaft. Richtiger Name: Anton Winterinck; gehörte in der Hauptsache zur Hollandgruppe der „Roten Kapelle" (Deckname „Hilda"). Er selbst benutzte auch die Decknamen „Tino" und „Tanne". Geboren 1914 in Arnhem (Holland). Seit 1938 für den sowjetischen Nachrichtendienst in Holland tätig. Baute nach der Ankunft des Jefremow auch den Funksektor bedeutend aus. Nach unbestätigten Meldungen hingerichtet.

Schneider = Unbekannt gebliebener Agent Kents in Belgien.

Paul Schulz = Kurt Schulze. War im ersten Weltkriege Marinefunker gewesen. Gehörte vor 1927 der KPD an. Trat 1927 aus der KPD aus und wurde in die illegale Arbeit eingeschaltet. 1928 war er ein halbes Jahr in der Sowjetunion. Besuchte die Funkerschule in Moskau; wurde dann als Reservefunker für den Ernstfall wieder nach Berlin geschickt. Heiratete 1929 Martha, geb. Leuschner. Innerhalb von zehn Jahren hat er dann drei Funkgeräte von der Berliner Sowjetbotschaft erhalten und weitergegeben. Er stellte Coppi im Jahre 1941 das Sende- und Empfangsgerät zur Verfügung und bildete diesen als Funker aus. Wurde direkt von Angehörigen der sowjetischen Handelsvertretung in Berlin betreut. Erhielt im Laufe der Zeit mehrere tausend Mark Agentengelder. Wurde am 19. 12. 1942 zum Tode verurteilt und hingerichtet. Seine Frau erhielt 5 Jahre Gefängnis.

Simex-Gesellschaft. Kommissionsgeschäft für Import und Export in Brüssel. Filiale in Paris. Vom russischen Nachrichtendienst eingerichtete Firma für Zwecke der Spionage. Arbeitete mit zahlreichen deutschen Besatzungsstellen zusammen.

Jacques Sobelsohn = Herez Sokol. Ehefrau Miriam Sokol, geb. Rachlin. Funker und Agent der Gruppe Gilbert in Paris. Verbleib unbekannt.

Suchet = Leo Großvogel. Deckname: Piber. Anscheinend polnischer Jude. War in Brüssel einer der Mitbegründer der Simex-Gesellschaft. Arbeitete dort mit Gilbert (Trepper) zusammen. Ging von Brüssel nach Paris. Seine Frau war am Spionagering beteiligt. Wurde bei einem Treff verhaftet. Schicksal unbekannt.

Trepper = Siehe Gilbert.

Vicky = Libertas Victoria Schulze-Boysen, geborene Haas-Heye Ehefrau von Harro Schulze-Boysen. Arbeitete bei der Kulturfilmzentrale. Hatte Verbindung mit Schweden. Betätigte sich als Nachrichtensammlerin und bei der Werbung neuer Mitglieder der Berliner Arbeitsgruppe der „Roten Kapelle". Hatte mehrere Jahre in einem Schweizer Pensionat gelebt und besaß gute Beziehungen nach der Schweiz. Sie traf zusammen mit ihrem Manne gewisse Vorbereitungen, um etwa verbleibende Reste der „Roten Kapelle" zur Gruppe Rado übergleiten zu lassen. Wurde im Dezember 1942 in Berlin hingerichtet.

Hermann Wiesner = Johann Wenzel. Leiter einer Agentengruppe in Brüssel, zugleich Funker und technischer Chef bei Kent. Bildete Funker für Holland und Frankreich aus, d. h. für die in diesen Ländern operierenden russischen Agentengruppen. Wurde am 16. 10. 1942 in Brüssel verhaftet und von der deutschen Funkabwehr «umgedreht». Konnte später entkommen; auf dem Wege über England meldete er sich wieder beim russischen Nachrichtendienst; dieser lehnte seine weitere Verwendung ab, da man ihm nicht mehr traute. Soll nach dem Kriege auf dem Balkan zusammen mit Kent eine Zeitlang tätig gewesen sein. Sein Brüsseler Chef war neben Kent der russische Hauptmann Jefremow, der am 6. 9. 1941 aus der Schweiz nach Brüssel kam und nach Kents Aushebung in Belgien die dortigen Gruppen der „Roten Kapelle" leitete. Hielt zeitweilig Funkverbindung mit einer Station in der Schweiz. Wurde verhaftet und «umgedreht»; es gelang ihm aber zu entkommen. Soll jetzt in Moskau sein oder wieder im Auslandeinsatz.

Wolf = Dr. John Rittmeister. Nervenarzt. Mitglied der Berliner Gruppe der „Roten Kapelle". Nachrichtenübermittler, Verbindungsmann. War früher in der Schweiz gewesen, von dort aber wegen Verdacht illegaler Tätigkeit ausgewiesen (1938). Stellte Verbindung zwischen Schulze-Boysen und Prof. Kraus her. Stand in enger Verbindung mit der Sendearbeit. 12. 2. 1943 zum Tode verurteilt und hingerichtet.

Die peinlich gehüteten Geheimnisse der russischen Spionage in der Schweiz, der Agentengruppe „Rote Drei", werden nun gelüftet in dem Buch von

W. F. Flicke

AGENTEN FUNKEN NACH MOSKAU

das die Fortsetzung des vorliegenden Buches darstellt.

Die Vernichtung größerer Agentennester riß in das unsichtbare Netz der russischen Funkspionage große Löcher. Die der Polizei entschlüpften Agenten suchten sich neu zu orientieren. In weiser Voraussicht hatten die Russen für diesen Fall in der neutralen Schweiz eine Auffangorganisation errichtet, die nun den Funkverkehr mit Moskau aufnahm.

In der Rue de Lausanne in Genf wohnte ein gewisser Rado, seines Zeichens Kartograph. Rado wurde nunmehr zum Zentrum der westeuropäischen Sowjetspionage. Mit der Zerschlagung wichtiger Funkzentren wuchs sein Telegrammabsatz nach Moskau rapid an und erreichte einen Monatsdurchschnitt von 800 Funksprüchen. Drei Sender waren es, wovon zwei in Genf und einer in Lausanne, die das ungeheuer wichtige Material ihrem «Direktor» in Moskau übermittelten. Rund 10000 Funksprüche gingen nach Osten. Auch diese Sender wurden angepeilt und aufgespürt, die Agenten von der Schweizer Polizei teilweise verhaftet, doch Rado entschlüpfte dem Zugriff der Beamten.

Der Verfasser hat auf dem Gebiete des Horchdienstes 30 Jahre hindurch an leitender Stelle sein Ohr am Herzschlag der Welt und seine Hand an ihrem Puls gehalten. Es gab im Rahmen des Informationsdienstes wenig Dinge, die ihm verborgen blieben. Mit „Rote Kapelle" und „Agenten funken nach Moskau" deckt er die Geheimnisse der großen Spionageorganisation auf, die nicht nur den Ablauf des Zweiten Weltkrieges mitgestaltete, sondern heute noch in aller Stille weiter wirkt. Diese Bücher wollen warnen, zeigen aber auch jene heikle Grenze, die zwischen dem ehrlichen Widerstand gegen ein politisches System und dem Landesverrat liegt.